计算机科学前沿丛书·十讲系列

服务计算
十讲

主　编　尹建伟

副主编　王忠杰

参　编　冯志勇　李　兵　王尚广
　　　　　邓水光　刘譞哲　范　菁
　　　　　崔立真　刘建勋

主　审　徐晓飞　张　亮

Ten Lectures

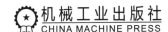

机械工业出版社
CHINA MACHINE PRESS

服务计算作为支撑现代服务业高质量发展的共性科学与技术，过去 20 年间发展迅速。针对多个共性关键研究问题，国内外学者提出了诸多经典理论、方法、技术，初步形成了服务计算的理论及技术体系，在学术及产业界产生了较广泛的影响。本书邀请了来自中国计算机学会服务计算专业委员会的十位资深专家学者，基于各自多年的科研成果，分别从服务计算基础、面向领域的服务应用与治理、服务选择与组合、服务推荐、服务系统开发技术与运行基础设施、大数据服务、云计算服务、移动边缘服务、认知服务、跨界服务融合十个方面系统性地介绍服务计算领域的研究进展和最新趋势，概述基础知识，探索未来的研究方向。

本书既适合作为高校服务计算专业方向的教科书，也适合作为服务计算创新研究的参考书。适合服务计算领域的科研人员、年轻教师、研究生和从业人员阅读。

图书在版编目（CIP）数据

服务计算十讲／尹建伟主编. —北京：机械工业出版社，2022.11
（计算机科学前沿丛书. 十讲系列）
ISBN 978-7-111-71842-0

Ⅰ．①服… Ⅱ．①尹… Ⅲ．①计算技术-应用-服务业-研究 Ⅳ．①F719

中国版本图书馆 CIP 数据核字（2022）第 194843 号

机械工业出版社（北京市百万庄大街 22 号 邮政编码 100037）
策划编辑：梁 伟 责任编辑：梁 伟 游 静
责任校对：韩佳欣 梁 静
责任印制：李 昂
北京联兴盛业印刷股份有限公司印刷
2023 年 3 月第 1 版第 1 次印刷
186mm×240mm · 26.75 印张 · 1 插页 · 596 千字
标准书号：ISBN 978-7-111-71842-0
定价：89.00 元

电话服务 网络服务
客服电话：010-88361066 机 工 官 网：www.cmpbook.com
　　　　　010-88379833 机 工 官 博：weibo.com/cmp1952
　　　　　010-68326294 金 书 网：www.golden-book.com
封底无防伪标均为盗版 机工教育服务网：www.cmpedu.com

计算机科学前沿丛书编委会

主　　任　郑纬民

执行主任　杜小勇

主任助理　柴云鹏

委　　员　(按姓氏拼音排序):

崔　斌　贾　珈　姜育刚　金　海　李宣东　刘青山

罗　训　孙富春　孙晓明　汪国平　王　泉　王　颖

徐晓飞　叶保留　于　剑　张大庆

　　党的十八大以来，我国把科教兴国战略、人才强国战略和创新驱动发展战略放在国家发展的核心位置。当前，我国正处于建设创新型国家和世界科技强国的关键时期，亟须加快前沿科技发展，加速高层次创新型人才培养。党的二十大报告首次将科技、教育、人才专门作为一个专题，强调科技是第一生产力、人才是第一资源、创新是第一动力。只有"教育优先发展、科技自立自强、人才引领驱动"，才能做到高质量发展，全面建成社会主义现代化强国，实现第二个百年奋斗目标。

　　研究生教育作为最高层次的人才教育，在我国高质量发展过程中将起到越来越重要的作用，是国家发展、社会进步的重要基石。但是，相对于本科教育，研究生教育非常缺少优秀的教材和参考书；而且由于科学前沿发展变化很快，研究生教育类图书的撰写也极具挑战性。为此，2021 年，中国计算机学会（CCF）策划并成立了计算机科学前沿丛书编委会，汇集了十余位来自重点高校、科研院所的计算机领域不同研究方向的著名学者，致力于面向计算机科学前沿，把握学科发展趋势，以"计算机科学前沿丛书"为载体，以研究生和相关领域的科技工作者为主要对象，全面介绍计算机领域的前沿思想、前沿理论、前沿研究方向和前沿发展趋势，为培养具有创新精神和创新能力的高素质人才贡献力量。

　　计算机科学前沿丛书将站在国家战略高度，着眼于当下，放眼于未来，服务国家战略需求，笃行致远，力争满足国家对科技发展和人才培养提出的新要求，持续为培育时代需要的创新型人才、完善人才培养体系而努力。

郑纬民

中国工程院院士
清华大学教授
2022 年 10 月

由于读者群体稳定，经济效益好，大学教材是各大出版社的必争之地。出版一套计算机本科专业教材，对于提升中国计算机学会（CCF）在教育领域的影响力，无疑是很有意义的一件事情。我作为时任 CCF 教育工作委员会主任，也很心动。因为 CCF 常务理事会给教育工作委员会的定位就是提升 CCF 在教育领域的影响力。为此，我们创立了未来计算机教育峰会（FCES），推动各专业委员会成立了教育工作组，编撰了《计算机科学与技术专业培养方案编制指南》并入校试点实施，等等。出版教材无疑也是提升影响力的最重要途径之一。

在进一步的调研中我们发现，面向本科生的教材"多如牛毛"，面向研究生的教材可谓"凤毛麟角"。随着全国研究生教育大会的召开，研究生教育必定会加速改革。这其中，提高研究生的培养质量是核心内容。计算机学科的研究生大多是通过阅读顶会、顶刊论文的模式来了解学科前沿的，学生容易"只见树木不见森林"。即使发表了顶会、顶刊论文，也对整个领域知之甚少。因此，各个学科方向的导师都希望有一本领域前沿的高级科普书，能让研究生新生快速了解某个学科方向的核心基础和发展前沿，迅速开展科研工作。当我们将这一想法与专业委员会教育工作组组长们交流时，大家都表示想法很好，会积极支持。于是，我们决定依托 CCF 的众多专业委员会，编写面向研究生新生的专业入门读物。

受著名的斯普林格出版社的 *Lecture Notes* 系列图书的启发，我们取名"十讲"系列。这个名字有很大的想象空间。首先，定义了这套书的风格，是由一个个的讲义构成。每讲之间有一定的独立性，但是整体上又覆盖了某个学科领域的主要方向。这样方便专业委员会去组织多位专家一起撰写。其次，每本书都按照十讲去组织，书的厚度有一个大致的平衡。最后，还希望作者能配套提供对应的演讲 PPT 和视频（真正的讲座），这样便于书籍的推广。

"十讲"系列具有如下特点。第一，内容具有前沿性。作者都是各个专业委员会中活跃在科研一线的专家，能将本领域的前沿内容介绍给学生。第二，文字具有科普性。

定位于初入门的研究生，虽然内容是前沿的，但是描述会考虑易理解性，不涉及太多的公式定理。第三，形式具有可扩展性。一方面可以很容易扩展到新的学科领域去，形成第 2 辑、第 3 辑；另一方面，每隔几年就可以进行一次更新和改版，形成第 2 版、第 3 版。这样，"十讲"系列就可以不断地出版下去。

祝愿"十讲"系列成为我国计算机研究生教育的一个品牌，成为出版社的一个品牌，也成为中国计算机学会的一个品牌。

中国人民大学教授

2022 年 6 月

随着信息技术的迅猛发展与广泛应用，人类社会正在进入以数字化生产力为主要标志的数字经济发展新阶段。以数字服务为代表的现代服务业是数字经济的重要内容，其发达程度是衡量国家经济、社会现代化水平的重要标志之一。云计算、物联网、大数据、人工智能、区块链等新一代信息技术，一方面正在孵化各种创新业态和创新服务方式，创造需求，引导消费，向社会提供高附加值、高层次、知识型的生产和生活服务，并加速向网络化、服务化、智能化方向发展，支撑了现代服务业以及各行业业务的高效运作与服务现代化，另一方面正在推动着各类传统产业转型升级和跨界融合。现代服务业正在与先进制造业和现代农业跨界融合，催生出多种新模式、新服务和新业态，成为生产方式升级、生产关系变革、新兴产业发展的重要引擎。

服务计算是一个跨越计算机与信息技术、商业管理等多学科的交叉研究领域，是运用信息技术与现代管理理念研究各类业务服务（Business Service）与 IT 服务（IT Service）的，涵盖创新、设计、运行、维护、监管等全生命周期管理的新兴学科，它通过有效的服务协同和管理，构建新的价值链体系，帮助提高服务交付的效率、质量和业绩，提升用户群体满意度，进而提升服务行业竞争力。服务计算领域的核心是运用面向服务架构（SOA）将业务服务管理与 IT 服务治理技术有效结合。在我国现代服务业蓬勃发展的今天，迫切需要服务计算基础理论与技术的指导和支持，以保障服务业的健康、可持续发展。学习服务计算相关知识将有助于建立起"业务和技术融合"的跨学科思维，为进入该领域并开展基础理论研究、关键技术攻关奠定基础。

首先，本书可作为高等院校计算机、软件工程、工商管理等专业高年级本科生、一年级研究生学习服务计算的入门课程教科书，适合导论课、研讨班等课程形式。学生通过阅读本书，围绕特定主题开展研讨，为其深入学习和开展科研打下基础。其次，本书可作为高校上述专业的教师开设服务计算必修课或选修课的教材、教辅用书、课程补充材料等。可根据所在专业的培养目标和研究方向，给学生指定本书中的特定章节进行阅读并开展研讨。最后，本书可作为现代服务业从业人员的技术指导类书籍，帮助他们针对企业自身的服务化需求开展服务业务创新、优化与监管，以及服务系统的设计、构建、运维与优化等工作。

本书第1讲从服务计算的基本概念入手，介绍服务计算的发展历程、理论和技术体系。第2讲转换到应用和行业角度，介绍面向领域的服务应用与治理。后续8讲分为两大部分：第3至5讲介绍服务计算的经典研究问题，包括服务选择与组合、服务推荐、服务系统开发技术与运行基础设施；第6至10讲介绍服务计算与IT热点技术趋势相结合所产生的前沿研究问题，分别是大数据服务、云计算服务、移动边缘服务、认知服务、跨界服务融合。每一讲的内容相对保持独立，自成体系，又共同构成有机整体。需要说明的是，在实际应用中，对于一个具体的服务业务和服务系统，其创新、设计、研发和运作可能覆盖上述9讲（除作为绪论的第1讲外）中的多个方面，本书从学术研究的角度对耦合在一起的内容进行了解耦，从不同的侧面讲述理论知识，以方便读者理解和应用。

本书第1讲是服务计算基础，扮演全书的"绪论"角色，对服务计算领域进行了宏观介绍。第2讲介绍面向领域的服务应用与治理，将服务计算的理论方法与特定服务应用领域相结合，解决领域内的具体服务问题，是服务计算对现代服务业的直接支撑。第3讲面向"服务选择与组合"这一经典问题，介绍如何从海量的候选服务中选择一个或一组服务，并将其组织起来以满足用户的特定需求。第4讲面向"服务推荐"经典问题，介绍如何按照用户显式或隐式的偏好从海量服务中筛选出用户最可能感兴趣的服务，加以排序并推荐。第5讲介绍服务系统开发技术与运行基础设施，这是使用各类信息技术研发服务系统并在其运行过程中保障质量的必备技术。第6讲介绍大数据服务，在当前大数据时代，如何从大数据中挖掘出有价值的规律和模式以更好地提供服务，是一个非常重要和前沿的研究问题。第7讲介绍云计算服务，目前云计算已成为企业级服务系统的标配环境，大量服务业务上云，因此如何利用云计算基础设施扩展服务能力是热点研究问题。第8讲介绍移动边缘服务，从第7讲的云计算服务扩展到"云-边-端"环境，以更泛在的方式向用户交付高性能的服务。第9讲介绍认知服务，探讨如何将服务计算的技术与目前主流的人工智能技术相结合以扩展服务的智能化能力。第10讲介绍跨界服务融合，将跨越不同行业、组织、价值链等边界的服务进行深度融合和模式创新，从而为用户提供高质量和高价值的服务，并助力孵化大规模服务生态体系。

对采用本书作为教材或课程参考书的授课教师来说，建议首先请学生系统化学习第1讲和第2讲，建立起对服务计算作为一个研究领域和应用领域的全面、系统的了解，进而，按照所讲授课程的需要，对第3到10讲进行个性化筛选和次序编排。每一讲最后都给出了拓展阅读材料，教师可从中选择若干项，要求学生自学并在课堂上开展研讨。

本书由中国计算机学会服务计算专业委员会（以下简称专委会）组织，召集了十位资深委员参与写作。浙江大学的尹建伟教授和哈尔滨工业大学的王忠杰教授分别担任主编和副主编，规划本书的内容结构安排，召集在各个研究主题上有深厚积累的专委会委员，组成本书编写组。2021年9月开始规划，2021年10月获得CCF教育工作委员会批准立项，2021年12月形成了全书的详细目录和样章并听取了CCF邀请的专家的评审意见，2022年4月完成全书初稿，2022年5月经过数轮校对修改，最终形成了目前所见的书稿。

具体来说，第1讲由山东大学的崔立真教授负责，第2讲由天津大学的冯志勇教授负责，第3讲由浙江大学的邓水光教授负责，第4讲由湖南科技大学的刘建勋教授负责，第5讲由哈尔滨工业大学的王忠杰教授负责，第6讲由浙江工业大学的范菁教授负责，第7讲由北京大学的刘譞哲教授负责，第8讲由北京邮电大学的王尚广教授负责，第9讲由武汉大学的李兵教授负责，第10讲由浙江大学的尹建伟教授负责。

此外，山东大学的刘士军、何伟，天津大学的陈世展、薛霄、吴洪越，江西师范大学的肖建茂，浙江大学的席萌、秦臻、庞盛业、陈锦涛、郑邦蓬、黄龙涛，湖南科技大学的肖勇、康国胜、曹步清，哈尔滨工业大学的王笑、贺祥、李敏、白宇、原浩宸、涂志莹，浙江工业大学的曹斌、董天阳、王佳星、侯晨煜、张天明、李甜甜，北京大学的温金凤，北京邮电大学的李元哲、邢若粼、丁春涛、周傲、程渤，武汉大学的王健、李段腾川、章品、付磊、柳正利、乔雨、刘宇，北京航空航天大学的王田为本书贡献了内容，特此感谢。

其中，尹建伟教授是专委会主任委员，冯志勇教授、李兵教授、王忠杰教授是专委会副主任委员，王尚广教授是专委会秘书长，邓水光教授、刘譞哲教授是专委会副秘书长，范菁教授、崔立真教授、刘建勋教授是专委会常务委员。他们都长期从事服务计算领域的学术研究和教学工作，承担了一系列与服务计算密切相关的科研项目，在服务计算顶级期刊（如 *IEEE Transactions on Services Computing*）和国际会议（如 IEEE International Conference on Web Services、IEEE International Conference on Services Computing、International Conference on Service-Oriented Computing 等）上担任学术职务，多年来积累了丰富的科研成果和教学经验，在国内外均有较高的学术知名度。需要说明的是，除了这些学者本人，其所在团队中的一些年轻教授和博士生也参与了各讲的撰写工作，在此一并表示感谢。

本书在规划和写作阶段，得到了哈尔滨工业大学徐晓飞教授、复旦大学张亮教授的指导和帮助，他们提出了诸多有价值的修改意见，对本书的写作水平提升作用巨大，在此表示感谢。徐晓飞教授是专委会首届副主任委员、第二届主任委员，张亮教授是前两届的常务委员，他们学术水平高，在国内外服务计算领域的影响力大，他们高屋建瓴的指导对本书至关重要。为了进一步提高本书质量，专委会还邀请了北方工业大学的韩燕波教授、东南大学的王红兵教授、北京大学的李伟平教授、重庆大学的文俊浩教授、上海交通大学的曹健教授等专委会资深委员对本书内容提出了细致的修改建议，在此也感谢他们的付出。另外，陈亮、程渤、范晓亮、吕智慧、马于涛、宋巍、孙昌爱、孙艳春、夏云霓、徐悦甡、张以文等专委会委员也分别针对各讲内容进行了校对和辅助修订，在这里一并表示感谢。

感谢中国计算机学会教育工作委员会、机械工业出版社对本书写作和出版的大力支持！

编　者

2022 年 5 月

目　录

第 2 讲　　面向领域的服务应用与治理

第 3 讲 服务选择与组合

第4讲 服务推荐

第 5 讲　服务系统开发技术与运行基础设施

第 8 讲 移动边缘服务

第 9 讲　认知服务

第 10 讲　跨界服务融合

第 1 讲
服务计算基础

本讲概览

服务计算是软件工程与分布式计算的前沿发展方向，它是计算环境、软件体系结构和软件开发方法不断演变的产物，是进一步加速软件产业发展的必然结果。从分布式计算角度看，服务计算是从面向对象和面向构件的计算演化而来，以服务分布式协作为目标的计算模式；从软件工程角度看，服务计算是面向开放、动态、多变的互联网环境提出的一套以服务为核心的软件方法体系。

随着互联网的普及和网络计算可靠性的提高，分布式计算能够跨越 Web，延伸到更广阔的范围；软件构件之间的互操作变得更加容易实现、集成成本更低，由 IT 技术支持的企业内部和外部业务服务化，适应了企业业务柔性和转型需求；而伴随面向服务架构不断发展和完善起来的一套理念、原则和方法，构成了面向服务软件系统设计与开发的技术底座，正如 IEEE 服务计算技术指导委员会（IEEE TCSVC）所给出的定义：服务计算是创新地弥合用户与信息和通信技术（ICT）基础设施之间的差距所需的技术。

如果说面向构件的软件开发揭开了传统作坊式软件生产方式向工业化生产方式转变的序幕，那么面向服务的软件系统设计与开发方法则是进一步推进这一转变的原动力；在互操作服务和服务系统需求的推动下，通过网络提供软件服务，构建支撑业务服务的 IT 系统所需的服务计算技术以及构建服务系统的服务工程（或称软件服务工程）得以迅速地发展起来，为服务计算学科的产生和发展奠定了最为重要的方法基础。

本讲首先介绍服务计算的起源、发展和基本概念，然后从服务计算发展历史上出现过的面向服务架构（Service Oriented Architecture，SOA）、服务组件架构（Service Component Architecture，SCA）、服务建模架构（Service-Oriented Modeling Architecture，SOMA）和目前普遍使用的 RESTful 服务来介绍服务计算的技术体系，最后从服务治理和分类管理，服务发现和选择，服务 QoS 管理，服务推荐，服务组合，服务安全、隐私和信任以及近年出现的各种新兴服务等多个角度介绍服务计算的研究范畴。

1.1 服务计算的起源与发展

1.1.1 服务计算的起源

服务本来是一个经济学的概念，由其衍生出的服务业涉及范围非常广；管理学家、经济学家、工程学家、信息学家乃至心理学家、人文学家等都对服务有着不同理解。总体来说，服务是一种非物质性的价值交换活动，体现的是一种可消费、易消逝的价值集合，通常在生产时被消费，并以便捷、愉悦、省时、舒适或健康等的形式提供附加价值。过去几十年里，我们见证了许多企业的服务化转型，比如 IBM 公司从硬件制造、软件开发向系统集成商以及整体解决方案的信息集成服务商转型，甚至收购了普华永道咨询公司，成立了业务咨询服务集团。而我们常说的"现代服务业"则是在工业化比较发达的阶段产生的，主要是依托信息技术、现代管理理念、经济与管理体系而发展起来的知识和技术相对密集的服务业。

在软件系统中，"服务"被定义为在一个应用软件内部的一种方法、过程或通信，这些"服务"或"方法"是旨在满足某些商业需求的应用程序的操作；从其本源意义上看，软件服务也符合"通过某种依托载体提供无形、有价值的交互行为及过程，以满足消费主体精神、信息或物质需求"的定义。

计算模式的发展是计算环境不断演变的结果。20 世纪 60 年代的主机计算环境是一个典型的集中式计算环境。在该环境中，绝大多数的计算设备和计算资源集中于昂贵且体积庞大的大型机之上。用户只能通过仅含显示器和键盘的"哑终端"（Dumb Terminal）来使用主机。20 世纪 70 年代以后，主机架构发展为分布式网络架构，形成了包含一组计算机硬件平台、软件构件、协议和相互联通的网络。20 世纪 80 年代中后期，随着个人计算机的不断普及和计算机网络的发展，计算环境开始步入分布式时代，人们在分布但互联的计算环境中实现互通与共享。在这期间首先出现了 C/S 架构的计算环境，在该计算环境中，存在客户机与服务器之分，前者多为个人计算机或工作站，后者则是大型机、小型机、工作站，以及向客户机提供大规模数据存储、文件共享、打印等关键业务处理的服务器。

随着软件应用日益深入各行各业，软件系统面临由动态、多变和复杂带来的前所未有的新挑战，早期主机计算时代的集中式软件体系结构逐渐显露出庞大、臃肿、不能适应变化的劣势。为了提供更好的性能、灵活性和可扩展性，20 世纪 90 年代，C/S 计算环境派生出多层分布式计算环境，实现了表现层、业务层、数据层等的分离。随着 Internet 和 Web 的盛行，以往的主机/终端和 C/S 架构已无法满足互联网中开放、互连和海量的信息共享新要求，于是又出现了 B/S 计算环境，即浏览器/服务器结构，以浏览器作为客户端最主要的应用软件，而将系统功能的核心部分集中到服务器上，简化了系统的开发、维护和使用。在各种分布式计算环境中，计算机硬件之间、软件之间通过网络按照协议实现数据交换和信息处理，彼此间互不隶属，但却存在大量互为提供者与消费者的互操作，这就是典型的服务行为；软硬件组件之间的互操作催生了以服务分布式协作为目标的计算模式，即服务计算。服务计算概念的提出最早可追溯到 2002 年 6 月的国际互联网计算会议（International Conference on Internet Computing）。此次会议的 Web 服务计算（Web Service Computing）专题讨论首次将服务与计算结合起来，强调 Web 服务（Web Service）在分布式计算和动态业务集成中的重要作用，得到了与会专家学者的广泛认同，为之后服务计算的推广奠定了基础。2003 年 11 月，IEEE 批准成立服务计算技术社区（Technical Community of Service Computing），并于 2004 年 5 月将其改名为服务计算技术指导委员会（Technical Steering Committee for Services Computing），致力于推动服务计算学科发展和相关标准的制定，这标志着服务计算正式成为一门独立的计算学科。2004 年 9 月，服务计算技术指导委员会在上海召开第一届 IEEE 服务计算国际会议（IEEE International Conference on Services Computing），吸引了大批学者和专家的参与，涌现出一大批研究成果。这次会议极大地推动了服务计算学科的发展，使服务计算得到了学术界和工业界的广泛关注。2002 年 7 月，由 Colin Bryar 管理的亚马逊云计算服务上线了首款 Web 服务，将亚马逊平台开放给所有开发者；2006 年，亚马逊简易储存服务（Amazon S3）和弹性云计算（EC2）相继上线，标志着商用云服务的开始。

服务计算从概念被首次提出，到不断吸引研究者和业界巨头公司的关注并被视为分布式计算的最新发展方向，再到被确立为一门独立的计算学科，前后仅仅经历了三年时间。但是，此时的计算环境还建立在相对封闭的协议基础上，缺乏普遍的标准化支持。随着互联网的进一步开放，服务计算社区开始重视规范化，特别是在万维网联盟 W3C 组织的推动下，完成了一系列 Web 服务开放标准和协议的制定。从 2001 年 W3C 发布 Web 服务协议栈开始，逐渐形成了以服务通信、服务描述、服务质量和服务流程为主体的完整的 Web 服务协议栈，包括 SOAP[1]、WSDL[2] 和 UDDI[3] 等基础协议，以及 BPEL[4]、WS-CDL[5]、WSCI[6] 等高层协议。

在服务计算环境中，计算设备和软件资源呈现出服务化、标准化和透明化趋势，服务计算环境的形成对软件工程和软件开发方法提出了新的要求，面向服务架构和面向服务的软件工程也应运而生。面向服务架构适应了以动态、分布、自治、透明为特点的新型计算环境，发展为一种松散、灵活、易扩展的分布式软件架构模式，为服务计算学科的形成奠定了最为重要的技术基础。伴随着服务计算环境和软件体系结构的变化，面向服务的软件系统设计开发理念、原则和方法逐渐成熟，推动了面向服务软件系统的开发应用和软件工程理论的新发展。

与此同时，自进入互联网时代以来，新的业务模式、流程、战略和人力管理方式发展迅速，促进了传统业务的服务化转型以及各种新兴服务和现代服务业的发展，使"服务科学"这一概念呼之欲出。为了界定"服务科学"的研究范畴，2004 年 5 月，IBM 公司聚集了 100 多位著名的商科和工科类学院的教授，与 IBM 的科学家和顾问一起审视不断发展变化的商业环境，探究"服务科学"的发展。这些专家认为：从发明革新到进行有选择的商务实践，再到逐渐扩大运用范围，这一周期正大幅缩短；而周期缩短迫使企业寻求新的途径以使自己提供有别于竞争对手的商品或服务，为用户创造新的价值以吸引用户。但是，仅靠技术本身并不足以帮助公司创建全新的和创新的商业设计、服务和产品，只有技术和业务紧密地结合才能实现公司的这种愿望，前提是两者必须进行有机的结合，而服务科学正是推动商务和技术专家联合创新的新方法，创建"服务科学"学科的想法从此诞生。

2005 年 9 月 13 日，由中国教育部、信息产业部、北京大学、清华大学以及 IBM 公司等组织的首届"服务创新和服务科学学科建设"研讨会在北京大学举行。在这次会议上，IBM 把"服务科学"称为"SSME"（Services，Sciences，Management，Engineering），表明其四个关键词就是服务、科学、管理与工程。这个涵盖服务全生命周期，覆盖管理、科学与工程的服务科学定义，凸显了服务计算从计算环境互操作技术到服务系统工程实践的多学科融合的特质。不难看出，服务计算的产生是计算环境、软件体系结构和软件开发方法不断演变的产物，是进一步加速软件产业发展的必然结果；而服务科学将计算机科学、运筹学、产业工程、数学、管理学、决策学、社会科学和法律学等既定领域内的工作相融合，创建新的技能和市场来提供高价值的服务。二者紧密结合，将服务计算研究提升到一个新的高度。

1.1.2　服务计算的概念

1. 什么是服务

在经济和市场领域，服务是商品的非物质等价物。按照 1987 年发表于 *Scientific*

American 的文章"Technology in Services"[7] 中的定义，服务包括所有产出为非有形产品或构建品，通常在生产时被消费，并以便捷、愉悦、省时、舒适或健康等的形式提供附加价值。我国在 1985 年的国民经济统计中第一次将服务业列入第三产业的统计；1997年，在党的十五大报告里，首次提出要加快发展现代服务业。这里所谓的现代服务业是在工业化比较发达的阶段产生的，主要依托信息技术、现代管理理念、经济与管理体系而发展起来的，知识和技术相对密集的服务业。

现代服务业离不开信息技术的支持，在 IT 领域，服务被定义为在一个应用软件内部的一种方法、过程或通信，这些"服务"或"方法"是旨在满足某些商业需求的应用程序的操作。按照 Gartner 公司的定义，服务是通过互联网标准技术进行互操作的、松耦合的软件单元，也就是说，服务首先是松耦合的，其次是为了隐藏不同系统的异构性，通过互联网标准访问方式进行的互操作行为。

从外在特性上看，一个服务被定义为显式的、独立于服务具体实现技术细节的接口；从内在特性上看，服务封装了可复用的业务功能，这些功能通常是大粒度业务，如业务过程、业务活动等；从资源特征看，服务是执行可重复任务、可被发现的资源，并由外部化的服务规范进行描述。

就软件服务而言，服务是由可在业务流程中使用的、可连续使用的组件组成的应用功能。它具有如下特征：

①暴露了一个定义良好的接口；

②表现为一个独立的功能；

③使用消息来隐藏执行细节；

④对其他服务的状态没有依赖性；

⑤向请求者提供信息或促进业务数据从一个有效的、一致的状态到另一个状态的改变。

2. 什么是服务计算

服务计算（Service-Oriented Computing/Service Computing，SOC/SC），又称面向服务的计算，泛指以服务及其组合为基础构造应用的新开发范型相关的方法、技术、规范、理论和支撑环境。服务计算把服务用作应用开发或解决方案的基础元素，扩展了"软件服务化"的概念，已经成为软件领域当前最受关注的热点之一，是国内外学术界和工业界关注的焦点。

荷兰科学家 Mike P. Papazoglou 在发表于 *Communication of ACM* 的论文 "Introduction to the Special Issue on Service Oriented Computing" 中，从软件系统设计与开发的角度出发，认为"服务计算是一种以服务为基本元素进行应用系统开发的方式"。美国科学家、北卡罗来纳州立大学的 Munindar P. Singh 和南加利福尼亚大学的 Michael N. Huhns 在合著的 *Service-Oriented Computing* 中，从服务技术的应用角度出发，认为"服务计算是集服务概念、服务架构、服务技术和服务基础设施于一体，指导如何使用服务的技术集合"。我国科学家张良杰从学科的角度出发，认为"服务计算是一门跨计算机与信息技术、商业管理与咨询服务的基础学科，其目标在于利用服务科学和服务技术消除商业服务与信息技术服务之间的鸿沟"。

从分布式计算的角度出发，服务计算是从面向对象和面向构件的计算演化而来的一种分布式计算模式，它使得分布在企业内部或跨越企业边界的不同商业应用系统能实现快捷、灵活的无缝集成与相互协作。服务计算中所强调的服务概念，是一个个平台独立的、低耦合的、自包含的、使用开放标准描述/发布/发现/协调和配置的，用于开发分布式、交互操作的应用程序。服务的最大特点在于互操作性和可复用性，互操作性使服务成为一种具有吸引力的、用于异质异构应用和系统无缝集成的"黏合剂"，而可复用性使得服务成为软件服务化的最佳载体。

综合上述定义，浙江大学的服务计算团队提出，服务计算（Service Computing）是研究业务服务与软件服务演化规律、定量分析、构造管理等计算方法的新兴交叉学科，包括面向用户的业务服务及面向系统的软件 IT 服务两个方面。由于服务计算的重要性，IEEE 将其列为计算机科学的基础学科方向之一（代码为 M）。我国服务计算的研究与国际同时起步，在北京邮电大学的陈俊亮院士的倡议下，中国计算机学会服务计算专业委员会（CCF Technique Committee on Service Computing，CCF TCSC）于 2010 年 1 月在北京成立，旨在为全国从事服务计算研究的学者搭建一个学术交流的平台。专委目前有来自 100 多所高校院所与企业的近 300 位执行委员，是一个特色鲜明的研究社区。本书得到了服务计算专委的大力支持，编者多是专委的核心委员。

1.1.3　Web 服务的提出与发展

在 Web 早期阶段，使用 Web 的主要是一些研究机构。Web 由大量的静态 HTML 文档组成，其中大多是学术论文，这个时期的 Web 处于静态网页阶段，Web 服务器可以看作支持超文本的共享文件服务器。随后，Web 技术逐渐变得越来越动态化，先后经历了 CGI（Common Gateway Interface）程序阶段、脚本语言阶段、瘦客户端应用阶段和富客户端应用阶段。Web 上的交互模式也变得越来越复杂，从只支持静态文档浏览发展到能够支持以内容为主的综合信息门户、搜索引擎、电子商务、社交网络、在线游戏、视频/短视频乃至虚拟现实等越来越复杂的应用。

万维网联盟（W3C）曾经对 Web 有一个评价非常高的描述：万维网（Web）是可通过网络访问的信息宇宙，是人类知识的体现。在短短的几十年时间里，Web 成为在人类生活、生产等方面不可或缺的一个存在。在技术层面，Web 已经成为应用程序连接远程服务提供者的主要通道；在应用领域，Web 已经成为社会、经济、文化、娱乐的新舞台，孕育了巨大的经济能力，俨然成为一种新的文化现象。

Web 的迅猛发展使其成为全球信息传递与共享的统一平台，越来越多的网络 Web 应用系统如电子商务、电子政务、在线教育等被建立起来。然而，这些应用系统可能分布在不同的地理位置，使用不同的数据组织形式和操作系统平台，加上应用平台不同、技术各异所造成的数据不一致，使得如何将这些高度分布、异构的系统集成起来完成一个业务活动成为亟需解决的问题。2000 年前后，Web 服务（Web Service）技术出现，成为构造基于 Web 的分布式、模块化应用程序和面向服务应用集成的可靠技术。Web 服务提供了一种基于 Web 环境的具有自适应性、自描述性、模块化并具有良好互操作能力的应用程序技术实现，可以被看作部署在 Web 上的服务，其他应用程序可以发现并通过 Web 调用它的功能。

最初，Web 服务是基于远程过程调用（Remote Procedure Call，RPC）模式的，RPC 是一种分布式计算通用框架，这个框架能够自动处理通信协议、对象序列化、网络传输等复杂细节，并且希望开发者使用这个框架以后，就像调用本地代码一样调用一个远程机器上的接口代码，从而降低分布式系统开发难度。只要 Web 服务的请求者与提供者双方能够就服务调用的细节达成一致，就可以通过 XML 将调用函数封装，并使用 HTTP 作为传送机制完成部署在 Web 上的"远程"服务的调用。

在 W3C 的推动下，Web 服务社区致力于推动规范化和标准化，简单对象访问协议 SOAP 就真正成功地实现了支持多语言多平台的开放性 RPC 标准。采用 SOAP 消息，通过 HTTP 实现服务之间、服务与客户之间的通信，辅之以 WSDL 描述服务接口，共同构成一个支持互操作的、标准化的 Web 服务调用模式，这就是 SOAP 模式的 Web 服务。2007 年以后，表述性状态转移（Representational State Transfer，REST）模式逐渐成为 Web 服务开发的主流架构风格，这种架构风格的 Web 服务称为 Restful Service。REST 模式的 Web 服务从资源的角度来观察整个网络，将所有 Web 系统的服务抽象为资源，在定义了定位资源的规则以后，通过标准的 HTTP 就可以实现对资源的操作。资源由 URI 唯一确定，可以使用标准的 HTTP 方法（GET/PUT/POST/DELETE）操作资源的 URI 来获取资源的表征。受益于这种轻量级的协议，网络应用开发的复杂性降低了，系统的可伸缩性提高了。

RPC、SOAP 和 REST 三种模式的 Web 服务在本质上是统一的，其最大特点在于互操作性和可复用性。互操作性使 Web 服务成为一种具有吸引力的、适用于异质异构应用和系统无缝集成的"黏合剂"，而可复用性使得 Web 服务成为软件服务化的最佳载体。

1.1.4　软件服务模式的变革

Web 服务的发展引领了软件服务模式的变革。20 世纪 90 年代，一种业务租赁的模式进入了软件产业，这就是应用服务提供商（Application Service Provider，ASP）模式。ASP 是指企业用户可以直接租用 ASP 的软件系统和硬件资源，进行自己的业务管理，从而为企业节省用于购买和运行 IT 产品的资金。这里的软件系统和硬件资源都由服务商提供，用户获得的就只有"服务"，也就是软件所实现的功能。21 世纪初，又出现了"软件即服务"（SaaS）的概念。SaaS 通常基于一套标准软件系统为成百上千的不同客户（又称为租户）提供服务，即多租户（Multi-tenancy）技术架构，这要求 SaaS 能够支持不同租户之间数据和配置上的隔离，从而保护每个租户数据的安全与隐私，同时也能够满足租户对诸如界面、业务逻辑、数据结构等方面的个性化需求。软件巨头 Salesforce、SAP、Oracle、Microsoft、IBM 等均先后涉足 SaaS 领域，其中 Salesforce 基于 SaaS 模式提供的客户关系管理服务取得了巨大成功，成为全球应用 SaaS 模式的成功典范。

2014 年，Martin Fowler 与 James Lewis 共同提出了微服务（Microservice）架构概念，旨在通过将功能分解到各个离散的服务中，实现对解决方案的解耦。微服务架构的关键在于强调微服务可以在自己的程序中运行，并通过轻量级 API 端口进行互操作交互，通过将功能分解到离散的各个服务降低系统的耦合性和提供更加灵活的服务支持，如果其中任何一个服务需要增加某个功能，只需要在特定的某个服务中增加所需功能，而不影响架构整体。

短短几年时间，Spring Cloud 等一批微服务框架相继得到发展，极大地推进了微服务架构在企业的应用，在分散的组件中使用微服务云架构和平台，使部署、管理和服务功能交付变得更加简单。近年来，随着容器化管理、容器编排等技术的发展及在运维层面技术的成熟和推广，微服务体系由原来注重开发的模式，逐渐演变为设计、开发、运维一体化的 DevOps 管理模式。

1.2 | 服务计算技术体系

服务计算以 Web 服务、面向服务架构（Service Oriented Architecture，SOA）为核心，形成了一套完整的技术体系，其中，Web 服务技术的研究主要侧重于服务之间的交互与协作，关注服务协作过程中的安全和事务等，而服务组合、服务流程管理、服务交互、服务适配等问题是 Web 服务技术研究的焦点问题。在这些技术的支撑下，各类异质异构数据和软件资源或资源集合被整合成了不同粒度的标准化服务，最终形成了社会性的、整体的、高度互联的服务关系网络和架构，变成具有活力和生命力的服务生态系统。

1.2.1 面向服务架构（SOA）

面向服务架构（SOA）是构建大规模、分布式应用的架构思想，它被视为解决当前复杂软件系统中长期存在的复杂度和相关度问题的有效方法，是服务计算技术体系的核心和基础。从 20 世纪 90 年代末 Gartner 公司提出 SOA 概念到现在，一系列相关的参考实现、标准、工具和平台软件不断成熟，使得服务计算作为一门计算学科逐步被认同。

1. SOA 概念和优势

SOA 是一种以松散耦合为特征的，用以指导面向服务的软件系统设计的架构思想[8]，它将应用程序的不同功能单元——服务，通过服务间定义良好的接口和契约联系起来。接口采用中立的方式定义，独立于具体实现服务的软硬件平台、操作系统和编程语言，使得构建在这样的系统中的服务可以使用统一和标准的方式进行通信。这种具有中立接口的定义（没有强制绑定到特定的实现上）的特征被称为服务间的松耦合。

　　作为一种构建软件系统的基础架构，SOA 能够彻底解决异质异构软件系统和组件之间的无缝集成问题；SOA 使得软件开发演变成以由服务开发、服务部署和服务组装等构成的流程过程为特征的软件大规模生成线，使得快速开发随需应变的松耦合的企业级应用系统变得可行。基于 SOA 的架构的主要优势是便于管理不断增长的大规模信息系统，通过利用基于互联网的服务降低企业间协作的成本[9]。SOA 的价值在于提供了简单、可扩展的范式，可以用于实现独立组件交互的大型网络系统。

2. SOA 参考模型

　　SOA 参考模型（如图 1-1 所示）是结构化信息标准促进组织（OASIS）提出的，其目的是提供高层次的、适用于所有 SOA 实现的共性要素。SOA 参考模型定义的概念和关系是描述参考架构和模式的基础，而参考架构和模式又定义 SOA 设计的具体类型。SOA 实现则综合了上述所有元素，从一般的架构原则到包含需求的具体实现。例如，Web 服务技术是 SOA 实现常用的技术，但 SOA 中的服务也可以通过其他技术实现，因此服务具体的实现技术不属于参考模型的内容。

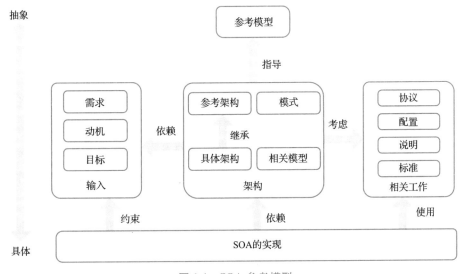

图 1-1　SOA 参考模型

SOA 参考模型包含七个要素：服务、可见性、服务描述、交互性、实际效果、契约和策略以及执行上下文。

（1）服务　服务是允许服务消费者访问服务提供者提供的功能的一种机制，访问时必须使用事先定义好的接口且与服务描述中说明的约束和策略保持一致。服务接口描述了如何访问具体的功能，但没有说明功能是如何实现的。虽然对于服务消费者而言，服务隐藏了功能的具体实现，但其可以获得：①服务接口暴露的信息和行为模型；②用于确定该服务是否满足需求的相关信息。

（2）可见性　SOA 必须保证进行交互的服务提供者和消费者之间是可见的，这种消费者/提供者的关系在任何场合都必须得到满足。当服务提供者和消费者之间能够交互时，可见性才得到满足。

（3）服务描述　服务描述包含了使用服务所需的信息，便于服务的交互和可见。实践证明，服务描述应该使用标准的、可引用的方式，进而可以使用通用的处理工具（如服务发现引擎）来获取服务信息。

（4）交互性　服务的交互涉及服务相关操作的执行。多数情况下，服务的交互通过发送和接收消息完成，但有时并无显式的消息交换，如通过改变共享数据的状态来实现交互。

（5）实际效果　服务消费者调用服务的目的是得到某个结果，这个结果就是使用服务的实际效果。实际效果可以是回复给请求的信息或是改变服务参与者共享的状态。服务参与者并不关心服务调用过程中的许多不为对方所知的私有操作的结果，而是关注共享状态。

（6）契约和策略　契约表达了参与者之间达成的协议，策略包含了使用服务的约束和条件及所有权问题。契约包含了服务质量协议、接口和编排协议、商业协议等，用于管理需求和期望，解决参与者之间的分歧。策略涉及策略断言、策略所有者和策略的执行。策略总是代表参与者的观点，包含了服务的安全、隐私、管理和质量等内容。

（7）执行上下文　服务交互的执行上下文包括一系列基础设施元素、流程实体、策略断言和协议。作为服务实例化的一部分，执行上下文是连接功能消费者和功能提供者的一条路径。服务描述、服务参与者达成的协议都是组成执行上下文的相关内容。执行上下文不局限于服务交互的一方，而是涉及整个服务交互，包括服务提供者、消费者和调解交互的通用框架。

1.2.2　服务组件架构（SCA）

服务组件架构（Service Component Architecture，SCA）是一个开发 SOA 服务应用的简单模型规范，它描述用于使用 SOA 构建应用程序和系统的模型，SCA 提供了构建粗粒度组件的机制，这些粗粒度组件由细粒度组件组装而成。SCA 的目的是简化使用 SOA 构建的业务应用程序的创建和集成，使用户在构建企业应用时有一个不再直接面对具体技术细节的层次，而是通过服务组件的方式来构建应用。这种方式也使得用户的企业应用具有良好的分层架构，能够很好地分离应用的业务逻辑和 IT 逻辑，不但易于应用的构建，也易于应用的更改和部署。

SCA 将构建面向服务的应用程序的过程划分为两个主要步骤（如图 1-2 所示）：

①实现提供服务和使用其他服务的组件；

②组装组件，以通过服务引用其他服务的方式构建业务应用程序。

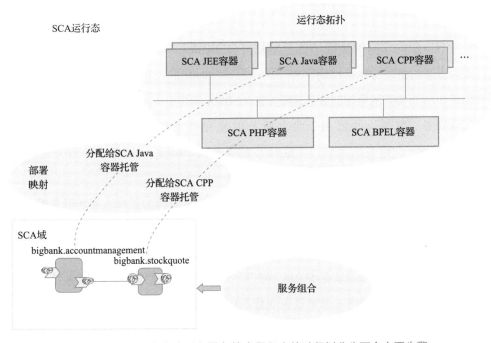

图 1-2　SCA 将构建面向服务的应用程序的过程划分为两个主要步骤

服务实现是业务逻辑的具体实现，提供服务和/或使用服务。这些实现可以使用众多实现技术中的任意一种，如 Java、BPEL、C++等，实现并提供服务，而服务则是由一个接口定义的一组操作，此接口供其他组件调用。实现也可以调用其他服务，称为服务引用，服务引用指示了此实现对外界服务的依赖关系。SCA 服务通常对参数和返回值使用文档样式的业务数据，最好使用服务数据对象（Service Data Object，SDO）表示这些参数。服务、引用和属性是实现的可配置内容——SCA 将其统称为组件类型。SCA 中，可以使用一个实现构建多个不同的组件，每个组件具有不同的引用和属性配置。

SCA 包括一系列由 XML 元素定义的构件。SCA 模块是一起开发和部署到 SCA 系统的最大紧密耦合组件。它是 SCA 系统内的松散耦合组合的基本单元。SCA 组装在两个层次上进行：系统内松散连接的组件的组装、模块内松散连接的组件的组装。SCA 模块包含一系列组件、外部服务、入口点，以及用于衔接这些部分的机制。模块向 SCA 系统提供服务实现。入口点定义模块提供的公共服务，用于使用特定的绑定发布模块提供的服务。外部服务表示其他模块提供的远程服务，位于使用此服务的 SCA 模块之外，组件可以像访问 SCA 组件提供的任何服务那样访问这些外部服务。

1.2.3 面向服务的建模与体系结构（SOMA）

面向服务的建模与体系结构（Service-Oriented Modeling Architecture，SOMA）是设计和创建 SOA 所必需的通用的服务建模方法，SOMA 涵盖更大的范围，并通过识别、规范和实现服务、组件以及可用于组合服务的流程来实现面向服务的分析和设计（SOAD）。SOMA 的核心是识别、规范和实现服务（Service）、用来支持服务的构件（Component）以及服务之间形成的协同（Choreography）。

SOMA 通过对业务领域、业务流程、业务目标、现有系统的分析来实现服务的分析和设计，整个 SOMA 建模过程划分为三个阶段：服务发现、服务规约、服务实现。如图 1-3 所示。`

（1）服务发现　服务发现是 SOMA 进行服务分析和设计的第一步。服务发现的主要任务是确定在一定范围内（通常是企业范围内，或若干关键业务流程范围内）可能成为服务的候选者列表。目前有三种方式发现服务的候选者，分别是自上而下的领域分解、自下而上的现有系统分析和中间对齐的业务目标建模。

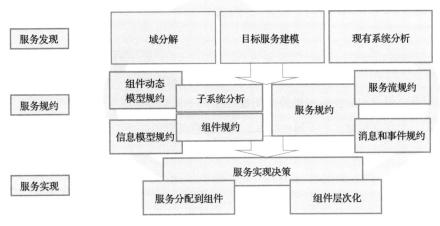

图 1-3　SOMA 建模过程

（2）服务规约　服务规约阶段的主要任务是规范性地描述服务各个方面的属性，并根据这些属性对服务的优先级进行评分，最终确定需要优先实现的服务。

（3）服务实现　该阶段通过分析现有系统、确定服务分配方案、实现服务决策、设计服务基础设施等方法最终确定服务的落地实现方式。

在运用 SOMA 的过程中，这三个阶段并不是一次性完成的，一般需要一个迭代的过程。另外，从企业范围而言，分析和确定的服务模型也有一个演化的过程，并逐渐精化，越来越贴近业务。

1.2.4　RESTful 服务技术体系

REST（Representational State Transfer）是 HTTP 的作者 Roy Fielding 博士提出的一种"分布式超媒体系统"（Distributed Hypermedia System）的互联网应用架构风格。与以远程对象为核心的 ORB 和以服务为核心的 SOA 相比，以资源为核心的 REST 从崭新的视角审视互联网应用。REST 为互联网应用量身定做的简洁模型、与 HTTP 的完美结合、架构的高扩展性，为互联网应用架构设计和异构系统集成设计带来了一股清新的空气，越来越多的 Web 服务开始采用 REST 风格进行设计和实现。REST 体系过程如图 1-4 所示。

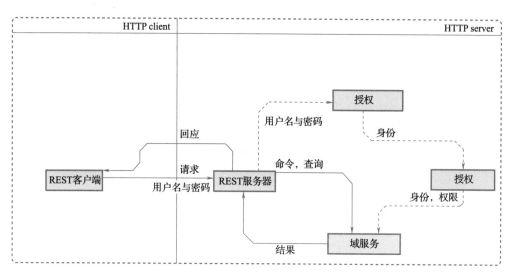

图 1-4　REST 体系过程

REST 的核心概念是资源（Resource），资源就是服务器上可操作的实体（可以理解为数据）。REST 从资源的角度来审视互联网应用并指导其设计，在 RESTful 架构风格中，URL 用来指定一个资源，比如"/api/users"表示的是该网站的所有用户，这是一种资源，可以与之互动（获取、提交、更新、删除）。REST 中没有自定义方法的概念，这是它与 RPC 和 SOAP 模式最本质的区别。

REST 通过 URL 指定一个服务器上的资源，对这个资源使用不同的 HTTP 方法，就代表对这个资源进行不同的操作：

- GET（SELECT）：从服务器获取资源（一个资源或资源集合的表述）。

- POST（CREATE）：在服务器上新建一个资源（客户端提供新资源的表述，也可以用于更新资源）。

- PUT（UPDATE）：在服务器上更新资源（客户端提供改变后的完整资源的表述）。

- PATCH（UPDATE）：在服务器上部分更新资源（客户端提供改变的部分资源的表述）。

- DELETE（DELETE）：从服务器删除资源。

- HEAD：获取资源的 HTTP 头部数据。

- OPTIONS：获取资源支持的 HTTP 操作列表。

其中，GET、HEAD、PUT、DELETE 方法是幂等方法（对于同一个内容的请求，发出 n 次的效果与发出 1 次的效果相同）；GET、HEAD 方法是安全方法（不会造成服务器上资源的改变）。

根据 REST 的架构限制，RESTful 的服务器必须是无状态的，这意味着来自用户的每一个请求必须包含服务器处理该请求所需的所有信息，服务器不能利用任何已经存储的"上下文"（Context，在这里表示用户的会话状态）来处理新到来的请求，会话状态只能由客户端来保存，并且在请求时一并提供。

1.3 │ 服务计算的研究范畴

服务计算技术正在快速发展，其核心问题是如何快速、高效地使用服务，国内外一大批学者围绕服务使能问题展开了如火如荼的研究，在服务建模、开发、发布、发现、推荐、选择、组合、测试、验证以及服务工程与理论等方面出现了大量研究成果，这些成果对推动服务计算技术在现代服务业应用中的实践起到了至关重要的作用。在此基础上，深化和推广服务计算应用的核心问题在于如何跨越业务服务与 IT 服务的鸿沟，基于服务计算研究范畴形成的各种服务使能技术，为各种创新的服务模式和应用场景提供技术与方法，使得服务过程更加便捷和高效，从而快速实现服务价值的共创和传递。

1.3.1　服务治理和分类管理

服务治理指的是用来管理 SOA 的采用和实现的过程。按照 Anne Thomas Manes 的定义，服务治理是企业为了确保事情顺利完成而实施的过程，包括最佳实践、架构原则、治理规程、规律以及其他决定性的因素。

在服务的架构体系中，由于服务的提供者和服务的使用者分别运行在不同的进程中（甚至在不同的物理节点上），并由不同的团队开发和维护。团队的协作和服务的协同都需要进行大量的协调工作。协调工作越多，复杂度越高，伴随而来的就是对于治理的需求，通过治理，为协调工作立规范，打基础，并实时监控，不断优化协调的效率，以期降低复杂度，规避风险，这是服务治理的由来。

服务治理是 IT 治理的一部分，重点关注服务生命周期的相关要素，包括服务的架构、设计、发布、发现、版本治理、线上监控、线上管控、故障定界定位、安全性等。本质上任何能提升服务可用性、稳定性等能够让服务更好运行的特征，都属于服务治理的范畴。服务治理比较常见的话题包括：服务发现、服务变更管理、服务监控、服务扩容缩容、服务自我保护、服务降级、服务授权和防攻击、服务上线验证和灰度发布、服务问题定位和跟踪、服务负载、服务实例的调度等。服务治理既要进行线上的治理，也要进行线下的治理，通过线上、线下两大维度进行治理指标的采集，并把它们统一汇总到指标中心，进行综合的汇总、聚合、分析，获得对服务的客观度量。这些度量指标中，有相当一部分线上的性能及异常指标会被转化为运维事件，一旦触发我们预先设置的阈值，就会更进一步转化成"管控指令"，并通过调度中心下发，进行服务的弹性伸缩、扩容缩容等资源调度操作，或者进行服务的限流、降级、容错、路由调整等管控操作。另外一部分度量指标包括架构、开发、测试、运维、过程协作效率等，基于这些指标通过治理委员会（泛指治理成员的集合）进行人为的深入分析，并制定出治理决策，这些治理决策会通过相关的过程优化管理措施进行落地。这样，通过服务的度量、管控、管理这三大举措，就可以构建起一个三位一体、围绕服务治理的闭环体系。

由于 Web 服务平台具有无关性、可重用性等优势，Web 服务持续地受到企业界、学术界的关注，因此分布于网络上的服务数量也急速增长，这对服务检索与发现的效率提出了挑战。服务分类管理的研究主要基于服务的描述元素展开，将具有相同或相近功能的服务分配到同一个集合中，对建立的服务集合进行规划和合理的管理，并为集合添加功能描述的语义标签形成服务类别，这有助于服务的进一步使用。服务分类是指按照将功能相同或相近的服务分配到一个服务类别中的原则，对所有服务进行语义标注。根据 OASIS 已提供的 Web 服务标准，服务注册库 UDDI[10] 中已提供了一定的服务管理机制，包括白页（White Page）、黄页（Yellow Page，如 SIC[11]、NAICS[12]、UNSPSC[13]）、绿页（Green Page）等。

服务分类研究的两个主要关注点为：数据源的预处理、特征提取以及向量化的方法；分类算法的选择与使用。服务分类管理过程主要包括以下步骤。

（1）**服务元素选取**　从已经发布的可使用的服务描述文档（WSDL、OWL-S 等）中抽取元素，如服务的名称、服务的消息、输入/输出参数、操作、绑定等描述信息，并用于服务分类模型。

（2）数据预处理　对获取到的服务描述文档进行数据清洗，文本分类中的预处理步骤包括分词、去除停用词、词根还原（Stemming）、删除无区分度的标签等。

（3）服务向量化　计算预处理获得的词语的权重形成服务向量，以代表这个服务应用于分类模型中，利用 TF-IDF 算法等，通过处理得到的词语的权重向量即代表这个服务。

（4）服务分类　可以采用监督类学习算法、无监督类学习算法等。根据服务分类相关文献，可知目前用于服务分类的机器学习算法有 Rocchio 算法、朴素贝叶斯（Naive Bayes）算法、支持向量机（Support Vector Machine，SVM）、k 最近邻（k-Nearest Neighbor，kNN）法等。

1.3.2　服务发现和选择

Web 服务发现是指根据用户对目标服务在功能和非功能上的需求以及约束，通过服务发现算法自动从服务注册中心查找到满足用户需求和约束的服务集合，它是实现 Web 服务可复用性的前提。Web 服务发现与 Web 服务匹配紧密相关，前者往往建立在后者的基础上，即服务发现通过将用户需求规格说明与服务注册中心中的服务描述说明进行匹配，从而选出可匹配的服务。因此，服务匹配是服务发现的一个重要环节。

Web 服务发现的相关研究成果很多，大致可以划分为两大类：基于关键字的 Web 服务发现和基于语义的 Web 服务发现。前者以 UDDI 为典型代表，通过对 UDDI 上的服务注册信息进行关键词精确匹配实现服务查询，主要是对服务名称或服务属性进行匹配，但这类方法的查准率和查全率不高。为了解决这一问题，国内外学者提出了基于语义的 Web 服务发现方法，通过使用语义网（Semantic Web）中的本体技术、语义推理技术来提高服务发现的效果。这类方法被学术界视为最有前景的服务发现方法，国内外学术期刊和会议上也不断涌现出大量基于语义的 Web 服务发现方法，这些方法大多以语义 Web 服务模型 OWL-S、WSMO 和 WSDL-S 等为基础，结合本体推理、语义匹配等技术实现准确和自动的服务发现过程。相比于基于关键字的服务发现方法，效果得到明显改善。

在浩瀚的服务中，检索出了符合功能需求的服务，但是可供选择的服务组合方案是很多的。在满足功能需求的前提下，用户想要选择并获取的是满足非功能需求的质量高的方案。目前对服务选择的研究可从不同的视角划分：建立服务的衡量标准，如使用信任（Trust）和声誉（Reputation）[14-15]用于衡量用户对服务的评价；使用 PageRank 算法[16]计算服务的 PR 值，按值的大小对服务排序从而实现服务选择。QoS 驱动的服务选择可以满足用户对组合服务的全局约束条件，将服务选择问题转换为基于 QoS 的目标下多约束条件的优化问题是服务选择的普遍研究方法，学者们对服务选择的优化求解提出了多种方案，包括混合整数线性规划[17]、约束编程[18]、基于启发式的方法[19-22]等。

服务选择过程的模型如图 1-5 所示，该实现过程对应了抽象服务构成的服务流程。为抽象服务查找满足功能需求的实体服务，从候选服务集中选择满足非功能需求的服务就是服务选择工作，优化算法寻求满足局部与全局约束条件的可行解，对这些可行解进行排序，可增加服务选择的灵活性。

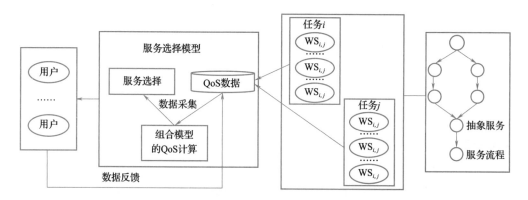

图 1-5　服务选择过程的模型

1.3.3　服务质量管理

服务质量（QoS）通常用于描述服务的非功能性特征。QoS 管理是指为满足端到端的用户和应用需求而对资源进行 QoS 规范、评估、预测、聚合和控制的活动[23]。随着互联网上 Web 服务的盛行，研究 Web 服务的 QoS 变得越来越重要。作为 Web 服务管理中的一个重要因素，服务质量备受关注。用户的需求可以分为功能性需求和非功能性需求，功能性需求用于描述系统所应提供的功能，非功能性需求则用于描述系统提供的服务或功能所受到的约束。服务质量作为用户的非功能性需求，描述了 Web 服务在某些方面的质量信息，对于组合 Web 服务和成功构建符合用户需求的 Web 应用具有重要意义，基于服务质量的服务管理在服务计算发展过程中受到研究者的普遍重视。

QoS 的定义最初由 CCITT 在计算机网络中给出：QoS 是一个综合指标，描述关于一个服务的某些性能特点，用于衡量对一个服务的满意程度。在不同领域，QoS 的属性定义有所不同，Web 服务中的 QoS 属性定义为一系列影响到一个 Web 服务的提供质量的非功能属性。QoS 的属性分为两类：一类是服务层 QoS 属性，也叫内部 QoS 属性，由服务提供者的操作机制决定，例如优先级机制；另一类是网络层 QoS 属性，也叫外部 QoS 属性，不受服务提供者的操作机制影响。QoS 属性可以理解为一组可量化的参数集合，用来衡量服务请求者对服务的满意程度。由于用户的 QoS 需求往往各不相同，单一的 QoS 参数难以系统描述用户的 QoS 需求，为了更加准确地描述 Web 服务的 QoS 属性，卡内基·梅隆大学提出了 n 维 QoS 的概念。根据 n 维 QoS 的概念，一个应用的 QoS 可以看作一个 n 维空间，每类 QoS 参数是构成这个空间的一维。这样，不同维的 QoS 参数之间的关系可以通过各维间的限制条件来表示，例如，为了更好地描述 QoS 属性，可将 Web 服务的 QoS 看作由时间维、空间维、可靠维、效益维构成的一个四维 QoS 空间。

近年来，针对 Web 服务的大量 QoS 感知方法得到了全面研究。然而，仍然缺乏用于验证新的 QoS 驱动技术和模型的真实 Web 服务 QoS 数据集。如果没有足够多令人信服的真实世界 Web 服务 QoS 数据集，就无法充分挖掘真实世界 Web 服务 QoS 的特征，并且最近提出的各种基于 QoS 的方法的性能也无法得到证明。为了收集足够多的 Web 服务 QoS 数据，通常需要在不同的网络条件下从不同的地理位置对 Web 服务进行评估。然而，在现实中进行大规模的分布式 Web 服务评估并不是一件容易的事。因此，需要一种有效且高效的 Web 服务分布式评估机制。

Web 服务评估方法试图通过监视目标 Web 服务来获取 Web 服务的 QoS 值。但是，在某些情况下，可能无法进行全面的 Web 服务评估（例如，当 Web 服务调用收费时，候选服务过多）。因此，不需要额外的真实世界 Web 服务调用的 Web 服务 QoS 预测方法正变得越来越有吸引力。Web 服务 QoS 预测旨在利用部分可用信息（如其他用户的 QoS 信息、当前用户的特征、目标 Web 服务的历史 QoS 性能）对服务用户进行个性化的 QoS 值预测。为了尽可能准确地预测 Web 服务 QoS 值，需要对预测方法进行全面研究。

1.3.4 服务推荐

Web 2.0、云计算、移动互联网等技术的发展，使得网络空间中发布的在线服务呈倍增趋势。与此同时，随着互联网应用门槛的降低和移动终端的普及，从社会精英到普罗大众均可随时随地方便地获取他们所需要的各种类型的服务，而物联网设备的普及让更多的小微服务可被互联网用户访问。面对快速膨胀的服务资源，用户如何才能方便、准确地从大量的服务资源中找到自己需要的服务成为当前工业界和学术界的一大挑战。而服务推荐技术的出现为服务发现和查找难的问题提供了一个解决方向。服务推荐是自动识别服务的有用性并主动向最终用户推荐服务的过程，服务推荐技术在面向服务的计算中起着重要的作用，有效地提高了服务发现的质量和效率。

服务推荐的基本流程包括搜集用户（包括基于服务的软件系统）的基本信息、偏好设置、服务的潜在含义以及交互行为等，利用需求预测用户可能需要的潜在服务。目前流行的服务推荐方法主要包括基于协同过滤的推荐、基于内容的推荐、基于知识的推荐以及混合推荐等。服务推荐的核心思想是，如果在用户和服务之间建立了关联，就可以利用一系列显式和隐式的关联信息进行推荐。对目标对象属性的描述性建模是服务推荐过程中的中心要素，这部分主要对目标对象的行为模式或偏好特征进行表述。这一过程要首先获取用户的相关信息组成数据集，然后对数据集进行抽样数据分析，并以数据向量转换的方式显示目标用户的特征。可采用机器学习的方法将收集到的数据加以概括，以便能够提供用户需要的数据，或表征他们的行为。

与服务发现和服务选择相比，服务推荐的关键点是如何利用数据挖掘和机器学习技术预测用户对服务的需求，利用服务推荐可以帮助服务发现并协助进行服务选择。目前，已有大量的服务发现和推荐等方面的研究来促进面向服务的系统开发。服务发现旨在发现系统需求的特定服务；而服务推荐旨在向系统推荐可能需要的服务或者通过服务组合的方式满足较复杂的用户需求。

1.3.5 服务组合

SOA 的实现模式是通过调用服务提供者发布于注册中心的服务，实现服务请求者即用户对服务的需求。用户的功能需求是多样的，有简单任务与复杂任务之分。对于简单任务，能在服务库中找到匹配的单个服务并运行，而对于复杂的任务，找到刚好匹配的服务的概率却很低，这时需要服务组合（即由单个服务通过一些操作逻辑建立连接以实现强大的功能），组合的服务可用于求解复杂任务。

鉴于服务组合的组合方式，现有的工作主要有两类：Orchestration 和 Choreography，也称为集中式和分布式组合。Orchestration 是给用户想要实现的功能建立抽象流程，流程由多个任务（由抽象服务表示）构成，流程中包含的任务数、每个任务需要实现的功能、任务间的逻辑关系是已知的。根据功能需求寻找能实现每个任务的具体服务（Web Service），则完成了服务组合的过程。Choreography 是假设服务库中包含可以实现任务需求的所有服务，开始为服务寻找与其输出接口匹配的后继服务，再为后继服务寻找与其输出接口匹配的后继服务的后继服务，如此重复，直到找到结束服务以终止这个过程。输入接口与输出接口的匹配通常由语义的方式完成。我们比较倾向于 Orchestration 的组合方式，主要原因在于 Choreography 倾向于功能性的匹配，而未考虑组合后的服务流程的非功能特性，即是否满足用户对流程的响应时间、可靠性等的需求。Orchestration 则从集中式控制出发，针对已建立的抽象流程，专注于查找到能实现抽象服务的具体服务。

以集中式服务组合为核心，即由抽象服务构成的流程转换为由具体服务实现的流程。该组合方式包含两个阶段：服务发现与服务选择。这一组合的实现过程如图 1-6 所示。

1.3.6　服务安全、隐私和信任

SOA 的实现模式是调用服务提供者发布于注册中心的服务，这意味着未授权用户也可以使用服务，随着 Web 服务等成为当前互联网应用实体的主要形式，服务安全成为至关重要的问题。服务安全主要包括以下方面：

1）消息完整性：确保消息不被篡改。

2）不可抵赖：确保参与通信的各方既不会否认其签名的真实性，也不会否认他们所发送过的消息。

3）认证：判断用户的身份，以防止非法访问。

4）授权：身份确认后，决定是否给予访问权限。

5）保密：传输过程中加密保护信息。

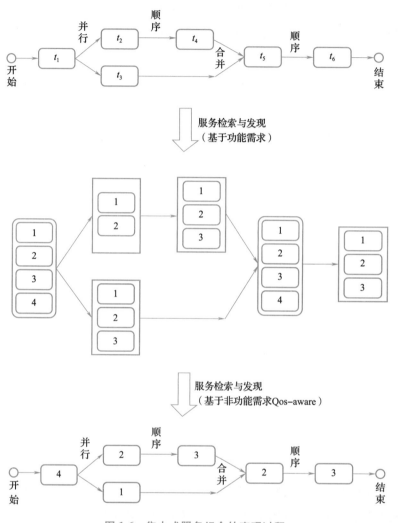

图 1-6　集中式服务组合的实现过程

WS-Security 是一种 Web 服务安全标准，用于解决数据作为 Web 服务的一部分时的安全问题。WS-Security 是一系列的规范说明，由 IBM、Microsoft、VeriSign 等公司发起，是 Web 服务协同组织（它是业界致力于 Web 服务安全标准化的一种组织）的工作成果。WS-Security 描述了两个方面：

1）加强 SOAP（Standard Object Access Protocol）以保护传输中的消息；

2）把安全令牌与 SOAP 消息关联，用于认证和授权。

WS-Security 是关于数字签名、加密、XML 加密、XML 签名、交换身份的格式与协议 SAML、授权和访问管理协议 XACML、安全令牌以及其他各种标准基础的规范说明。WS-Security 规范说明使用不同的安全解决方案（如安全令牌），为多方签名技术、多种加密技术以及身份鉴别与访问管理提供支持。

服务隐私安全是服务安全的另一个重要问题，服务请求方在使用 Web 服务时，并不能总是保持匿名状态，对于一些服务功能（如邮寄服务、付款服务等），服务提供方需要收集一些数据来保证完成业务功能，这些数据是带有个人特征的隐私数据，服务提供方收集、存储大量的隐私数据很容易引发隐私侵犯问题。然而在 Web 服务开放、动态和自治的环境中，当用户的隐私信息被收集以后，用户就很难控制服务提供方如何使用和暴露隐私信息了。因此，在满足用户业务功能需求的前提下，如何最大限度地减少隐私侵犯是实现 Web 服务组装隐私安全的一个关键问题。

当前，Web 服务隐私已经是服务计算领域的一个研究热点，许多研究组织提出了相应的技术标准来保护 Web 服务用户的隐私安全，其中包括 P3P（Platform for Privacy Preference，隐私偏好平台）与 XACML（eXtensible Access Control Markup Language，可扩展访问控制标记语言）、EPAL（Enterprise Privacy Authorization Language，公司隐私授权语言）等隐私策略语言。隐私策略语言可用于描述服务提供方的隐私策略和用户隐私偏好。针对隐私保护问题，国内外学者进行了大量的研究工作，包括基于角色的分级访问控制框架、扩展 RBAC 模型、Privacy-Agreement 动态隐私模型、基于 Agent 随机选择的个性化隐私保护策略、隐私敏感度分析方法等。

在云计算、服务计算环境中，服务消费者和服务提供商之间需要互相信任，这是顺利开展服务的必要和前提，也被认为是实现服务安全最重要的因素。对于信任计算方面的研究，国外开始得较早，从基本概念的提出到信任计算与评价、信任模型、框架等，相关的研究和应用越来越广泛。信任作为一个可计算的概念被提出以后，得到了更广泛的研究。信任或信誉系统使用的常见算法或方法有基于朴素贝叶斯或贝叶斯网络的信任模型、模糊集理论和证据理论、信息熵、多属性决策以及多种方法的结合体等。近些年来，国内学者在信任模型、可信计算与评价等方面的研究和应用也越来越深入，如 P2P 中的信任算法或模型、网构软件的可信性评估模型、开放式网络的主观信任模型、WSN 簇可信路由算法等。

1.4 | 新兴服务领域

目前，以云计算、物联网、移动互联网、大数据为代表的新一代信息技术与传统服务业的融合创新，催生了以共享经济、跨界经济、平台经济、体验经济为代表的多种创新模式。这些创新模式的推广与应用使得服务形式更为多样，服务应用更加泛化，服务的内涵和外延也随之被不断拓展，并给服务计算带来了新的挑战和要求，这也成为现阶段服务计算研究的热点。

1.4.1 面向领域的服务

面向领域的服务（简称领域服务）是以业务服务理论技术为基础实现特定领域功能的服务。领域服务的应用与治理问题汇聚了面向服务的工程技术、系统学的分析方法、价值共创的经济驱动力以及不同领域的专业知识，是服务计算领域中最重要的研究方向之一。

在服务层面，业务服务主要侧重于与用户等使用方角色相关的交互业务逻辑，关注的是业务场景；而领域服务则侧重于系统所在领域边界内的服务逻辑关联，关注的是核心逻辑。因此在某种意义上说，业务服务和领域服务并不是服务的两种不同类型，而是服务的一体两面。领域服务是业务服务应用和治理的产物，单个领域服务的业务能力具有局限性，为了能够充分利用现有服务来满足日益复杂的用户需求，多个服务常常一起协作以提供更强大的业务功能。面向领域的服务的应用与治理主要分为三个部分：业务服务的应用与治理、领域服务的应用与治理以及分行业领域服务治理实例。业务服务的治理是领域服务应用的基础，本书后续章节将介绍业务服务的基本概念和前沿技术，领域服务的分类、集成和融合方法，以及领域服务的演化、度量、业务模式及监管。

1.4.2 大数据服务

大数据能提供潜在的巨大价值，对企业和整个社会来说，成为越来越重要的资产。云计算、物联网、社交网络、无线传感器网络和智能终端等的发展推动和支持大数据的采集、存储、分析和使用。对大数据的高效分析和处理势在必行，并且需要跨平台、跨领域、跨网络地实施各种服务，这些服务在理想情况下能够加快大数据的处理和利用，在数据具有多样性和不确定性的情况下提高其适应性和可扩展性，并促使将原始的低级数据转化为更有价值的知识。这种跨越大量服务、领域、业务流程和规则的互操作性必然是一个复杂的服务生态系统。这个融合的生态系统被称为大数据服务，能更有效地应对大数据挑战[24]。从应用层次上看，大数据服务分为大数据计算服务和大数据业务服务。

1）大数据计算服务是一种快速、完全托管的 TB 或 PB 级数据仓库解决方案。它为用户提供了完备的数据导入方案以及成熟的分布式计算模型，能够快速解决海量数据的计算问题，有效降低企业成本，增强用户数据安全。大数据计算服务包含分布式存储、并行计算和大数据分析等一系列服务。其中，分布式存储服务是基础，并行计算服务是核心，大数据分析服务是关键。大数据体量巨大，单台服务器的存储与处理能力有限，首先需要高效的分布式存储服务将大数据分散存储在多台独立的设备上；然后需要并行计算服务将应用分解为多个微服务后再分配到多台设备上进行处理，以节约整体计算时间，提高计算效率；最后需要大数据分析服务对并行计算结果进行进一步分析，挖掘数据价值，为帮助用户做出高质量、高效的决策提供具有指导意义的洞察和可规模化的解决方案。

2）大数据业务服务指的是能够运用于实际生产生活，提高生产效率，改善应用效能的技术服务，其中包括过程大数据服务、时空大数据服务、文本大数据服务以及视觉大数据服务等。过程大数据服务主要涉及业务流程管理的发现、改进、推荐与预测；时空大数据服务包括时空数据查询优化、时空预测与推断以及时空行为分析；文本大数据服务包含知识图谱、机器翻译、文本生成、对话交互系统等服务；视觉大数据服务包括目标识别、检测与跟踪、视觉数据生成与合成，以及处理与分析等服务。这些服务在实际生活中都有丰富的业务应用，具有巨大的应用价值。

1.4.3　云计算服务

云计算是一种提供资源的网络，使用者可以随时获取"云"上的资源，按需使用、随需伸缩；从广义上说，云计算是与信息技术、软件、互联网相关的一种服务，而其实现基础则是三层"服务"，即 IaaS（Infrastructure as a Service，基础设施即服务）、PaaS

（Platform as a Service，平台即服务）和 SaaS（Software as a Service，软件即服务）。

云计算中，IaaS 把 IT 基础设施作为一种服务通过网络对外提供。在这种服务模型中，用户不需要构建自己的数据中心，而是通过租用的方式来使用基础设施服务，包括服务器、存储和网络等。在使用模式上，IaaS 与传统的主机托管有相似之处，但是在服务的灵活性、扩展性和成本等方面 IaaS 具有很强的优势。IaaS 提供给消费者的服务是对云计算基础设施的利用，包括处理 CPU、内存、存储、网络和其他基本计算资源，用户能够在其中部署和运行任意软件，包括操作系统和应用程序。IaaS 能够按需提供计算能力和存储服务，用户可以按需租用这些所需的资源。

云计算架构中，将服务部署平台及软件开发环境作为服务进行提供被称为 PaaS，在其上通过网络提供软件服务称为 SaaS。可见，所谓 PaaS 实际上是指将软件研发的平台作为一种服务，为用户（主要是 SaaS 开发者）提供所需的开发语言和工具（如 Java 和 Python 等），以及将应用程序部署到云计算基础设施所需的工具等。用户不需要管理或控制底层的云基础设施，包括网络、服务器、操作系统、存储等，但能够基于平台提供的支持完成应用程序的开发和部署，并控制运行应用程序的托管环境配置。PaaS 的出现大大加快了 SaaS 应用的开发速度，促进了 SaaS 应用的发展。

SaaS 通过网络提供软件服务。SaaS 平台供应商将应用软件统一部署在自己的服务器上，用户可以根据实际工作需求，通过互联网向 SaaS 服务供应商订购所需的应用软件服务，按租用的服务能力和时间向供应商支付费用，并通过互联网获得 Saas 平台供应商提供的服务。云计算环境中，SaaS 提供给用户的服务是运行在云计算基础设施上的应用程序，SaaS 应用的终端用户可以在各种设备上通过客户端界面（如浏览器等）访问应用程序，而不需要管理或控制任何云计算基础设施，包括网络、服务器、操作系统和存储等。

IaaS、PaaS 和 SaaS 作为云计算的重要组成部分，促进了云计算在最近 10 年间的飞速发展，也形成了围绕云计算平台，由基础设施提供商、平台服务商、应用开发者和用户组成的庞大的生态系统。

1.4.4 基于位置的服务

云计算与移动互联网的结合使得人们通过智能手机等移动终端设备访问各类云端服

务成为主流趋势。而在以 iOS、Android、鸿蒙系统为代表的智能手机操作系统上，各类移动应用和服务的数量呈爆炸式增长。移动应用与服务数量的剧增给用户的服务选择带来了巨大挑战。

如何针对用户的个性化需求，从门类繁多、属性各异、数量巨大的服务海洋中选择服务并进一步实现服务组合以完成较为复杂的业务，成为当前服务计算领域的热点问题。此外，随着移动设备自身的计算能力和所含计算资源规模的提升，移动设备可以通过无线通信技术（WLAN、蓝牙、红外、近场通信）以服务的形式发布和共享自身的计算能力、资源、应用、数据、外接设备和传感器等。移动设备提供服务的方式具有方便、快捷、不受地域和网络限制等优点，目前已在 GPS 共享、热点共享、传感器数据应用、群体计算等方面得到了广泛应用。而移动边缘计算模式的出现，使得移动设备可以调用边缘设备（网络基站、WiFi 接入点、路由器等）上的服务，而无须通过网络与云服务器交互，实现了高性能、低延迟与高带宽的服务交互体验。

1.4.5　区块链服务

区块链技术被认为是互联网发明以来最具颠覆性的技术创新，它依靠密码学和数学巧妙的分布式算法，在无法建立信任关系的互联网上，无须借助任何第三方中心的介入就可以使参与者达成共识，以极低的成本解决了信任与价值的可靠传递难题。区块链实际上是包含了一群分散的用户端节点，由所有参与者组成的分布式数据库，并对所有交易历史进行记录。交易数据被打包到一个"数据块"或"区块"（block）中后，交易就算初步确认了。当区块链接到前一个区块之后，交易会得到进一步的确认。在连续得到若干个区块的确认后，这笔交易基本上就不可逆转地得到确认了。

BaaS（Blockchain as a Service，区块链即服务）是指将区块链框架嵌入云计算平台，利用云服务基础设施的部署和管理优势，为开发者提供便捷、高性能的区块链生态环境和生态配套服务，支持开发者的业务拓展及运营的区块链开放平台。BaaS 的概念最早源于微软和 IBM。随后，全球科技巨头们也陆续通过它们内部建立的平台提供 BaaS 服务。2015 年 11 月，微软 Azure 与 ConsenSys 达成合作，在 Azure 环境里面提供 Ethereum 区块链即服务（EBaaS）。2016 年 2 月，IBM 宣布将使用超级账本（Hyperledger）提供区块链即服务。IBM 的"区块链即服务"属于公有云服务，用户可基于此开发安全的区块链网络。2018 年 4 月，亚马逊 AWS 正式发布了 AWS 区块链模板，该服务旨在使开发人员能够更轻松地创建基于以太坊和 Linux 基金会 Hyperledger Fabric 的项目。AWS 主要将服务目标瞄准了资源有限的中小型公司，帮助其构建自己的应用程序。

通常情况下，一套完整的 BaaS 解决方案需提供区块链节点及整链搭建、区块链应用开发、区块应用部署和区块链运行监控等主要能力。基于面向服务的基础设计原则，设计上应当以简单易用、成熟可扩展、安全可靠、可视化运维等为主要方向，携手合作伙伴为用户快速、低成本地搭建安全、高效、可靠、灵活的企业级区块链解决方案和应用。

1.4.6 边缘服务

因特网从 PC 终端互联网发展到了移动互联网，目前已经开始逐步发展并拓展到物联网领域。根据 IDC 预测，2020 年全球物联网设备数将达到 281 亿台，全球物联网市场总量将达 7.1 万亿美元；Gartner 公司预测 2020 年物联网设备数将达 260 亿台，全球经济价值将达 1.9 万亿美元；Machina Research 则预测 2020 年全球 M2M（Machine to Machine）连接数将达 250 亿个，全球产业机会总价值将达 1.2 万亿美元。物联网不仅是一堆连接上互联网的物理设备，随着物联网技术的不断发展与成熟，各种物联网应用不断涌现，以满足不同的特定需求，"物联网即服务"正成为共识。当物联网成为一种服务时，消费者就不必再担心各种零部件和技术问题，而商家对其产品和服务的定位也会更加明确。

边缘服务主要是在本地提供就近服务，满足实时性、成本、安全与隐私保护等方面的诉求。许多业务将通过本地设备实现而无须交由云端，大大提升了处理效率，减轻了云端的负荷。边缘服务实际继承了很多传统自动化控制理念和业务概念，其又称为边缘计算，涉及更多关于数据计算处理的功能。传统自动化控制服务中诸如数据归一化、数据清洗、数据记录、数据分析等功能在物联网边缘服务中同样适用，但又有通过云边协同的大数据处理来进行智能预测，或生产、仓储、物流等环节的生产数据的实时全链监控和跟踪等全新的内容。

5G 边缘服务是以移动通信技术为基础，以移动设备为载体，通过移动网络互联，向移动终端用户交付内容并完成服务交互过程的应用模式，具有计算主体移动、计算资源受限、计算情景位置感知等特点。移动网络中的服务选择和组合主要涉及"云-管-

端"："云"是指提供移动服务的云端服务器；"管"是指用于完成服务信息传输的移动通信网络；"端"是指任何可以接入并完成服务交互的移动智能终端设备。根据移动服务的不同组织与交互方式，可将移动网络中的服务应用总结为三种典型模式，即"云-端"模式、"端-端"模式和混合模式。

（1）"云-端"模式　在该模式中，服务被部署在固定的云端服务器上，移动用户通过手机等移动终端对服务进行调用。服务请求通过移动网络传输到云端服务器，云端服务器在收到用户请求后进行相应的服务处理并将计算结果返回给终端用户。移动边缘计算的出现使得服务调用所需的数据、数据处理和应用程序可以部署在网络边缘设备中，移动用户可以直接与边缘服务器交互进行服务调用。边缘服务器收到用户请求后直接执行服务并将结果返回给移动终端用户，从而实现高性能、低延迟与高带宽的服务交互体验。

（2）"端-端"模式　随着移动设备的计算、存储、通信等能力的大幅提升，用户能够利用移动设备完成复杂和连续的任务。"端-端"模式是指移动用户为协作完成特定任务，共享各自的应用服务、计算能力和存储能力等。每个用户既可以提供服务，也可以请求服务，用户通过设备间直接的服务交互协作完成任务。

（3）混合模式　该模式将上述两种应用模式结合在一起，移动用户既可以调用云端提供的服务，也可以调用局部范围内其他移动用户在移动设备上开放的服务。根据用户的不同需求将两种模式有机地结合起来，能为用户提供更加高效可靠的个性化服务。

近年来，还出现了建立在边缘服务（计算）之上的"雾计算"的概念。雾计算基于微型服务器、工控机、嵌入式设备的计算力问题，在局部范围内为边缘服务或设备提供计算服务，可以作为云数据中心和物联网中设备/传感器之间的中间层，提供计算、网络和存储等能力，也可以作为扩展的边缘计算。雾计算相比于边缘计算具有更强的计算力和更广泛的覆盖范围，相比于云平台具有更低的时延，是分布式计算模型的一种重要补充。

1.4.7　认知智能服务

人工智能正逐步从感知智能向认知智能演进，在这一趋势下，将认知智能与服务计算相结合产生的认知服务，旨在赋予服务以认知能力，实现智能化的业务处理与应用，已经引起了产业界和学术界的关注。认知智能是新一代人工智能的制高点，将引领人工智能的发展，涉及语义理解、知识表达、联想推理、自主学习等人工智能的高级领域，主要应用于自动驾驶、智能助手、机器翻译、情感计算等充满不确定性的复杂应用场景。认知智能与服务计算相结合，将产生"更聪明"的服务——认知服务，能够主动了解事物发展的内在规律，理解用户的真实需求意图，为应对需求不确定性的挑战提供解决途径。认知服务是一种新型服务形态，面向复杂服务生态系统，能有效融合人（用户/开发者）、机（服务）和知识，利用认知智能赋予服务以认知能力，实现企业或社会中智能化的业务处理与应用。

智能服务是指能够自动辨识用户的显性和隐性需求并且主动、高效、安全、绿色地满足其需求的服务。智能服务实现的是一种按需和主动的智能，即通过捕捉用户的原始信息，利用后台积累的数据，构建需求结构模型，进行数据挖掘和商业智能分析，除了可以分析用户的习惯、喜好等显性需求外，还可以进一步挖掘与时空、身份、工作生活状态相关联的隐性需求，主动给用户提供精准、高效的服务。智能服务不仅需要传递和反馈数据，更需要系统进行多维度、多层次的感知和主动、深入的辨识。

1.4.8 跨界服务

跨界服务是将跨越不同行业、组织、价值链等的边界的服务进行深度融合和模式创新，从而为用户提供高质量和高价值的服务。跨界服务是现代服务业的新业态，是现代企业管理的新形式，是信息技术在现代服务业中应用的新场景，也是服务计算的新方向。跨界服务具有复杂、跨越和融合的特点，其本质在于将跨越行业、组织等的边界的服务深度融合，形成复杂服务网络，孵化大规模服务生态体系。

实现服务跨界的关键是"融合"，这一"融合"指的是模式、设计、环境、质量、价值等多维度的深度融合。模式融合，即不仅要实现服务生态体系的数据、流程、服务等技术层面的集成，还要实现不同参与者服务模式的深度融合，化解模式冲突，实现共赢；设计融合，即跨界场景横跨多个服务体系，服务设计方法复杂、动态，不同的服务设计方法需要实现融合；环境融合，即服务运行在开放、动态、异构的环境下，形成复杂服务网络，需屏蔽异构环境，提供透明、虚拟的融合环境；质量融合，即跨界服务中多个服务参与者都有不同的质量评估模式，跨越"时间-空间-领域"，质量属性各异、评价差异性大、影响要素多，需进行服务质量多维属性融合；价值融合，即不同组织每个参与方都有自己的一套价值目标，跨界各方缺乏一套统一的价值体系，融合的目的是使各方价值最大化，但各成员服务间常常存在显性或潜在的价值冲突，需进行价值融合和权衡，重构利益博弈规则。

1.4.9　元宇宙服务

元宇宙本质上是对现实世界的虚拟化和数字化，需要对内容生产、经济系统、用户体验以及实体世界内容等进行大量改造。元宇宙技术的发展是循序渐进的，是在共享的基础设施、标准及协议的支撑下，由众多工具、平台不断融合、进化而最终形成的；元宇宙基于扩展现实技术提供沉浸式体验，基于数字孪生技术生成现实世界的镜像，基于区块链技术搭建经济体系，将虚拟世界与现实世界在经济系统、社交系统、身份系统上密切融合，这些都需要各项服务技术的综合应用。

1.5 | 本讲小结

本讲首先介绍服务计算的起源、发展和基本概念，然后从服务计算发展历史上出现过的面向服务架构（Service Oriented Architecture，SOA）、面向服务的建模架构（Service-Oriented Modeling Architecture，SOMA）、服务组件架构（Service Component Architecture，SCA）服务组件架构和 RESTful 服务来介绍服务计算的技术体系，最后从服务治理与分类管理、服务发现与选择、服务 QoS 管理、服务推荐技术、服务组合、服务安全、隐私和信任，以及近年出现的各种新兴服务等多个角度介绍服务计算的研究范畴。

在本讲基础上，后续九讲将分别针对服务计算领域的专门主题进行介绍。第 2 讲从应用和现代服务产业发展角度，介绍面向领域的服务应用与治理。第 3 讲介绍服务选择与组合方法。第 4 讲聚焦于服务推荐方法。第 5 讲介绍服务系统开发技术与运行基础设施。第 6 讲以大数据服务为主题，介绍大数据和服务计算相结合所形成的新挑战新问题。第 7 讲介绍云计算服务，探讨云计算与服务计算相结合所形成的新挑战新问题。第 8 讲介绍移动边缘服务，以及云边端协同的新型服务计算架构。第 9 讲围绕人工智能与服务计算相结合所产生的新型认知服务为主题，介绍认知服务的理论与技术体系。第

10 讲是跨界服务融合，面向这种现代服务业的新业态开展介绍，是对本书之前各讲所介绍技术的融合与提升。

拓展阅读

［1］吴朝晖，邓水光，吴健. 服务计算与技术［M］. 浙江：浙江大学出版社，2017.

［2］赵卓峰，王桂玲，涂志莹，等. 2016—2017 中国计算机科学技术发展报告［M］. 北京：中国计算机学会，2017.

［3］ZHANG L J, ZHANG J, CAI H. Services computing［M］. 北京：清华大学出版社，2007.

［4］XU X F, SHENG Q Z, ZHANG L J, et al. From big data to big service［J］. Computer, 2015, 48（7）：80-83.

［5］ABAKER I, HASHEM T, YAQOOB I, et al. The rise of "big data" on cloud computing：review and open research issues［J］. Information Systems, 2015, 47（1）：98-115.

参考文献

［1］W3C. SOAP［EB/OL］.（2007-06-05）［2022-09-25］. http://www. w3. org/TR/soap.

［2］W3C. WSDL［EB/OL］.［2022-09-25］. http://www. w3. org/TR/wsd120.

［3］OASIS. UDDI［EB/OL］.［2022-09-25］. http://www. uddi. org/pubs/uddi_v3. htm.

［4］OASIS. BPEL［EB/OL］.［2022-09-25］. http://www. oasis-open. org/committees/tc_home. php? wg_abbrev = wsbpel.

［5］W3C. WS-CDL［EB/OL］.（2018-10-09）［2022-09-25］. http://www. w3. org/TR/2004/WD-ws-cdl-10-20041217/.

［6］W3C. WSCI［EB/OL］.（2017-10-02）［2022-09-25］. http://www. w3. org/TR/wsci/.

［7］QUINN J B, BARUCH J J, PAQUETTE P C. Technology in services［J］. Scientific American, 1987（6）：50-58.

［8］KRAFZIG D, BANKE K, SLAMA D. Enterprise SOA：service-oriented architecture best practices［M］. Upper Saddle River：Prentice Hall, 2004.

［9］PAPAZOGLOU M P, HEUVEL W. Service oriented architectures：approaches, technologies and research issues［J］. The VLDB Journal, 2007（16）：389-415.

［10］OASIS［EB/OL］.［2022-09-25］. http://www. oasis-open. org/committees/uddi-spec/doc/tcspecs.

htm#uddiv3.

[11]　袁勤俭. 国际标准产业分类体系的演化[J]. 统计与信息论坛，2004，19(1)：26-29.

[12]　邓尚杰. 北美产业分类体系[J]. 中国统计，1999，12：21-22.

[13]　HEPP M，LEUKEL J，SCHMITZ V. A quantitative analysis of product categorization standards[J]. Knowledge and Information Systems，2007，13(1)：77-114.

[14]　WANG Y，VASSILEVA J. A review on trust and reputation for web service selection[C]// Proceedings of 27th IEEE International Conference on Distributed Computing Systems. Cambridge：IEEE，2007：25-32.

[15]　WANG Y，VASSILEVA J. Toward trust and reputation based web service selection：a survey[J]. International Transactions on Systems Science and Applications，2007，3(2)：118-132.

[16]　MEI L，CHAN W K，TSE T H. An adaptive service selection approach to service composition[C]// Proceedings of IEEE International Conference on Web Services. Cambridge：IEEE，2008：70-77.

[17]　ARDAGNA D，PERNICI B. Adaptive service composition in flexible processes[J]. IEEE Transactions on Software Engineering，2007，33(6)：369-384.

[18]　HASSINE A B，MATSUBARA S，ISHIDA T. A constraint-based approach to horizontal web service composition[C]// Proceedings of the Semantic Web-ISWC. Berlin：Springer，2006：130-143.

[19]　夏虹，李增智. 粒子群算法求解 Web 服务组合中基于 QoS 的服务选择[J]. 北京邮电大学学报，2009，32(4)：63-67.

[20]　MA Y，ZHANG C. Quick convergence of genetic algorithm for QoS-driven web service selection[J]. Computer Networks，2008，52(5)：1093-1104.

[21]　TANG M，AI L. A hybrid genetic algorithm for the optimal constrained web service selection problem in web service composition[C]//Proceedings of 2010 IEEE Congress on Evolutionary Computation(CEC). Cambridge：IEEE，2010：1-8.

[22]　WANG H C，LEE C S，HO T H. Combining subjective and objective QoS factors for personalized web service selection[J]. Expert Systems with Applications，2007，32(2)：571-584.

[23]　ZHENG Z B，LYU M R. QoS management of web services[M]. Berlin：Springer，2013.

[24]　XU X F，SHENG Q Z，ZHANG L J，et al. From big data to big service[J]. Computer，2015 48(7)：80-83.

第 2 讲
面向领域的服务
应用与治理

本讲概览

服务计算理论发展至今，已经在多领域展开应用，并在服务生态系统治理方面形成了相对完整的理论，取得了一定的应用效果。服务应用与治理问题汇聚了面向服务的工程技术、系统学的分析方法、价值共创的经济驱动力以及不同领域的专业知识，是当前服务计算研究领域中重要的研究方向。服务治理共分为三个层面：基础技术层面、业务层面以及系统层面。服务计算学科起源于工程，技术和标准是基础，在这个层面，服务以资源的形式存在，服务发现、服务推荐、服务组合等方法与服务资源紧密融合。在此基础上，不同功能的资源组成复杂业务，逐渐变成了具有一定领域特征的业务服务，此阶段的服务治理关注服务之间的交互，涵盖对负载均衡、熔断控制、故障分析等问题的研究。业务服务相互交叉融合，服务提供者和消费者之间出现竞合关系，形成复杂的生态系统，系统层面的治理涉及价值链、服务融合、需求认知、信誉评估等多种理论，并在5G、移动边缘计算、跨界服务、大数据服务等模式展开应用。

本讲以业务服务和领域服务为主体，进一步介绍了业务和系统层面的服务应用与治理策略，并在最后介绍了智慧养老服务、医疗服务、教育服务三个行业领域服务治理实例，总结了关键研究点和解决方案，为研究人员和各行业从业者提供参考。

2.1 业务服务与领域服务

业务服务是终端业务用户从业务角度看到的服务资源的业务视图，是服务资源的业务层描述。根据服务资源的业务层描述，业务用户能够从业务角度理解资源的属性特点，从而选择资源以及定义资源之间的依赖关系，并且快捷、灵活地开发业务应用。业务服务抽象基于领域稳定性原理构建，能够反映领域内稳定的业务功能，实现了对具体服务的封装并使其具有了易于使用和重用的特点；同时，业务服务抽象能够聚合功能相似的具体服务，从而使其也具备一定的服务可用性提升能力。

领域服务是业务服务原则和技术在各领域应用的产物。领域是面对业务问题空间的，所谓业务问题，是指系统如何更好地处理复杂的业务需求、业务流程与业务规则[1]。服务、程序或软件的存在是为了处理业务问题并执行用户的某项活动，而应用服务、程序或软件的业务区域或问题空间就是所谓的领域。

为了向用户提供可理解的服务资源的描述形式，我们可以利用领域本体来描述服务，赋予服务语义信息，这有利于服务的自动发现、调用和组合。基于领域本体对不同领域服务进行分类，从不同的角度可以有截然不同的分类方式，在服务网络中构建领域本体的过程主要包含需求分析、信息收集、术语识别等步骤。表 2-1 列举了部分重点领域服务分类及本体关键词情况。

表 2-1　部分重点领域服务分类及本体关键词

领域服务分类	领域本体关键词举例
Travel	car, flight, airport, ticket, hotel, tourism, restaurant……
Weather	temperature, weather, wind, sunset, sky, pressure……
Geography	city, country, zip, address, area, company, location……
Science	science, technology, research, patent, invention……
News	news, event, article, headline, title, document……
Music	music, composer, musician, opera, instrument……
Communication	mail, network, fax, email, message, chat, online……

生态系统是领域服务的最终体现形式。研究人员从系统视角出发，探索服务生态系统中价值驱动的循环反馈机制，能够为服务生态系统的演化提供理论基础。在此基础上，调节服务生态系统的矛盾与冲突，规范主体间的竞争与合作，保证系统协调发展，并根据服务流转的前、中、后三个阶段，总结服务生态系统治理策略和服务信誉评估方法，然后将区块链技术应用到服务生态系统的监管中，减少用户与服务之间信息不对称的情况，使价值流转更加可信、可靠、可溯源。

2.2 | 业务服务应用与治理

2.2.1　业务服务的基本概念

业务服务以"业务活动"的形式对独特的"业务行为元素"进行表征，由"特定角色"承担，共同支持特定的"业务目标"。已有的业务服务定义包含展示层、特征层、实例层三个层面（如图2-1所示）：展示层是对业务服务基本功能的描述；特征层详细刻画业务功能的相关业务属性，包括该业务功能对应的输入、输出、服务质量等信息，特征层能够反映业务需求的共性和特性，同时具有清晰的业务语义；实例层绑定了能够实现该业务服务功能的底层具体服务。

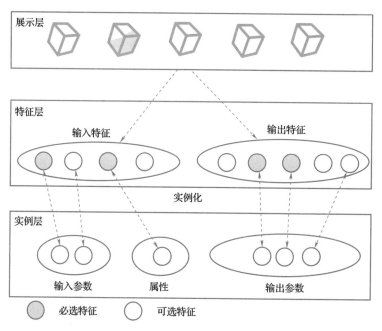

图 2-1　业务服务包含的三个层面

位于底层的实例层是业务服务的具象化展示层，包括具体的功能属性和非功能属性。业务服务的功能属性描述的内容（即功能描述），表达业务服务所能够完成的业务功能，不同的业务服务可以具有相同的功能描述，表示所能完成的业务功能相同；业务服务的非功能属性描述的内容包括服务的基本信息、访问接口信息、与功能相关的信息等部分，且不同部分描述业务服务不同侧面的内容。业务服务的基本信息主要用来区分不同的业务服务，以识别"此"业务服务非"彼"业务服务。业务服务的基本信息包括业务服务标识、业务服务名称、服务提供者名称、业务服务版本信息和服务发布时间。业务服务使用规范说明又称为业务服务的访问接口描述，说明如何使用业务服务。它包括两方面的内容：要求业务用户提供的信息和服务调用能够返回的结果信息。非功能属性信息包括服务质量（QoS）、服务的地域范围、调用服务的前提条件（Precondition)、服务运行的效果（Effect）和服务访问的权限等。

位于顶层的业务服务展示层则是业务服务对外的宏观展示层。以面向服务架构（Service Oriented Architecture，SOA）为例，服务是一个黑盒，其实现被封装在标准接口之后，黑盒内的业务流程、业务功能或业务交互都能够用于实现业务服务，一个应用系统可能会实现许多业务服务（如潜在客户管理系统包含线索识别服务、潜在客户识别服务等，这些业务服务作为销售流程的一部分由销售人员访问）。SOA 通过关注业务流程和业务服务，使分布式服务可以快速组合，以更好地应对多变的商业环境，它将应用程序的不同功能单元（称为服务）进行拆分，并通过这些服务之间定义良好的接口和协议将其联系起来。从业务流程角度分析，SOA 将业务流程分解为松散耦合的业务服务，可按照不同的方式对这些服务进行组合、拆离、修改以及连接新的服务，从而满足多种业务需求；从业务发展角度分析，SOA 对企业中一些旧的软件管理体系进行重新利用和有效整合，构建一套松散耦合的软件设计系统，同时也能方便地结合新的软件，共同服务于社会企业的一个经济体系，使系统更加灵活，能够根据适用的服务进行改变。

为了实现高质量的业务服务，可以从由核心功能和非核心功能组成的流程视角关注业务流程，这些流程通常可以在流程模型中进行形式化表示，然后可以使用自顶向下的方法识别和提取业务流程的上层抽象，为组合业务服务提供输入。需要说明的是，SOA 并不完全是业务服务，因为它通常是开发人员编写的一系列软件模式，用于提供信息、转换数据或进行一些计算；而业务服务更关注具体业务行为活动与流程，对此，领域驱动设计（Domain-Driven Design，DDD）能够很好地结合业务功能来指导 SOA 及其替代架构（微服务架构）的搭建工作。

作为一种分析复杂领域的设计思想，DDD 试图通过构建领域模型的方式准确定义并解析系统业务功能，并围绕依据业务概念构建的领域模型来控制业务的复杂性，以解决软件不易理解、架构演进困难的问题。DDD 从业务视角出发，建立业务领域模型，划分领域边界，建立通用语言的限界上下文，限界上下文可以作为微服务设计的参考边界。在 DDD 的指导思想下建立的业务领域模型，可以用于指导微服务的设计和拆分。事件风暴是建立业务领域模型的主要方法，通常采用用例分析、场景分析等手段，尽可能全面、不遗漏地分解业务领域，并梳理实体对象之间的关系。事件风暴过程中会产生很多的实体、命令、事件等领域对象，我们将这些领域对象从不同的维度进行聚类，形成如聚合、限界上下文等边界，从而建立领域模型。

综上所述，业务服务是一种粗粒度、松耦合的服务。使用业务服务解决企业遗留系统应用程序集成问题，具有下述优点。

1）业务服务的松耦合性使其能够很好地适应不断变更的业务环境。

2）业务服务的灵活替换能够解决遗留系统带来的异构问题。

3）业务服务能够将具有不同数据对象格式的遗留系统应用程序统一成一种形式。

4）面向业务服务的遗留系统应用集成使企业对遗留系统的开发和维护变得更简单。

归根到底，业务服务还需要在具体场景的应用中体现其具体价值，但正是上述业务服务的特性和优点使其拥有广阔的应用领域和光明前景。

2.2.2　业务服务的应用

随着面向服务的思想在业务领域的不断渗透与应用，业务服务在多方面以多样化的形式被广泛应用。基于业务服务集成的平台是处于通用的软件基础架构平台（中间件）和应用软件系统之间的一个新软件层次，使软件结构变成四层结构。它利用软件基础架构平台为应用软件系统提供更高层次的、针对业务的服务，是一种以业务为导向、可快速构建应用软件系统的平台。基于业务服务集成的平台将各种通用的业务部分、工具集、通用业务流程提取出来，形成公用模块，需要时可以直接获取，赋予了软件专业人员和用户快速开发出各种各样的应用软件的能力。

SOA 中的业务服务指的是一些执行相关工作单元的、在逻辑上可归为一类的业务活动，服务提供明确的业务功能，可在多个场景下被重用。作为 SOA（服务开发和部署）的一种特定实现方法，当下热门的微服务架构风格在业务服务方面同样拥有广泛的应用场景，业务中台是其中最具代表性的应用成果。目前，不同企业团体和公司对中台有各自独特的理解，图 2-2 是阿里巴巴集团的业务中台架构[2]，涵盖了从阿里系统应用各服务中抽象出的各种业务能力，包括商品中心、库存中心、会员中心、营销中心、订单中心、用户中心等，从整体上来讲分为实践方法论、技术产品和业务能力三个部分。实践方法论包括中台如何建设、如何管控、如何进化，其主要对阿里的中台建设思路、方法进行了总结；技术产品也叫技术中台，包括许多中间件产品、公共技术产品，是阿里技术底座的产品化产物；阿里还将近十几年对行业的理解进行沉淀，形成了标准化的业务能力，如积分、会员、抵用券服务等，业务能力很好地支撑了各业务线的快速发展。

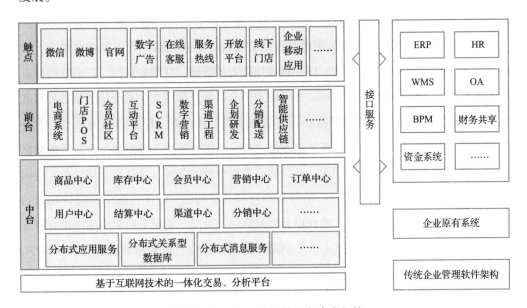

图 2-2　阿里巴巴集团的业务中台架构

尽管对中台的理解还存在分歧，但达成共识的是，中台是企业级能力复用平台。中台体现了一种企业级的能力，提供了一套企业级的整体解决方案，解决小到企业、集团，大到生态圈的能力共享、联通和融合问题，支持业务和商业模式创新，通过平台联通和数据融合为用户提供一致的体验，更敏捷地支撑前台一线业务。中台来源于平台，但中台和平台相比，更多体现的是一种理念的转变，这主要体现在三个关键能力上：对前台业务的快速响应能力；企业级复用能力；从前台、中台到后台的设计、研发、页面操作、流程服务和数据的企业级无缝连通与融合能力。其中最关键的是快速响应能力和企业级无缝连通与融合能力，尤其对于跨业经营的超大型企业来说这些能力至关重要。

相对于互联网企业而言，传统企业的渠道应用更多样化，有面向内部人员的门店类应用、面向外部用户的互联网电商以及移动 App 类应用。这些应用面向的用户和场景可能不同，但功能类似，基本涵盖了核心业务能力。此外，传统企业也会将部分核心应用的页面或 API（Application Programming Interface，应用程序接口）服务能力开放给生态圈中的第三方，以相互借力发展。为了适应不同业务和渠道的发展，过去很多企业的做法是开发很多独立的应用或 App。但由于 IT 系统建设初期并没有进行企业级的整体规划，平台之间融合不好，就导致用户体验不好，最关键的是用户并不想装那么多App。为了提升用户体验，实现统一运营，很多企业开始缩减 App 的数量，开始通过一个 App 集成企业内的所有能力，连通前台所有的核心业务链路。由于渠道多样化，传统企业不仅要将通用能力中台化，以实现通用能力的沉淀、共享和复用，还需要将核心能力中台化，以满足不同渠道的核心业务能力的共享和复用需求，避免传统核心和互联网不同渠道的应用出现"后端双核心、前端两张皮"的问题。除了需要解决核心业务链路的连通问题和不同渠道的服务共享问题之外，还需要解决系统微服务拆分后的数据孤岛、数据融合和业务创新等问题，这些属于数据中台的范畴，尤其当采用分布式架构以后，就更应该关注微服务拆分后的数据融合和共享问题。综上，在中台设计和规划时，需要整体考虑企业内前台、中台以及后台应用的协同，实现不同渠道的应用的前端页面、流程和服务共享，还有核心业务链路的连通以及前台流程和数据的融合与共享，以支持业务和商业模式的创新。

2.2.3 业务服务的治理

业务服务的治理贯穿了服务的整个生命周期，包括开发前的设计、开发和测试、运行以及后续管理。业务服务的治理严格意义上应该划分为三个阶段：服务设计期、服务运行期和服务持续治理期。这三个阶段涵盖了服务的整个生命周期。其中服务设计期主要针对服务的设计期、开发期，还有针对服务的设计评审以及标准制定。而服务运行期的治理主要针对服务上线后的运行情况，其重点放在管理和监控，为了能良好运行，通过数据分析运行状况，自动消除异常、改变配置参数等。最后服务持续治理期的工作则坚持"分久必合"的理念，将淘汰制进行到底，重点在于消除冗余的服务功能。业务服务演进到微服务架构后，服务治理问题是否就此终结？远远没有。在微服务架构下，又出现了新的服务问题，因而需要对微服务进行业务服务治理。

微服务架构目前是企业创建和升级应用程序时最流行的架构，它的优点是具有可维护性、可重用性、可伸缩性和可用性以及能自动化部署等。微服务架构风格将应用程序构建为松耦合、可独立部署的一组服务，每个服务具备明确定义的功能和高度模块化并且能够独立扩展业务的功能。微服务细粒度的服务拆分方式和去中心化的架构设计相比于传统 SOA，更能满足当前互联网敏捷开发、快速迭代的需求，因此，像谷歌、易贝、亚马逊、奈飞等互联网行业巨头都已经将它们的应用程序从单体架构向微服务架构转型，并从微服务架构的许多优势中获益。

在企业微服务化的进程中，随着系统规模的扩大、业务需求的增多，其微服务的数量也不断增长，随之而来的是微服务的治理问题，包括服务监控、服务配置、服务熔断以及负载均衡等诸多问题。此外，还需要协调各服务，保证微服务间的稳定协作。在微服务架构中，服务治理是让整个系统正常运行的关键技术。在大型复杂系统环境下，服务间的调用会变得非常复杂，如果没有一套完善的、经过大规模生产环境验证的服务治理方案，系统将会处于非常危险的境地。

关于服务治理的范畴，业界其实没有形成统一标准，但达成共识的是至少包括服务注册与发现、服务限流、服务熔断、服务降级、负载均衡、链路追踪等内容。其中，服务注册与发现是最重要、最基础的服务治理能力。众所周知，想让服务之间相互调用，就需要知道彼此的 IP 和端口。在没有注册中心的情况下，每个服务会将其他服务的 IP 和端口写死在自己的配置文件里，这样，每次需要新增或移除一个服务实例的时候，相关联的所有服务都需要修改配置。随着服务越来越多，服务实例的新增或移除就会越来越频繁，这种情况下，依靠人工手动写配置和变更配置，对运维和开发来说简直就是"灾难"，而服务注册与发现的机制则对相关工作效率的提高做了很大贡献。每一个服务实例在启动运行的时候，都将自己的信息（包括 IP、端口和唯一的服务名字等）上报给注册中心，注册中心则会将所有服务注册的信息保存到注册表中，即服务注册。服务注册与发现除了可以动态获取 IP，还有一个重要的功能就是自动监控管理服务器的存活状态。主要实现方式是注册中心与每个服务器之间定时发送心跳包，做健康检查。一旦心跳包停止，则可判断为该服务器宕机，并标记该实例的状态为"故障"。使用注册中心实现服务的自动注册与发现，是服务治理的第一步。

限流、熔断、降级是微服务治理中经常听到的三个名词，下面阐述三者的主要区别。在高流量、高并发场景下，为了保证服务集群整体的稳定性和可用性，一般采取两种方式：一种是通过资源扩容来提升系统整体的容量，但这样做有很多致命的缺点，如造成大量甚至是无法承担的高成本压力，以及在考虑投入产出比的情况下，不可能对相应资源进行无限扩容；另一种是限流，这是一个更经济可行的选择。所谓限流，是指当系统资源不足以应对高流量时，为了保证有限的资源能够正常服务，按照预设的规则，对系统进行流量限制。预设的规则中，核心指标可能是 QPS、总并发数、并发线程数，甚至是 IP 白名单，根据这些指标预设的值来决定是否对后续的请求进行拦截。服务熔断主要是应对服务雪崩的一种自我保护机制，当下游的目标服务因为某种原因突然变得不可用或响应过慢时，上游服务为了保证自己整体服务的可用性，不再继续调用下游目标服务，直接返回，快速释放资源，如果下游目标服务情况好转，则恢复调用。服务降级则是一个更泛化的概念。从概念上来说，服务降级是当服务器压力剧增时，根据当前业务情况及流量对一些服务和页面进行策略性的屏蔽或降低服务质量，以释放服务器资源，从而保证核心任务的正常运行。从使用场景来说，当整个微服务架构的整体负载超出了预设的上限阈值，或即将到来的流量预计会超过预设的阈值时，为了保证重要或基本的服务能正常运行，可以将一些不重要或不紧急的服务或任务做延迟使用或暂停使用的处理。

在微服务架构中，负载均衡也是必须使用的技术，通过它来实现系统的高可用和集群扩容等功能。负载均衡指由多台服务器以对称的方式组成一个服务器集合，每台服务器之间具有等价的地位，都可以单独对外提供服务而无须其他服务器的辅助。通过某种负载均衡技术，将外部发送来的请求均匀分配到对称结构中的某一台服务器上，而接收到请求的服务器独立地回应用户的请求。负载均衡能够平均分配用户请求到服务器阵列，借此快速获取重要数据，解决大量并发访问服务问题。利用这种集群技术，就可以用最少的投资获得接近于大型主机的性能。负载均衡能力是一个稳定、高性能的微服务系统不可缺少的能力。

微服务架构系统中，每个用户的请求往往涉及多个服务，且不同服务可能由不同团队开发，也可能由不同编程语言实现，还可能分布在横跨多个数据中心的几千台服务器上。在这种背景下，就需要一个能帮助理解系统行为、分析性能问题且在发生故障的时候能够快速定位和解决问题的工具。这个工具就是分布式追踪系统，也称为 APM（Application Performance Monitor）系统。APM 系统可以帮助理解系统行为，分析性能问题，以便发生故障的时候，能够快速定位和解决问题。

此外，为解决复杂环境下的服务治理问题，出现了很多服务治理框架，其中应用最广泛的有 Dubbo 和 Spring Cloud。Dubbo 是由阿里巴巴中间件团队开源的基于 Java 的高性能远程过程调用（Remote Procedure Call，RPC）通信框架，因其优秀的服务治理能力和高效的 RPC 通信能力成为微服务架构的一种优秀解决方案。Spring Cloud 是一系列 Spring 框架的集合，以 Spring Boot 作为开发的基础，可以简单、高效地集成服务注册与发现、负载均衡、断路器等其他 Spring 家族的分布式框架，相比于 Dubbo，Spring Cloud 最大的特色在于一站式的分布式系统架构。

总体而言，微服务治理平台面向系统开发者和运维人员，主要实现任务管理、服务发现以及服务监控三大功能，具体的需求分析如下。

1. 任务管理

任务管理是微服务治理平台的核心功能。用户可查看系统预先设置的任务模板，并根据具体需求进行添加与删除操作，实现任务模板的可定制性与灵活性。用户可选择其中的任一任务模板创建相应的任务实例，并在任务执行完毕后在已执行任务列表中进行进一步的管理工作。从任务模板的新增、删除和查看，到任务实例的创建和执行后管理，整个任务管理流程完整且闭环，能够全方位满足开发人员和运维人员的基本需求。

2. 服务发现

在采用微服务架构的软件系统中，微服务的数量可多达成百上千个，而在云原生环境中，服务实例被动态分配资源与访问信息，因此需要服务发现机制提供服务查找功能，实现服务发现的自动化。

3. 服务监控

服务监控模块提供了服务概览功能和服务指标度量的监控功能，可以收集并分析微服务系统中的服务信息，统计系统服务数目，并实时展示各服务的请求成功率与失败率。另外，服务监控模块还提供了可选组件，若用户需要对集群中的微服务进行分布式追踪以及时序性的统计与监控，就可以在集群中部署相关组件并配置其网络地址。

微服务治理是对所有业务服务应用的整理、归纳、定义、组装、开发、测试和上线等活动进行规范与引导的行为。制定微服务技术规范、服务设计规范和数据规范，指导后续的信息化建设，为应用系统向微服务架构演进和转型奠定基础。同时，微服务治理要保证服务设计的粒度得当，确保微服务对系统的拆分符合业务领域边界限定。每一个微服务只聚焦于一个业务领域,通过这种领域边界的划分,拆分微服务组件,并保证服务粒度的统一。同时,基于微服务目录编排,规划每一个服务的功能边界,使服务在需求阶段就能够被充分识别和发现,减少设计冗余。另外,因为微服务彼此之间是独立的,所以它们运行在不同进程中,甚至被部署在不同的物理环境里。通过拆解复杂的系统,使不同业务功能分散在多个彼此隔离的微服务中,即使有一个微服务节点遇到了特殊情况,也可以通过服务限流、降级和熔断等机制保证其他微服务的正常运转,从而使系统崩溃的影响从对整个平面的冲击缩小到对一个小范围的单点冲击。

需要强调的是,业务服务侧重于与用户等使用方角色相关的交互业务逻辑,关注的是业务场景;而领域服务则侧重于系统所在领域边界内的服务逻辑关联,关注的是核心逻辑。

2.2.4 业务服务的演化

业务服务的相关概念早在许多遗留系统的构建过程中就已出现。遗留系统是一直以来长期存在的应用程序,具有过时的技术和僵化的单体架构风格。遗留软件系统(即单体软件系统)将应用程序构建为单个可执行、可部署的组件,随着功能、规模和复杂度的增长,单体系统越来越受到可维护性和可扩展性等问题的困扰,这阻碍了企业的数字化转型和创新,并且导致企业要投入大量资源进行软件维护。单体遗留系统的微服务化将单体系统转变为微服务系统,是一种促进系统更好演进和更便于维护的架构变迁策略。相关研究和工程实践表明,将领域驱动设计和业务服务代表的服务功能相结合是最有效的应用程序微服务化拆分策略。在领域驱动设计思想理论的正确指导下,限界上下文自然映射到微服务,这使得DDD能够应用于微服务设计,业务服务也可以脱离僵化的遗留系统架构体系的束缚,随着单体遗留架构到微服务架构的成功转型而顺利完成相应的服务演化过程。

当然,成功完成从单体遗留架构到微服务架构的整个架构变迁过程并不意味着业务服务演化的结束,恰恰相反,这实际上标志着业务服务演化过程的开始,接下来的微服务架构的持续集成与持续交付(CI/CD)过程以及持续部署则被认为是业务服务演化的重要体现。持续集成、持续交付、持续部署作为敏捷开发实践,可以及早发现、解决问题,从而更早地将产品交付给用户。及早地从用户那里得到反馈,就可以及早地对产品进行修复和完善，从而交付更加完美的产品给用户，最终形成良好的可以持续的闭环。

持续集成是持续交付和持续部署的基础。持续集成使得整个开发团队保持一致，消除了集成所引起的延期问题。虽然持续集成使得代码可以快速合并到主干中，但此时软件仍然是未在生产环境中实际使用过的，因此软件的功能是否正常，功能是否符合用户的需求，在持续集成阶段仍然是未知的。只有将软件部署到生产环境并交付给用户使用之后，才能检验出软件真正的价值：持续交付则是将最终的产品发布到线上环境，提供给用户使用。一个微服务架构系统会将一个应用拆分成多个独立的微服务，每个微服务都具有业务属性，并且能被独立地开发、测试、构建、部署。换言之，每个微服务都是一个可交付的产品。在这种细粒度的情况下，如何有效保障每个微服务的交付效率并快速实现其业务价值，是摆在微服务架构面前的一个难题。而持续交付是一系列的开发实践方法，用来确保代码能够快速、安全地部署到产品环境中，它将每一次改动都提交到一个模拟产品环境中，并进行严格的自动化测试，确保业务应用和服务能符合预期。持续部署是比持续交付更高一级的阶段，即所有代码的所有改动都通过了自动化测试之后，就都能够自动地部署到生产环境里。持续发布与持续部署的一个重要差别在于，持续发布需要人工将应用部署到生产环境中（即部署前，应用需要人工来校验一遍），而持续部署的所有流程都是自动化的，包括部署到生产环境中的流程。

总的来说，持续集成、持续交付与持续部署在敏捷开发过程中，实现了兼顾速度、效率、质量的软件开发实践，可以持续为用户交付可用的软件产品。例如，频繁的交付带来了更迅速的对软件的反馈；可以迅速对产品进行改进，更好地适应用户的需求和市场的变化；等等。

2.3　领域服务应用与治理

当面对大千世界中成千上万的业务时，我们往往基于"分而治之"的思想为各种业务赋予不同的问题域边界，即划定业务的领域。领域边界越大，业务范围就越大。业务服务主要侧重于与用户等使用方角色相关的交互业务逻辑，关注的是业务场景；而领域服务则侧重于系统所在领域边界内的服务逻辑关联，关注的是核心逻辑。因此在某种意义上说，业务服务和领域服务并不是服务的两种不同类型，而是服务的"一体两面"。在本节中，我们会介绍领域服务的基本概念，包括领域服务的集成和融合方法，并从服务生态系统视角出发，详细介绍领域服务的演化、度量、业务模式及监管等内容。

2.3.1 领域服务集成及跨界融合

领域服务能够集成领域边界内的服务逻辑，与之相对的是传统的单个服务应用。

对于单个服务，面向服务架构（Service Oriented Architecture，SOA）利用其松耦合的特性，能够灵活地将具有不同功能的单个服务进行集成，使得其他软件应用程序通过已定义的程序接口来利用这些服务。然而，软件的需求是动态变化的，SOA 的出现更强调从上到下的整体角度，不能满足快速的软件模型迭代。同时，传统 SOA 结构面临以下三点不足。

1）SOA 仍然是以单个服务为基础的，传统的面向单个服务的建模方法是基于构件分析与面向对象的设计方法，但是从单一目标识别出单个服务的功能是一个看似简单实际却很复杂的问题，从单一目标映射到单个服务的功能仍然是软件领域中一个未解决的难题。

2）构件是否是单服务的载体，单个服务的功能是否由构件提供，构件之间的数据流传输到单服务中，服务之间的联系变成紧密耦合，这些都与 SOA 原有的松耦合的理念有所出入。

3）由于面临大量的单服务整合，难以进行有效的服务治理，服务资产混杂不清，没有有效的服务管控手段。

领域服务的关注点是：集成领域内特定的服务，并保持服务逻辑关联性；能够抽取不同粒度与不同抽象层次的 SOA，保证服务建模结果的完整性与一致性，从而实现 SOA 的可复用性。由此，对领域服务的具体应用与治理层次进行分析，有助于服务的整体性利用。

单个服务能够提供的业务功能有限，为了能够充分利用现有服务来满足日益复杂的用户需求，多个服务常常一起协作以提供更强大的业务功能。因此，在过去的十多年间，通过服务协作和集成的方式将细粒度的服务结合起来满足用户需求成为服务计算领域常用的手段，其中包括服务协调、服务组合、服务资源混搭（Mashup）等具体方法。在服务组合方面，陈世展等人[3] 提出服务网络的概念来表达服务间的依赖、关系、属性和能力等关联内容，并将语义信息和对模糊信息的处理引入服务组合过程中，使得服务网络成为服务组合的新基点。对服务组合方法主要分为基于工作流的服务组合方法[4]，基于人工智能中逻辑推理、定理证明和任务规划等理论的自动服务组合方法[5]以及基于图搜索的自动服务组合方法[6-7] 等。

在服务协作和集成过程中，不同领域服务之间是否匹配对于服务能否集成至关重要。要实现领域服务集成，先要进行服务融合。服务融合是指跨领域服务为实现服务价值迭代优化而在多个方面相互渗透、相互交叉，逐步融为一体，从而涌现出新服务的过程。服务融合也属于服务合作，对不同行业领域的服务进行服务融合，可以产生跨界服务。相比于服务组合，服务融合是更宽泛的概念，前者是后者的一种简单情况。服务融合着重于在方法执行过程中检测与解决服务之间可能实际存在的业务和接口上的语义不一致问题，从而实现服务的顺利集成。

如图 2-3 所示，领域服务集成流程中包括领域服务业务匹配、领域服务接口匹配。具体如下。

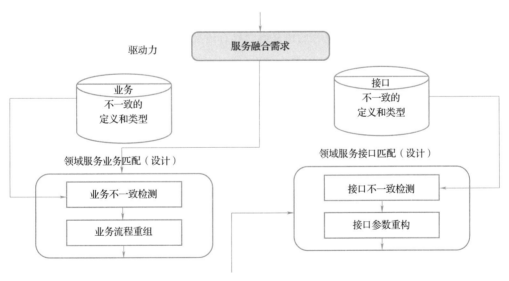

图 2-3　领域服务集成流程

领域服务业务匹配，即为了确定服务的执行顺序，并保证每个服务都能实现其业务功能，需要将待融合的领域服务之间的业务进行匹配，得到领域服务执行的业务流程。业务不一致是指没有完全获取到领域服务所需要的数据资源，当两个数据资源具有语义等价的名称和参数结构（同构）时，认为它们是等价的数据资源。其中"语义等价的名称"表示两个数据资源的名称所代表的语义具有语义等价关系；"同构"表示在一定阈值内，两个数据资源的参数结构是相同或相似的。我们想要解决业务不一致问题，就需要先检测业务不一致，将待融合服务列表中的服务逐个进行业务不一致检测，得到的检测结果包括存在业务不一致问题的服务列表（Business Inconsistency List，BIL）和具有序列关系的服务的集合（Ordered Triple Service，OTS），将得到的OTS中的每个有序三元组连接起来，可以得到初始业务流程，业务流程可以用Petri网、业务流程图等工具表示。为了解决存在的业务不一致问题，需要对初试业务流程进行重组，其中包括对数据资源重命名、添加语义关系、拆分数据资源和服务、添加新服务等可能的操作。

领域服务的输入参数集合是否被满足决定了领域服务能否顺利执行。领域服务的输入和输出接口都有一至多个数据参数，每个数据参数都是一个语义概念，只有确保需要的数据参数的语义能够被满足，服务才能正常执行。因此，接口不一致是指领域服务之间传递的数据资源中的参数存在语义不一致的情况，从而导致服务不能执行。当两个数据参数同名且同义时，认为这两个参数是等价的。其中"同名"表示两个参数的名称相同；"同义"表示两个参数名称的语义概念具有语义等价关系。同样，我们想要解决接口不一致问题，就需要先检测接口不一致，对具有序列关系的服务对进行接口不一致检测，得到的检测结果包括存在接口不一致问题的有序数据参数列表（Interface Inconsistency List，IIL）和具有序列关系的数据资源的参数的集合（Ordered Triple Parameter，OTP）。为了解决IIL中存在的接口不一致问题，需要对接口参数进行重构，其中包括对参数重命名、添加语义关系、参数概念的拆分和补全等解决接口不一致问题的可能的操作。

当完成领域服务的接口匹配后，可以得到满足用户需求的服务融合设计方案，待融合的服务之间已经具有明确的业务流程和传递的接口参数。在跨界融合实现阶段，研究的是如何实现待融合服务的融合，即给出服务融合的实现方案。将微服务架构中的事件驱动框架和消息代理机制应用于服务融合，给出基于微服务架构的服务融合实现方案，这种方案使得领域服务之间的业务耦合成为数据资源的异步通信，服务之间的集成只需关心数据的传递和同步，从而实现跨界服务的快速和持续集成。微服务架构根据业务功能将单个应用拆分为多个分布自治的微服务，这些微服务各自都只完成一项独立的业务功能，它们围绕各自的业务进行独立构建和部署。当这些拆分得到的微服务需要一起协作时，微服务架构主要采用事件驱动框架和消息代理工具（如 Kafka、Rabbit MQ 等）来实现分布自治的服务的协作业务逻辑，从而很好地实现不同领域服务的协同和集成。

2.3.2　领域服务的应用

领域服务之间的业务耦合与集成，实现了不同领域服务的协同计算，也促进了软件服务形态的网络化、服务化、平台化、生态化与智能化。软件服务形态的变化促进了智能技术（如互联网、大数据、云计算、人工智能）的产生，推动人类社会加速进化。人类社会就像一个容器，这些智能技术在其中不断进行多种形态的组合和融合，构建出各种软件应用。事实上，"数据+算力+人工智能算法＝智能服务"正在成为人类社会的一种新型形态，即所谓的智慧社会[8]。一个复杂的社会技术系统面临的核心挑战是在智能技术的帮助下，向更多的用户提供大规模、高质量的社会服务。

"服务"作为不同要素与终端用户之间的桥梁，为智慧社会中的一切事物，包括应用程序，赋予了统一的描述逻辑，比如数据、算法、知识等。此外，"服务"在智慧社会的运行中扮演着"连接器"的角色，让跨界元素的协同与融合真正成为可能。因此，整个社会逐渐发展成为一个由社会不同成员创建和运营的相互依赖、互利共赢的生态系统[9]。

随着人类社会服务边界的不断扩大，人类与环境交互的方式也将改变，但在许多情况下，尚不清楚改变的方式。复杂性常常使我们陷入"只见树不见林"的困境。这时，就需要一门新学科，它可以整合跨学科的见解，揭示智慧社会的全貌和演化规律，以概述框架和调查新兴的跨学科领域。这门新学科就是服务生态系统[10]。我们首先为服务生态系统的研究提供一个整体的概念框架。

1. 服务生态系统

在自然环境中，万物都有自己的功能，同时它们交织成一个网络，该网络由能量和材料的持续输入来驱动，从外部环境来看，物种之间的能量循环是通过食物链形成的[11]。最后，自然生态系统达到一个复杂而动态的平衡，其中现有物种可能会竞争、死亡和合并，而新物种可能会出现。类似于自然界的能量循环生态系统运行中存在价值循环三角服务生态系统（如图 2-4 所示），由三个异构网络构成。

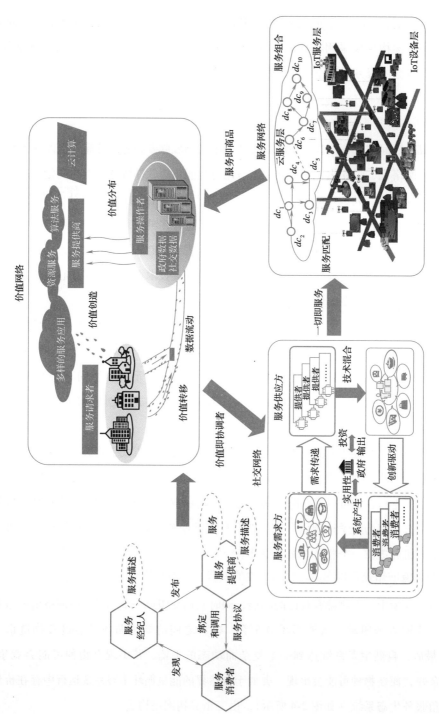

图 2-4　服务生态系统

1）服务网络（技术物种）：各类"服务物种"在网络空间共存，包括人类智能服务、机器智能服务和人机协同服务。

2）价值网络（流通机制）：服务作为交易中介，连接各种角色（服务需求方、服务供应方和运营者），最终形成一个价值循环。

3）社交网络（外部环境）：社交环境是影响智能手机实施的重要因素，包括人口、法律、文化、习俗和产业等，特别是政府、企业和公民之间的利益协调。

服务生态系统的运行是一个价值驱动的循环反馈，由三个步骤组成。

1）一切即服务（Everything as a Service，EaaS）。各种在线或离线资源（应用程序、平台、数据、算法和设施）来自社交网络的虚拟化，以服务的形式发布。通过它们的互联互通，这些服务可以实现单一资源的定制和多种资源的按需聚合[12-13]。基于此，可以创建各种"虚拟组织"（如团队、企业和政府），以及重新定义各种公共事务（如环境、交通、教育和健康等）[14]。

2）服务即商品（Service as a Commodity，SaaC）。服务供给和需求之间的匹配可以在一个"服务市场"中完成，就像商品交易一样，实现价值的创造、实现和分配[15]。若需求侧的诉求得到满足，服务消费者愿意为企业提供的服务付费。利益相关者之间的价值实现过程包括直接价值交换（即直接为企业提供的服务付费）或间接价值交换（即通过广告费产生的收入）。

3）价值即协调者（Value as a Coordinator，VaaC）。这样的价值流通可以促进社会的调整和网络进化，包括个人认知的变化和决策行为，跨域重构组织协作和社会的细化治理模式。然后，社交网络将进一步促进服务网络的演进，演进过程包含服务的出现和消亡、协作和服务之间的竞争、集聚和服务分散等[15]。最后，变化的服务网络会反过来影响价值的拓扑结构网络，包括价值的创造、实现和分配。

2. 价值驱动的服务生态系统演化

服务生态系统本质上是一个在外部环境影响下的"社会-技术"复杂系统，利用多层异质网络进行描述，包括社会网络、服务网络以及价值网络。可以从社会网络-服务网络、服务网络-价值网络、价值网络-社会网络三个层次探究多层异质服务生态系统的循环流动[16]，如图 2-5 所示。

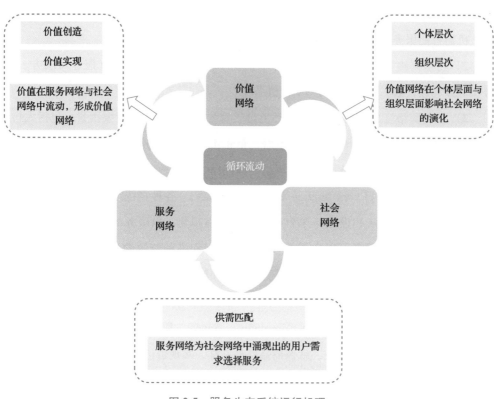

图 2-5　服务生态系统运行机理

（1）社会网络-服务网络　社会网络主要由服务消费者（用户）、服务供应商等社会实体组成，随着社会网络中的社会实体之间不断交互而涌现出来的用户需求，成为服务生态系统运行的驱动力，同时也是实现社会网络与服务网络之间交互的基础，即两者之间通过供需匹配实现了交互基础。在服务供给与需求的匹配过程中，服务的效用价值可以通过满足用户需求来实现，消费者为享受服务而将价值转移给提供者，价值分配在相关的服务提供者之间实现。

（2）服务网络-价值网络　服务消费者（用户）的需求是服务网络的驱动力。在满足用户需求的过程中，服务供应商与其合作伙伴之间形成了服务链。当需求完成时，服务链实现了价值创造，即用户将利润转移给服务供应商。不同价值链将形成价值网络，价值网络是与服务网络具有拓扑等价映射关系的虚拟网络。服务网络与价值网络之间的交互按照以下步骤进行。

①价值创造

供应和需求的匹配可以由多条价值链来满足[10]。为了实现服务供应方和服务需求方的最佳匹配，有必要确定哪条价值链能够最大限度地创造价值。这里，价值网络的运行机制具体如下所示：

$$S_1 \times S_c \times K_{value} = \Delta$$

式中，S_1 表示服务资源的状态空间和供应方的子系统；S_c 表示代表需求方的状态空间；K_{value} 表示最终选定的服务运营策略，包括收益分配、网络协作的组织模型等；Δ 表示最终的匹配和价值产生结果，即服务价值的创造。为了促进供需匹配，服务生态系统需要根据价值层面的供需匹配现状不断调整资源配置。

②价值实现

在通过选择最佳的服务链实现了价值创造后，不同服务供应方之间的价值实现也至关重要，这影响着服务供应方的服务供应能力，从而影响整个服务网络的结构[10]。服务供应方之间的价值机制如下所示：

$$Value = \frac{Outcome}{Cost}$$

式中，Outcome 表示服务生态系统在供需匹配过程中的整体利益，包括供应方获得的利润和需求方的用户满意度；Cost 表示在整个生命周期内提供服务的总成本；Value 代表结果与总成本的比率不同的服务运营策略，会导致价值网络存在较大差异，从而影响服务生态系统的最终演化。

(3) 价值网络-社会网络　服务供应方之间的价值分配是推动社会网络发展的关键因素，在激烈的市场竞争中，那些在价值追求上没有竞争力的服务很可能会被从服务网络中移除。为了在生态系统中生存，服务供应方必须通过各种方法提高自己的价值以获取能力。

作为一个复杂的社会技术系统，服务生态系统可能遵循不同的趋势进行演变：或者从低级到高级演变，或者从高级到低级退化。在这种情况下，如何分析服务生态系统演变背后的规律，仍是该领域的一个严峻挑战。为了应对这一挑战，需要强调服务生态系统的复杂性，尤其是三个异质网络（社会网络、服务网络和价值网络）的互动复杂性。由此，提出一个以价值为导向的服务生态系统分析框架。该框架可以揭示异质网络之间复杂的动态关系，形成一个新的服务生态系统研究范式，并可以分析三个网络的变化以及它们之间复杂的相互作用。

2.3.3 服务生态系统治理策略

服务生态系统内的每个主体都在自身目标的驱动下进行交互与竞争，其演化生长需要受到统一的管理与调控[17]。为了调节服务生态系统的矛盾与冲突，规范主体间的竞争与合作，保证系统协调发展，就需要创新服务生态系统治理策略，为服务业数字化转型保驾护航。

服务生态系统的参与主体主要涉及服务平台、服务供应方、服务需求方，构成"平台-卖家-消费者"形式的三元市场模型。如图 2-6 所示，根据服务流转的不同阶段，服务生态系统的治理策略分为服务前治理、服务中治理、服务后治理三个部分[18]。

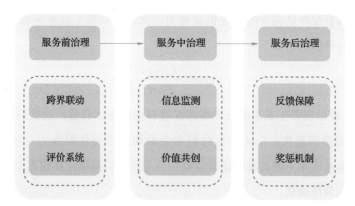

图 2-6　服务生态系统的治理策略

1. 服务前治理策略

（1）加强管理机构的跨部门和跨区域联动　由于传统的服务生态结构单一、信息闭塞，治理模式呈现区域隔离、互不依赖的特点，通常是垂直管理，各自为政。随着现代服务业迈向数字化时代，服务生态系统呈现出跨行业和跨地域的特点，整个生态交织成网状结构，每个环节的扰动都可能会导致"牵一发而动全身"的后果。服务生态系统的治理立足于共建共享，需要跨部门与跨区域的主体跨界协同共治。

（2）构建服务评价系统　服务生态系统中的服务平台担负信息汇聚与分发的任务，构成一个在线的服务社区。依托服务平台的在线评论系统，可以根据在线评论揭示多方互动现象，挖掘深度关联关系，为优化决策提供依据。在线评价不仅可以为潜在用户提供数据参考来帮助他们识别优质商户，还可以支持服务供应方向用户提供个性化服务。

2. 服务中治理策略

（1）信息技术手段助力服务生态系统治理　依托互联网、大数据、人工智能等信息技术，监控数据流动，绘制服务生态系统调度蓝图，构建虚实结合的数字孪生[19]。在服务过程中，实时抓取在线评论信息，监控网络口碑舆情，及时识别系统性风险。应用大数据分析技术提升服务生态系统治理能力，为管理部门提供科学决策手段。

（2）构建服务生态系统价值共同体　为了促进生态系统的均衡发展，要综合考虑服务生态系统中各参与方的利益，构造涉及所有参与方的价值分配合约，创建共享共富的服务生态，形成多方利益共同体。在服务过程中，各利益相关方遵循合约限定的价值分配模式，出于自身利益追求的目的，充分参与市场活动，扩大市场规模，实现多方参与者的价值共创。合约管理可采用基于区块链技术的智能合约方式，建立去中心化的自治组织（Decentralized Autonomous Organization，DAO）[20]。智能合约管理下的价值分配策略使共同体的价值流转透明、公平、可信。

3. 服务后治理策略

（1）建立反馈保障机制　服务供应商的目标是获取更多的利润，消费者的目的是享受服务价值。服务供应商与消费者之间由于价值目标冲突引发价值共毁[21]。为减少负面口碑以及挽留用户，服务供应商需要对用户反馈进行响应，与用户达成共识，推动从共毁走向共创。反馈保障机制能促使服务供应商提升服务质量，实现服务供应商与消费者的闭环良性互动。

（2）界定主体责任并制定奖惩机制　服务生态系统中的恶意行为、不当竞争、低劣服务会在服务过程后期集中涌现出来。针对这些问题，可以通过明确主体责任，利用经济手段调节系统运行的方式，减少服务生态系统交互过程中的恶意行为；还可以通过经济手段惩戒不良行为，奖赏优质服务，引导系统良性竞争。

2.3.4　领域服务的信誉与监管

1. 服务信誉

服务信誉是指用户对服务的综合信任程度。客观、公正的服务信誉评价有助于建立用户与服务间的信任关系并推动服务生态系统发展[22]。用户评分是用户对服务功能和性能满意程度的综合度量，信誉系统收集用户对服务的历史评价，汇总计算服务信誉。获取服务信誉时需要解决三个问题：评论数据稀疏、恶意用户内容、服务信誉计算方法。

（1）用户动态奖励机制　　为了解决数据稀疏的问题，设计基于用户评论质量的动态奖励机制。假设服务供应商给用户的最大奖励额为 A，用户认真评论的时间成本为 C，认真评论为服务带来的收益为 P，随意评论的时间成本为 C'（$C'<C$），随意评论为服务带来的收益为 P'（$P'<P$），动态奖励额为 A'（$C<A'\leqslant A$），则用户与系统之间的博弈矩阵如表 2-2 所示。当服务对用户无激励策略时，用户不评论的收益最大；当服务对用户采用统一激励的策略（奖励都一样）时，用户随意评论的收益最大；当服务采用动态激励的策略时，用户认真评论的收益最大。同理，当用户不评论时，服务采用任意激励策略的收益相同；当用户认真评论时，服务采用动态激励的收益最大；当用户随意评论时，服务不对用户进行激励的收益最大。通过对博弈进行均衡分析可知，动态激励、认真评论是服务和用户的最佳策略。

表 2-2　用户-服务博弈矩阵

	不评论	认真评论	随意评论
无激励	$(0, 0)$	$(P, -C)$	$(P', -C')$
统一激励	$(0, 0)$	$(P-A, A-C)$	$(P'-A, A-C')$
动态激励	$(0, 0)$	$(P-A', A'-C)$	$(P'-A', -C')$

（2）用户-服务双向评价用户体系　　用户生成内容是指在服务平台上，用户在购买服务或商品时产生的内容，包括用户评论、用户评级等。然而，用户生成内容中往往包含一些恶意、垃圾信息。对此，可以通过设计"用户-服务"双向评价模型来提高服务信誉计算的可靠性。在用户评价的同时，用收集的用户行为数据构建服务对用户的评价机制，以识别优质用户，过滤无效评价，提高用户评价的公正性。

（3）服务信誉计算　　基于双向评价的服务信誉计算流程如图 2-7 所示。首先，将用户评价、服务评价、期望达到的评价可信度以及用户历史数据作为输入。利用用户-服务双向评价机制中计算出的服务对用户的评价计算用户信誉，并过滤低信誉用户，获得可信用户集合。然后，根据可信用户的历史评价记录，计算评价准确率，并利用切尔诺夫限（Chernoff bound）计算用户人数阈值，计算达到指定准确率所需的用户人数下限。最后，对用户评价做进一步筛选后，将用户信誉作为权值，使用 EM（Expectation-Maximum）算法计算服务信誉。

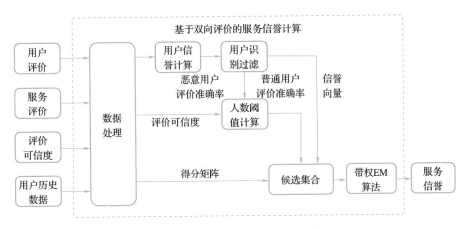

图 2-7　基于双向评价的服务信誉计算流程

2. 基于区块链技术的服务监管

服务生态系统中的个体在交互过程中不断进行价值交换并生成大量数据信息。得益于区块链上数据不可篡改的特点，在不借助第三方的情况，可如实记录主体的交互行为。将区块链技术应用到服务生态系统的监管中，使价值流转更加透明、安全、可靠[23]。

（1）**历史记录不可篡改**　区块链以数据追加的方式记录交易，每个历史交易都能在区块中被检索，交易也可以被准确溯源。区块链的共识机制使得篡改记录的代价非常高，因此要想在区块链中伪造记录几乎是不可能的。利用区块链信息不可篡改的特点，可以从源头上避免欺诈行为的出现，实现数据的自动化管理，建立主体间的信任关系。

（2）**数据安全共享**　传统的中心化的数据库系统设计了严格的用户权限管理机制，而区块链的分布式账本数据则完全公开透明，被授权的节点可以随意读取查询链上的数据。区块链采用数字签名等密码学技术保障区块链交易数据的匿名性，并在共享数据的同时保护用户的个人隐私。

（3）**数据一致性保障**　在传统的财务审计工作中，对账过程既费时又耗力，不仅效率低下，还浪费人力物力。区块链是一个分布式记录账本，每个节点上都保存了一份区块链的完整记录，从而免去了传统审计过程中反复对账的步骤，并提高了第三方审计意见的公信力。

2.4 | 不同行业的领域服务治理实例

2.4.1 智慧养老服务生态

1. 背景

2021 年国家统计局发布的第七次全国人口普查数据显示，我国 65 岁以上人口数达到 1.9 亿，占总人口数的 13.5%[24]。中国发展基金会预测，中国人口老龄化将于 2050 年达到峰值，中国 65 岁以上人口将占到总人口的 27.9%[25]。我国目前主要推行的养老模式为"9073"模式，即 90% 的老年人居家养老，7% 的老年人在社区养老，3% 的老年人在机构养老。

居家养老虽为主要养老模式，但是受计划生育政策、异地工作等因素的影响，老人子女数量少且长期不在身边、丧偶独居等现象普遍存在。而 2020 年，我国各类养老床位为 807.5 万张[26]，平均每百名老人拥有 4.2 张，尚未达到"每百名老人拥有 5 张床位"的国际标准。

养老问题已经成为全社会关注的重点问题。2017 年 8 月 14 日，财政部、民政部、人力资源和社会保障部联合印发《关于运用政府和社会资本合作模式支持养老服务业发展的实施意见》[27]，意见建议着力促进养老等产业的消费扩张，鼓励运用政府和社会资本合作（Public-Private Partnership，简称 PPP）模式拉动养老服务消费，推动产业链发展，形成多层次、多渠道、多样化的养老服务市场。当前，养老领域已经从基本服务行业演变成了融合医疗、旅游、地产、金融、心理、教育、IT 等领域的服务生态系统。

2. 智慧养老服务生态系统的构建

智慧养老服务生态系统的组成如图 2-8 所示。在智慧养老服务生态中，医疗保健、教育、金融等多个领域的第三方服务在业务服务技术的支持下集成到服务系统中。通过对老年人数据进行分析和挖掘，充分理解老年人的意图，有针对性地为老年人推荐个性化服务。基于养老政策法规和相关知识，结合居家养老、社区养老、机构养老、旅居养老等养老模式和场景，设计新的养老服务模式。再结合信誉评估对服务生态进行引导和治理，推动养老产业的形成。

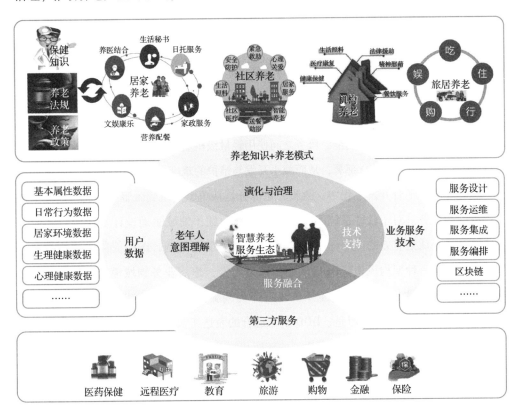

图 2-8　智慧养老服务生态系统

3. 养老服务的业务与功能分类

根据不同服务在业务需求、业务流程、业务规则与业务服务方式上的特点，可将养老服务生态系统中的第三方服务划分为以下类型。

1）商品类服务：类似淘宝售卖商品，如血压计等。

2）线上第三方服务：如线上心理评估等数据分析服务。

3）线上线下相结合的第三方服务：如家政服务、体检预约等。

按照服务功能，养老服务大致可以划分为照料护理、家政服务、医疗健康、金融保险、休闲娱乐、精神慰藉、休闲旅游、适老改造等类型。

生态系统管理者分别为不同业务和功能的服务设计了集成方法和交易流程，从而实现将多领域、多功能的第三方服务充分融入生态系统，并促进生态系统的演化和发展。

4. 领域驱动的养老服务平台设计与实现

传统软件系统的架构通常采用单体架构风格来实现，随着功能、规模和复杂度的增长，传统软件系统越来越受到可维护性和可扩展性等问题的困扰，这阻碍了企业数字化转型和创新，并且会导致大量资源耗费在软件维护上。系统的微服务化改造是一种促进系统更好演进和便于维护的架构变迁策略，可以帮助解决这些问题。微服务将单个应用程序开发为松耦合、可独立部署的一组服务，其中每个服务表现出明确定义的功能和高度模块化且能够独立扩展业务的功能，服务之间使用轻量级机制进行通信，并且每个服务能够独立开发、独立运行、独立部署，从而减小开发与维护的难度，便于团队沟通与协作。

在养老服务平台开发过程中，微服务化拆分是从单个系统到微服务的迁移过程中最具挑战性的任务。对于软件系统的微服务化拆分问题，领域驱动设计（DDD）和业务功能结合是公认最有效的应用程序微服务化策略。（需要强调，DDD 是一种架构设计方法，微服务是一种架构风格。DDD 从业务视角出发，建立业务领域模型，划分领域边界，以此建立限界上下文，限界上下文可以作为微服务设计的参考边界，所以 DDD 可以用于指导微服务设计。）但是，DDD 缺乏适合的表达工具，所以无法使用形式化的方式对 DDD 进行严谨表达，这限制了模型的转换和验证过程，导致 DDD 的领域建模工作的实施在很大程度上只能依靠主观经验。这种依靠主观经验的领域驱动设计重构工作难以成功，因为单体架构具有跨功能的对象实体和复杂的接口依赖关系，实体之间很难完美分离。所以，如何使用形式化的方式对 DDD 进行严谨表达，使 DDD 摆脱依靠主观经验指导微服务设计的困境，被认为是成功完成微服务架构迁移过程中最具挑战性的任务。

养老平台单体架构微服务化改造工作以 DDD 思想的宏观指导作为基础，凝炼了领域事件、实体、值对象、限界上下文等微服务拆分过程中的主要关注点，然后专门针对这些主要关注点建立了一种形式化模型工具（DED）。DED 中定义的领域事件、实体、值对象、上下文本体等概念覆盖了微服务拆分过程中的主要关注点，所以 DED 非常适合软件系统的微服务化拆分工作。同时，运用 DED 的形式化建模方式，解决了 DDD 依靠主观经验进行领域建模的问题。

另外，在 DED 的基础上开发了一种基于领域事件驱动的半自动微服务化拆分方法，该方法包括四步（如图 2-9 所示）：①构建 DED 并生成多维度接口相关度综合矩阵；

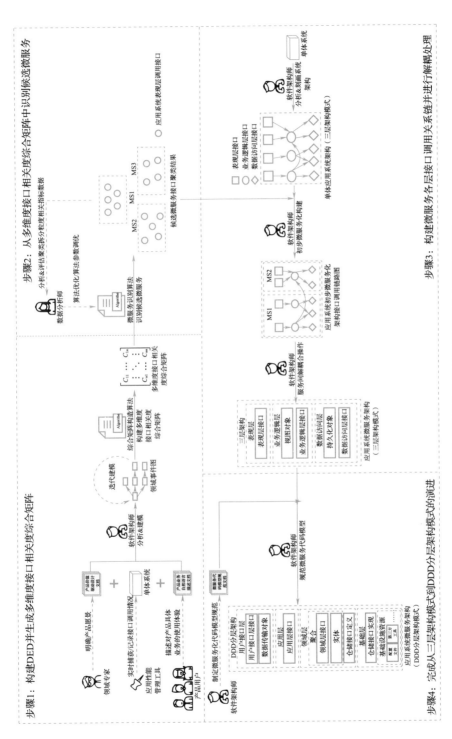

图 2-9　智慧养老服务生态系统服务微服务拆分方案总体流程

②从多维度接口相关度综合矩阵中识别候选微服务；③构建微服务各层接口调用关系链并进行解耦处理；④完成从三层架构模式到 DDD 分层架构模式的演进。该方法以形式化工具和方法作为指导，以接口相关度综合矩阵构建算法、候选微服务聚类算法等自动化算法作为支撑，从微服务内聚耦合、拆分粒度、架构模式多个角度对微服务化拆分过程进行优化。最终，该工作将养老平台成功拆分成综合搜索、平台入驻、业务服务、页面推荐、用户、可复用性通用业务、商品和登录 8 个微服务，完成了基于领域驱动的养老服务平台的设计与实现。

5. 老人信息获取

获取老人信息主要通过两种方式：一种是采集用户个人信息和服务交易信息；另一种是通过智能设备采集老人居家信息，这是典型的云边端模式的应用。如图 2-10 所示，家庭网关集成了多种多样的智能设备，包括穿戴设备、健康监测设备、适老

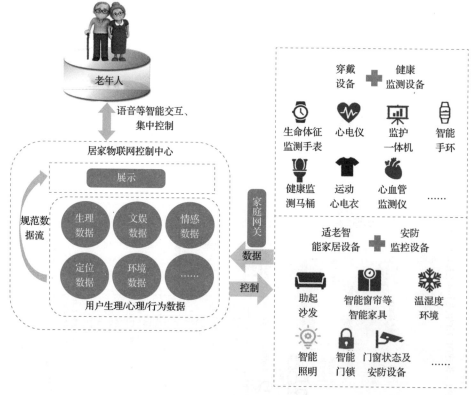

图 2-10　老人居家数据采集

智能家居设备、安防监控设备等，这些设备采集老人日常行为特征并上传到云或边缘服务器进行分析。这些数据能够帮助服务生态系统运营者从人口、社会、健康和消费层面对老年人进行详细刻画，挖掘深层次的用户需求，更加精准地进行服务推荐，进而优化服务模式。

6. 信用评估

养老服务生态系统信用机制和信用评估对社会信用体系建设具有积极的推动作用，能够保证服务征信体系建设的规范与统一，有助于实现统一标准下的产业互联互通、信息共享、业务协同，规范市场主体的信用行为和市场秩序，最终形成健康有序、诚实守信、可持续发展的产业市场格局。智慧养老服务生态系统包括三个方面的质量评估，分别是个人信用评估、服务质量评估、服务提供商信用评估。

（1）个人信用评估体系　用户个人的信用分由基础分数和用户消费行为积分相加而成。每个用户注册账号之后得到基础信用分数（80分），用户消费行为积分取多次消费行为评分的均值，用户每次消费行为的打分依据见表 2-3。

表 2-3　用户每次消费行为的打分依据

打分依据	详细解释	分数
订单完成情况	无异常退出	+10
	预约阶段-用户取消-自身原因	−10
	预约阶段-用户取消-其他原因	−20
	下单阶段-用户取消-自身原因	−30
	下单阶段-用户取消-其他原因	−40
	派单阶段-用户取消-自身原因	−50
	派单阶段-用户取消-其他原因-服务不满意	−60
评价完成情况	评价已完成	+10
	评价未完成	0

（2）服务质量评估体系　服务质量评估由服务产品信息评分和服务过程评分两部分组成。服务产品信息评分是根据平台中服务信息是否包含产品信息得出的，有对应的信息则为满分，无对应的信息则计 0 分。服务过程评分包含服务预约/下单/派单时间，服务执行的进度，服务过程有无异常退出，服务是否需要整改 4 个方面的不同得分。服务过程的具体评分规则如图 2-11 所示。

图 2-11　服务过程的具体评分规则

（3）服务提供商信用评估体系　服务提供商信用评估体系共分为三大部分：基本指标、专项指标、满意度评价。基本指标是服务提供商信用评价的共性指标，分别从价值观（守信意愿）、竞争力（守信能力）、社会责任（守信表现）三个维度进行评价，基本指标的名称及其说明见表 2-4。专项指标是针对服务提供商行业的特性和职能制定的专门衡量其业务能力与水平的指标，包括服务项目及质量要求、管理要求等。满意度评价则是通过对服务对象及相关人进行调查和测评，对服务提供商的服务质量和水平进行全面衡量与评价。

表 2-4　服务提供商信用评估基本指标

一级指标	二级指标	三级指标
价值观	价值理念	发展战略、领导者品质、理论研究、荣誉奖励、示范作用、法人结构、规章制度
竞争力	管理能力	管理能力、盈利能力、偿债能力、营运能力、发展能力、市场占有率
社会责任	社会公共信用信息	政府信用记录
	相关方履约	合同履约、职工权益

7. 健康养老服务生态系统演化分析

计算实验可以作为研究健康养老服务生态系统的有效方法，模拟各种实验场景下健康养老服务生态系统的演化过程，探索在同一场景下健康养老服务生态系统不同演化的可能性。

为了模拟不同具体且真实的健康养老服务生态系统的演化状况，需要对系统初始参数进行定量设置。其中包括以下属性：①服务提供者数量代表健康养老服务生态系统在不同区域的服务提供者的数量；②基本消耗代表健康养老服务提供者在每个时间点的基本消耗；③跨界成本代表健康养老服务提供者在进行跨域时的价值消耗；④干预策略代表不同干预强度的策略，共有四种干预策略；⑤高收益代表健康服务提供者每完成一个需求所获得的利润为高利润时的值；⑥初始能量代表健康养老服务生态系统中不同区域的服务提供者的初始能量；⑦低收益代表健康养老服务提供者每完成一个需求所获得的利润为低利润时的值；⑧跨界消耗代表健康养老服务生态系统提供者在进行跨域时的能量消耗。

仿真系统采用了两种基本收益策略和两种成果奖励策略，并将其组合成四种不同干预强度的策略，分别为高基本收益与低奖励的组合策略（低强度干预）、低基本收益与低奖励的组合策略（几乎封闭的无干预生态系统）、低基本收益与高奖励的组合策略

（高强度干预）以及高基本收益与高奖励的组合策略（中等强度干预）。如图 2-12 所示，可以在系统初始参数设置界面中进行属性设置。

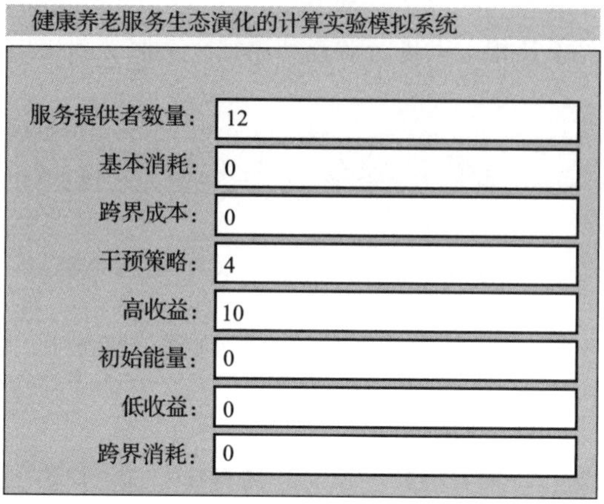

图 2-12　系统初始参数设置界面

用于演化模拟的计算实验系统的主要功能概述如下：

1）操作员可以通过运行/暂停/停止系统实现对系统运行的控制。

2）操作员可以通过设置不同初始参数模拟不同情境下健康养老服务生态系统的演化。

3）使系统运行过程与数据可视化。

整个场景分为三个区域：初级区域、中级区域和高级区域，分别代表处于不同阶段的服务类型。在三个区域中，不同的需求复杂度代表了其处理难度的差异，分布集中性与复杂度成反比，高级区域的需求分布较为分散，中级区域次之，初级区域的需求分布最为集中，绿色的深度反映需求的处理难度。分散的需求分布对服务提供者的运气、敏锐性有更高要求。

如图 2-13 所示，三个区域分别由初级、中级和高级服务提供者提供服务。所有服务节点在每个周期内具有基础收益（代表服务商的基本收入）。所有服务节点在环境中可以搜索特定的需求，在搜索过程中会消耗一定的能量。获得需求后，服务节点获得相应的利润和资本增值。当它们的资本达到繁殖的阈值时，就进行基因进化以产生同类的新后代；当它们的资本低于死亡阈值时，它们就会死亡并消失。

图 2-13 系统仿真过程可视化界面

　　服务提供者根据自身等级、自身能量和周边服务提供者的移动趋势判定自身风险，决定移动方向和是否进行跨领域。服务提供者在进行领域迁移时，会从一个区域迁移到另一个区域，这个过程需要消耗能量。如果服务提供者的基本收益只能维持生存，那么领域迁移的成本可能会对服务提供者的能量造成巨大的消耗，大概率会导致服务提供者在这个过程中死掉。当一个领域聚集了大量服务提供者时，它们之间的竞争将会变得更加激烈。

　　在实验系统中，每个需求都有一定的复杂性，复杂性体现为需求实现的成功率。从初级需求到高级需求处理复杂度依次上升，反映了该方向的挑战性。成功率与服务提供者自身能量相关，服务提供者能量越高，处理同样难度的需求时成功率越高。运行模型后可以在系统可视化界面显示出随时间的变化健康养老服务生态系统各个服务的价值变化，有助于更加全面地了解健康养老服务生态系统的演化状态。当系统初始参数设定为如图 2-12 所示的值时，各类服务提供者创造的总价值随时间变化的情况如图 2-14 所示。

　　健康养老服务生态系统是具有不定性、多样性和复杂性特征的复杂系统，其复杂性主要源于智能群体间的协调网络以及所受到的外部干预，其在建模、有效控制和管理等方面正面临着前所未有的挑战和发展机遇。而基于计算实验的演化模拟为健康养老服务生态系统的分析、推理、预测和控制提供了一种新颖的、可行的研究工具和手段。

健康养老服务生态演化的计算实验模拟系统

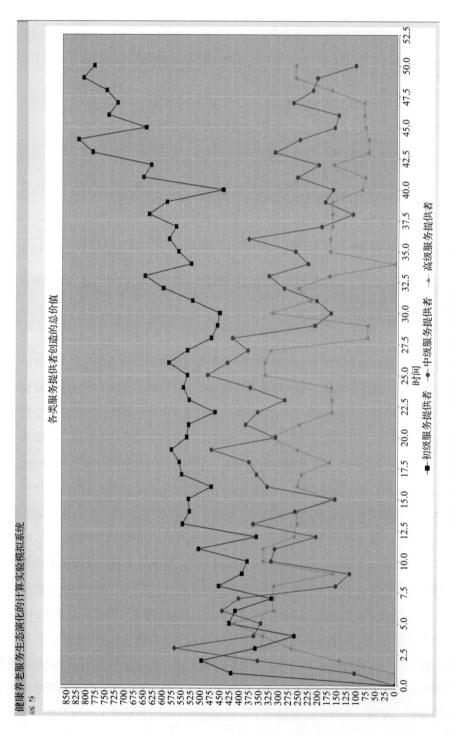

图 2-14　各类服务提供者创造的总价值随时间变化的可视化界面

2.4.2　医疗服务生态

1. 背景

医疗服务生态与养老服务生态息息相关，随着人口老龄化程度的加深，医疗服务负担也在加重。在美国，分散的医疗服务成了社会发展的巨大负担，目前的医疗服务体系中，17%的 GDP 都不足以提供足够的医疗服务[28]。我国执业医生仅有 360 万，医院和床位的数量难以满足日益增长的就医需求，尤其在基层，医疗资源十分匮乏[29]。城乡医疗资源不均衡、城市内医疗资源集中化大大加剧了"看病难"的问题。2018 年 4 月，国务院办公厅发布了《关于促进"互联网+医疗健康"发展的意见》[30]，该意见针对优化医疗服务水平，创新医疗模式，进一步满足日益增长的医疗需求进行指导。2020 年 7 月，国家卫生健康委与国家中医药管理局联合印发《医疗联合体管理办法（试行）》[31]，进一步支持和完善医疗联合体系模式。

在此背景下，提升医疗服务智能化水平，构建智慧医疗服务生态是提升医疗服务资源利用率的有效解决方案，蕴含着巨大的变革潜力。智能医疗服务可以分为三类，分别侧重于紧急情况的发现和预防、慢性疾病的长期治疗以及疾病的预防和早期发现[32]。这些先进技术结合"互联网+"平台的兴起能够缓解大城市、大医院过于集中的医疗资源带来的医疗资源不平衡问题。

2. 医疗服务生态系统的构建

医疗服务生态系统如图 2-15 所示。通过医疗联合体系（简称医联体）将不同等级的机构的医疗资源和数据打通，通过科技手段解决医疗服务中"可及性"的问题，逐渐让小城市、偏远地区更便捷地接触到高水平的医生和现代化的医疗资源，这是智慧医疗的最好实践。同时，集成了医疗资源的"互联网+"平台形成互联网医院，为患者提供远程智慧医疗服务，进一步缓解了就医压力。

在优质医疗资源相对稀缺的情况下，大医院、大专家往往集中在大城市，基层和偏远地区的医疗技术、设备、服务能力相对较差，不能充分满足人们的需求。而互联网技术的飞速发展，让优质医疗资源变得触手可及。互联网医院在新冠肺炎疫情期间发挥了前所未有的作用，也引发了政府和社会各界对数字健康领域更深层次的关注。

图 2-15　医疗服务生态系统

3. 互联网平台的结构

微医平台⊖将互联网医院划分为实体层、服务层、平台层三个层次。其中，第一层是实体层，包含提供各种服务的所有实体，如不同层级的医疗机构；第二层是服务层，包含实体提供的所有服务，如在线问诊和预约挂号服务；第三层是平台层，平台层将所有的服务集合起来，依照需求对服务业务进行编排和融合。图 2-16 是以微医平台为例的"互联网+"平台结构。

"互联网+"平台一方面为用户提供了服务窗口，另一方面整合了医疗服务和实体机构，为不同机构之间的连通打下了基础。平台可以促进各级医院联网，实现医院之间信息系统的对接，患者可通过医院的共享号池预约挂号，患者的检查结果也可以在医院间实现共享。

4. 医疗数据标准化

HIS 是医院信息系统（Hospital Information System）的简称，要实现不同医院之间的联合，务必要完成医疗数据的标准化以及系统间的互联互操。元数据是对数据高层次的总结抽象，能够对数据属性进行完整描述。医疗元数据是对医疗数据的标准化，医疗元数据的形成和推广促使 HIS 趋向相同的元数据表达，从而实现多平台数据对接，这是形成医联体的关键环节。

⊖　https://www.guahao.com/。

图 2-16　以微医平台为例的"互联网+"平台结构

医疗服务生态系统的数据主要包括：

1）基础健康类，如人口出生、日常体检、疫苗接种等；

2）就诊服务类，如挂号问诊历史、诊断结果、处方、手术信息等；

3）社会信息类，如患者身份信息、家庭状况、社保医保信息等；

4）机构规则类，如药品规格、库存、人员权限等。

生态系统管理者可以对不同种类的医疗数据进行标准化，如针对患者设计包含个人信息、就诊信息、社会信息的数据表，进一步通过 UML（Unified Modeling Language）等形式化方法对医疗数据格式进行分级、分类设计，并应用在联合体内不同的 HIS 中，促进不同 HIS 的关联和融合。

5. 医院公信力

社会普遍认为低级医院的医生水平低于高级医院，更容易出现专业设备不足、误诊等现象，给患者带来严重的生命财产安全隐患。部分患者也对低级医院的诊疗结果存在质疑。通过 HIS 的对接和远程诊疗服务，不同医院的医生之间可以实现意见交互，甚至影像科室可以将影像结果直接移交至其他医院，辅助临床医生进行诊断和治疗，提升低级医院诊疗结果的公信力，从而缓解医疗资源过于集中的问题。

6. 医疗联合体系的资源共享与调配

医疗联合体系之间的紧密程度各不相同。紧密型的联合体是将多层级的医疗机构组织成一个大的集团进行统一管理；松散型的联合体是仅进行医疗服务的共享，而不会对人力、经济等资源进行调配。医联体的形成弱化了机构之间的竞争，形成不同层级医疗机构之间互帮互助的模式。

在医疗联合体系中，综合考虑生态系统中各参与方的利益，设计均衡发展的价值分配策略，依托"互联网+"平台，发起设立"共享""共创"的价值共同体尤为重要。所有加入共同体的医疗机构和 HIS 共享彼此的用户资源，实现患者双向引流。各个实体遵照合约，根据对共同体的贡献获得相应的积分奖励。积分代表了对共同体一部分收益进行再分配的权益。可为偏远地区或条件较差地区的医疗机构设计更有利的积分奖励，以积分为激励手段和连接纽带，实现价值共享的业务推广和用户发展，形成一个闭环的价值创造生态体系。

2.4.3 教育服务生态

1. 背景

2019 年底开始的新冠肺炎疫情，给教育领域带来了一场"大考"。联合国教科文组织发布的《新型冠状病毒肺炎疫情期间及以后的教育政策简报》显示，疫情对教育领域造成了严重的破坏，全球超过 191 个国家和地区暂时关闭了学校和教育机构，近 16 亿学生因此而受到影响[34]。如何在短时间内探索出一条能最大限度给学生带来福祉的道路，是各国共同面临的难题。

新冠肺炎疫情期间，我国及时开通了国家中小学网络云平台，在教育部"停课不停学"的号召下，面向高校免费开放包括 1291 门国家精品课程在内的 3 万余门在线课程，并针对偏远地区开设空中课堂，满足 2 亿多学生的居家学习需求。充分依靠在线教育的科技手段，应对新冠肺炎疫情时期教育面临的非常态。从实质上看，互联网放大了优质教育资源的作用和价值，其连通一切的特性可以让跨区域、跨时间的合作学习得以实现。这使得过去受限于地域、时间和师资等的教育状况得到大幅改善。全球知识库正在开放的教育背景下逐渐形成，人们随时随地都可以通过互联网获取优质的教育资源，获取知识的成本大大减少，效率显著提升。从短期来看，新冠肺炎疫情改变了教育手段与教育方式，但从长期来看，新冠肺炎疫情还对教育内涵、教育理念提出了新的挑战。

教育应该始终保持前瞻性，为面向未来而做好准备。

2. 教育服务生态系统的构建

教育服务生态系统[35] 是带有服务性质的，需要根据用户不断演化的需求进行持续的改进，这要求其具有用户体验性强、系统鲁棒性高等特点。教育服务生态系统主要由课堂教学平台、教育管理平台、教育评价平台、个人学习平台、考试平台组成，基础数据中心作为云端数据中心，提供各个服务公用的数据。各平台的主要组成内容如图 2-17 所示，图中各个单元和因子之间相互作用和影响，形成一种复杂的结构，在功能上组成一个统一的整体。教育服务生态系统需要 5G、人工智能等新兴的技术作为支撑，但是这些技术往往需要复杂度较高的基础设施，对开发、建设、运行、维护等人员的要求也较高，这增加了对信息化建设的投入。因此，亟需一种新的模式来应对传统系统中存在的师生体验度差、无法提供持续的维护服务、教育资源匮乏、安全漏洞多等问题。

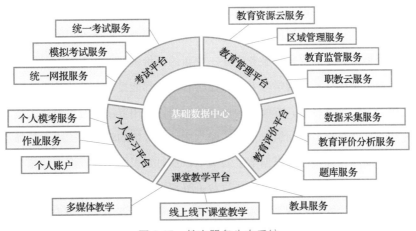

图 2-17　教育服务生态系统

3. 教育服务生态系统对软件服务提出的需求

（1）线上线下教育对软件服务的需求　教育服务生态系统以人为本，以服务人的发展为核心，这决定了其业务流程的复杂性与动态多变性。线上线下融合的方式重新定义了教育服务的面貌，但是由于网络安全管理不完善，教育服务生态系统容易受到不良机构的攻击，存在极大的安全隐患。这需要可靠的软件服务为师生营造一个绿色、安全的学习空间，提供监控与不良信息过滤等功能。教育服务生态系统的重点是教育服务[35]，主要包括业务服务、数据服务以及资源服务。教育服务生态系统需要汇聚优质、稀缺的教育资源，并将教育服务提供方、需求方以及监管平台分离以保障系统的健壮性和安全性；还需要利用虚拟化技术实现网络资源云化，根据业务需求调用教育服务资源。依靠云服务等将教育服务分布式地部署到用户近端，从而保障教学应用的可靠性和稳定性。这会给师生之间搭起一座桥梁，从而减少线上教学所带来的距离感。

（2）自主学习对软件服务的需求　自主学习越来越受到学科教育的重视，在这个过程中，学生不再是被动的知识接受者，而是积极的学习者。这要求软件服务能够分门别类地汇聚教学、教研、教管等资源，建立资源共享平台；要求平台具有高效检索教育资源、方便资源提交、安全存储、优质资源筛选、识别用户意图进行主动教育资源推送等功能，以形成资源之间的互联互通。

（3）翻转课堂教学对软件服务的需求　教育服务生态系统中的翻转课堂[36-37]将学习的主动权从教师转移给学生，这使得学生在学习时更加灵活主动，参与度也更强。由此引发了教师角色、课程模式、管理模式等的一系列变革。软件服务能够充分利用丰富的信息化资源，实现教育资源的共享。此外，在翻转课堂的推动过程中，要打破教师评价学生的传统做法，还需要软件服务建立一种新的评价机制，注重学习材料的新颖性和趣味性，改变传统应试教育的学习方式，让所有学生都能接受个性化教育。同时，需要为教师提供大量的延展材料，方便教师快速掌握软件使用方法，避免消耗大量时间去做重复的劳动，从而有更多时间组织丰富的课堂活动。传统的教学方式中，教师需要统一学生的进度。而翻转课堂可以根据学生的基础以及对知识的掌握程度，为每一位学生提供个性化的教育资源推荐，教师可以从后台了解到学生对每节课的知识的掌握程度。

（4）混合式教学对软件服务的需求　作为一种新的教学方式，混合式教学[38]反映了教育理念与范式的转变。教育从平台转化为服务才是可行的方向。在理念落地为实践的过程中，需要将所有知识点拆分为三个层级，分别是自主学习、引导学习、深度学习。这需要软件服务充分结合课程的实际情况，综合学生的学习情况，根据知识点的难易程度，设计最适合的呈现形式。随着教师和学生群体对于学习的个性化需求日益增长，教育服务生态系统[39-40]需要针对混合式教学建立个性化的定制平台，承载课程建设与管理，满足各类角色的需求，同时注重新旧知识的融会贯通，不能简单地对同类课程进行"一刀切"，要构建师生、生师、生生的多向互动关系。

尽管新冠肺炎疫情扰乱了国内外教育的常态，但也提供了新的机会。教育服务生态系统中，政府、教育服务提供商和学校构成生态主体[41-43]，需要弥补传统教育软件缺乏持续维护和系统功能无法适应教育情境等不足，促进教育服务的融会贯通，实现数据流转，最大限度降低教育服务间的通信障碍，提供低成本、轻量级、高可用的教育服务，为教师教学、学生学习、学校管理赋能。

2.5　本讲小结

本讲从业务服务的基础技术和领域服务的组成出发，逐渐扩展到服务生态系统的构建、运行、演化与治理，充分体现了领域服务治理问题的学科交叉性和复杂性。业务服务侧重于与用户等使用方角色相关的交互业务逻辑，关注的是业务场景。随着面向服务思想在业务领域的不断渗透与应用，业务服务在很多方面以多样化的形式被广泛应用。领域服务由业务服务组成，在用户需求驱动下，多领域服务聚合形成服务生态系统。本讲所介绍的理论具有普适性，不仅仅局限于养老、医疗、教育领域的应用，还能够应用于其他行业和领域，未来将进一步推动社会层面服务治理的研究与发展。

拓展阅读

［1］FOSTER I. Service-oriented science［J］. Science，2005，308（5723）：814-817.

［2］NEWMAN S. Building microservices：designing fine-grained systems［M］. 2nd ed. Sevastopol：O'Reilly Media，2021.

［3］WU Z，YIN J，DENG S，et al. Modern service industry and crossover services：development and trends in China［J］. IEEE Transactions on Services Computing，2016，9（5）：664-671.

［4］薛霄. 复杂系统的计算实验方法——原理、模型与案例［M］. 北京：科学出版社，2020.

［5］GUO S，XU C，XUE X，et al. Research on trans-boundary convergence of different service chains in health service ecosystem［J］. Journal of Medical Imaging and Health Informatics，2020，10（7）：1734-1742.

参考文献

［1］余春龙. 软件架构设计：大型网站技术架构与业务架构融合之道［M］. 北京：电子工业出版社，2019.

［2］ 钟华. 企业 IT 架构转型之道［M］. 北京：机械工业出版社，2017.

［3］ 陈世展，冯志勇. 服务网络：Web 服务组合的新基点［J］. 计算机应用研究，2008，25（5）：1378-1382.

［4］ SONG X, DOU W, CHEN J. A workflow framework for intelligent service composition［J］. Future Generation Computer Systems, 2011, 27(5): 627-636.

［5］ YUE P. Automatic service composition［J］//Semantic web-based intelligent geospatial web services. Computer Science, 2013, 21-25.

［6］ SERRANO D, STROULIA E, LAU D, et al. Linked REST APIs: a middleware for semantic REST API integration［C］//Proceedings of 2017 IEEE International Conference on Web Services(ICWS). Cambridge: IEEE, 2017: 138-142.

［7］ SILVA A, MA H, ZHANG M. A graph-based particle swarm optimisation approach to QoS-aware web service composition and selection［C］//Proceedings of 2014 IEEE Congress on Evolutionary Computation. Cambridge: IEEE, 2014.

［8］ XUE X, FENG Z Y, CHEN S Z, et al. Service ecosystem: a lens of smart society［C］//Proceedings of 2021 IEEE International Conference on Services Computing(SCC 2021). Cambridge: IEEE, 2021.

［9］ XUE X, WANG S F, ZHANG L J, et al. Social learning evolution(SLE): computational experiment-based modeling framework of social manufacturing［J］. IEEE Transactions on Industrial Informatics, 2019, 15(6): 3343-3352.

［10］ XUE X, ZHOU D, CHEN F, et al. From SOA to VOA: a shift in understanding the operation and evolution of service ecosystem［J］. IEEE Transactions on Services Computing, 2021.

［11］ XUE X, CHEN Z, WANG S, et al. Value entropy: a systematic evaluation model of service ecosystem evolution［J］. IEEE Transactions on Services Computing, 2020, 15(4): 1760-1773.

［12］ NAM T, ALDAMA F A, CHOURABI H, et al. Smart cities and service integration［C］//Proceedings of the 12th Annual International Digital Government Research Conference. New York: ACM, 2011: 333-334.

［13］ WEISER M. Ubiquitous computing［C］//Proceedings of the 22nd Annual ACM Computer Science Conference. New York: ACM, 1994.

［14］ XUE X, GUO Y D, CHEN S Z, et al. Analysis and controlling of manufacturing service ecosystem: a research framework based on the parallel system theory［J］. IEEE Transactions on Services

Computing, 2021, 14(6)：1598-1611.

［15］ XUE X, GAO J J, WU S, et al. Value-based analysis framework of crossover service：a case study of new retail in China［J］. IEEE Transactions on Services Computing, 2022,15(1)：83-96.

［16］ XUE X, CHEN S Z, LI B J, et al. An integrative multi-dimensional evaluation of service ecosystem ［C］//Proceedings of 2020 IEEE International Conference on Web Services(ICWS). Cambridge：IEEE, 2020：265-272.

［17］ XUE X, KOU Y M, WANG S F, et al. Computational experiment research on the equalization-oriented service strategy in collaborative manufacturing［J］. IEEE Transactions on Services Computing, 2016, 11(2)：369-383.

［18］ 蒋国银，陈玉凤，蔡兴顺，等. 平台经济治理：模式、要素与策略［J］. 电子科技大学学报（社科版），2021, 23(05)：85-94.

［19］ LONGO F, NICOLETTI L, PADOVANO A. Ubiquitous knowledge empowers the smart factory：the impacts of a service-oriented digital twin on enterprises' performance［J］. Annual Reviews in Control, 2019, 47：221-236.

［20］ WANG S, DING W, LI J, et al. Decentralized autonomous organizations：concept, model, and applications［J］. IEEE Transactions on Computational Social Systems, 2019, 6(5)：870-878.

［21］ STHAPIT E. My bad for wanting to try something unique：sources of value co-destruction in the Airbnb context［J］. Current Issues in Tourism, 2019, 22(20)：2462-2462.

［22］ 苗旭. 基于双向评价的服务信誉研究［D］. 天津：天津大学, 2019.

［23］ WANG C, CHEN S, FENG Z, et al. Block chain-based data audit and access control mechanism in service collaboration［C］//Proceedings of 2019 IEEE International Conference on Web Services (ICWS). Cambridge：IEEE, 2019：214-218.

［24］ 国家统计局［EB/OL］.［2022-09-25］. http：//www. stats. gov. cn/tjsj/pcsj/.

［25］ 中国发展基金会. 中国发展报告 2020：中国人口老龄化的发展趋势和政策［M］. 北京：中国发展出版社, 2020.

［26］ 新华社. 我国各类养老床位数达到 807. 5 万张［EB/OL］.（2020-12-27）［2022-3-19］. http：//www. gov. cn/xinwen/2020-12/27/content_5573697. htm.

［27］ 财政部. 关于运用政府和社会资本合作模式支持养老服务业发展的实施意见［EB/OL］.［2022-09-25］. http：//www. gov. cn/xinwen/2017-08/21/content_5219295. htm.

[28] ROUSE W B, PEPE K M, JOHNS M M E. Population health as a network of services：integration of health, education, and social services［M］. Handbook of Service Science, Volume Ⅱ. Springer, Cham, 2019：589-618.

[29] 郑金武. 智慧医疗：重塑新型健康卫生医疗体系［EB/OL］. (2021-10-4)［2022-3-15］. https：//news. sciencenet. cn/htmlnews/2021/10/466457. shtm.

[30] 财政部, 民政部, 人力资源社会保障部. 关于运用政府和社会资本合作模式支持养老服务业发展的实施意见［EB/OL］. ［2022-09-25］. http：//www. gov. cn/xinwen/2017-08/21/content_5219295. htm.

[31] 卫生健康委, 中医药局. 关于印发医疗联合体管理办法(试行)的通知［EB/OL］. ［2022-09-25］. http：//www. gov. cn/gongbao/content/2020/content_5554582. htm.

[32] RÖCKER C. Smart medical services：a discussion of state-of-the-art approaches［J］. International Journal of Machine Learning and Computing, 2012, 2(3)：226.

[33] ZHENG B, YIN J, DENG S, et al. A service-oriented network infrastructure for crossover service ecosystems［J］. IEEE Internet Computing, 2020, 24(1)：48-58.

[34] 余胜泉, 陈璠. 智慧教育服务生态体系构建［J］. 电化教育研究, 2021, 42(6)：10.

[35] 周化钢, 黄志昌, 彭越. 大数据视角下智慧教育生态系统需求分析与架构设计［J］. 中国教育信息化, 2021(11)：2.

[36] 蒋凯. 在新发展格局中推进高水平高等教育对外开放［J］. 教育发展研究, 2021(23).

[37] 胡旺. "互联网+"教育背景下智慧学习生态环境构建研究［D］. 徐州：江苏师范大学, 2017.

[38] 郑旭东. 智慧教育2.0：教育信息化2.0视域下的教育新生态——《教育信息化2.0行动计划》解读之二［J］. 远程教育杂志, 2018, 36(4)：9.

[39] 常娜, 曹辉. "互联网+"背景下O2O教育生态圈及其建构［J］. 教育理论与实践, 2016(11)：6-8.

[40] 王一岩, 郑永和. 智能教育产品：构筑基于AIoT的智慧教育新生态［J］. 开放教育研究, 2021, 27(6)：9.

[41] 孟繁华, 张爽, 王天晓. 我国教育政策的范式转换［J］. 教育研究, 2019(3)：9.

[42] 祝智庭, 彭红超. 技术赋能的韧性教育系统：后疫情教育数字化转型的新路向［J］. 开放教育研究, 2020, 28(5)：40-50.

[43] 徐瑾劼. 新冠肺炎疫情下全球教育体系的应对与在线教育的挑战——基于OECD全球调研结果的发现与反思［J］. 比较教育研究, 2020, 42(6)：3-10.

第 3 讲
服务选择与组合

本讲概览

作为面向服务的计算和面向服务架构（Service-Oriented Architecture，SOA）中的关键技术，服务选择与组合长期以来受到服务计算领域内研究人员的高度关注。随着计算机、互联网和移动通信的普及以及云计算和边缘计算等新型架构的发展和应用，现代服务业信息系统呈现出大规模复杂化发展的新态势，服务组合技术也日趋复杂化，逐步显现出海量规模、多元关系和跨界融合等特点。因此，如何结合用户的个性化需求以及服务的多元属性，从门类繁多、属性各异和数量巨大的服务库中筛选服务，组合成应用程序以满足用户的复杂需求，已成为近年来服务计算领域中的热门研究问题。本讲首先概述了服务组合，包括服务组合的技术体系、服务组合分类以及服务组合验证方法。传统服务组合所面向的应用环境相对单一、固定，随着云计算、物联网、移动互联网等技术的发展，服务组合逐渐面向更加复杂、跨界的应用环境。本讲随后围绕当下云计算和边缘计算环境下几大热门研究问题，即服务质量、移动性管理、终端能耗以及服务不可用风险，从四个不同的视角介绍了当下服务选择与组合中较受关注的新兴研究问题，包括QoS驱动的服务选择与组合、位置感知的服务选择与组合、能耗驱动的服务选择与组合和风险感知的服务选择与组合。研究QoS驱动的服务选择与组合问题的目标是在使构建的组合服务能够满足用户的功能需求的基础上，优化组合服务的QoS属性；研究位置感知的移动服务选择与组合问题的目标是在已知用户的移动轨迹及轨迹上的无线网络覆盖情况的前提下，依据用户发送的服务组合请求选择合适的原子服务，从而在完成用户的请求的前提下提供最优的组合服务质量体验；能耗驱动的服务选择与组合问题的目标是在为组合服务选择原子服务的过程中，最小化调用生成的组合服务所带来的整体能耗开销；风险感知的服务选择与组合问题主要关注移动网络环境中当用户或服务提供者处于频繁移动状态下的时候，如何选择合适的服务以降低服务暂时不可用的风险，从而保障用户调用服务的体验。

3.1 | 服务组合概述

服务组合技术作为面向服务的计算（Service-Oriented Computing，SOC）和 SOA 的

核心技术，将是促使 SOC 和 SOA 从概念走向应用的关键所在[1]。本节主要阐述经典服务选择与组合问题，首先给出经典服务组合的技术框架，该框架涵盖了服务组合过程涉及的关键技术。之后讨论了服务组合的分类和服务组合验证方法。

3.1.1　服务组合技术体系

服务组合是将若干服务进行有机组装，组成大粒度的具有内部流程逻辑的组合服务，并通过执行该组合服务而达到业务目标的过程[2]。该过程涉及了众多关键问题，本节将这些问题归纳成如图 3-1 所示的服务组合技术框架。

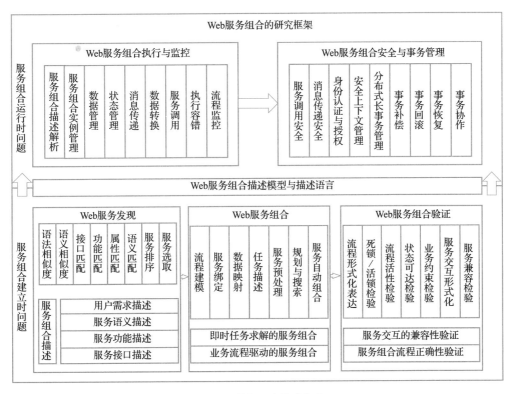

图 3-1　服务组合技术框架

根据服务组合的生命周期，该研究框架所覆盖的问题可被划分为两大类：服务组合建立时问题和服务组合运行时问题。前者主要包含了服务发现、服务组合、服务组合描述和服务组合验证等问题；后者包含了服务组合执行与监控、服务组合的安全与事务管理等问题。本讲重在介绍服务组合建立时问题的相关研究，故本节着重介绍服务发现方法、服务组合方法以及服务组合验证方法的相关研究。

3.1.2　服务组合分类

服务组合是根据业务规则将若干成员服务组合成大粒度服务的过程。本节根据服务组合所解决的问题类型分为两部分：业务流程驱动的服务组合和用户即时任务求解的服务组合。

1．业务流程驱动的服务组合

业务流程驱动的服务组合是以业务流程为基础，通过业务流程建模为业务流程中的每一个活动分别选择和绑定服务，从而形成一个流程式的组合服务。这类组合服务的内部结构、服务交互关系和数据流等全都受控于业务流程。根据服务组合过程的动态性、灵活性等特点，将基于工作流的服务组合方法细分为三类：静态服务组合、基于模板的服务组合和逐步演化的服务组合，表 3-1 对这三类方法进行了比较。

表 3-1　三类基于工作流的服务组合方法的比较

方法类别	服务绑定	动态性	灵活性	实现难度
静态服务组合	建模时	差	差	易
基于模板的服务组合	执行前	一般	一般	较难
逐步演化的服务组合	执行中	很好	好	难

静态服务组合要求在建模阶段，为每一个活动人为选取某一具体服务；在服务组合执行阶段，执行引擎根据与活动绑定的具体服务进行参数传递和服务调用。利用这种方法，容易在现有的工作流管理系统上进行扩充，实现服务组合的设计和执行。静态服务组合在建模阶段已经由设计者做好了服务绑定，减少了执行引擎在服务组合执行期间为活动绑定服务而带来的开销。但这使得服务组合失去了动态性：一旦事先绑定好的服务变得不可用，或者存在在性能和质量等方面更佳的可选服务，这种方法就不能实时地为活动执行提供更好的支持了。此外，对于组合服务设计者而言，要从数量巨大的服务中为每一个活动找到一个目标服务也比较难，因而灵活性差，故该方法适合在少量服务之间进行组合。

与静态服务组合相比，基于模板的服务组合在动态性和灵活性上都得到了一定的提高。该方法允许服务组合设计者为某些活动设定服务模板，而无须指定具体的服务。在服务模板中对希望的目标服务进行描述，描述内容包括目标服务的功能、输入、输出、服务质量等。采用这种方法定制的服务流程，因其存在若干活动与抽象的服务模板绑定，故进入执行之前需要一个中间过程将其转化成静态的服务流程，即以服务模板为基础在服务库中找到最佳服务进行绑定。这种组合方法将服务的选取/匹配/绑定交给中间过程自动处理，因此减少了服务组合设计者的工作量，具有较好的动态性和灵活性。然而，要实现基于模板的服务组合，必须以服务自动发现为前提。此外，由于服务流程中存在选择分支结构，在服务组合执行过程中，有的路径不会被执行到，因此这些路径上的活动无须绑定服务。然而，基于模板的服务组合方法是在组合执行前期将每一个服务模板替换为一个具体的服务，因此一旦服务模板数量较多，其效率将受到影响。因而这种方法适用于少量服务模板的服务组合。

前两种服务组合方法要求组合中的服务绑定在执行之前就完成。如果服务流程中有的服务执行的时间比较长，由于网络环境是高度动态变化的，后续活动事先绑定的服务有可能在这段时间中变得不可用，或者出现了更佳的可选服务，因此这种执行前的绑定无法满足服务的实效性。逐步演化的服务组合则可解决这一问题。采用该方法进行服务组合，设计者只需为每一个活动指定一个服务模板，形成服务组合的抽象流程定义，具有很好的动态性和灵活性。在运行阶段，执行引擎根据与当前活动绑定的服务模板进行服务查询匹配，找到当前可用的最佳目标服务进行调用。因此服务组合中的各成员服务是随着服务流程的执行逐步绑定的，整个服务组合的定义是逐步动态演化的。利用这种方法，不仅能够保证每一个被选取的服务是当前最佳且可用的服务，从而最大限度地降低了异常的出现，而且将抽象流程定义的转换工作分散到各活动的执行阶段，从而较低了引擎在服务查找和绑定时的开销。此外，这种方法还避免了非执行路径上的服务绑定工作，因此加速了整个服务组合执行的效率。

2. 即时任务求解的服务组合

即时任务求解的服务组合的目标是解决用户即时提交的一次任务，根据完成该任务的需要，动态从服务库中自动选取若干服务进行自动组装。这类服务组合以完成用户任务为目标，与第一类服务组合相比，它一般不受业务流程逻辑的约束，服务组合过程的自动化程度高，所形成的组合服务是若干服务的一个临时联合体，一旦用户任务求解结束，这个临时联合体也随即解散。目前，这类服务组合主要包含了两大类方法：基于AI理论的服务自动组合方法和基于图搜索的服务自动组合方法。

服务组合问题的研究不仅吸引了从事流程管理和面向服务计算的专家，也吸引了大批来自人工智能领域的专家，他们从服务的自动化组合出发，认为服务组合问题可以被抽象为一个规划问题的自动求解，即给定一个初始状态和目标状态，在一个服务集合中寻求一条服务的路径从初始状态到达目标状态的演变。一般而言，一个规划问题可表示为一个五元组 $<S,s_0,G,A,\Gamma>$，其中 S 是所有可能的状态集合，$s_0 \in S$ 表示初始状态，$G \subset S$ 表示目标状态，A 表示动作集合，状态转移关系 $\Gamma \subseteq S \times A \times S$ 定义了每个动作产生的状态变迁。对于自动服务组合的规划问题而言，s_0 和 G 分别为用户指定的输入对象和目标对象，A 是服务集合，Γ 表示服务对对象的转换集合。

目前基于AI理论的服务自动组合方法主要包括基于情景演算的服务自动组合、基于PDDL（Planning Domain Definition Language）的服务自动组合、基于层次任务网（Hierarchical Task Network，HTN）的服务自动组合和基于定理证明的服务自动组合。

1）基于情景演算进行服务自动组合将用户请求视为一种既定的初始情景，将用户需求视为一种目标情景，然后利用一阶谓词演算的演绎系统来推理是否能通过服务调用的一系列动作将此初始情景转变成目标情景。

2）PDDL是为智能规划问题设计的标准语言。基于PDDL的服务自动组合方法认为PDDL与DAML-S/OWL-S具备相似性，可以相互直接映射，因此在进行服务组合时，可以将DAML-S直接转化成PDDL，然后将PDDL作为规划器（Planer）的输入，从而进行服务的自动组合。

3）HTN具有任务描述和分解、任务分派、任务完成的能力以及约束机制和冲突解决机制，可以高效地对复杂问题进行规划。基于HTN的服务组合方法是将用户任务分解成越来越小的子任务，直到分解后的任务是能被单个服务执行的简单任务为止。

4）定理证明是指利用谓词演算和逻辑推理解决问题的过程。现有研究将服务的自动组合问题视为基于逻辑的程序组合问题，采用线性逻辑的定理证明方法来实现服务自动组合，提出了一个基于多Agent的服务自动组合框架。该方法以DAML-S为服务描述语言，并将服务集合中的每一个服务的Service Profile转化成线性逻辑中的公理，采用线性逻辑表达式来表示用户请求，从而将服务的自动组合问题转化成在已有公理的基础上，证明代表该用户请求的逻辑表达式是否成立。

在基于图搜索的服务自动组合方法中，服务以及服务之间的关系被表示成关系图，服务组合的过程被转化为在关系图中进行遍历寻找从输入到输出或者从输出到输入的可达路径。有研究者基于服务接口参数（输入参数和输出参数）的语义信息，在语义概念关系的基础上将服务集合构造成服务本体关系图。服务为图中的节点，若一个服务 A 的输出能赋值给另一个服务 B 的某个输入，即两个本体概念完全相同或者输出包含输入，则在这两个服务所代表的节点之间存在一条从 A 指向 B 的有向边。在该有向图的基础上，提出了基于接口匹配的服务自动组合方法。该方法以用户提供的输入对象为起点，以用户期望的输出对象为终点，采用前向链（Forward-Chaining）搜索策略，利用改进的单源最短路径算法 Bellman-Ford 在服务本体关系图中搜索从起点到终点的最短路径[7]。基于图搜索的方法提供了一条不同于 AI 规划的服务自动组合的有效途径，这类方法无需过多的形式化表示方法或推理系统，比较容易实施。但服务库中的服务数量多、服务之间关系纵横交错，使得服务关系图的构建时间开销很大，关系图变得十分庞大而不易处理，因此如何缩小搜索空间、避免重复搜索以实现快速组合是这类方法需要解决的关键问题。

3.1.3 服务组合验证方法

为确保服务组合产生的组合服务能正常执行以完成业务目标，往往在执行前需对其进行验证，其验证的内容主要包含两个方面：其一是验证组合服务内部流程逻辑的正确性；其二是验证组合服务中各服务间的兼容性。一般而言，服务组合验证均基于某种形式化方法进行，现有研究主要基于 Petri 网、自动机理论和进程代数进行服务组合验证。

1. 基于 Petri 网的服务组合验证

Petri 网不仅具有直观的图形表示方式和丰富的形式化语义，而且提供了很多系统分析验证手段，因此被作为一种形式化工具而被广泛应用于流程分析和验证。可以用 Petri 网对服务建模，把服务的操作和服务输入/输出分别映射到 Petri 网中的转移和库所，并且针对服务组合中的各种基本结构（如顺序、互斥、并发等）和各种高级结构

（如并发同步）进行形式化表达。在将服务、服务组合表达成 Petri 网模型之后，服务组合的验证问题就转变成检验服务 Petri 网的活性（Live）、有界性（Bound）和死锁/活锁等，而这些方面的验证均可采用 Petri 网已有的分析验证方法。

2. 基于自动机理论的服务组合验证

现有研究从服务之间的消息交互出发，将服务形式化描述为一个具备先进先出输入消息队列的非确定型 Büchi 自动机，将服务组合视为服务之间通过异步消息传递的全局会话协议，提出了会话协议的可行性条件和异步消息的可同步化条件。可行性是指存在符合会话协议的服务组合；可同步化是指服务组合中各服务之间的异步消息模式可以等价转换为同步消息模式。并且将这些条件以及系统的目标属性用线性时序逻辑描述成断言。根据会话协议进行自顶向下的服务组合的同时用 SPIN 模型验证断言，从而判断服务组合是否符合预定的会话协议。在此基础上开发了服务分析工具，该工具实现了对服务组合的形式化描述、验证和分析，支持对 BEPL 和 WSDL 的服务组合描述，基于自动机的服务组合全局会话协议描述等验证[8]。

3. 基于进程代数的服务组合验证

进程代数是一类使用代数方法研究通信并发系统的理论的泛称，它包括了 CCS 和 π 演算等。现有研究采用 CCS 对服务编排协议 WSCI 进行形式化建模，并对 WSCI 中参与交互的服务进行兼容性和可替换性分析，此外对两个无法正常交互的服务，还提供了适配器机制使得两者能够实现通信[9]。至于 π 演算，现有研究[10] 将服务的元素，如 Type、Message、Operation 等元素映射成 π 演算中术语，并且将服务以及服务的组合描述成 π 演算中的进程表达式。在此基础上，基于 π 演算的系统推演能力实现服务组合的验证，以发现系统行为的不完整、死锁等缺陷。

采用 Petri 网或者自动机对服务组合进行描述时，尽管较为直观，但在服务流程规模变大、服务数量变多、服务间交互变复杂的情况下，往往会引起状态空间爆炸，因此，这两类方法的复杂度随着服务组合的规模的增大而急剧增大。与此相比，基于进程代数的方法由于采用了文本的进程表达式描述系统，其表达能力强而且形式更为简洁，加之进程代数，特别是 π 演算中的行为理论为服务组合验证提供了良好的理论基础，但 π 演算缺乏直观的图形表示，不易理解。

3.2 | QoS 驱动的服务选择与组合

服务质量（Quality of Service, QoS）是服务的非功能属性之一，量化了用户调用该服务时的体验，是用户选择服务的重要标准之一[11]。本节首先构建了服务 QoS 模型，随后介绍了一种考虑服务之间关联关系的 QoS 驱动的服务选择与组合算法。

3.2.1　问题描述

由于用户的需求通常由包含若干原子服务的组合服务满足，用户往往更加关注组合服务的整体 QoS 而不是其中某一原子服务的 QoS。服务选择与组合的目标是在使得构建的组合服务满足用户的功能需求的前提下，优化组合服务的 QoS。近年来涌现出多项围绕 QoS 感知的服务组合研究成果[12-15]。然而，现有的研究通常假设已知原子服务的 QoS，往往忽略原子服务之间的关联性，制约了组合服务的整体 QoS 预估的准确性，从而影响服务选择与组合的有效性。

本节提出的方法特别将服务之间的关联关系考虑在内。服务的关联关系指的是服务的某些 QoS 属性不仅取决于服务本身的质量，而且与其他服务相关。例如，假设两个原子服务被部署在同一台云服务器上，则包含这两个原子服务的组合服务的响应时间将由于本地传输而相比于部署在不同云服务器上的情况有所降低。将服务的关联关系考虑在内能够更具细粒度地提升服务选择与组合的方法的有效性。

3.2.2　QoS 模型

本节将给出一系列与 QoS 模型相关的定义，其中定义 3.2.1～定义 3.2.4 同 QoS 驱动的服务选择与组合相关，定义 3.2.5 和定义 3.2.6 构建了 QoS 模型。

定义 3.2.1（Web 服务）　Web 服务表示为一个四元组 (i,f,b,QoS)，其中，

1）i 是 Web 服务的唯一 ID；

2）f 是 Web 服务的功能描述，定义了服务的输入、输出，用于匹配服务规划中的任务和候选服务；

3）b 是 Web 服务的基本信息，包括用于检索的服务名称、服务部署位置以及服务的提供者的相关信息等；

4）QoS 是多维复合属性，包括服务开销、响应时间、鲁棒性、信誉等，其详细属性可参见定义 3.2.5。

定义 3.2.2（服务规划） 服务规划是一个三元组 (T,P,B)，其中，

1）$T=\{t_i\}_{i=1}^n$ 表示服务规划包含的 n 个子任务集合；

2）P 表示服务规划中的设置（如分支和循环结构中的执行概率等）；

3）B 是服务规划的结构信息，通常以基于 XML 的语言来描述。

服务规划是对业务流程的抽象表达，其中每个任务都可以通过一个原子服务来实现。对于每个任务，可能会有多个属性不同的原子服务作为候选。

定义 3.2.3（组合服务） 一个组合服务定义为一个三元组 (S,B,QoS)，其中，

1）S 是构成组合服务的原子服务集合；

2）B 描述了组合服务的结构信息；

3）$QoS=\{q_i\}_{i=1}^n$，表示组合服务的 QoS。

组合服务是通过为服务规划中的每个任务选择一个原子服务并根据规划结构执行而得到的，其定义可以递归。在服务组合中，首先，将用户的需求建模为服务规划；随后，用原子服务实现服务规划中的任务；最后，将选定的原子服务按照服务规划的结构进行组合。组合服务的质量通常由服务组件的质量以及服务组件之间协同的效率决定。定义具有最优 QoS 的组合服务为最优组合服务。

定义 3.2.4（前置服务） 令 "·" 表示两个服务的顺序组合。例如，$s_1 \cdot s_2$ 表示由服务 s_1 和 s_2 按顺序结构组合而成的组合服务。给定 cs、cs_1 和 cs_2 三个组合服务，如果 $cs=cs_1 \cdot cs_2$，则 cs_1 为 cs 的前置服务。服务选择的过程可以视为是逐一扩展最优组合服务的前缀形成最终的最优组合服务的过程。

在移动环境下，单一服务的一些 QoS 属性也会受到其他关联服务的影响。服务的 QoS 属性可能与多个服务相关（一对多关联关系），也可能存在多个服务的 QoS 属性与一个服务相关（多对一关联关系）。在更为复杂的情况下，组合服务中的每个服务都可能涉及多个关联关系。

定义 3.2.5（QoS） QoS 是一组属性的集合，定义为 $QoS=\{q_i\}_{i=1}^n$，每个属性 q_i 可

以表示为一个四元组，即 $q_i = (d, c, S_1, S_2)$，其中，

　　1）d 表示属性 q_i 的默认值；

　　2）c 是属性 q_i 的关联值；

　　3）S_1 是与属性 q_i 值相关联的服务的集合；

　　4）S_2 是所具有的属性 q_i 值与该服务相关联的服务的集合。

　　每个服务都具有四个元素构成的多维 QoS 属性。如果服务的 S_1 集合中没有与当前服务在同一个组合服务中被调用的服务，则该属性表现为其默认值。若同一组合服务调用了 S_1 中的服务，则服务的 QoS 属性表现为其关联值。在服务组合中选择了一个服务后，该服务的 S_2 集合中的所有服务都表现为其关联值。

　　定义 3.2.6（QoS 关联关系）　QoS 关联关系可以表示为一个三元组 cor = (q_i, s_1, s_2)，表示服务 s_2 的 QoS 属性 q_i 与服务 s_1 相关。QoS 属性可以分为用户相关属性和非用户相关属性[18]：价格和信誉等非用户相关的 QoS 属性通常由服务提供者确定，与用户无关；响应时间和可靠性用户相关的 QoS 属性受到不可预知的网络条件和异构用户环境的影响，不同用户的 QoS 存在较大差异。现有多种 QoS 预测方法可以预测特定用户和服务的用户相关 QoS 属性[19]，故本节假设已知所有用户相关的 QoS 属性。本节主要以响应时间和价格为例来介绍方法。

3.2.3　QoS 驱动的服务选择与组合方法

　　本节介绍关联关系感知的服务剪枝方法（Correlation-Aware Service Pruning，CASP），该方法考虑服务的动态 QoS，在服务选择与组合过程中，保留具有成为最优服务组件潜在可能性的服务，移除无法成为最优服务组件的服务。CASP 算法的输入是候选服务集。本节首先介绍候选服务集预处理的方法，随后面向相邻任务和非相邻任务之间的关联关系，分别介绍两种 CASP 算法。

1. 候选服务集预处理

　　服务规划中每个任务可能存在多个候选原子服务，导致服务选择过程的复杂度较高，为此须去除冗余服务。对不存在关联关系的服务，除具有最优默认 QoS 值的服务之外，其他服务均被移除。至于存在关联关系的服务，若两个给定的任务在相应的候选服务集的服务之间存在多对关联关系，则只保留最优组合 QoS 值的关联关系所对应的服

务，移除其他服务。本节所用符号的含义见表 3-2。

表 3-2　QoS 驱动的服务选择与组合技术方法相关符号定义

符号	定义
$t \leftarrow b$	为变量 t 赋值 b
$b \rightarrow \text{task}$	服务规划中 b 后面的任务
t_optWS	任务 t 的候选服务集中具有最优默认 QoS 值的服务
t_firstWS	任务 t 的候选服务集中的第一个服务
t_WS	任务 t 对应的候选服务集
$q(s)$	服务 s 的 QoS 属性 q 的值
$q(s_1) > q(s_2)$	服务 s_1 的 q 值优于服务 s_2
s_task	服务 s 对应的任务
s_S_1	服务 s 的 QoS 相关的服务
s_S_2	QoS 与服务 s 相关的服务
$s_1 \cdot s_2$	服务 s_1 和 s_2 顺序组合得到的组合服务
$\text{cws}(s_1 \rightarrow s_2)$	在组合服务 cws 中把服务 s_1 替换为 s_2

　　算法 3-1 为候选服务集合预处理算法，按照服务规划中任务的顺序处理候选服务集。对于每个任务的候选服务集的预处理包括两步：第一步（第 3~10 行）找到默认 q 值最优的服务，并删除候选服务集合中所有没有关联关系的其他服务。考虑到一部分 QoS 属性（可靠性、可用性、信誉等）值越高越好，而另一部分 QoS 属性（价格、响应时间等）值越低越好，定义符号"＞"表示"优于"。第二步（第 11~18 行）将具有非最优的关联关系的服务移除。由于服务可能涉及一对多和多对一的服务关联关系，如果它涉及的一个关联关系非最优，算法将继续检查它是否还涉及其他关联关系；如果还有其他关联关系，则保留服务，否则移除服务。

算法 3-1　候选服务集合预处理算法

输入：服务规划 sp 及其初始任务 b、终止任务 e，候选服务集 css，关联关系集 cs，以及用户偏好的 QoS 属性 q。

输出：预处理之后的候选服务集合。

1	$t \leftarrow (b \rightarrow task)$	
2	**while** $t \neq e$	
3	t_optWS←t_firstWS	
4	**for** $s \in$ t_WS	
5	**if** $q(s) > q(\text{t\_optWS})$	
6	**if** t_optWS 不具有关联关系	
7	从 t_WS 中删除 t_optWS	
8	t_optWS←s	
9	**else if** $q(s) < q(\text{t\_optWS})$ 并且 s 不具有关联关系	
10	从 t_WS 中删除 s	
11	**for** $s \in$ t_WS 并且 s_S$_1 \neq \varnothing$	
12	**if** 存在 $s_i \in$ s_S$_1$ 使得 $s_j \in s_i$_task_WS, $s_k \in$ t_WS, 且满足 $q(s_i \cdot s) < q(s_j \cdot s_k)$	
13	**if** s$_i$_S$_1 = \varnothing$ 并且 s_S$_2 = \varnothing$	
14	删除 s_i 和 s 之间的关联关系	
15	**if** s$_i$ 不具有关联关系且 s_i 不为 s$_i$_task_optWS	
16	从 s$_i$_task_WS 中删除 s_i	
17	**if** s 不具有关联关系且 s 不为 t_optWS	
18	从 t_WS 中删除 s	
19	$t \leftarrow (t \rightarrow task)$	
20	**return** css 和 cs	

　　预处理算法的时间复杂度为 $O(mn^2)$，其中 m 表示任务数量，n 表示平均候选服务数量。预处理算法时间复杂度较低，但显著提升了服务选择与组合的效率，特别是面向海量的候选服务时，有效降低了候选服务集的大小。

　　图 3-2 为预处理算法的一个实例，其中每个圆形表示一个服务，QoS 的属性是服务价格，标注在对应的圆形内。具有关联关系的服务有默认价格和关联价格，分别于前后表示，弧线表示服务之间的关联关系。由于 $q(s_{15}) < q(s_{12})$ 且 s_{15} 没有关联关系，s_{15} 将被移除，随后 s_{21} 和 s_{32} 同样被移除。由于 $q(s_{13} \cdot s_{33}) < q(s_{11} \cdot s_{31})$ 且 s_{13} 和 s_{33} 均无其他

关联关系，因此它们同时被移除。在下一步中，s_{22} 和 s_{42} 同样被移除。最后，s_{43} 被移除，因为它不具有关联关系，且其默认 QoS 值非最优。

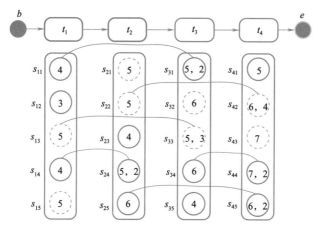

图 3-2　候选服务集预处理示例

预处理后候选服务集中相当一部分的服务将被移除，只剩下具有最优默认 QoS 值的服务和具有较优 QoS 关联关系的服务，显著缩小了后续服务搜索的空间。

2. 面向相邻 QoS 关联关系的服务选择与组合

在某些情况下，关联关系仅存在于相邻任务所对应的服务中。对于这些关联关系，服务选择时须保留所有可能成为最优组合服务前缀的组合服务，并在确定组合服务不是最优组合服务的前缀时将其裁剪。因此，服务组合过程也可以看作不断产生可能会成为最优组合服务前缀的组合服务并裁剪不符合要求的组合服务的过程，如算法 3-2 所示。

算法 3-2　面向相邻 QoS 关联关系的服务选择算法

输入：服务规划 sp 和其初始任务 b、终止任务 e，候选服务集合 css，关联关系集合 cs，以及用户偏好的 QoS 属性 q。

输出：具有最优 q 值的组合服务。

1　　　将 optCWS 置为空

2　　　将 CorCWSSet 设为空集 $\varnothing$

3　　　$t \leftarrow (b \rightarrow \text{task})$

4	**while** $t \neq e$
5	创建 newCorCWSSet
6	**for** t_WS 中每个满足 s_S$_2 \neq \varnothing$ 的 s
7	将 optCWS $\cdot$ s 添加到 newCorCWS
8	optCWS←optCWS $\cdot$ t_optWS
9	**for** cws $\in$ CorCWSSet
10	将与 cws 相关的服务标记为 s
11	**if** $q(\text{cws} \cdot s) > q(\text{optCWS})$
12	optCWS←cws $\cdot$ s
13	**if** s_S$_2 \neq \varnothing$
14	将 cws $\cdot$ s 添加到 newCorCWS
15	CorCWSSet←newCorCWSSet
16	$t \leftarrow (t \rightarrow \text{task})$
17	**return** optCWS

首先,设当前最优组合服务为空(第 1 行),组合服务的集合 CorCWSSet(第 2 行)被设为空集,该集合中的组合服务都包含与后续服务存在关联关系的服务。算法从始于开始任务(第 3 行)并终止于结束任务。对每个任务,找到所有与后续服务存在关联关系的候选服务,将它们与当前最优组合服务进行组合,并将组合后的服务添加到 CorCWSSet 中(第 6 和 7 行)。随后,选择具有最优默认 QoS 值的服务,将其与当前最优组合服务组合,并将其设置为新的当前最优的组合服务(第 8 行)。将 CorCWSSet 中的每个组合服务与其关联的服务进行组合,并将新组合的服务与当前的最优组合服务进行比较,保留最优的组合服务并移除较差的组合服务(第 9~12 行),若较差的组合服务与后续任务中的服务存在关联关系,则将组合服务将添加到 CorCWSSet 中(第 13 和 14 行)。针对每个任务循环上述操作,直到结束任务,算法返回当前最优组合服务(第 17 行)。该算法时间复杂度为 $O(mn)$,其中 m 表示任务数量,n 表示候选服务的平均数量。

3. 面向非相邻 QoS 关联关系的服务选择与组合

关联关系同样有可能存在于不相邻的服务中。本节介绍的面向非相邻 QoS 关联关系的服务选择与组合方法的原理是保留所有可能成为最优组合服务的前缀的组合服务，并在组合服务被确定为非最优组合服务的前缀时裁剪该组合服务。

令 cws_corWSSet 表示组合服务 cws 中与后续服务存在关联关系的服务的集合，给定两个具有相同 corWSSet 的组合服务，存在如下结论：具有较低组合 QoS 值的组合服务不能成为最优组合服务的前缀，如定理 3.2.1。

定理 3.2.1 假设 sp 是一个顺序结构的服务规划，q 是用户选定的 QoS 属性，cws_1 和 cws_2 是服务选择过程中生成的两个组合服务，若 $cws_1\_corWSSet = cws_2\_corWSSet$ 且 $q(cws_1) > q(cws_2)$，则 cws_2 一定不是最优组合服务的前缀。

基于定理 3.2.1，可以通过算法 3-3 实现面向非相邻 QoS 关联关系的服务选择与组合。CWSSet（第 1 行）表示在选择过程中生成的组合服务的集合。算法的循环始于开始任务（第 2 行），终止于结束任务 e（第 3 行）。对每一个任务，首先将 newCWSSet 初始化为空集（第 4 行），将 CWSSet 中的所有服务与具有最优默认 q 值的服务进行组合，并将生成的组合服务添加到 newCWSSet 中（第 5 和 6 行）。再将 CWSSet 中的所有服务都和那些与后续服务存在关联关系的服务进行组合（第 9 和 10 行）。如果 CWSSet 中的组合服务包含与当前任务的候选服务集中的服务存在关联关系的服务，则将其组合（第 13 和 14 行）。在此过程中，若有一组合服务的 corWSSet 与新增加的组合服务相同，则移除这两个组合服中 q 值较差的一个（第 7、8、11、12、15 和 16 行）。最后，所有组合服务都具有相同的为空集的 corWSSet，因此只保留具有最优组合 q 值的组合服务，并将它作为最优组合服务返回（第 19 行）。

算法的时间复杂度为 $O(mnl^2)$，其中 m 表示任务数量，n 表示平均候选服务数，l 表示生成的 CWSSet 中组合服务的平均数量。算法的执行时间主要受 l 影响。

算法 3-3 面向非相邻 QoS 关联关系的服务选择算法

输入：服务规划 sp 和其初始任务 b、终止任务 e，候选服务集合 css，关联关系集合 cs，以及用户偏好的 QoS 属性 q。

输出：具有最优 q 值的组合服务。

| 1 | CWSSet←∅ |

2　　　　$t \leftarrow (b \rightarrow \text{task})$

3　　**while** $t \neq e$

4　　　　newCWSSet$\leftarrow \varnothing$

5　　　　**for** cws $\in$ CWSSet

6　　　　　　将 cws · t_optWS 添加到 newCWSSet

7　　　　　　**if** 存在 $\text{cws}_i \in$ newCWSSet 使得 $\text{cws}_{i\_}\text{corWSSet} = \text{cws} \cdot \text{t\_optWS\_corWSSet}$

8　　　　　　　　从 newCWSSet 中删除 cws_i 和 cws · t_optWS 中较差的一个

9　　　　　　**for** $s \in$ t_WS 且 $s\_S_2 \neq \varnothing$

10　　　　　　　将 cws · s 添加到 newCWSSet

11　　　　　　　**if** 存在 $\text{cws}_i \in$ newCWSSet 使得 $\text{cws}_{i\_}\text{corWSSet} = \text{cws} \cdot s\_\text{corWSSet}$

12　　　　　　　　**then** 删除 cws_i 和 cws · s 中较差的一个

13　　　　　**for** t_WS 中每一个满足"$\exists s_i \in \text{cws\_corWSSet}$ 使得 $s \in s_{i\_}S_2$"的 s

14　　　　　　　将 cws · s 添加到 newCWSSet 中

15　　　　　　　**if** 存在 $\text{cws}_i \in$ newCWSSet 使得 $\text{cws}_{i\_}\text{corWSSet} = \text{cws} \cdot s\_\text{corWSSet}$

16　　　　　　　　删除 cws_i 和 cws · s 中较差的一个

17　　　　CWSSet$\leftarrow$newCWSSet

18　　　　$t \leftarrow (t \rightarrow \text{task})$

19　　**return** CWSSet 中的 cws

图 3-3 用以辅助阐明算法 3-3，其中每一步对应组合服务的一个任务。在第 1 步，所有服务都具有最优默认值或与后续服务存在关联关系，故均暂存于 CWSSet。在第 2 步，所有组合服务都与服务 s_{23} 和 s_{25} 组合，因为 s_{23} 具有最优默认值且 s_{23} 与后续服务存在关联关系；此外，服务 s_{14} 与 s_{24} 组合，因为它们之间有关联关系。$s_{12} \cdot s_{25}$ 和 $s_{14} \cdot s_{25}$ 的 DepWSSet (s_{25}) 相同，因此具有较差 QoS 值的 $s_{14} \cdot s_{25}$ 被删除，同理，$s_{12} \cdot s_{23}$ 和 $s_{14} \cdot s_{23}$ 也被删除。在第 3 步，所有组合服务与服务 s_{34} 和 s_{35} 进行组合，此外，$s_{11} \cdot s_{23}$ 和 $s_{11} \cdot s_{25}$ 都与 s_{31} 组合；随后，5 个组合服务被删除，原因同第 2 步。在第 4 步中，所有组合服务都与服务 s_{41} 以及与其存在关联关系的服务相组合，之后，所有新生成的组合服务的 DepWSSet 都是空集，因此具有最优组合服务质量的 $s_{11} \cdot s_{25} \cdot s_{31} \cdot s_{45}$ 被保留并作为算法的返回值。

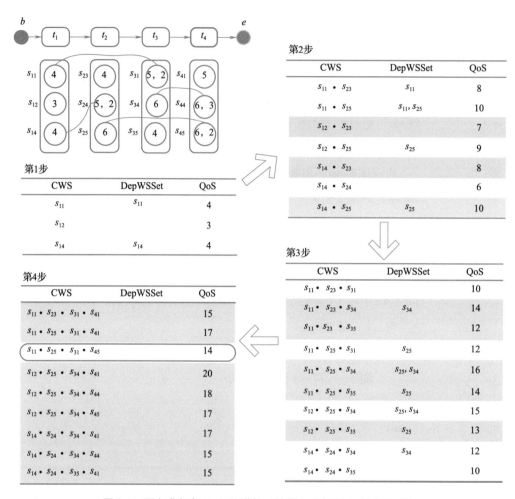

图 3-3　面向非相邻 QoS 关联关系的服务选择与组合过程示例

3.3 | 位置感知的服务选择与组合

移动通信技术的发展对服务选择与组合提出了新的要求：服务选择与组合需考虑移动网络环境下的网络动态变化、用户频繁移动和设备能力受限等影响因素，以更好地服务移动网络环境下的用户。本节介绍了位置感知的服务选择与组合方法，针对用户的移动路径为用户选择合适的服务。

3.3.1　问题描述

在移动网络环境下，用户调用服务的体验可能受到用户移动路径的影响。图 3-4 展示了一个单一原子服务的选择受用户移动状态影响的示例：假设目标区域存在两个基站 A 和 B 且基站 A 信号弱于基站 B，移动用户 Tom 在从基站 A 移动到基站 B 的过程中需调用酒店预订服务。由于信号强度不同，Tom 与基站 A 之间的数据传输率为 10kbit/s，与基站 B 为 20kbit/s。假定 Ctrip 和 Elong 两个原子服务均能满足 Tom 的需求，平均分别需花费 100s 和 120s 来执行计算任务。

在传统服务选择与组合方法中，通常 Tom 会选择 QoS 更优的 Ctrip。本例描述的是移动网络环境下的场景，在本例中，假定 Tom 在位置 a 发送服务请求（假定传输请求的时间为 1s），如果其选择 Ctrip，则将在位置 b 得到请求的返回数据（1000KB）。根据

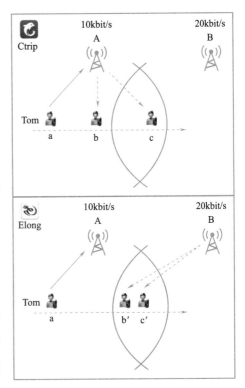

图 3-4　移动网络环境下单一原子服务选择示例

移动蜂窝网络的切换原则[16]，当 Tom 走进基站 A 与基站 B 覆盖范围交叉的区域时候，已建立的和基站 A 的通信通道不会立即被切断，而是当基站 A 的信号强度低于某一阈值时才会被断开。最终，Tom 在位置 c 接收返回数据，服务调用过程的总响应时间为 $1+100+1000/10=201$（s）。如果 Tom 选择 QoS 次优的 Elong，那么他将在位置 b′开始接收返回数据，此时他已经走入了两个基站覆盖范围的交叉区域，由于基站 B 的信号相比于基站 A 的信号更强，他将建立与基站 B 的通信连接，并在位置 c′完成对返回数据的接收。此时，调用服务的总响应时间为 $1+120+1000/20=171$（s）。从本例中可以看出，在移动网络环境下，传统的以服务的 QoS 最优为目标的服务选择方法在移动网络环境下未必能真正提供相对于用户来说体验最优的组合服务，因此考虑用户的移动特性

对于移动服务选择是十分重要的。

3.3.2 移动模型和位置感知的服务质量体验模型

本节给出了用户移动路径与移动网络质量的相关定义，以构建移动网络环境下的服务质量体验模型。

定义 3.3.1（移动路径）　用户的移动路径定义为一个三元组 $m_S = (\text{Time}, \text{Location}, M)$，其中：

1）Time 是这段移动路径所历经的时间区间，由从 t_0 到 t_n 的一组从前到后的连续时间点构成。用于在 t_0 时刻发起服务组合请求，并于 t_n 时刻结束调用。

2）Location 是这段移动轨迹囊括的位置点集合，每个位置点都与 Time 中的一个时间点相对应。

3）M 表示时间点与位置点的映射函数。

定义 3.3.2（移动网络质量）　QoMN 衡量某一坐标的移动网络信号强弱，在本节中数据传输率正比于 QoMN，$L(\text{Location}) = \text{QoMN}$ 是坐标到移动网络质量的映射函数。通过映射函数 M 得到用户在任意一个时间点所对应的地理位置，从而得到用户在该时刻传输数据的速率。为了简化移动模型的计算，用户所处的区域被网格化，且假设同一网格内的 QoMN 是一致的（可以通过不断缩小网格尺寸来无限接近于真实场景）。通过实际测量某一地区的信号强度，可以获得如图 3-5 所示的信号强度网格。

定义 3.3.3（移动服务）　移动服务表示为一个三元组 $s = (I, O, Q)$，其中，

1）I 表示输入参数集合；

2）O 表示输出参数集合；

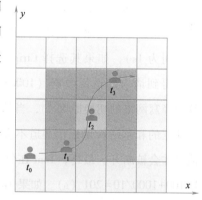

图 3-5　网格化场景下的移动路径

3）$Q = \{q_1, q_2, \cdots, q_n\}$ 表示服务的 QoS，其中 q_i 表示某一 QoS 属性，如开销、响应时间、吞吐量等，本节主要考虑服务的响应时间。

定义 3.3.4（移动服务交互）　一次移动服务交互可以表示为一个三元组 $\text{ivc} = (s, d_i, d_o)$，其中，

1）s 表示对应的移动服务；

2）d_i 表示输入参数的集合；

3）d_o 表示 s 返回数据的大小。

定义 3.3.5（移动服务规划）　一个移动服务规划被定义为一个二元组 scp = (T, R)，其中，

1）$T = \{t_1, t_2, \cdots, t_n\}$ 表示该服务规划中的任务集合，每个任务 t_i 都可以被一组作为候选的原子服务 C_i 实现；

2）$R = \{r(t_i, t_j) \mid t_i \in T, t_j \in T\}$ 表示任务之间的依赖关系集合，$r(t_i, t_j)$ 表示 t_j 的输入依赖于 t_i 的输出，R 主要用于描述服务规划的结构。

定义 3.3.6（移动服务组合）　移动服务组合问题可以被定义为一个三元组 sc = (p, S, Q)，其中，

1）p 表示该组合服务所对应的服务规划；

2）S 表示该组合服务的候选原子服务集合；

3）Q 表示该组合服务的全局 QoS。

定义 3.3.7（服务质量体验）　本节在量化服务质量体验时只考虑服务的响应时间以简化问题。给定一个移动服务 s，其在服务交互 ivc(s) 中的质量可以按照如下方式量化：

$$\mathrm{QoSE}(s) = t(d_i) + Q(s) + t(d_o) \tag{3.3-1}$$

式中，

1）$t(d_i) = \dfrac{d_i}{\mathrm{QoMN}_i}$ 表示将输入参数发送到服务 s 所花费的时间，d_i 表示输入参数大小；

2）$Q(s)$ 表示服务 s 的执行时间；

3）$t(d_o) = \dfrac{d_o}{\mathrm{QoMN}_o}$ 表示接收服务 s 输出参数所需时间，d_o 表示输出参数大小。

本节假定用户传输数据的耗时相对于用户的移动是短暂的，即不考虑数据传输的过程中用户移动到其他网格的情况。给定服务组合请求发起的时间点 tp，可根据映射 M 计算出用户请求服务所处的位置 location，并根据映射函数 L 计算出 QoMN_i，从而确定

发送输入数据的时间开销 $t(d_i)$。根据 tp、$t(d_i)$ 和 $Q(s)$ 可以推算出接收返回数据的时间点，同理得出接收返回数据所需的时间。

定义 3.3.8（组合服务质量体验） 组合服务的质量体验用于量化用户在调用服务的过程中的体验到的服务质量，本节只考虑响应时间。令符号 $\bigwedge$ 表示对构成组合服务的所有原子服务的 QoSE 依据组合服务的 R 进行集成运算，给定服务组合 sc，其组合服务质量体验可通过下式计算：

$$\text{QoSE}_c(\text{sc}) = \bigwedge_{s \in \text{sc.}S} \text{QoSE}(s) \tag{3.3-2}$$

3.3.3 位置感知的服务选择与组合方法

位置感知的移动服务选择与组合问题是在已知用户的移动轨迹及覆盖该轨迹的移动网络的质量的前提下，选择若干个原子服务完成用户的服务组合请求，以实现最优的组合服务质量体验。该问题可以被规约成一个整数规划问题，因此是一个 NP 问题，难以在线性复杂度的情况下求得最优解。本节介绍一种基于"教"与"学"优化（Teaching Learning Based Optimization，TLBO）的移动服务选择与组合算法来求得近似最优解。表 3-3 展示了 TLBO 算法中的术语与本问题中的术语的对应关系。

表 3-3 TLBO 算法中的术语同移动服务选择与组合问题中的术语的对应关系

TLBO 术语	移动服务选择与组合术语
老师	最优服务组合选择方案
学员	可行服务组合选择方案
班级	服务组合选择方案的可行集合
科目	服务规划中的任务
适应度	服务组合选择方案的组合服务质量体验（QoSE$_c$）

基于 TLBO 的移动服务组合选择算法主要分为初始化、"教"与"学"三个阶段，如图 3-6 所示。

1. 初始化阶段

首先确定学员数量 NP 和算法的最大迭代轮数 I。然后随机生成 NP 个学员 $X^i = (x_1^i, x_2^i, \cdots, x_d^i)$，其中，$i = 1, 2, \cdots, \text{NP}$，$d$ 表示服务规划中任务的数量，x_j^i 表示 X^i 中用于实现任务 j 的原子服务。

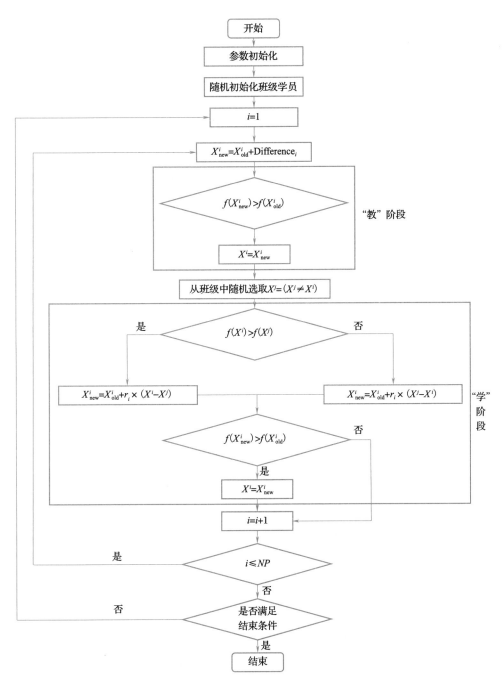

图 3-6　基于 TLBO 的移动服务选择与组合方法流程示意图

2. "教" 阶段

以适应度最低的学员作为老师 X_{teacher}，所有学员都向老师学习，学习的过程如下式所示。

$$X_{\text{new}}^i = X_{\text{old}}^i + \text{difference} \tag{3.3-3}$$

$$\text{difference} = r_i \times (X_{\text{teacher}} - \text{TF}_i \times \text{Mean}) \tag{3.3-4}$$

其中 X_{old}^i 和 X_{new}^i 分别表示在学习前后第 i 个学员的向量表示。r_i 表示学习步长，是 0 到 1 的一个随机数，$\text{TF}_i = \text{round}[1 + \text{rand}(0,1)]$ 表示学习因子，Mean 表示所有学员的平均值。

$$\text{Mean} = \frac{1}{\text{NP}} \sum_{i=1}^{\text{NP}} X^i \tag{3.3-5}$$

考虑到在服务选择与组合问题中，每个学员（可行服务选择与组合方案的向量表示）都是一个整数向量，因此，在每次向量计算结束后需进行 refine 操作：

$$\begin{aligned}
&\text{def refine}(X^i): \\
&\quad \text{for } x_j \text{ in } X^i: \\
&\qquad x_j = \text{round}(x_j) \\
&\qquad \text{if } x_j > \text{up}: x_j = \text{up} \\
&\qquad \text{if } x_j < \text{low}: x_j = \text{low}
\end{aligned} \tag{3.3-6}$$

其中 up 和 low 分别表示服务组合中每个任务的候选原子服务集合中原子服务索引的上边界和下边界。"学" 阶段结束后，所有学员更新策略向量：

$$if \quad F(X_{\text{new}}^i) < F(X_{\text{old}}^i): \quad X_{\text{old}}^i = X_{\text{new}}^i \tag{3.3-7}$$

其中 F 是根据式（3.3-2）计算出的适应度。

3. "学" 阶段

该阶段是为了保证结果的多样性。在这一阶段，各个学员互相进行学习而不是向老师学习。对于每个学员 $X^i = (x_1^i, x_2^i, \cdots, x_d^i)$，随机挑选另一个学员 $X^j = (x_1^j, x_2^j, \cdots, x_d^j)(i \neq j)$ 作为学习目标，依据两者适应度的差异进行学习，根据式（3.3-8）更新策略向量。

$$X_{\text{new}}^i = \begin{cases} X_{\text{old}}^i + r_i \times (X^i - X^j) & F(X^i) > F(X^j) \\ X_{\text{old}}^i + r_i \times (X^j - X^i) & F(X^i) < F(X^j) \end{cases} \tag{3.3-8}$$

在"学"阶段结束后，若迭代次数仍未达到一定次数，则回到"教"阶段，否则，算法终止。基于 TLBO 的服务选择与组合算法见算法 3-4。

算法 3-4　基于 TLBO 的服务选择与组合算法

1　　（1）初始化：随机生成 NP 个可行的服务组合。

2　　（2）计算每个服务组合的适应度。

3　　For $i = 1 : $NP

4　　　　（3）确定班级中的老师。

5　　　　For $j = 1 : d$

6　　　　　｜　（4）根据"教"阶段的结果更新每个任务所选择的备选服务。

7　　　　　｜　（5）根据"学"阶段的结果更新每个任务所选择的备选服务。

8　　　　EndFor

9　　EndFor

10　　（6）如果达到最大迭代次数，终止；否则，返回第（2）步。

算法 3-4 的主要时间复杂度源自（4）、（5）两步，这两步的时间复杂度为 $O(d)$，班级中每个学员这两步的复杂度同为 $O(d)$，整个班级的时间复杂度为 $O(\text{NP} * d)$，最终，I 次迭代的时间复杂度为 $O(I * \text{NP} * d)$。

3.4 | 能耗驱动的服务选择与组合

智能移动设备的发展使得服务可以被随时随地访问调用，为人们的生活带来极大的便利。然而，移动设备的电池容量有限，服务选择与组合算法需要考虑用户在调用组合服务过程中的能耗开销。本节介绍了一种能耗驱动的服务选择与组合算法，面向动态变化的环境，提供了能耗尽可能低的服务选择与组合策略。

3.4.1　问题描述

移动设备调用服务的一个关键的问题是能耗，由于移动设备通常能量有限，且难以随时随地补充能量，长续航时间被列为移动设备最亟需解决的问题[17]。调用服务的能耗可能会被多种因素影响，包括移动设备的位置、用户的移动轨迹、移动轨迹上各点的信号强度、传输数据量大小、服务的响应时间等。移动环境中能耗驱动的服务选择与组合问题的目标是为服务规划中的每个任务选择一个合适的原子服务，以最小化调用所生成的组合服务的整体能耗。

图 3-7 介绍了一个简化的单个原子服务选择过程中的能耗计算模型。假定用户从 A 区域出发，15s 后到达区域 B，再经 10s 到达区域 C（区域 A、B 和 C 均为被网格化后的地区中的一个网格），该用户须在途中调用天气预报服务。场景中存在一个基站，其位置如图 3-7 所示。随着用户持续向基站方向移动，用户所在区域的信号强度将不断增强，移动设备传输单位数据所消耗的能量也随之减少，假定用户在区域 A、B 和 C 处传输 1KB 的数据分别需要花费 3、2 和 1 个单位的能量。有两个服务可以满足用户的需求：墨迹天气和雅虎天气。这两个服务的详细信息见表 3-4，包括上传数据量、下载数据量和平均服务响应时间。此外，移动设备的待机功率为 1u/s。

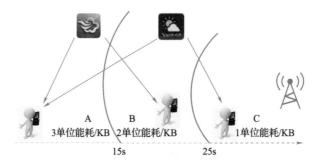

图 3-7　移动网络环境下能耗驱动的服务选择示例

表 3-4　候选服务详细信息表

服务	上传数据量（KB）	下载数据量（KB）	执行时间（s）
墨迹天气	10	50	20
雅虎天气	10	50	30

如 3.3 节所述，在仅考虑响应时间作为服务的 QoS 的时候，传统的服务选择与组合方法将优先为用户选择响应时间较短的服务，即墨迹天气。此时用户将在 A 区域上传服务的输入参数，并在其到达 B 区域后 20s 的时刻收到服务执行结果。该过程的能耗包括三

部分：输入数据上传能耗、返回数据下载能耗和待机能耗，总能耗为 10×3+50×2+1×20 = 150。若用户选择雅虎天气，则将在 C 区域接收返回数据，此时总能耗为 10×3+50×1+1× 30 = 110，相比调用墨迹天气的情况降低了约 27% 的能耗。在一些网络波动较大的移动路径中，这一能耗差异会更加明显。

在现实生活中，用户通常调用的是组合服务。本节假定已知组合服务的候选原子服务的所有信息（包括上传数据量、下载数据量和平均服务执行时间）、用户移动路径和沿途的网络状况。能耗驱动的服务选择与组合的目的是为用户选择一组合适的原子服务，以最大限度降低用户调用组合服务所产生的能耗。

3.4.2　服务能耗模型

本节将介绍服务能耗模型的相关定义。

定义 3.4.1（Web 服务）　Web 服务表示为一个三元组 (i, o, QoS)，其中：

1）i 和 o 分别表示服务的输入和输出参数。

2）QoS 是多维复合属性，包括服务开销、响应时间、鲁棒性、信誉等。如果两个候选的原子服务为组合服务带来相同的能耗，则 QoS 较优的原子服务将被选择用以构建组合服务。

定义 3.4.2（服务规划）　服务规划是一个三元组 (T, P, B)，其中：

1）$T = \{t_i\}_{i=1}^{n}$，表示服务规划包含的 n 个子任务构成的集合。通常一个服务规划起始于一个开始任务 b，并终止于一个结束任务 e。

2）P 表示服务规划中的设置（如分支和循环结构中的执行概率等）。

3）B 是以基于 XML 的语言来描述的服务规划的结构信息。

定义 3.4.3（服务调用）　一个服务调用操作定义为三元组 (t, s, ic)，其中，

1）t 表示服务规划中被实现的任务；

2）s 表示被调用来实现 t 的原子服务；

3）ic 表示调用原子服务 s 所带来的能耗开销。

定义 3.4.4（组合服务）　一个组合服务定义为一个三元组 (S, B, QoS)，其中，

1）S 是构成组合服务的原子服务集合；

2）B 描述组合服务的结构信息；

3) $\text{QoS} = \{q_i\}_{i=1}^n$，表示组合服务的 QoS 属性集合。

组合服务是通过为服务规划中的每个任务选择一个原子服务并根据服务规划的结构执行而得到的。本节定义满足用户的功能需求并具有最低的能耗开销的组合服务为最优组合服务。

定义 3.4.5（移动路径） 用户的移动路径定义为三元组 $\text{mp} = (T, L, F)$，其中，

1) $T = \{(t_i, t_{i+1})\}_{i=0}^{n-1}$ 是一组相邻的时间间隔的集合，其中 t_0 为第一个时间间隔的开始时间，t_n 为最后一个时间间隔的终止时间；

2) L 是移动轨迹囊括的位置点集合，每个位置点都对应 T 中的一个时间点；

3) F 表示时间和位置之间对应关系的函数，即 $\forall t \in (t_0, t_n)$，$F(t) \to L$。

移动路径示例如图 3-8 所示。

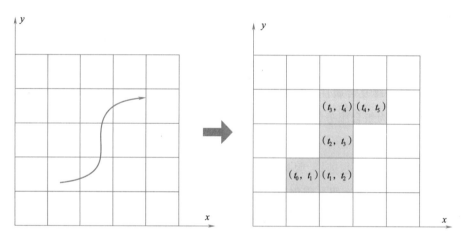

图 3-8　移动路径示例

定义 3.4.6（信号强度） 给定位置点 l，该位置点的信号强度可以通过函数 $\text{ss} = G(l)$ 来获得。移动设备的数据传输速率 tr 和辐射功率 rp 可以分别根据函数 $\text{tr} = H(\text{ss})$ 和 $\text{rp} = R(\text{ss})$ 来计算。本节同样假设用户的移动路径是可预测的，如果用户的移动路径发生变动，则在变动的时刻重新执行服务选择与组合算法。

定义 3.4.7（服务能耗） 给定服务 $s = (i, o, \text{QoS})$ 和移动路径 $\text{mp} = (T, L, F)$，假设 s 在 t_1 时刻被调用，那么调用服务 s 所产生的能耗 ic 计算方式如下：

$$\text{ic}(s) = \text{uc} + \text{sc} + \text{dc} \tag{3.4-1}$$

1) uc 表示上传服务的输入参数带来的能耗；

$$uc = \frac{D(i)}{H(G(l_1))} \times (R(G(l_1)) + sp) \qquad (3.4\text{-}2)$$

式中，$D(i)$ 表示输入参数 i 的数据大小，$l_1 = F(t_1)$，如定义 3.4.5 所述；$G(l_1).tr$ 和 $G(l_1).rp$ 分别表示位置 l_1 处的数据传输速率和辐射功率，可以通过 OpenSignal 等工具获得；sp 表示移动设备的待机功率。

2）令 rt 表示服务 s 的执行时间，则设备等待服务执行时产生的待机功耗 sc 可以通过下式计算得到：

$$sc = sp \times rt \qquad (3.4\text{-}3)$$

3）dc 表示下载服务执行结果消耗的能量：

$$dc = \frac{D(o)}{H(G(l_2))} \times (R(G(l_2)) + sp) \qquad (3.4\text{-}4)$$

式中，

$$l_2 = F\left(t_1 + \frac{D(i)}{H(G(l_1))} + rt\right) \qquad (3.4\text{-}5)$$

通过函数 F 可以得到用户在 t_1 时刻调用服务的位置，随即通过 G 得到该位置的信号强度，根据上传数据的大小参照式（3.4-2）计算 uc，根据服务的执行时间由式（3.4-3）计算待机能耗 sc。获取服务执行的返回数据的时间点为 $t_1 + uc + rt$，因此下载返回数据的位置以及对应的传输速率也可以通过同样方式得到，并根据式（3.4-4）和式（3.4-5）计算出下载返回数据带来的能耗。

定义 3.4.7 给出了原子服务能耗的计算方式，根据这一定义，可以计算出由若干原子服务组合形成的组合服务的总能耗。

定义 3.4.8（组合能耗） 给定一个包含 n 个任务的服务规划 sp 及其对应的被选中的原子服务集合 $\{si_i\}_{i=1}^n$，其中 $si_i = (t_i, s_i, ic_i)$，组合服务的能耗 cc 可以根据原子服务的组合方式计算：

1）对于按照顺序组合的服务：

$$cc = \sum_{i=1}^n ic_i \qquad (3.4\text{-}6)$$

2）对于依照选择分支组合的服务：

$$cc = \sum_{i=1}^n (p_i \times ic_i) \qquad (3.4\text{-}7)$$

式中，$\{p_i\}_{i=1}^n$ 表示各分支被触发的概率，满足 $\sum_{i=1}^n p_i = 1$。

3）对于按照并行结构执行的组合服务：

$$cc = \sum_{i=1}^n (ic_i - sc_i) + \max_{i=1}^n sc_i \qquad (3.4\text{-}8)$$

4）对于循环执行一个原子服务的情况：

$$cc = \sum_{j=1}^m (p_j \times (ic)^j) \qquad (3.4\text{-}9)$$

式中，$\{p_j\}_{j=1}^m$ 表示循环执行次数 j 的概率集合，m 是最大循环次数，且满足 $\sum_{j=1}^m p_j = 1$。

通常组合服务包含若干上述基本组合结构。可以将按照某一基本组合结构组合起来的若干原子服务抽象成一个原子服务，从而使得更复杂的组合服务也可以按照定义 3.4.8 来计算组合能耗，如图 3-9 所示。

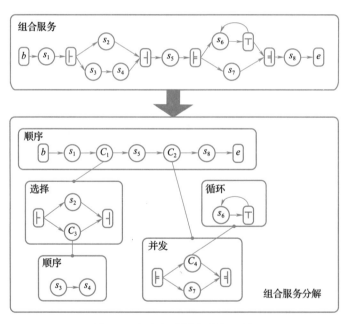

图 3-9 复杂组合服务分解示例

定义 3.4.9（能耗驱动的服务选择） 给定一个由 n 个任务组成的服务规划 sp、其相应的候选服务集 $\{css_i\}_{i=1}^n$ 和移动路径 mp，能耗驱动的服务选择是从 css_i 中选择若干个合适的原子服务来实例化 sp 中的每个任务，从而得到最优的组合服务。

3.4.3　能耗驱动的服务选择与组合方法

根据定义 3.4.9，能耗驱动的服务选择与组合问题可以建模为优化问题：

$$
\begin{cases}
\min \text{cc}(\theta) & (3.4\text{-}10\text{-}1) \\
\text{cc}(\theta) = \text{agg}\left(\text{sp}, \{\text{ic}_{\theta_i}\}_{i=1}^{n}\right) & (3.4\text{-}10\text{-}2) \\
\theta_i \in [1, N_i] & (3.4\text{-}10\text{-}3) \\
\theta_i \in Z & (3.4\text{-}10\text{-}4)
\end{cases}
$$

其中，θ 是一个 n 维向量，表示一组被选中用于构建组合服务的原子服务，是能耗驱动的服务选择与组合问题的一个可行解，θ_i 表示为第 i 个任务选择的候选服务。$\text{cc}(\theta)$ 表示根据 θ 生成的组合服务的组合能耗。agg 是定义 3.4.8 中的能耗聚合函数，sp 是服务规划，ic_{θ_i} 是调用原子服务 θ_i 带来的能耗。N_i 表示第 i 个任务的候选服务的数量。式（3.4-10-3）和（3.4-10-4）是约束条件。能耗驱动的服务选择与组合问题的最优解 $\hat{\theta}$ 需满足如下两个条件：

1）$\hat{\theta}$ 是可行解集合中的元素；

2）对可行解集合中的任意解 θ，$\text{cc}(\theta) \geqslant \text{cc}(\hat{\theta})$。

不难看出该问题等价于一个整数规划问题，无法在多项式时间内得出最优解。本节介绍一种基于遗传算法的服务选择与组合方法，利用染色体结构编码问题的可行解，以适应度函数来衡量染色体的优劣从而模拟进化过程。该方法具有多项式时间复杂度。

遗传算法同能耗驱动的服务选择与组合问题的术语之间的对应关系见表 3-5。染色体对应组合服务的可行解，每条染色体都包含一组独立的基因，每个基因表示一个选中的原子服务。染色体中基因的位置对应服务规划中的任务。染色体的适应度较高，则意味着对应组合服务的能耗较低。

表 3-5　遗传算法同服务选择与组合问题的术语之间的对应关系

遗传算法	染色体	基因	基因位置	适应度
服务选择	组合服务	服务	任务	组合能耗

基于遗传算法的能耗驱动的服务选择与组合方法包括初始化、选择、交叉和变异四个操作。

1. 初始化

在初始化阶段确定算法相关参数，包括种群大小（初始染色体数量）cq、最大迭代次数 it，交叉次数 ct 和变异次数 mt。根据 cq 来初始化种群，对于初始群体中的每个染色体，随机生成 $s_j = (s_j^1, s_j^2, \cdots, s_j^n)$，其中 n 是服务规划所包含的任务的数量，s_j^i 表示被选中用于实现服务规划中第 i 个任务的原子服务。

2. 选择

"选择"操作的目的是保留适应度较优的染色体并淘汰较差的染色体。具有较高适应度的染色体意味着对应的组合服务具有较低的组合能耗。为了在该过程引入随机性以避免算法陷入局部最优解，本节采用经典的轮盘赌方法进行选择，其中每个染色体被选中的概率如下式所示：

$$P(S_j) = \frac{f_j}{\sum_{l=1}^{n} f_l} \tag{3.4-11}$$

为具有较高适应度的染色体赋予较高的被保留的概率，使得整个种群中优良的个体以大概率得以保留。

3. 交叉

交叉操作将两条父染色体重组以产生两条新的适应性可能高于父代的染色体。本节采用单点交叉：首先随机从染色体上选择一个点作为交叉点，保持该点之前的基因不变，互换该点之后的基因，以产生两个新的子染色体。图 3-10 展示了一个交叉操作的示例。

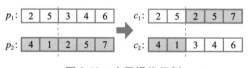

图 3-10　交叉操作示例

新生成的组合服务可能具有较低的组合能耗。因此，通过交叉操作，可以生成更多优质的组合服务以供选择。

4. 变异

变异操作以随机的方式对染色体进行微调以尝试产生具有高适应度的染色体，能够为下一代的染色体引入更多的随机性避免陷入局部最优解而过早收敛。在变异操作中，随机选择一个基因并将其改变为另一个随机的可行的基因。图 3-11 给出了一个变异操作产生两条新的染色体的示例。

图 3-11　变异操作示例

从服务选择与组合的角度来看，变异实际上是随机替换掉组合服务中的一个任务的原子服务，并从该任务的候选原子服务集中随机选择另一个原子服务，从而以一定的概率生成更优的组合服务。

给定适应度函数，遗传算法可以不断地进行迭代最终获得近似最优解。在遗传算法中，随着反复地交叉和变异，优良的基因被传递给下一代，使下一代可以更好地适应环境。算法 3-5 归纳了基于遗传算法的服务选择与组合算法。

算法 3-5　能耗驱动的服务组合算法

输入：染色体数量 cq，迭代次数 it，交叉次数 ct，变异次数 mt。

输出：最高适应度染色体。

1　　随机组合 cq 个染色体放入 ChrSet

2　　**for** $i=1$ 到 it

3　　　　**for** $j=1$ 到 ct

4　　　　　　随机选择两个染色体，交叉后放入 ChrSet

5　　　　**for** $k=1$ 到 mt

6　　　　　　随机选择一个染色体，变异后放入 ChrSet

7　　　　计算 ChrSet 中的染色体的适应度

8　　　　记适应度最高的染色体为 CurOptChr

9　　　　**if** $f(\text{CurOptChr}) > f(\text{OptChr})$

10　　　　　　OptChr←CurOptChr

11　　　　根据适应度从 ChrSet 中选择 cq 个染色体，并将其余染色体从 ChrSet 中删除

12　　**return** OptChr

算法首先在随机生成初始染色体并放入染色体集 ChrSet（第 1 行）。随后通过交叉（第 3~4 行）和变异（第 5~6 行）产生新的染色体并加入种群，计算所有染色体的适应度（第 7 行），更新最优的染色体 OptChr（第 8~10 行）。之后，根据它们的适合度随机选择染色体，淘汰掉未被选中的染色体（第 11 行）。重复上述过程直到迭代次数达到要求。最后，将 OptChr 作为最优染色体返回（第 12 行）。

该算法的时间复杂度是多项式级。cq、it、ct 和 mt 中的一个或多个参数增大，都使得算法更易得到较优结果，但将导致算法需要花费更多时间；反之，任一参数的减小都会提高算法的效率，但可能导致稍差的结果。用户在调用组合服务的过程中，一旦意外事件发生或用户的行为与预定行为不一致，算法将再次执行以推荐用于后续任务执行的服务。因此，该算法能够应对变化的用户状态。

3.5 | 风险感知的服务选择与组合

数据的传输和服务的执行可能受到各种因素的影响，从而造成服务调用失败。相比于网络相对稳定的固网环境，在移动网络环境下，上述服务调用失败的风险将显著提升。为此，在构建组合服务的过程中，需要考虑潜在的服务调用失败的风险。本节首先构建了服务风险模型，并提出了一种风险感知的服务选择与组合算法，以有效降低用户在调用组合服务的过程中面临的风险。

3.5.1 问题描述

移动设备和无线技术的发展，使服务的供应更加灵活且更具有多样性[20]。如今，服务不再局限于传统平台，随着现代智能设备的发展，业务可以部署在移动设备上，并通过无线网络交付[21]。因此，移动设备既可以扮演服务请求者，也可以扮演服务提供者或代理的角色。

移动网络环境下的服务与传统的固网环境下的服务有较大的区别。在移动网络环境下，用户或服务提供者都有可能处于频繁移动的状态，服务的交互存在一定的风险[22-23]，例如由于用户或服务提供者的移动超出一定的范围造成的暂时的服务不可用。

在移动网络环境中，服务请求者和服务提供者之间的通信基于蓝牙、无线局域网、近场通信[24-25] 等工作范围有限的无线通信技术，因此二者都可能受到频繁移动的影响。如果服务在用户调用期间不可用，则组合服务将无法执行。为此，需要一个风险模型来描述组合服务的风险，从而将交互失败的风险纳入组合服务的 QoS 考虑之中。

假设手机用户 Tom 在参观公园的过程中录制了一段视频，需要调用云服务来剪辑手机上的视频并添加美化效果和音频。若公园位于偏远地区，信号覆盖较差，则视频传输可能会需要较长时间，甚至传输失败。如果视频处理服务由附近的移动设备提供，则 Tom 可以通过近场通信技术在附近的移动设备上调用功能相同的移动服务。如果不存在能够满足其需求的单一原子服务，则可以调用由一系列原子服务组成的组合服务。如图 3-12 所示，最多需要三个服务：①视频剪辑服务；②视频美化服务；③视频配音服务。由于用户的移动性，服务提供者对 Tom 的可用性可能会有所不同。因此，调用其他移动用户的服务可能会面临传统的服务选择与组合方法难以处理的新挑战。

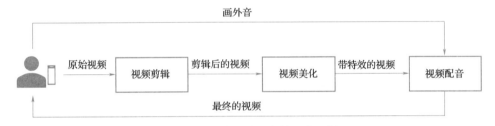

图 3-12　多个移动服务的组合示例

由于移动设备之间的通信范围有限，Tom 只能在移动设备要求的通信距离范围内调用所提供的服务，使得调用移动用户提供的服务存在失败的风险。此外，存在服务提供者在使用服务时移出范围的风险，导致组合服务调用失败，需要重新组合服务。为了最小化组合服务调用失败的风险及避免频繁的重组，需要为每个服务选择一个有足够可用时间的服务提供者，以便组合服务能够顺利完成。本节定义具有这样要求的服务选择与组合问题为风险感知的服务选择与组合。

3.5.2　服务风险模型

本节将介绍服务风险模型的相关定义，以帮助读者理解风险感知的服务选择与组合问题。

定义 3.5.1（移动服务）　移动服务 s 表示为一个三元组 $(\mathrm{id}, \mathrm{Fun}, \mathrm{QoS})$，其中：

1）id 是服务的唯一标识；

2）Fun 是 s 提供的功能集合，其中每个功能包括输入、输出、前置条件和执行结果；

3）$\mathrm{QoS} = \{q\}_{j=1}^{n}$ 是服务质量属性的集合，包括服务开销、响应时间、鲁棒性、信誉等。

定义 3.5.2（移动服务提供者）　移动服务提供者表示为一个二元组 $\mathrm{sp} = (\mathrm{id}, S)$，其中，

1）id 是服务提供者的唯一标识；

2）S 是移动服务提供者 sp 所提供的服务集合。

定义 3.5.3（服务组合规划）　服务组合规划是一个二元组 $\mathrm{scp} = (L, G)$，其中，

1）$L = \{l_1, l_2, \cdots, l_n\}$ 是一组任务；

2）$G = \{g(l_i, l_j) \mid l_i, l_j \in L\}$ 是 L 中的任务之间的关系。

服务组合规划是对业务流程的抽象，其中每个任务 l_i 可以通过调用一个原子服务来实现。G 用以描述组合服务的结构，$g(l_i, l_j) = 1$ 表示 l_j 的输入依赖于 l_i 的输出。

定义 3.5.4（移动服务组合）　一个移动服务组合是一个二元组 $\mathrm{sc} = (\mathrm{scp}, S)$，其中，

1）scp 是相应的服务组合规划；

2）S 是一组被选中用于实现 sc 中各个任务的原子服务。

对于一个移动服务组合，既需要关心组合服务的整体 QoS，也需要考虑在移动环境中调用这个组合服务的风险。

定义 3.5.5（移动服务组合的 QoS）　移动服务组合 sc 的 QoS 是一个二元组 $\mathrm{QoS}_{\mathrm{sc}} = (Q, C)$，其中，

1）$Q = \{q\}_{j=1}^{n}$ 表示构成组合服务的原子服务的 QoS 属性集合；

2）$C = \{c\}_{j=1}^{n}$ 表示这些 QoS 属性的集成函数[26]。

定义 3.5.6（移动服务组合的风险）　移动服务组合 sc 的风险可以建模成 $\mathrm{Risk}_{\mathrm{sc}} = \max_{i=1,2,\cdots,n} r_i$，其中，

1）r_i 是第 i 个任务被选择的原子服务的服务提供者在调用组合服务的过程中相对

于当前用户"不可用"的风险；

2）n 表示服务组合的任务个数。

需要注意的是，只有服务请求者和服务提供者在所需的通信范围之内，服务交互才能成功。在本节中，服务"不可用"意味着服务请求者和服务提供者在交互期间移出了通信范围。

每个任务执行过程的风险可以按照式（3.5-1）来评估：

$$r_i = 1 - \mathrm{Prob}(X_i^p \geqslant \mathrm{dur}_i^p) \tag{3.5-1}$$

式中，p 是提供了为第 i 个任务选择的原子服务的服务提供者；X_i^p 是一个表明 p 从被服务请求者发现开始持续停留在距服务请求者一定范围内的时间的随机变量；dur_i^p 是如果由 p 提供的面向第 i 个任务的服务被选中，执行所需的时间；$\mathrm{Prob}(X_i^p \geqslant t)$ 是 p 停留在距服务请求者一定范围内的概率分布函数，可以通过基于信号强度检测的移动性预测方法得到[27-29]。

之所以使用所有被选中的原子服务所具有的风险的最大值作为组合服务的整体风险，是因为根据"木桶原则"，在移动服务组合中，任何一个组件的执行失败将导致整个组合服务的执行失败。因此，移动服务组合的风险取决于其最薄弱的组件，即使只有一个原子服务具有较高的风险，也可能导致整个组合服务执行失败。

定义 3.5.7（风险感知的移动服务选择与组合问题，**Risk-Aware Selection Problem for Mobile Service Composition**，简称 RMSC）　给定一个想要选择附近其他移动服务提供者 S_p 提供的原子服务来实现一个组合服务规划 scp 的用户，目标是生成一个可行的服务组合 sc $= (s_1, s_2, \cdots)$，从而，

1）最优化 sc 的 QoS；

2）最小化 sc 的风险。

因此，目标函数可以定义为

$$F(\mathrm{sc}) = \overrightarrow{w_q} \cdot Q_{\mathrm{sc}} + w_r \cdot \mathrm{Risk}_{\mathrm{sc}} \tag{3.5-2}$$

式中，$Q_{\mathrm{sc}} = (q_1, q_2, \cdots, q_n)$ 是一个 n 维向量，指定了每个 QoS 属性的值，需要注意的是，所有 QoS 属性都被转换为负值（值越小，QoS 越好）；$\overrightarrow{w_q} = (w_{q_1}, w_{q_2}, \cdots, w_{q_n})^{\mathrm{T}}$ 是一个 n 维向量，指出了每个 QoS 属性的权重；w_r 是 $\mathrm{Risk}_{\mathrm{sc}}$ 的权重。在下文中，QoS 属性的

个数只保留一个，以简化问题。因此，Q_{sc} 成为 QoS 属性的值（例如响应时间），从而使得可以用一个实数 w_q 来替代 $\xrightarrow{w_q}$，且 $w_q + w_r = 1$。需要注意的是 w_q 和 w_r 的值由移动用户根据其偏好来决定，可以缺省为 $w_q = w_r = 0.5$。

3.5.3 风险感知的服务选择与组合方法

RMSC 可以被形式化为一个优化问题：

$$\min \qquad F(X)$$
$$\text{subject to} \quad x_i \in \{1,2,\cdots,m\} \tag{3.5-3}$$

式中，X 是一个面向给定的服务组合规划的服务选择策略；$i \in [1,n]$ 是服务组合规划中任务的下标；$x_i \in [1,m]$ 是第 i 个任务的候选原子服务，如果第 j 个原子服务被选中用以实现第 i 个任务，则 $x_i = j$；$F(X)$ 是式（3.5-2）提到的目标函数。

RMSC 可以被归约成整数规划问题。一个目标是找到合适的向量 $\Theta = (\theta_1, \theta_2, \cdots, \theta_n)$，以获得最小的 $F(\Theta)$，整数规划优化问题可以被形式化：

$$\inf \qquad F(\Theta)$$
$$\text{subject to} \quad \theta_i \in \{1,2,\cdots,N\} \tag{3.5-4}$$

其最优解 Θ^* 满足如下条件：

1）Θ^* 属于可行解集合；

2）$\forall \Theta,\ F(\Theta^*) \leqslant F(\Theta)$。

因此，整数规划问题和 RMSC 问题是等价的。整数规划问题是 NP 难的，对于这样的问题，可以利用整数规划算法得到最优解。然而，当问题规模增大时，它们可能会花费很多时间。为了解决这一问题，本节基于模拟退火算法（Simulated Annealing，SA），提出了一种风险感知的服务选择与组合方法，在多项式时间内可以求得近似最优解。求解近似最优解的 SA 算法的过程来源于物理退火过程，即在固体金属被加热至高温并逐步冷却的过程中，从一个较高的初始温度开始，随着温度参数的减小和概率跃迁，随机搜索目标函数的全局最优解。本节提出的修改后的 SA 算法（Modified SA，MSA）主要包括新解决方案的生成和接受，内部和外部迭代。

1. 生成新的解决方案

RMSC 的一个解决方案是一组被选中的原子服务。初始解 S_0 在解空间中随机生成，

生成函数从当前解 S 生成一个新的解 S'。为了便于后续计算和接受新解，通常会对当前解进行简单变换（例如替换当前解的一个或几个元素，或者交换当前解中的几个元素）。生成新解的方法决定了当前解的相邻结构，从而影响模拟退火算法。与基本的 SA 算法不同，MSA 中新的解是由一个变异操作产生的，如图 3-13 所示。它的灵感来自遗传算法，即随机选取当前解中的一个元素，替换为随机不同值的新元素。

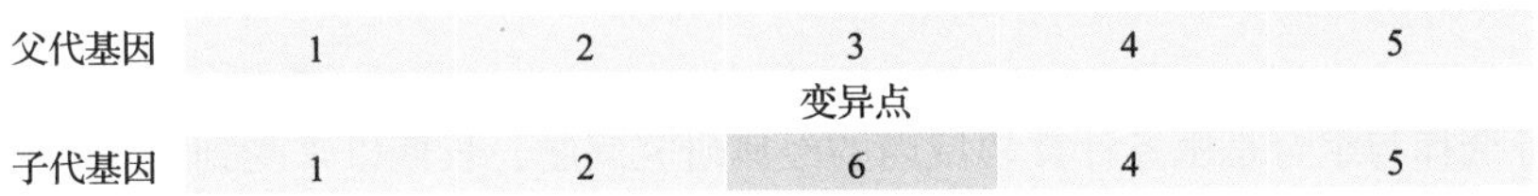

父代基因	1	2	3	4	5
			变异点		
子代基因	1	2	6	4	5

图 3-13　变异操作

2. 解决方案评估

为了对比新的解和当前解，需要根据式（3.5-2）的目标函数计算解的适应度，表示为 C' 和 C。新解和当前解的适应度的差表示为 $\Delta C = C' - C$，该差值决定了新的解是否会被接受。

3. 新解的接受

新的解是否会被接受取决于接受标准。Metropolis Criterion 是最常用的接受标准：如果 $\Delta C < 0$，则将 S 更新为 S'，否则计算接受概率 $P = \exp(-\Delta C/T)$，其中 T 是当前的温度，随后以概率 P 来接受 S'。当温度很高的情况下，P 趋近于 1，此时即便 S' 是一个比较差的解，MSA 也以大概率去接受，从而引入较大的随机性，避免算法收敛到局部最优解。当温度趋于 0 的时候，P 也趋于 0，MSA 趋向于只在 $\Delta C > 0$ 的情况下接受 S'，为算法提供了良好的收敛保证。最终，MSA 收敛到一个近似的全局最优解。

4. 内部迭代

在每个温度下，从步骤 0 到步骤 0 迭代多次，直到解的适应度值保持稳定或达到最大内部迭代次数。与基本的 SA 算法不同的是，当以概率 P 接受一个较差的解 S' 的时候，MSA 暂存好的解 S 为迄今为止的最佳解，表示为 S^*。S^* 是一个可行解，并在 MSA 终止的时候返回。

5. 外部迭代

退火历程开始于初始温度 T_0，在内部迭代完成后，T 通过函数 $T' = T * k$ 更新。k 是一个小于 1 但是接近于 1 的常数，k 越大，退火过程的速度越慢，MSA 也更容易收敛到一个更好的解。然而，较大的 k 将导致 MSA 运行时间更长。当温度降低到最小温度 T_{min} 的时候，外部迭代终止，从而退火过程也停止，最终的 S^* 作为算法的返回值，是一个近似全局最优解。

3.6 | 本讲小结

    服务选择与组合是服务计算领域内的经典研究问题，长期以来受到服务计算领域内研究人员的高度关注。随着计算机、互联网和移动通信的普及以及云计算和边缘计算等新型架构的发展和应用，服务选择与组合技术的研究关注点也在与时俱进，使得服务选择与组合技术日趋复杂化。本讲围绕服务计算中的服务选择与组合问题，首先介绍了经典的服务选择与组合问题，随后，结合当下云计算和边缘计算场景中的热门问题，从四个不同的视角介绍了现有的服务选择与组合的方法，包括 QoS 驱动的服务选择与组合、位置感知的服务选择与组合、能耗驱动的服务选择与组合和风险感知的服务选择与组合。

拓展阅读

[1] DENG S, WU H, YIN J. Mobile service computing[M]. Singapore：Springer, 2020.

[2] DENG S, HUANG L, TAN W, et al. Top-k automatic service composition：a parallel method for large-scale service sets[J]. IEEE Transactions on Automation Science and Engineering, 2014, 11 (3)：891-905.

[3] DENG S, HUANG L, LI Y, et al. Toward risk reduction for mobile service composition[J]. IEEE Transactions on Cybernetics, 2016, 46(8)：1807-1816.

[4] DENG S, WU H, TAHERI J, et al. Cost performance driven service mashup：a developer perspective[J]. IEEE Transactions on Parallel and Distributed Systems, 2016, 27(8)：2234-2247.

[5] DENG S, WU H, TAN W, et al. Mobile service selection for composition：an energy consumption perspective [J]. IEEE Transactions on Automation Science and Engineering, 2017, 14 (3)：1478-1490.

参考文献

［1］邓水光，吴朝晖. Web 服务组合方法综述［J］. 中国科技论文在线，2008，3（2）：79-84.

［2］邓水光，黄龙涛，尹建伟，等. Web 服务组合技术框架及其研究进展［J］. 计算机集成制造系统，2011，17（2）：404-412.

［3］KELLER U, LARA R, POLLERES A, et al. WSMO web service discovery［J］. Engineering, 2004（5）.

［4］SYEDA-MAHMOOD T, SHAH G, AKKIRAJU R, et al. Searching service repositories by combining semantic and ontological matching［C］//Proceedings of IEEE International Conference on Web Services. Cambridge：IEEE, 2005：13-20.

［5］胡建强，邹鹏，王怀民，等. Web 服务描述语言 QWSDL 和服务匹配模型研究［J］. 计算机学报，2005，28（4）：505-513.

［6］RAO J. Semantic web service composition via logic-based program synthesis［J］. Computer Science, 2004.

［7］ZHANG R, ARPINAR I B, ALEMAN-MEZA B. Automatic composition of semantic web services ［C］//Proceedings of International Conference on Web Services. Las Vegas：CSREA Press, 2003（3）：38-41.

［8］BULTAN T, FU X, HULL R, et al. Conversation specification：a new approach to design and analysis of e-service composition［C］//Proceedings of the 12th World Wide Web Conference. New York：ACM, 2003：403-410.

［9］BROGI A, CANAL C, PIMENTEL E, et al. Formalizing web service choreographies［J］. Electronic Notes in Theoretical Computer Science, 2004, 105：73-94.

［10］廖军，谭浩，刘锦德. 基于 Pi-演算的 Web 服务组合的描述和验证［J］. 计算机学报，2005，28（4）：3622-3628.

［11］MENASCE D A. QoS issues in web services［J］. IEEE Internet Computing, 2002, 6（6）：72-75.

［12］EL HADAD J, MANOUVRIER M, RUKOZ M. TQoS：transactional and QoS-aware selection algorithm for automatic web service composition［J］. IEEE Transactions on Services Computing, 2010, 3（1）：73-85.

［13］LI Y, LIN C. QoS-aware service composition for workflow-based data-intensive applications［C］//

Proceedings of 2011 IEEE International Conference on Web Services. Cambridge: IEEE, 2011: 452-459.

[14] BARTALOS P, BIELIKOVÁ M. QoS aware semantic web service composition approach considering pre/postconditions[C]//Proceedings of IEEE International Conference on Web Services. Cambridge: IEEE, 2010: 345-352.

[15] MICHLMAYR A, ROSENBERG F, LEITNER P, et al. End-to-end support for QoS-aware service selection, binding, and mediation in VRESCo[J]. IEEE Transactions on Services Computing, 2010, 3(3): 193-205.

[16] TEKINAY S, JABBARI B. Handover and channel assignment in mobile cellular networks[J]. IEEE Communications Magazine, 1991, 29(11): 42-46.

[17] KUMAR K, LU Y H. Cloud computing for mobile users: can offloading computation save energy? [J]. Computer, 2010, 43(4): 51-56.

[18] ZHENG Z, LYU M R. QoS management of web services[M]. New York: Springer, 2013.

[19] ZHENG Z, MA H, LYU M R, et al. QoS-aware web service recommendation by collaborative filtering[J]. IEEE Transactions on services computing, 2011, 4(2): 140-152.

[20] FU B, XIAO Y, LIANG X, et al. Bio-inspired group modeling and analysis for intruder detection in mobile sensor/robotic networks[J]. IEEE Transactions on Cybernetics, 2015, 45(1): 103-115.

[21] TSENG S M, TSUI C F. Mining multilevel and location-aware service patterns in mobile web environments[J]. IEEE Transactions on Systems, Man, and Cybernetics, Part B(Cybernetics), 2004, 34(6): 2480-2485.

[22] DENG S, HUANG L, LI Y, et al. Toward risk reduction for mobile service composition[J]. IEEE Transactions on Cybernetics, 2016, 46(8): 1807-1816.

[23] WU D, CHEN S, OLSON D L. Business intelligence in risk management: some recent progresses [J]. Information Sciences, 2014, 256: 1-7.

[24] ATZORI L, IERA A, MORABITO G. The internet of things: a survey[J]. Computer Networks, 2010, 54(15): 2787-2805.

[25] XU L D, HE W, LI S. Internet of things in industries: a survey[J]. IEEE Transactions on Industrial Informatics, 2014, 10(4): 2233-2243.

［26］ DENG S, HUANG L, TAN W, et al. Top-k automatic service composition: a parallel method for large-scale service sets［J］. IEEE Transactions on Automation Science and Engineering, 2014, 11 (3): 891-905.

［27］ WANALERTLAK W, LEE B, YU C, et al. Behavior-based mobility prediction for seamless hand-offs in mobile wireless networks［J］. Wireless Networks, 2011, 17(3): 645-658.

［28］ SU W, LEE S J, GERLA M. Mobility prediction in wireless networks［C］//Proceedings of The 21st Century Military Communications. Cambridge: IEEE, 2000: 491-495.

［29］ KIM T H, YANG Q, LEE J H, et al. A mobility management technique with simple handover prediction for 3G LTE systems［C］//Proceedings of IEEE 66th Vehicular Technology Conference. Cambridge: IEEE, 2007: 259-263.

第 4 讲
服务推荐

本讲概览

面向服务的计算（Service-Oriented Computing，SOC）是当前软件领域备受关注的热门主题之一，倡导以标准的方式支持系统的开放性。它所提供的服务协同和管理改善了软件产品复杂的业务系统，提高了软件系统的生产效率。而面向服务的架构（Service-Oriented Architecture，SOA），使分布式应用具有更好的灵活性和复用能力。软件开发的主流实现方式是服务技术，随着面向服务架构技术的大量应用，当前服务的数量正在以超线性的速度增长。面对快速膨胀的服务资源，如何让用户有效地过滤无关信息并挖掘有价值的信息，从海量的服务资源中方便、精准地找到自己需要的服务，成为当前工业界和学术界的一大挑战。而服务推荐技术的出现为服务发现和查找难问题的解决提供了一个方向。

本讲首先介绍服务推荐的概念和常见的应用场景，在简要介绍了推荐系统以后，从两个方面分析了推荐系统和服务推荐之间的联系与区别，随后从三个不同的视角介绍了现有的服务推荐方法，包括基于功能的服务推荐、基于非功能的服务推荐及融合功能和非功能的服务推荐。其中，基于功能的服务推荐主要通过从用户查询语句和服务功能文本中提取语义属性特征，并对二者进行相似度匹配进行推荐，或利用推荐系统中的典型方法进行服务推荐；基于非功能的服务推荐主要根据对候选服务的质量（QoS）进行预测，然后依据预测出的 QoS 值对服务进行排序，最终推荐符合用户 QoS 需求的服务，本讲在该部分也给出了基于 QoS 预测的协同过滤服务推荐的一般流程，从而便于读者更好地理解。尽管基于功能和非功能的服务推荐方法都取得了较好的推荐效果，但仍存在难以挖掘隐藏特征和冷启动等问题，因此，将功能与非功能信息进行融合是目前服务推荐的一个新趋势，我们将主要从基于上下文感知的 QoS 预测和融合文本与 QoS 信息的服务推荐两个方面进行介绍。

4.1 服务推荐概述

4.1.1 服务推荐的概念

服务推荐是自动识别服务的有用性并主动向最终用户推荐服务的过程，主要是利用用户的历史交互数据或者隐含查询信息为用户提供可能满足用户需求的服务。作为服务发现和服务管理的重要手段，服务推荐在服务计算领域扮演着重要的角色。我们可以将服务推荐视为服务选择的过程，并结合最终用户行为进行分析，以实现较为准确的服务推荐。随着在线服务数量的逐渐增加，用户难以快速有效地找到所需的服务，因此服务推荐方法成为有效的手段来提高服务使用的效率，从而帮助用户选择他们想要使用的服务和软件系统。此外，服务质量（Quality of Service，QoS）也是为用户推荐服务时需要着重考虑的问题之一，QoS 代表着用户的非功能需求如服务反应时间、可使用性、吞吐量、信誉等，大多数情况下，能满足用户功能需求的服务往往有多个，因此，如何从相似的服务中选择 QoS 等非功能属性最优的服务也是服务推荐技术需要解决的重要问题。

总的来说，对于用户而言，发现或选择合适的、高质量的服务是一项乏味且难度较大的工作，在选择服务的时候，不仅要求被选择的若干服务能够覆盖用户对于功能的需求，同时也要考虑非功能方面的约束或优化目标，而服务推荐技术可以大大减少用户进行服务选择的工作量，有效提高了服务发现与选择的质量和效率。因此，服务推荐对于服务组合同样具有重要意义，正如本书第 3 讲所提到的，服务组合指的是当单一原子服务无法实现用户需求时，集成多个不同的原子服务以形成按照一定业务逻辑执行的应用程序，从而完成用户需求的过程，这实际上也是一个给组合服务推荐原子服务的过程，在很多时候需要用到服务推荐的相关技术，从而提高服务组合的精准度与效率。

4.1.2　推荐系统

当今时代可选择的商品和服务非常繁杂，而不同人的兴趣偏好又截然不同，并且在特定场景下，个人对自己的需求不是很明确。在这三个背景驱动下，推荐系统应运而生。推荐系统是在互联网快速发展（特别是移动互联网）之后的产物，随着用户规模的爆炸增长以及供应商所提供物品的种类越来越多，用户身边充斥着大量信息，这时候推荐系统就有了用武之地。推荐系统本质上是在用户需求不明确的情况下，从海量的信息中为用户寻找其感兴趣的信息的技术手段。推荐系统结合用户信息、物品信息以及用户过去对物品的行为，利用机器学习或深度学习技术构建用户兴趣模型，为用户提供精准的个性化推荐。通过推荐系统可以更好地将商品曝光给需要购买的用户，提升社会资源的配置效率。从本质上讲，推荐系统提升了信息分发和信息获取的效率。

推荐系统是一项工程技术解决方案，利用机器学习等技术，在用户使用产品进行浏览交互的过程中，系统主动为用户展示其可能会喜欢的物品，从而促进物品"消费"，节省用户时间，提升用户体验，做到资源的优化配置[1]，具体如下。

1）推荐系统是一项工程技术解决方案，要将推荐系统落地到业务上需要大量的工程开发，涉及日志打点、日志收集、ETL、分布式计算、特征工程、推荐算法建模、数据存储、提供接口服务、UI 展示与交互、推荐效果评估等各个方面，推荐系统是一项庞大、复杂的体系工程。

2）推荐系统是机器学习的一个分支应用，推荐系统大量使用机器学习技术，利用各种算法构建推荐模型，提升推荐的精准度、惊喜度、覆盖率等，甚至是实时反馈用户的兴趣变化（如今日头条 App 下拉展示新的新闻，实时反馈用户的兴趣变化）。

3）推荐系统是一项交互式产品功能，产品为推荐系统提供载体，用户通过使用产品触达及触发推荐系统。推荐系统为用户提供个性化的推荐，从而提升用户体验。

4）推荐系统是一种为用户提供感兴趣信息的便捷渠道，通过为用户提供信息创造商业价值。

推荐系统的应用领域十分广泛，例如电子商务、电影和视频推荐、音乐电台、社交网络、个性化阅读、生活资讯推荐等。随着推荐系统的蓬勃发展，其对社会影响的广度和深度正在不断增加，相关应用也开始辐射到了各个领域，其中就包含了服务计算邻域，随之也产生了一系列与服务推荐相关的场景及问题，如何利用已有的推荐系统基础技术来应对服务推荐中所面临的新问题引起了越来越多研究者的注意。

4.1.3 推荐系统和服务推荐的联系与区别

由于服务推荐是推荐系统的应用场景之一，因此，二者最大的联系在于推荐系统中的先进技术与模型均可以用于服务推荐中，研究者也可以针对服务推荐中的新场景与新问题，对已有的推荐系统模型做一些对应的改进，并进一步推动推荐系统的发展。

推荐系统的技术发展十分迅速，从 2003 年的协同过滤（Collaborative Filtering，CF），到 2006 年的矩阵分解（Matrix Factorization，MF）、逻辑回归（Logistic Regression，LR），进化到 2010 年的因子分解机（Factorization Machine，FM）、梯度提升树（Gradient Bossting Decision Tree，GBDT），再到 2015 年之后深度学习推荐模型的百花齐放，各种模型架构层出不穷。推荐系统的主流方法经历了从单一模型到组合模型，从经典框架到深度学习的发展过程。通过这些推荐算法，推荐系统可以较为有效地给我们推荐感兴趣的文章、视频、音频等内容，当然也包括了服务。

而推荐系统与服务推荐之间的区别也是很明显的，主要体现在以下两个方面。

1. 服务推荐的场景比传统的推荐系统场景可能更复杂

传统的推荐系统往往只有用户和项目两个对象，推荐系统给用户推荐合适的项目，而服务推荐的对象通常不止两个。以 API 和 Mashup 为例，Mashup 是由多个 API 组合而成的集成性服务，因此我们可以把 Mashup 当成用户，把 API 当成项目，从而将合适的 API 推荐给 Mashup。但是 API 和 Mashup 作为典型的服务，是可以直接推荐给用户或者开发人员的，所以我们也可以同时把 API 和 Mashup 作为项目，从而给用户或者开发人员推荐合适的服务。在这一服务推荐场景中，出现了三个对象，其推荐的复杂度和难度将会更高。

2. 推荐系统的一些模型对于服务推荐并不适用

首先，服务推荐的数据量往往较小，例如，ProgrammableWeb 网站上的 Mashup 服务和 API 服务全部加起来也没有超过 40000 个，而传统推荐系统的数量往往达到了百万级别以上，而且随着信息技术的发展和普及，数据量会越来越大。因此，近年来广泛应用的深度学习技术可能不适用于数据量相对较少的服务推荐领域，尤其是那些十分复杂的深度学习模型，不但增加了服务推荐的代价，而且很有可能产生过拟合的问题，从而影响服务推荐的效率和精度。

此外，对于开发人员而言，服务推荐应该是从服务功能实现的角度去推荐或者是从 QoS 的角度去推荐，这也是服务推荐的主要方向，因此一些经典的推荐系统技术在服务推荐这方面的应用可能会受限，例如，利用用户的调用历史来分析用户偏好的推荐方法，对于软件开发服务推荐场景来说，应该是效果比较差的，一个人在淘宝上买了三双运动鞋，可以预测出他爱好运动。然而，一个 Web 开发用户调用过三个与地图相关的服务，并不能说明他喜欢地图，只能说明他现在正在从事与开发地图相关的项目，比如旅游网站等。

4.1.4　服务推荐的发展

服务推荐能够有效地提高服务使用的效率，对于服务开发者和其他用户特定的功能需求，服务推荐算法能够为其推荐相关的服务和解决方案。目前已有较多关于服务推荐的相关工作，主要可分为基于功能的服务推荐方法、基于非功能的服务推荐方法和融合功能与非功能的服务推荐方法。首先，基于功能的推荐方法主要根据用户查询条件返回最佳匹配的服务，语义特征表示和相似度计算是影响服务匹配准确度的两个重要因素。总的来说，基于功能的服务推荐方法可分为基于相似度匹配的服务推荐方法、基于模型的服务推荐方法和引入辅助信息的服务推荐方法，值得注意的是，在这些方法中，传统推荐系统中的先进模型得到了广泛的应用。其次，基于非功能的服务推荐方法考虑了用户对服务质量的个性化需求，这些方法通常会首先预测服务质量（QoS），然后通过协同过滤的方法来进行服务推荐，大致可分为基于邻域的 QoS 预测方法和基于模型的 QoS 预测方法，在这些方法中，基于协同过滤算法的服务推荐模型被普遍采用。此外，由于 QoS 中如反应时间、可使用性等指标通常与访问地理位置紧密相关，很多方法提出基于地理位置的 QoS 预测和服务推荐方法。最后，融合功能与非功能的服务推荐方法很好地结合了基于功能和非功能服务推荐方法的优点，进一步提高了服务推荐的准确性。主要可以分为基于上下文感知的 QoS 预测推荐方法和融合文本与 QoS 信息的服务推荐方法。大致的服务推荐方法总结如图 4-1 所示。

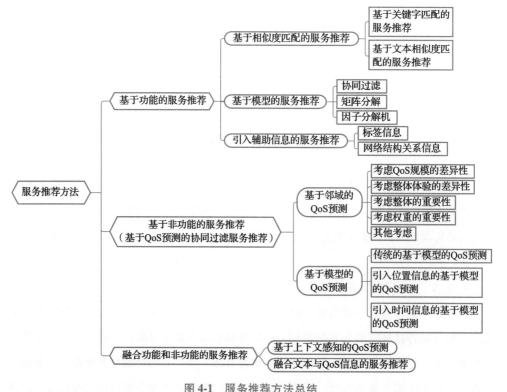

图 4-1 服务推荐方法总结

4.2 | 基于功能的服务推荐

基于功能的服务推荐方法主要通过从用户查询语句和服务功能文本（如 Web 服务描述文档 Web Services Description Document）中提取语义属性特征进行相似度匹配推荐，或利用推荐系统中的典型方法进行服务推荐。据统计，截至 2022 年 4 月，在 Programmable Web 网站收集的接近 4 万个 Mashup 和 API 服务中，绝大部分是以纯文本的方式进行描述。因此，基于功能的服务推荐方法应用十分广泛。现有的基于功能的服务推荐研究主要可以分为三种类型：基于相似度匹配的服务推荐、基于模型的服务推荐和基于辅助信息的服务推荐。

4.2.1 基于相似度匹配的服务推荐

1. 基于关键字匹配的服务推荐

基于相似度匹配的服务推荐最基本的方法是基于关键字的服务匹配推荐，该类方法以 UDDI（Universal Description Discovery and Integration）为典型代表，通过对 UDDI 上的服务注册信息进行关键词精确匹配实现服务查询，主要是对服务名称或服务属性进行匹配。但这类方法的查准率和查全率不高。主要原因在于基于关键字的服务发现有如下缺陷：①不能准确描述所查询的目标服务；②不能度量候选者和查询目标间的符合程度；③不能使用细化、泛化、平级扩展等语义操作进行查询。其中，前两点是影响查准率的重要原因，第三点主要影响查全率。

为了缓解该问题，国内外学者提出了基于语义的服务发现方法，通过计算服务需求和服务描述文档的相似度，推荐 Top-k 个服务让用户选择。这类方法通常分两步走：首先通过常用的特征表示模型获得服务需求和每个服务描述文档的嵌入向量，然后通过相似度计算，找出与服务需求最匹配的服务。

2. 基于文本相似度匹配的服务推荐

基于文本相似度匹配的服务推荐通常先利用文本特征表示模型同时学习用户查询语句和服务功能文档的特征向量，然后再通过计算两个向量之间的相似度来进行推荐，常用的服务文本特征表示模型有词频矩阵模型、主题模型、分布式表征模型、预训练模型等，本讲主要对前三个应用较多的表征方法进行简单介绍。

（1）词频矩阵模型

词频矩阵模型在基于相似度匹配的服务推荐任务中经常被使用，它通常用来评估一个词对于一个文件或者一个语料库中的领域文件集的重复程度，从而可以用来表示出词语或文档的特征向量，而 TF-IDF（Term Frequency-Inverse Document Frequency）[2] 是最常用的方法之一。字词的重要性随着它在文件中出现的次数成正比增加，但同时会随着它在语料库中出现的频率成反比下降。TF-IDF 加权的各种形式常被搜索引擎应用，作为文件与用户查询之间相关程度的度量或评级。除了 TF-IDF 以外，互联网上的搜索引擎还会使用基于链接分析的评级方法，以确定文件在搜寻结果中出现的顺序。

TF-IDF 的主要思想：如果某个词或短语在一篇文章中出现的频率较高，并且在其他文章中很少出现，则认为此词或者短语具有很好的类别区分能力，适合用来分类。TF-IDF 实际上是词频（Term Frequency，TF）和逆向文件频率（Inverse Document Frequency，IDF）的乘积。TF 表示词条在文档 d 中出现的频率。IDF 的主要思想：如果包含词条 t 的文档越少，也就是 n 越小，IDF 越大，则说明词条 t 具有很好的类别区分能力。如果某一类文档 C 中包含词条 t 的文档数为 m，而其他类包含 t 的文档总数为 k，显然所有包含 t 的文档数 $n=m+k$，当 m 大的时候，n 也大，按照 IDF 公式得到的 IDF 的值会小，就说明该词条 t 类别区分能力不强。但是实际上，如果一个词条在一个类的文档中频繁出现，则说明该词条能够很好地代表这个类的文本特征，这样的词条应该被赋予较高的权重，并作为该类文本的特征词以区别于其他类文档。在一份给定的文件里，TF 指的是某一个给定的词语在该文件中出现的频率。这个数字是对词数（Term Count）的归一化，以防止它偏向长的文件（同一个词语在长文件里可能会比短文件有更高的词数，而不管该词语重要与否）。对于在某一特定文件里的词语来说，它的重要性可表示为

$$\mathrm{TF}_{i,j} = \frac{n_{i,j}}{\sum_k n_{k,j}}$$

式中，分子是该词在文件中的出现次数，而分母则是在文件中所有字词的出现次数

之和。

IDF 是一个词语普遍重要性的度量。某一特定词语的 IDF，可以由总文件数目除以包含该词语的文件数目，再将得到的商取以 10 为底的对数得到

$$\mathrm{IDF}_i = \lg \frac{|D|}{|\{j : t_i \in d_j\}|}$$

最后再计算 TF 与 IDF 的乘积，即 TF-IDF 值。

$$\mathrm{TF\text{-}IDF} = \mathrm{TF}_{i,J} \times \mathrm{IDF}_i$$

某一特定文件内的高词语频率，以及该词语在整个文件集合中的低文件频率，可以产生出高权重的 TF-IDF。因此，TF-IDF 倾向于过滤掉常见的词语，保留重要的词语。

（2）主题模型

除了词频矩阵模型以外，主题模型在基于相似度匹配的服务推荐中的应用也十分广泛。主题模型（Topic Model）是以非监督学习的方式对文集的隐含语义结构（Latent Semantic Structure）进行聚类（Clustering）的统计模型。主题模型主要被用于自然语言处理（Natural Language Processing）中的语义分析（Semantic Analysis）和文本挖掘（Text Mining）问题，例如按主题对服务文本进行收集、分类和降维。

隐含狄利克雷分布（Latent Dirichlet Allocation，LDA）[3] 是最常见的主题模型之一。其主要结构流程如图 4-2 所示，生成主题词的简要步骤如下。

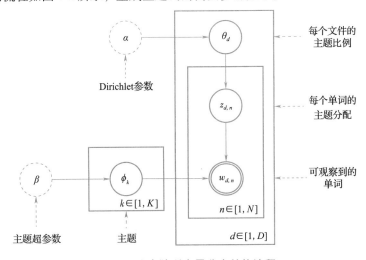

图 4-2　隐含狄利克雷分布结构流程

1）按照先验概率 $p(d_i)$ 选择一篇文档 d_i；

2）从 Dirichlet 分布 α 中取样生成文档 d_i 的主题分布 θ_i，主题分布 θ_i 由超参数为 α 的 Dirichlet 分布生成；

3）从主题的多项式分布 θ_i 中取样生成文档 d_i 第 j 个词的主题 $z_{i,j}$；

4）从 Dirichlet 分布 β 中取样生成主题 $z_{i,j}$ 对应的词语分布 $\phi_{z_{i,j}}$，词语分布 $\phi_{z_{i,j}}$ 由参数为 β 的 Dirichlet 分布生成；

5）从词语的多项式分布 $\phi_{z_{i,j}}$ 中采样最终生成词语 $w_{i,j}$。

值得注意的是，在 LDA 中，采用的是词袋模型，M 篇文档会对应 M 个独立 Dirichlet-Multinomial 共轭结构；K 个 Topic 会对应 K 个独立的 Dirichlet-Multinomial 共轭结构。

(3) 分布式表征模型

虽然词频矩阵模型和主题模型较为简单、快速，但它们仅以单一的方式度量词和文档的重要性，而后续构成文档的特征值序列，词之间是各自独立的，因此无法获得文本序列信息，且难以挖掘隐含的文本信息。在此基础上，一些研究者开始聚焦于利用分布式表征模型来获得服务特征向量。而 Word2vec 和 Doc2vec[4] 作为分布式表征模型中的代表在基于相似度匹配的服务推荐任务中应用最为广泛。

Word2vec 的基本思想是通过训练将每个词映射成 K 维实数向量（K 一般为模型中的超参数），通过词之间的距离（比如 Cosine 相似度、欧氏距离等）来判断它们之间的语义相似度，其采用一个三层的神经网络，输入层-隐层-输出层。核心技术之一是根据词频用 Huffman 编码，使得所有词频相似的词隐藏层激活的内容基本一致，出现频率越高的词语，它们激活的隐藏层数目越少，这样就有效地降低了计算的复杂度。而 Word2vec 大受欢迎的一个原因正是其高效性，Mikolov 在论文中指出，一个优化的单机版本一天可训练上千亿个词。这个三层神经网络本身是对语言模型进行建模，但也同时获得一种单词在向量空间上的表示，而这个表征向量才是 Word2vec 的真正目标。

与词频矩阵模型和主题模型相比，Word2vec 利用了词的上下文，语义信息更加地丰富。Word2Vec 实际上是两种不同的方法：Continuous Bag of Words（CBOW）和 Skip-gram，其大致结构如图 4-3 所示。CBOW 的目标是根据上下文来预测当前词语的概率，而 Skip-gram 刚好相反，它根据当前词语来预测上下文的概率。这两种方法都利用人工神经网络作为它们的分类算法。起初，每个单词都是一个随机 N 维向量。经过训练之后，该算法利用 CBOW 或者 Skip-gram 的方法获得了每个单词的最优向量。

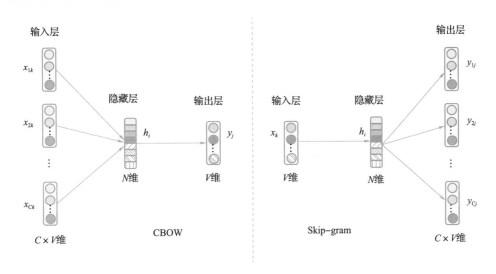

图 4-3　Word2vec 的两种不同方法

然而，即使上述模型对词向量进行了平均处理，却仍然忽略了单词之间的排列顺序对情感分析的影响。即上述的 Word2vec 只是基于词的维度进行语义分析，而并不具有上下文的语义分析能力。

作为一个处理可变长度文本的总结性方法，Quoc Le 和 Tomas Mikolov 提出了 Doc2vec 方法。Doc2vec 方法是一种无监督算法，能从变长的文本（如句子、段落或文档）中学习得到固定长度的特征表示。Doc2vec 也可以叫作 Paragraph Vector、Sentence Embeddings，它可以获得句子、段落和文档的向量表达，是 Word2vec 的拓展，其具有一些优点，比如不用固定句子长度，接受不同长度的句子作训练样本。Doc2vec 模型的出现是受到了 Word2vec 模型的启发。Word2vec 预测词向量时，预测出来的词是含有词义的，Doc2vec 中也是构建了相同的结构，所以 Doc2vec 克服了词袋模型中没有语义的缺点。和 Word2vec 一样，该模型也存在两种方法：Distributed Memory（DM）和 Distributed Bag of Words（DBOW）。DM 试图在给定上下文和段落向量的情况下预测单词的概率。在一个句子或者文档的训练过程中，段落 ID 保持不变，共享着同一个段落向量。DBOW 则在仅给定段落向量的情况下预测段落中一组随机单词的概率。

在利用文本特征表示模型获得了用户需求文档和服务功能描述的特征向量以后，可以通过计算这两个向量之间的相似度来进行服务的匹配推荐。在已有的基于相似度匹配的服务推荐研究中，最常用的相似度计算方式是余弦相似度，其计算公式如下：

$$\cos(x,y) = \frac{\sum_{i=1}^{n}(x_i \times y_i)}{\sqrt{\sum_{i=1}^{n}(x_i)^2} \times \sqrt{\sum_{i=1}^{n}(y_i)^2}}$$

式中，x_i 和 y_i 分别表示两个不同服务特征向量 x 和 y 中的元素。此外，皮尔森相关性系数（PCC）[5] 和向量空间相似度（VSS）[6] 等也是基于相似度匹配的服务推荐中计算相似度常用的方法。

4.2.2 基于模型的服务推荐

基于相似度匹配的服务推荐方法通常仅考虑当前用户需求与服务间的匹配关系，而忽略了用户的其他信息，例如用户的隐藏偏好信息等。同时建模用户服务需求特征与服务描述特征之间的关系，为用户推荐满足需求的服务是大数据环境下的一项突破。此外，随着推荐系统模型的快速发展，许多研究者开始将优秀的推荐模型引入服务推荐任务中。目前，挖掘用户隐藏偏好的服务推荐方法主要有两类：基于矩阵分解的模型和基于因子分解机的模型。

具体地，矩阵分解模型（Matrix Factorization，MF）[7] 基于用户的需求与使用服务的关系，分解服务需求和服务间的特征关系。其大致流程如图4-4所示。

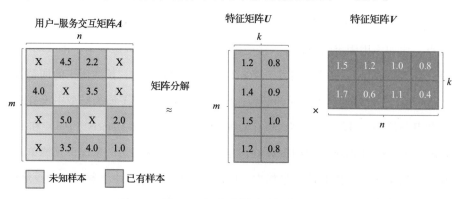

图 4-4 矩阵分解流程示意

矩阵分解是一种将矩阵简化为其组成部分的方法，这种方法可以简化更复杂的矩阵运算，这些运算可以在分解的矩阵上执行，而不是在原始矩阵本身上执行。矩阵分解可以解决一些近邻推荐模型无法解决的问题，近邻推荐模型存在的问题有：①服务之间存在相关性，信息量并不是随着向量维度增加而线性增加；②矩阵元素稀疏，计算结果不稳定，增减一个向量维度，导致紧邻结果差异很大的情况出现。矩阵分解就是把原来的大矩阵，近似地分解成小矩阵的乘积，在实际推荐计算时不再使用大矩阵，而是使用分解得到的两个小矩阵。具体来说就是，假设用户服务的交互矩阵 A 是 $m{\times}n$ 维，即一共有 m 个用户，n 个服务。通过一套算法转化为两个矩阵 U 和 V，矩阵 U 的维度是 $m{\times}k$，矩阵 V 的维度是 $n{\times}k$。这两个矩阵的要求就是通过下面这个公式可以复原矩阵 A：

$$U_{m{\times}n}V_{n{\times}k}^{\mathrm{T}} \approx A_{m{\times}n}$$

常见分解方法有三种：①三角分解法（Triangular Factorization）；②QR 分解法（QR Factorization）；③奇异值分解法（Singular Value Decomposition）。

然而，矩阵分解的模型依赖于足够的历史记录，难以处理矩阵高度稀疏的问题，且计算的时间复杂度高，可扩展性差。而因子分解机（Factorization Machine，FM）[8] 是可在稀疏数据下估计可靠参数的一般预测器，使用特征向量来建模嵌入变量的交互，具有线性的计算时间复杂度，且很容易结合用户和推荐对象的上下文信息以进一步提升推荐性能，其大致流程如图 4-5 所示。

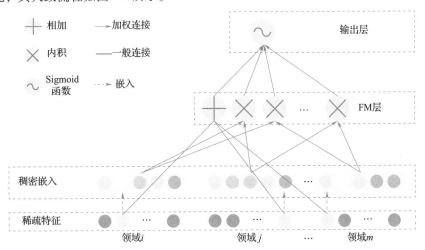

图 4-5　因子分解机流程示意

由于简单的线性回归（Linear Regression，LR）模型只是单独考虑了每个特征对目标值的影响，而没有考虑特征之间的高阶组合交互关系。在此基础上，FM 模型提供特征组合部分，主要考虑的是两两之间的特征组合，所对应的二阶多项式公式如下：

$$\hat{y}(\boldsymbol{x}) := w_0 + \sum_{i=1}^{n} w_i x_i + \sum_{i=1}^{n-1} \sum_{j=i+1}^{n} \langle \boldsymbol{v}_i, \boldsymbol{v}_j \rangle x_i x_j$$

式中，w_0 表示偏置参数，w_i 表示权重，x_i、x_j 均表示特征值，$\langle \boldsymbol{v}_i, \boldsymbol{v}_j \rangle$ 是 k 维向量 $\boldsymbol{v}_i$ 和 $\boldsymbol{v}_j$ 的点积，也是对应一个实数值：

$$\langle \boldsymbol{v}_i, \boldsymbol{v}_j \rangle := \sum_{f=1}^{k} v_{i,f} \cdot v_{j,f}$$

然而，在 FM 中，特征需手动处理且未考虑高阶特征关系。为解决这些问题，深度学习的方法被引入 FM 中来解决特征工程问题以及学习复杂的特征关系。因此，结合深度学习的 FM 方法是目前最有效的服务推荐方法。其中，基于 DeepFM[9] 的方法可建模高阶非线性的特征交互，但忽略不同特征可能有不同的重要性，而且该方法将嵌入层的所有特征作为隐藏层的输入，模型复杂度较高，易于过拟合；基于 AFM[10] 的方法可有效地区别不同特征的权重，但只关注建模一阶和二阶的交互特征，忽略了非线性的高阶复杂交互特征。在此基础上，有学者提出了混合的因子分解机模型 NAFM[11]，利用深度神经网络建模特征交互的非线性结构和 Attention 网络建模特征交互的不同权重，从而提高服务推荐任务的准确性。

4.2.3 基于辅助信息的服务推荐

随着服务的爆炸式增长，服务的发现与管理过程得到了大量的关注与改善，在这一过程中，服务的信息被不断完善和规整化，由此带来了更多的特征信息，与此同时，互联网的普及在给大量用户带来便捷的同时，也产生越来越多的交互特征。在本讲中，我们把这些信息统称为辅助信息。在此基础上，一些方法考虑辅助信息来提高服务推荐的准确性，比如流行度、Tag 信息、组合关系、标注关系等。这类方法大多数是将这些辅助信息融入已有的属性文本信息中，在进行特征融合以后再采用已有的基于功能的方法进行服务推荐。但是像组合关系、标注关系等网络结构信息（如图 4-6 所示），无法与直接与属性文本信息进行融合，需要引入网络表征学习（Network Represention Learning）模型获得对应的结构嵌入向量才能进一步融合，或者直接利用网络结构信息进行服务推荐。

a）组合关系   b）标注关系

- - - - - - -> 表示Web服务的组合关系

————————-> 表示Web服务的标注关系

图 4-6 服务之间常见的两种服务网络关系

　　网络表征学习旨在将网络图中的节点表示成低维、实值、稠密的向量形式，使得得到的向量形式可以在向量空间中具有表示以及推理的能力，从而可以更加灵活地应用于不同的数据挖掘任务中，举例来说，节点的表示可以作为特征，送到类似支持向量机的分类器中。同时，节点表示也可以转化成空间坐标，用于可视化任务。为了让网络表征更好地支持下游的网络分析任务，网络表征学习通常有两个基本目标。一是在低维空间中学习到的表征可以重构出原有网络结构（如果两个节点有边连接，则它们在低维空间中的距离接近，否则，它们的距离就较远）；二是学习到的表征可以有效地支持网络推断（若只满足第一个目标，可能会因为过拟合而对未知边的推断起到负面作用）。

　　网络表征学习中最经典的算法莫过于 Deepwalk[12] 算法，其大致的流程步骤如下。结构框架图如图 4-7 所示。

　　1）展示用户行为序列。

　　2）基于这些用户行为序列构建了服务关系图，图中的边是由用户行为产生的，比如为用户 M 先后调用了服务 A 和服务 B，会产生了一条有向边由 A 指向 B。其他的有向边也是同样的道理，如果有多个由 A 指向 B 的有向边，那么该条边的权重被加强。通过这样的方法将所有用户行为序列都转换成服务相关图中的边后，就得到全局的服务关系图。

3）采用随机游走的方式随机选择起始点，得到网络的局部信息，产生局部服务序列，并以此来学习节点的向量表示。

4）将这些服务序列当作句子进行 Word2vec 建模，生成最终的服务 Embedding 向量。

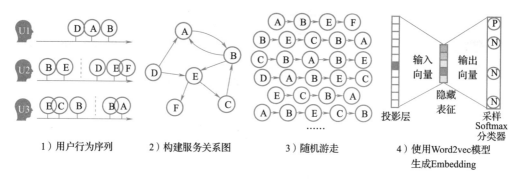

1）用户行为序列   2）构建服务关系图   3）随机游走   4）使用Word2vec模型生成Embedding

图 4-7　Deepwalk 算法示意图

网络表征学习中另一经典的算法是近几年提出的 GCN[13]（Graph Convolutional Networks）算法，就像"卷积"这个名字所指代的那样，这个想法来自图像，之后引进到图（Graphs）中。然而，相比于图像有固定的结构，图就显得复杂得多。与传统方法相比，深度学习的效率更高，而卷积神经网络作为深度学习的最成功的应用之一，其主要限制在于欧几里得数据（Euclidean Data）。欧几里得数据最显著的特征就是"有规则的空间结构"，比如图片是规则的正方形栅格。而这些数据结构能够用一维、二维的矩阵表示，这样一来卷积神经网络就可以高效地进行处理。

但是，我们的现实生活中有很多数据并不具备规则的空间结构，称为非欧几里得数据。比如电子交易、分子结构等抽象出的图谱。这些图谱结构每个节点连接都不尽相同，有的节点有三个连接，有的节点有两个连接，是不规则的数据结构。总的来说，在图数据里面，我们要同时考虑到节点的特征信息以及结构信息，如果靠手工规则来提取，必将失去很多隐含且复杂的模式。为了能同时学到图的特征信息与结构信息，人们提出了"图卷积神经网络"。

$$h_i^{l+1} = \sigma\left(\sum_{j \in N_i} \frac{1}{c_{ij}} h_j^l w_j^l\right)$$

图卷积算法的过程共三步：

1) 发射（Send）：每个节点将自身的特征信息经过变换后发送给邻居节点。

2) 接收（Receive）：每个节点将邻居节点的特征信息聚合起来。

3) 变换（Transform）：把前面的信息聚集之后做非线性变换（ReLu），增加模型的表达能力。

可以发现，感受域正比于层数。最开始的时候，每个节点包含了直接邻居的信息，再计算第二层时就能把邻居的信息包含进来，这样参与运算的信息就更加充分。层数越多，感受域就更广，参与运算的信息就更多。

已有的基于网络表征学习的服务推荐方法，大多侧重于从服务同构图（Homogeneous Graph，即只含有一种类型的节点和边）中提取网络特征。由于隐藏的网络结构特征可以通过不同类型的节点和边构造元路径或元图来获得，越来越多的研究者开始应用基于异构图（Heterogeneous Graph）神经网络来获得更有效的服务网络信息。而基于"一切都可以是节点对象"的基调，一种更先进、更全面的图结构（Knowledge Graph）迅速进入公众视野，并逐渐在服务推荐任务中发挥了重要作用。

4.3 | 基于非功能的服务推荐

影响服务推荐的另一个重要因素是服务质量（QoS），它被广泛用于表示服务的非功能性能，并在高质量的服务发现与选择任务中发挥了重要作用。由于大规模的 QoS 测试非常耗费资源，而 QoS 性能又依赖于网络、位置等信息，因此准确的 QoS 预测对于个性化服务推荐和高质量 Web 应用程序构建至关重要。一般情况下，QoS 参数值在业务部署时由服务提供商提供，但在现实中，服务的 QoS 值通常会因用户、时间、地点等的不同而不同。因此，在业务执行前预估候选服务的 QoS 值是一项十分重要的任务。基于非功能的服务推荐主要根据对候选服务的 QoS 进行预测，然后依据预测出的 QoS 值对服务进行排序，最终推荐符合用户 QoS 需求的服务。QoS 代表着用户的非功能需求如服务反应时间、可使用性、吞吐量、信誉等，因此基于非功能的服务推荐方法可以较为充分地考虑用户对服务质量的个性化需求。

在服务的不同 QoS 属性中，有些属性是独立于用户的，对于不同的用户具有相同的值（如价格、流行度、可用性等）。独立于用户的 QoS 属性的值通常由服务提供者或第三方注册中心（如 UDDI）提供。另一方面，一些 QoS 属性是用户相关的，对于不同的用户有不同的值（如响应时间、调用失败率等）。获取用户依赖的 QoS 属性的值是一项具有挑战性的任务，因为通常需要在客户端中评估服务的 QoS 属性。客户端服务评估需要实际的服务调用，并通常会遇到以下问题：第一，实际的服务调用为服务用户增加了成本，并消耗了服务提供者的资源，有些服务调用甚至需要收费；第二，可能存在太多的服务候选项要评估，一些合适的服务可能没有被服务用户发现并包含在评估列表中；第三，大多数服务用户不是服务评估方面的专家，而且常见的上市时间限制使得用户很难对目标服务进行深入评估。然而，如果没有足够的客户端评估，则无法获得用户依赖的 QoS 属性的准确值。此外，由于 QoS 性能受用户位置、网络条件等的影响，不同用户对同一服务的 QoS 性能的观察可能存在差异。因此，通常情况下，一个用户评估的 QoS 值不能被另一个用户直接用于服务推荐，故而很难实现最佳的服务推荐。

为了解决这一关键问题，利用基于协同过滤的方法对服务用户进行个性化的 QoS 值预测是一个不错的选择。

4.3.1 协同过滤推荐

协同过滤[14] 是通过收集其他类似用户或项目的信息，自动预测当前用户值的方法。协同过滤推荐大致可以分为：基于邻域的协同过滤推荐和基于模型的协同过滤推荐。前者侧重于将所有数据进行分析对比；后者（离线）侧重于做数据降维，抽象出特征，运行时直接用特征。基于邻域的协同过滤推荐可分为三类：

1）基于用户的协同过滤。给用户推荐与他兴趣相似的其他用户喜欢的物品；

2）基于物品的协同过滤。给用户推荐与他之前喜欢的物品相似的物品；

3）混合方法。

而基于模型的协同过滤推荐通常使用部分机器学习算法，找出用户与项的相互作用模型，从而找出数据中的特定模式。如关联模型、隐语义模型、图模型、混聚类模型、分类模型、回归模型、矩阵分解模型、神经网络模型、深度学习模型等[15]。

基于用户的协同过滤推荐的基本思想：基于用户对物品的偏好找到邻居用户（相似用户），然后将邻居用户喜欢的东西推荐给当前用户。例如，如果 A、B 两个用户都

购买了 x、y、z 三本图书，并且给出了 5 星的好评，那么 A 和 B 就属于同一类用户，可以将 A 看过的图书 w 也推荐给 B。具体步骤一般如下。

1）找到和目标用户兴趣相似的用户集合；

2）找到这个集合中用户感兴趣的，且目标用户没有交互过的物品推荐给目标用户。

其缺点如下。

1）需要维护一个用户兴趣相似度的矩阵，随着用户数目增多，维护用户兴趣相似度矩阵的代价越大。计算用户兴趣相似度矩阵的运算时间复杂度和空间复杂度的增长和用户数的增长近似于平方关系。

2）当数据发生变化的时候，之前计算出的用户之间的相似度不稳定。

3）基于用户的协同过滤很难对推荐结果做出合理解释。

基于物品的协同过滤推荐的基本思想：基于用户对物品的偏好找到相似的物品，然后根据用户的历史偏好，推荐相似的物品。例如，如果用户 A 同时购买了商品 x 和商品 y，那么说明商品 x 和商品 y 的相关度较高。当用户 B 也购买了商品 x 时，可以推断他也有购买商品 y 的需求。具体步骤一般如下。

1）计算物品之间的相似度；

2）根据物品的相似度和用户的历史行为给用户生成推荐列表。

其缺点：需要维护一个物品相似度矩阵，随着物品数目增多，维护物品相似度矩阵的代价越大。

由于基于用户的方法和基于物品的方法分别处理数据的不同方面，它们可能都忽略了潜在的有价值的信息。混合方法结合了两种方法的预测结果，旨在充分利用来自相似用户和相似服务的信息来提高预测的准确性。

与直接使用历史评级的基于领域的方法不同，基于模型的协同过滤推荐方法通常使用这些评级来构建具有适当参数的预定义模型。在学习过程之后，该模型将具有一定的预测未知评级的能力，并对与所有用户和物品同时相关的整体结构产生良好的估计，然后根据实时的用户喜好信息进行预测推荐。基于模型的方法非常流行，包括贝叶斯模型、潜在语义分析和聚类模型。最近，矩阵分解技术因其在可伸缩性和准确性方面的优势而引起了相当多的关注，该算法将用户-商品矩阵分解为用户和商品的两个潜在因素矩阵的乘积，预测出评分矩阵中的缺失值后，根据预测值以某种方式向用户推荐。

4.3.2 基于 QoS 预测的协同过滤服务推荐

基于 QoS 预测的协同过滤服务推荐算法可参考图 4-8，用户-服务交互矩阵中的值代表了服务的 QoS 值。为了在没有实际服务调用的情况下准确预测服务的 QoS 值，我们需要从其他服务用户那里收集过去的服务 QoS 信息。然而，从不同的服务用户收集服务的 QoS 信息比较困难，原因如下：①服务分布在网络上，由不同的组织托管；②业务用户之间通常相互隔离；③当前的服务体系结构没有提供任何服务 QoS 信息共享机制。

典型的基于 QoS 预测的协同过滤服务推荐流程如图 4-8 所示，具体介绍如下[15]。

1）服务用户将过去的 QoS 数据提供给集中式服务器 WSRec[16]，我们将需要提供 QoS 值预测服务的业务用户命名为活动用户。

2）WSRec 从训练用户中为活动用户选择相似的用户。训练用户表示业务用户，其 QoS 值存储在 WSRec 服务器中，用于对活动用户进行价值预测。

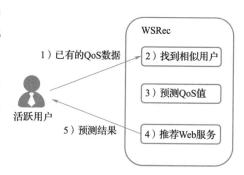

图 4-8　基于 QoS 预测的协同过滤服务推荐流程

3）WSRec 预测活动用户的服务的 QoS 值。

4）WSRec 基于不同服务的预测 QoS 值进行服务推荐。

5）业务用户接收到预测的 QoS 值和推荐结果，可用于辅助决策（如服务选择、复合业务性能预测等）。在常见的用户集体机制中，贡献更多服务 QoS 数据的活动用户将获得更准确的 QoS 值预测。

总的来说，基于 QoS 预测的协同过滤服务推荐方法首先会预测服务的 QoS 值，然后通过协同过滤的方法来进行服务推荐，大致可分为基于邻域的 QoS 预测方法和基于模型的 QoS 预测方法。

4.3.3 基于邻域的协同过滤 QoS 预测

基于邻域的方法一般通过两个步骤来预测 QoS 值：第一步是计算用户之间的相似性

或服务之间的相似性；第二步是通过相似用户或服务来预测未知的 QoS 值。

在基于邻域的协同过滤方法中，相似度起着双重作用：过滤掉不相似的邻居（并为目标用户或服务获得相似的邻居），并对相似邻居的重要性进行加权，从而实现协同预测。因此，相似度计算是协同过滤中最重要的设计决策之一，一个好的度量通常会带来良好的性能。除了选择不同的相似度计算方法外，考虑一些可以影响相似度计算的因素也是一个重要的研究方向。

1）考虑 QoS 规模的差异性。由于其客观性，不同用户的 QoS 规模可能是不同的。例如，由于安全需求或网关，一个用户可能观察到所有服务的响应时间超过 3000ms，而另一个用户凭借更快网络使得响应时间小于 200ms。因此，服务的 QoS 值通常离散地分布在不同的范围内。在这种情况下，两个服务之间的相似性会受到其他无关问题的影响，而不是受到服务本身的影响。考虑到这一点，Chen 等人[17]利用 A-cosine 算法计算服务之间的余弦相似度，通过减去服务的平均 QoS 值来消除不同 QoS 尺度的影响。Chen 等人[18]设计了一个名为 JacMinMax 的相似度模型，该模型引入了一个比率（Min-Max）表示同一用户调用的两个服务之间的总体体验差异。通过这种方式，JacMinMax 避免了服务之间的相似性描述不准确的问题，因为它们实际上是相似的，却具有不同的 QoS 值。

2）考虑整体体验的差异性。Jiang 等人[19]发现，从一个用户到另一个用户的服务中，那些更受欢迎的服务或具有更稳定 QoS 的服务对用户相似性度量的贡献更小。相反，如果服务针对不同的用户展现出了差异很大的 QoS 值，那么该服务对用户相似性度量的贡献一般较大。因此，作者通过引入服务的个性化影响，提出了一种改进的 PCC 相似度计算方法。此外，Ma 等人[20]发现，如果两个用户具有很高的相似性，那么他们的相似性将随着服务调用的增加而波动很小。相反，如果两个用户只有较低的相似度，那么他们的相似度将随着服务调用的增加而显著波动。基于这些特征，Ma 等人提出了一种高精度的预测算法（HAPA）。

3）考虑权重的重要性。考虑到稀疏性，Zheng 等人[21]采用相似权值来减少少量相似但协同调用的服务对结果的影响。但是，相似度权重可能会降低流行服务的相似度，因为调用流行服务的用户数量通常很大。同样，调用大量服务的用户之间的相似性也会降低。为了解决这个问题，当协同调用的服务或用户数量较大时，Logistic 函数的值会近似为 1，从而减小对相似度计算的影响。此外，Tang 等人[22] 引入了两个预先设定的阈值来调整相似度，该阈值主要由用户服务矩阵的稀疏性决定，同样缓解了上述问题。

4）其他的考虑。皮尔森相关性系数（PCC）没有很好地处理不同向量空间中向量之间的 QoS 风格差异，余弦相似度只度量两个向量之间的角度，忽略了向量之间的长度差异。为了克服这些缺点，Sun 等人[23] 提出了一种新的相似度度量——正态恢复（NR），它统一了不同多维向量空间中缩放后的用户向量（或服务向量）之间的相似度。Fletcher 等人[24] 将用户对非功能属性的个性化偏好的满意度纳入相似度计算中。

此外，在预测缺失值之前，需要确定包含类似用户或服务集的集群。相似邻域的选择是准确预测缺失值的重要步骤，因为邻域的差异化太大会降低预测精度。邻域选择的方法主要分为以下几类。

1）Top-N 邻域选择。一般情况下，Top-N 用户或服务的相似性值大于其余的用户或服务，将被选择为相似的邻居。

2）负向的邻域选择。传统的 Top-N 算法忽略了相似邻居数量可能小于 n 的情况，而通过排除皮尔森相关性系数为负的邻居，可以有效缓解这一情况。

3）阈值邻域选择。这种方法通常使用一个预先设定的阈值，并且只允许那些相似度超过阈值的用户或服务被考虑。这种基于阈值的方法只保留最重要的邻域，比 Top-N 算法更灵活，但阈值的合适值可能很难确定。

4）其他邻域选择。Wu 等人[25] 提出了一种两阶段的邻域选择策略来加速邻域选择。该策略获取最相似的用户或服务集群，并将集群中的用户或服务作为邻域选择的候选对象。通过引入邻域预选择过程，提高了邻域选择的效率，因为只有相似类中的用户/服务作为邻居候选。考虑到数据分布的不平衡，Xiong 等人[26] 提出了一种不平衡数据分布方法，他们将相似的邻居平均分成几组，然后随机选择其中一组来形成一组新的邻居。

在为每个用户或服务计算一组邻居后，通常通过这些邻居来预测 QoS 值。基于用户的方法使用类似用户的 QoS 值来预测 QoS 值，而基于服务的方法使用类似服务的 QoS 值来预测 QoS 值。在此基础上，为了进一步提高基于邻域的 QoS 预测方法的准确性和适应性，一些研究者开始针对性地考虑不同的辅助信息，并将其应用在特定场景下的 QoS 预测任务中。例如位置信息、时间信息和其他上下文信息等。

4.3.4　基于模型的协同过滤 QoS 预测

基于邻域的协同过滤算法实现简单、效率高，但受服务数据稀疏性的影响较大，还存在冷启动、可扩展性差等问题。基于邻域的协同过滤方法的关键步骤是利用用户的历史 QoS 值和上下文信息来为每个用户或服务识别类似的邻居。这些方法很好地利用了局部信息，但可能忽略了全局结构。由于基于模型的协同过滤算法利用用户-服务矩阵（全局信息）中的所有 QoS 值来构建全局模型进行 QoS 值预测，因此能够很好地估计出同时与所有用户或服务相关的整体结构。在本小节中，我们大致总结了主要的基于模型的 QoS 预测方法。

1. 传统的基于模型的协同过滤 QoS 预测

许多传统的基于模型的协同过滤方法被提出用于 QoS 预测。如 Luo 等人[27] 提出了内核最小均方算法（Kernel Least-Mean-Square，KLMS），该算法分析了所有已知的 QoS 数据与对应相似性最高的 QoS 数据之间的隐藏关系。然后，它将导出的系数用于预测服务缺少的 QoS 值。Wu 等人[28] 提出了一种基于嵌入的因子分解机方法，将用户 ID 和服务 ID 嵌入向量中，利用因子分解机预测用户的 QoS 值。

矩阵分解模型可以很好地挖掘用户和服务的潜在因素，是目前最流行的基于模型的协同过滤方法，被广泛用于预测服务缺失的 QoS 值。

通过考虑一个 $m \times n$ 的用户-服务矩阵 P，矩阵分解模型试图找到两个矩阵：W（$m \times l$ 的用户潜在因子矩阵）和 H（$l \times n$ 的服务潜在因子矩阵），使得 $P \approx W \times H$，其中 l 是因子的数量。W 和 H 矩阵是未知的，需要通过使用用户-物品矩阵扩展中的可用评级来估计，并通过最小化 $W \times H$ 和 P 的距离来确定最佳评级。在得到矩阵 W 和 H 后，可以利用这两个矩阵的乘积来预测 P 中缺失的 QoS 值。

Zheng 等人[29] 构建了一个基于矩阵分解的 QoS 预测目标函数，将 QoS 预测问题建模为一个具有二次正则化项和均方误差目标函数最小化的优化问题：

$$\min_{W, H} L(W, H) = \frac{1}{2} \sum_{i=1}^{m} \sum_{j=1}^{n} I_{ij}^{P} (P_{ij} - W_i H_j)^2 + \frac{\gamma}{2} \|W\|_{\mathrm{F}}^2 + \frac{\gamma}{2} \|H\|_{\mathrm{F}}^2$$

式中，I_{ij}^{P} 表示服务 j 曾被用户 i 调用，W_i 代表用户 i 特定的用户系数，H_j 表示服务 j 的因子向量。参数 γ 控制 W 和 H 惩罚值的正则化程度，以避免过拟合问题，$\|\cdot\|_{\mathrm{F}}^2$ 表示

Frobenius 范数。

考虑到 QoS 预测中给定的 QoS 数据均为正值，Luo 等人[30] 通过对相关特征进行非负约束的训练，提出了非负潜在因子（Nonnegative Latent Factor，NLF）模型。大多数基于矩阵分解的模型要么采用梯度下降法（GD），要么采用随机梯度下降法（SGD）来寻找目标函数的局部最小值。为了加快模型收敛速度，他们进一步将交替方向法（ADM）的原理引入基于交替最小二乘法的训练过程中。

2. 引入位置信息的基于模型的协同过滤 QoS 预测

大多数传统的基于模型的协同过滤 QoS 预测方法都可以扩展到考虑位置信息。例如将贝叶斯定理与用户位置相结合，或将用户 ID、服务 ID、服务位置和用户位置信息嵌入向量中，或通过嵌入服务和用户的位置，改进经典的因子分解机模型。Yang 等人[31] 提出了一种基于位置的分解机（LBFM）模型，该模型利用用户和服务的位置信息来预测未知的 QoS 值。Zhou 等人[32] 提出了将用户和服务的所有空间特征表示为输入向量的多层神经网络模型，并建立了空间特征交互层，用于捕获二阶空间特征。然而，矩阵分解模型最受研究人员的关注。为了整合位置信息，矩阵分解模型必须完成两个任务。首先，对相似点进行细化，纳入位置信息，然后选择相似的邻居。其次，将相似邻居的 QoS 值集成到矩阵分解模型中。常见相似邻居的选择方法如下。

1）位置感知的相似邻居选择。常见的位置感知的相似邻居选择方法通常根据每对用户的经纬度坐标，计算每对用户之间的距离，这些方法简单地融合了用户的位置信息。进一步的，也可以利用 K-means 将用户节点和服务节点根据经纬度信息聚类成不同的组，从而构建有效的邻域。

2）修改目标函数。在获取用户或服务的邻域信息后，结合位置信息的基于矩阵分解的 QoS 预测方法将用户或服务的邻域信息整合到传统的矩阵分解模型中。改进后的矩阵分解模型扩展了两类目标函数：基于位置的误差函数和基于位置的正则化项。基于位置的误差函数将相似邻域信息与误差函数相结合，对目标函数进行改进。Lo 等人[33] 提出了一种局部邻域矩阵分解（NMF）QoS 预测模型 LoNMF，其目标函数修改如下：

$$\min_{\boldsymbol{W},\boldsymbol{H}} L(\boldsymbol{W},\boldsymbol{H}) = \frac{1}{2}\sum_{i=1}^{m}\sum_{j=1}^{n}\left(I_{ij}^{P}\left(P_{ij}-\alpha\boldsymbol{W}_i^T\boldsymbol{H}_j-(1-\alpha)\sum_{k\in N(i)}w_{ik}\boldsymbol{W}_k^T\boldsymbol{H}_j\right)^2\right)+\frac{\gamma}{2}\|\boldsymbol{W}\|_F^2+\frac{\gamma}{2}\|\boldsymbol{H}\|_F^2$$

式中，$N(i)$ 为用户 i 的相似邻居集合，α 为控制用户邻居影响的平衡参数。相对权重

系数 w_{ik} 表示用户 i 的邻居用户 k 的重要性。该误差函数用于最小化不同邻域内的全局差异。LoNMF 只整合了用户的位置信息，而 He 等人[34] 提出了一种层次矩阵分解模型（Hierarchical Matrix Factorization Model，HMF），既利用了用户的位置，又利用了服务的位置。HMF 首先对几个本地用户服务矩阵进行聚类，然后分别对这些本地矩阵进行矩阵分解，最后将局部矩阵分解得到的 QoS 值加入误差函数中并修改目标函数。

3）基于位置的正则化项。基于位置的正则化项将相似邻域信息与正则化项相结合，对目标函数进行改进。Yin 等人[35] 在生成用户相似度邻域列表后，构建了基于位置的不同正则化项：

$$\min \sum_{k \in N(i)} \mathrm{Lo\_Sim}(i,k) \| \boldsymbol{W}_i - \boldsymbol{W}_k \|_{\mathrm{F}}^2$$

式中，$\mathrm{Lo\_Sim}(i,k)$ 表示用户 i 和用户 k 之间的局部相似性单调下降。如果两个用户住得很近，那么 $\mathrm{Lo\_Sim}(i,k)$ 会更大，影响也会更大。然后加入正则化项，对矩阵分解模型进行如下改进：

$$\min_{\boldsymbol{W},\boldsymbol{H}} L(\boldsymbol{W},\boldsymbol{H}) = \frac{1}{2} \sum_{i=1}^{m} \sum_{j=1}^{n} I_{ij}^{P} (P_{ij} - \boldsymbol{W}_i \boldsymbol{H}_j)^2 + \frac{\gamma}{2} \| \boldsymbol{W} \|_{\mathrm{F}}^2 + \frac{\gamma}{2} \| \boldsymbol{H} \|_{\mathrm{F}}^2 +$$

$$\frac{\alpha}{2} \sum_{i=1}^{m} \sum_{k \in N(i)} \mathrm{Lo\_Sim}(i,k) \| \boldsymbol{W}_i - \boldsymbol{W}_k \|_{\mathrm{F}}^2$$

$\alpha > 0$ 是控制各种基于位置的正则化介入因素，通过构造约束来惩罚那些有较大差异的邻居。这些方法简单地融合了用户的位置信息，而 Lee 等人[36] 将相似的组信息转换成单独的用户端和服务端的正则化项，并将两个正则化项融合，构建了一个统一的框架。

3. 引入时间信息的基于模型的协同过滤 QoS 预测

时间是预测 QoS 值的一个非常重要的因素。在本小节中，我们将简要总结包含了时间信息的基于模型的协同过滤 QoS 预测方法。

1）基于张量的潜在因子分解。Zhang 等人[37] 提出了 WSPred，通过使用一个 $m \times n \times c$ 的 QoS 张量（包括 m 个用户、n 个服务和 c 个时间间隔），将 MF 模型扩展到三个维度。通过张量分解，可以从基于用户、服务和时间的三维矩阵中提取出用户、服务和时间的特定潜在特征。在现实世界中，服务的 QoS 值总是非负的，于是 Zhang 等人[38] 通过将时间 QoS 值张量表示为非负的三维张量来扩展他们的工作。他们利用 CANDE-

COMP/PARAFAC（CP）模型来表示用户、服务和时间之间的三元关系，然后在 CP 分解模型中加入非负约束，得到非负 CP 分解模型（NNCP）。为了解决 QoS 数据随时间波动的问题，Luo 等人[39] 提出了一种偏非负潜在因子张量（BNLFTs）模型。BNLFTs 对用户、服务和时间点的线性偏差（LB）进行建模，利用相应参数的初始状态操纵学习速率来抵消负项。为了实现一种高效的基于 ADM 的训练方案，该算法将原优化任务分解为多个相互依赖的子任务，并依次求解每个子任务。为了获得较高的预测精度，Cheng 等人[40] 提出了一种基于层次张量分解（Hierarchical Tensor Decomposition，HTD）的 QoS 预测方法，该方法引入一个局部三阶张量，对本地用户、服务和访问时间进行聚类建模，然后采用 Tucker 分解方法对局部三阶张量进行分解。

2）统计时间序列模型。张量的潜在因子分解没有考虑时间序列的影响。在实际应用中，用户在特定时间段内的 QoS 值不仅会受到类似用户的 QoS 值影响，还会受到前一时间段内 QoS 值的影响。Amin 等人[41] 提出了一种将 ARIMA 与广义自回归条件异方差（GARCH）模型相结合的预测方法，预测服务的 QoS 值。

3）神经网络模型。随着深度学习技术的蓬勃发展，近年来，很多基于神经网络的研究工作在 QoS 预测领域开展起来。Wang 等人[42] 使用基于主题的动态贝叶斯网络来表示时间间隔之间的条件依赖关系，并预测近期未来的时间序列。他们采用主题的概念来描述历史 QoS 值时间序列，然后采用一阶马尔可夫链规则捕获不同 QoS 值时间序列之间的因果关系。随后，他们又在前人研究的基础上提出了一种基于长短时记忆（Long-Short Term Memory，LSTM）的 QoS 时间序列预测方法，旨在避免随着序列长度增长而产生的梯度消失问题。Xiong 等人[43] 利用 LSTM 捕获时间相关性，提出了一种新的基于个性化 LSTM 的矩阵分解方法（P-LSTM），该方法使用用户端 P-LSTM 和服务端 P-LSTM 分别学习用户和服务的潜在因子矩阵。这些模型只考虑了端到端路径的时间依赖性，难以描述整个网络在不同时刻的状态。鉴于此，Zhou 等人[32] 提出了一种时空情境感知协同多层神经网络模型，该模型用一个潜在的特征向量对每个时间片进行表征，以描述整个网络在不同时间的状态。

4.4 融合功能与非功能的服务推荐

尽管基于功能和非功能的服务推荐方法都取得了较好的推荐效果，但仍然存在一些明显的不足，例如，基于功能的推荐方法往往根据用户偏好和服务的描述性信息的相似性来推荐服务，难以挖掘用户的隐藏偏好，不利于多样化和个性化推荐，尽管服务的标准看似趋于成熟和稳定，但随着移动计算、云计算、大数据和社会计算等新兴技术的发展，以往的服务标准往往很难有效地匹配这些新兴技术，这反而严重阻碍了服务计算广泛的落地应用。因此，目前互联网上有相当大比例的服务已不再采用 Web 服务描述语言（Web Services Description Language），如 RESTful API，这无疑给基于功能的服务推荐带来了巨大的挑战；而基于非功能的推荐方法尽管很有效，但一个大问题是，没有大量用户交互的服务（如新部署的服务）是非常难以推荐的，这也被称为冷启动问题。此外，上下文等功能性因素在 QoS 评估中也起着至关重要的作用，例如，用户在网上订购产品，不同的用户会根据不同的预订时间（节假日或工作日）和职位体验不同的 QoS，比如送货时间，用户在相似环境下的 QoS 体验是相似的，通过相似环境下的用户体验来推断用户的 QoS 体验会更加准确。但如何将上下文因素整合到现有算法中实现上下文感知的 QoS 预测仍然是一个具有挑战性的问题。因此，将功能与非功能信息进行融合是目前服务推荐的一个新趋势。

4.4.1　基于上下文感知的 QoS 预测

基于上下文感知的 QoS 预测方法是最具代表的融合功能与非功能的服务推荐方法。以往的非功能方法在推荐过程中往往没有整合上下文信息，因此，广泛采用矩阵分解方法来处理基于 QoS 的上下文感知推荐。矩阵分解通过从服务评级模式推断出的因素向量来表征用户或服务，从而挖掘用户和服务的潜在特征。最近，这些方法由于结合了良好的可伸缩性和准确性并为各种现实生活情况的建模提供了灵活性而变得流行起来。然而，矩阵分解方法通常面临以下问题：①由于服务 QoS 值的变化，影响了用户和项目的相似度结果；②服务的每个 QoS 因子都需要单独的相似度计算；③当 QoS 记录稀疏时，相似度值变得不准确。因此，如何在现有的矩阵分解方法中加入上下文信息，建立更有效的模型就显得尤为重要。出于这些动机，大量的研究开始整合服务的上下文信息，以实现更好的 QoS 推荐。

在实际的服务调用中，QoS 性能经常会受到附加上下文信息的影响。在本小节中，我们将总结和分析最先进的基于模型的协同过滤 QoS 预测方法，这些方法包含了额外的上下文信息。Xu 等人[44] 认为同一家公司提供的服务很可能共享相同的运行环境和资源，如网络带宽、CPU 性能、存储大小等。他们提出使用线性集成矩阵分解模型（LE-MF），将用户侧的地理信息和服务侧的公司从属关系结合起来。LE-MF 在运行时使用公司所属关系（即哪个公司运行服务）来识别服务的上下文。Wu 等人[45] 认为 QoS 值取决于主机的配置、服务器的状态和网络条件。他们提出了一种通用的上下文敏感矩阵分解方法（CSMF），该方法同时对用户与服务以及环境与环境的交互进行建模，并充分利用了隐式和显式上下文因素。在实践中，服务将由不同的用户调用，而具有类似行为模式的用户可以按照类似的服务进行分组。服务协作用于对服务之间的用户行为交互进行建模。考虑到服务协作的上下文，Guo 等人[46] 提出了一种面向服务的张量（SOT）模型，该模型通过使用三维的用户-服务-服务张量，融合了来自其他类似服务和相关用户的服务协作。然后他们使用 CP 分解找到张量的近似优化秩。这些方法只使用几种类型的上下文信息。然而，为了充分提高精度，必须尽可能多地利用多维上下文数据。

Xiong 等人[47] 系统地集成了动态多维上下文轨迹，并利用 LSTM 模型将这种复杂的多维上下文转换为更有用的特征表达式。然后，他们从上下文中提取隐藏的特征，并根据隐藏特征计算用户和服务之间的相似性。Wu 等人[48] 提出了一种多层神经网络，可以利用多种上下文特征进行多种 QoS 预测。在输入层中，用户、服务和所有上下文因素都表示为一个特征向量。接下来，在嵌入层中，将每个特征映射为密集向量，以捕获隐含语义；交互层生成更多有用的交叉特征，并通过对特征的池化操作减少模型参数；感知层学习特征之间的高阶交互。最后，任务特定层将感知模块分离，提供具有相应特征选择和权重功能的不同预测任务。

Zhu 等人[49] 认为，时间维度特征通常可以通过有限的上下文条件集合来捕获，每个上下文条件都是底层因素（如服务工作负载和网络条件）的抽象表示。因此，特定的上下文条件很可能决定特定时间片的 QoS 值。基于这一观察，他们提出了一个上下文感知模型 $r(u, s, c)$，其中 c 表示执行调用 $\mathrm{inv}(u, s, t)$ 的特定上下文条件。特别地，$r(u, s, c) \approx r(u, s, t)$。为了表征和识别不同的上下文条件，他们采用 K-means 聚类方法将经过 T 次切片的 QoS 数据 R 聚为 C 个簇，其中每一个簇代表一个特定的上下文，不同的时间切片聚为一个同属于一个上下文的簇。

Chowdhury 等人[50] 研究了不同用户之间的 QoS 预测问题，并提出了一种考虑服务和用户上下文信息的新的解决方案。该方案包括两个关键步骤：混合过滤和层次预测机制。混合过滤方法的目的是在给定目标用户和服务的情况下，获得一组相似的用户和服务，在混合过滤阶段，利用用户或服务的上下文信息，将基于用户的模块和基于服务的模块结合起来。层次预测机制则首先通过协同过滤或矩阵分解来填充矩阵，从而处理稀疏性问题。然后利用层次神经回归模型预测目标的 QoS 参数。

除此之外，随着机器学习和深度学习的快速发展，利用先进的机器学习和深度学习方法来融合功能与非功能信息进行服务推荐也是目前的一大趋势。Li 等人[51] 提出了一种新的基于 QoS 感知的服务推荐系统，该系统不仅考虑 QoS 指标，还考虑了不同服务的上下文特征相似性。该系统首先从 WSDL 文件中提取上下文属性，根据服务的特征相似性对其进行聚类，然后利用改进的矩阵分解方法向用户推荐服务。Kuang 等人[52] 通过借鉴与当前使用者在相似环境下的服务调用经验，提出了一种名为 CASR（Context-Aware Services Recommendation）的新方法，该方法在个性化服务推荐系统中具有重要意义。首先，该算法根据上下文属性的相似性对服务调用记录进行聚类，并选择与当前用户上下文最相似的簇。然后基于过滤后的推荐记录，通过贝叶斯推理预测当前用户未使用服务的 QoS。然而，目前的许多方法只使用简单的聚类算法来利用上下文信息。例如 K-means 算法，其在边界区域很难聚类对象，当存在很多重叠对象时，聚类效果较差。此外，也没有深入挖掘语境信息的潜在特征。为了解决上述问题，Gao 等人[53] 提出了一种基于模糊 C 均值（FCM）和神经协同过滤（NCF）的整体方法。该方法具有上下文信息聚类和深度潜在特征学习两大优点。在上下文信息聚类中，使用 FCM 算法对用户上下文信息和服务上下文信息进行聚类，通过上下文聚类，得到了一个用户的相似邻居和一个服务的相似邻居，当聚类结果为学习上下文信息的潜在特征做好准备时，将潜在特征称为聚类特征。在深度潜在特征学习中，该方法还建立了一种新的 NCF 模型，既能从上下文信息中学习聚类特征，又能从历史 QoS 记录中学习深度潜特征。

Shen 等人[54] 提出了一种基于上下文感知的深度分解机模型（CADFM），用于 Web API 的 QoS 精确预测。具体来说，首先使用真实的 QoS 数据集进行详细的数据分析，发现 QoS 与上下文信息之间存在正相关关系，这促使引入有益的上下文来提高 QoS 预测精度。然后，将 QoS 预测视为一个回归问题，并提出了一个情境感知的 CADFM 框架，该框架通过嵌入技术集成了情境信息。特别地，该方法还采用矩阵分解和 MLP（Multi-Layer Perceptron）进行高阶非线性交互建模，从而准确地了解用户与服务之间的复杂交互。

4.4.2　融合文本与 QoS 信息的服务推荐

值得注意的是，以协同过滤和内容分析为主的服务推荐方法通常在特征融合利用方面性能较弱。例如，基于协同过滤的方法可以分享类似用户的经验，在数据稀疏的情况下也可以取得一定的效果，但对服务与用户需求的匹配没有给予足够的重视。而基于内容的方法严重依赖于描述文档来估计需求和服务之间的相关性。如何协调不同的算法机制，克服单一模型的缺陷，提高推荐的有效性，需要不断探索。因此，将 QoS 信息直接融入属性文档中，并作为上下文信息，从而提高服务推荐的精度或者更好地实现个性化服务推荐，也是目前融合功能与非功能的服务推荐方法之一。

在这方面，已经有很多研究者进行了一些具有探索性的工作。例如，修改基于协同过滤的预测模型中的相似度度量，利用用户或服务的位置来正则化或调整基于矩阵分解的预测模型，使用带时间信息的张量分解方法来分解用户-服务矩阵，或者使用上下文信息对训练记录进行预过滤和聚合。然而，这些方法只能在一个维度上使用上下文信息，很容易导致性能不理想，且由于它们固有的在可伸缩性和灵活性方面的限制，如何将丰富的上下文信息整合到现有算法中仍然是一个具有挑战性的问题。

鉴于深度学习技术在自然语言处理方面已经取得了很大的进展，利用一些流行的深度文本特征挖掘模型（如卷积神经网络、预训练模型等）来同时提取 QoS 特征和上下文语义特征，并获得对应的表征向量是一个不错的选择。接下来，可以将上述的两个特征向量输入一个特征交互组件中，从而学习服务的 QoS 和上下文语义嵌入的交互信息。最后，将用户的功能需求向量与交互的特征向量串联起来，实现最终的服务推荐。QoS 特征和上下文语义特征可以通过对内容的深入理解更好地捕获用户需求和服务本身的特征，而特征交互组件可以充分融合服务的 QoS 和上下文语义信息。此外，还可以利用服务的元数据和 QoS 数据来增强输入，进一步强化语义功能信息。例如，Wu 等人[55] 提出了一个基于多模型融合和多任务学习的神经网络框架（MTFM），利用语义组件来生成需求表示，并引入一个特性交互组件来建模 Mashup 和 Web 服务之间的特性交互，通过进一步融合这两个组件的输出特性来预测候选服务，这使得 MTFM 不仅能同时考虑功能和非功能特征，还能融合深度学习和协同过滤模型的优点。

4.5 | 本讲小结

　　Web 2.0 的成功加剧了信息过载，在过去十几年中，用户、服务和在线信息呈指数级增长，这给用户精准寻找合适的服务造成了巨大的困难，也给服务推荐系统带来了巨大的挑战。本讲主要从基于功能的服务推荐、基于非功能的服务推荐及融合功能和非功能的服务推荐三个方面介绍了服务推荐技术的发展历程。从中我们可以发现，仅仅考虑用户的功能需求信息或者非功能的服务 QoS 信息已经很难实现服务的精准推荐，只有更全面地利用两种信息才能更好地适应用户和服务爆炸式增长的现状。此外，云计算、移动互联网等技术仍在快速发展中，可扩展性、兼容性、安全性和效率等不容忽视的问题在服务推荐系统中的影响也在进一步扩大，关于服务推荐技术的挑战仍在继续。

拓展阅读

[1] 张鹏程，王继民，赵和松. Web 服务 QoS 监控和预测技术[M]. 北京：科学出版社，2018.

[2] 杨洁. 服务计算[M]. 北京：清华大学出版社，2017.

[3] 付晓东，邹平. QoS 感知的 Web 服务选择[M]. 北京：科学出版社，2014.

[4] RICCI F, ROKACH L, SHAPIRA B. 推荐系统：技术、评估及高效算法[M]. 李艳民，吴宾，潘微科，等译. 2 版. 北京：机械工业出版社，2018.

参考文献

[1] 码不停题 Elon. 推荐系统系列一：推荐系统介绍[EB/OL]. (2019-04-07)[2022-09-27]. https://blog. csdn. net/Mr_HHH/article/details/89074149.

[2] SALTON G, WONG A, YANG C S. A vector space model for automatic indexing[J]. Communications of the ACM, 1975, 18(11)：613-620.

[3] BLEI D M, NG A Y, JORDAN M I. Latent dirichlet allocation[J]. Journal of Machine Learning Research，2003(3)：993-1022.

[4] MIKOLOV T, SUTSKEVER I, CHEN K, et al. Distributed representations of words and phrases and their compositionality[J]. arXiv preprint, 2013, arXiv: 1310. 4546.

[5] RESNICK P, IACOVOU N, SUCHAK M, et al. Grouplens: an open architecture for collaborative filtering of netnews[C]//Proceedings of the 1994 ACM Conference on Computer Supported Cooperative Work. New York: ACM, 1994: 175-186.

[6] BREESE J S, HECKERMAN D, KADIE C. Empirical analysis of predictive algorithms for collaborative filtering[J]. arXiv preprint, 2013, arXiv: 1301. 7363.

[7] KOREN Y, BELL R, VOLINSKY C. Matrix factorization techniques for recommender systems[J]. Computer, 2009, 42(8): 30-37.

[8] RENDLE S. Factorization machines[C]//Proceedings of 2010 IEEE International Conference on Data Mining. Cambridge: IEEE, 2010: 995-1000.

[9] GUO H, TANG R, YE Y, et al. DeepFM: a factorization-machine based neural network for CTR prediction[J]. arXiv preprint, 2017, arXiv: 1703. 04247.

[10] XIAO J, YE H, HE X, et al. Attentional factorization machines: Learning the weight of feature interactions via. attention networks[J]. arXiv preprint, 2017, arXiv: 1708. 04617.

[11] KANG G, LIU J, CAO B, et al. NAFM: neural and attentional factorization machine for web api recommendation[C]//Proceedings of 2020 IEEE International Conference on Web Services (ICWS). Cambridge: IEEE, 2020: 330-337.

[12] PEROZZI B, AL-RFOU R, SKIENA S. Deepwalk: online learning of social representations[C]// Proceedings of the 20th ACM SIGKDD International Conference on Knowledge Discovery and Data Mining. New York: ACM, 2014: 701-710.

[13] KIPF T N, WELLING M. Semi-supervised classification with graph convolutional networks[J]. arXiv preprint, 2017, arXiv: 1609. 02907v4.

[14] HERLOCKER J L, KONSTAN J A, BORCHERS A, et al. An algorithmic framework for performing collaborative filtering[C]//Proceedings of the 22nd Annual International ACM SIGIR Conference on Research and Development in Information Retrieval. New York: ACM, 1999: 230-237.

[15] ZHENG Z, MA H, LYU M R, et al. QoS-aware web service recommendation by collaborative filtering[J]. IEEE Transactions on Services Computing, 2011,4(2): 140-152.

[16] CHEN L, FENG Y, WU J, et al. An enhanced QoS prediction approach for service selection[C]

Proceedings of 2011 IEEE International Conference on Services Computing. Cambridge：IEEE，2011：727-728.

[17] CHEN Z, SHEN L, LI F. Your neighbors are misunderstood：on modeling accurate similarity driven by data range to collaborative web service QoS prediction[J]. Future Generation Computer Systems, 2019, 95：404-419.

[18] JIANG Y, LIU J, TANG M, et al. An effective web service recommendation method based on personalized collaborative filtering[C] Proceedings of 2011 IEEE International Conference on Web Services. Cambridge：IEEE, 2011：211-218.

[19] MA Y, WANG S, HUNG P C, et al. A highly accurate prediction algorithm for unknown web service QoS values[J]. IEEE Transactions on Services Computing, 2016, 9(4)：511-523.

[20] ZHENG Z, MA H, LYU M R, et al. WSRec：a collaborative filtering based web service recommender system[C] Proceedings of 2009 IEEE International Conference on Web Services. Cambridge：IEEE, 2009：437-444.

[21] TANG M, LIANG W, CAO B, et al. Predicting quality of cloud services for selection[J]. International Journal of Grid and Distributed Computing, 2015, 8(4)：257-268.

[22] SUN H, ZHENG Z, CHEN J, et al. Personalized web service recommendation via normal recovery collaborative filtering[J]. IEEE Transactions on Services Computing, 2013, 6(4)：573-579.

[23] FLETCHER K K, LIU X F. A collaborative filtering method for personalized preference-based service recommendation[C]//Proceedings of 2015 IEEE International Conference on Web Services. Cambridge：IEEE, 2015：400-407.

[24] ZHENG Z, WU X, ZHANG Y, et al. QoS ranking prediction for cloud services[J]. IEEE transactions on Parallel and Distributed Systems, 2013, 24(6)：1213-1222.

[25] Wu J, Chen L, Feng Y, et al. Predicting quality of service for selection by neighborhood-based collaborative filtering[J]. IEEE Transactions on Systems, Man, and Cybernetics：Systems, 2013, 43(2)：428-439.

[26] XIONG W, LI B, HE L, et al. Collaborative web service QoS prediction on unbalanced data distribution[C]//Proceedings of 2014 IEEE International Conference on Web Services. Cambridge：IEEE, 2014：377-384.

[27] LUO X, LIU J, ZHANG D, et al. A large-scale web QoS prediction scheme for the industrial inter-

net of things based on a kernel machine learning algorithm〔J〕. Computer Networks, 2016, 101: 81-89.

[28] WU Y, XIE F, CHEN L, et al. An embedding based factorization machine approach for web service qos prediction〔C〕//Proceedings of International Conference on Service-Oriented Computing. Berlin: Springer, 2017: 272-286.

[29] ZHENG Z, LYU M R. Personalized reliability prediction of web services〔J〕. ACM Transactions on Software Engineering and Methodology(TOSEM), 2013, 22(2): 1-25.

[30] LUO X, ZHOU M, XIA Y, et al. Generating highly accurate predictions for missing QoS data via aggregating nonnegative latent factor models〔J〕. IEEE Transactions on Neural Networks and Learning Systems, 2016, 27(3): 524-537.

[31] YANG Y, ZHENG Z, NIU X, et al. A location-based factorization machine model for web service QoS prediction〔J〕. IEEE Transactions on Services Computing, 2021, 14(5): 1264-1277.

[32] ZHOU Q, WU H, YUE K, et al. Spatio-temporal context-aware collaborative QoS prediction〔J〕. Future Generation Computer Systems, 2019, 100: 46-57.

[33] LO W, YIN J, LI Y, et al. Efficient web service QoS prediction using local neighborhood matrix factorization〔J〕. Engineering Applications of Artificial Intelligence, 2015, 38: 14-23.

[34] HE P, ZHU J, ZHENG Z, et al. Location-based hierarchical matrix factorization for web service recommendation〔C〕//Proceedings of 2014 IEEE International Conference on Web Services. Cambridge: IEEE, 2014: 297-304.

[35] YIN J, LO W, DENG S, et al. Colbar: a collaborative location-based regularization framework for QoS prediction〔J〕. Information Sciences, 2014, 265: 68-84.

[36] LEE K, PARK J, BAIK J. Location-based web service QoS prediction via preference propagation for improving cold start problem〔C〕//Proceedings of 2015 IEEE International Conference on Web Services. Cambridge: IEEE, 2015: 177-184.

[37] ZHANG Y, ZHENG Z, LYU M R. WSPred: a time-aware personalized QoS prediction framework for web services〔C〕//Proceedings of 2011 IEEE 22nd International Symposium on Software Reliability Engineering. Cambridge: IEEE, 2011: 210-219.

[38] ZHANG W, SUN H, LIU X, et al. Temporal QoS-aware web service recommendation via non-negative tensor factorization〔C〕//Proceedings of the 23rd International Conference on World Wide Web.

New York：ACM, 2014：585-596.

［39］ LUO X, WU H, YUAN H, et al. Temporal pattern-aware QoS prediction via biased non-negative latent factorization of tensors［J］. IEEE Transactions on Cybernetics, 2020, 50(5)：1798-1809.

［40］ CHENG T, WEN J, XIONG Q, et al. Personalized web service recommendation based on QoS prediction and hierarchical tensor decomposition［J］. IEEE Access, 2019, 7：62221-62230.

［41］ AMIN A, COLMAN A, GRUNSKE L. An approach to forecasting QoS attributes of web services based on ARIMA and GARCH models［C］//Proceedings of 2012 IEEE 19th International Conference on Web Services. Cambridge：IEEE, 2012：74-81.

［42］ WANG H, WANG L, YU Q, et al. Online reliability prediction via motifs-based dynamic Bayesian networks for service-oriented systems［J］. IEEE Transactions on Software Engineering, 2017, 43 (6)：556-579.

［43］ XIONG R, WANG J, LI Z, et al. Personalized LSTM based matrix factorization for online QoS prediction［C］//Proceedings of 2018 IEEE International Conference on Web Services(ICWS). Cambridge：IEEE, 2018：34-41.

［44］ XU Y, YIN J, DENG S, et al. Context-aware QoS prediction for web service recommendation and selection［J］. Expert Systems with Applications, 2016, 53：75-86.

［45］ WU H, YUE K, LI B, et al. Collaborative QoS prediction with context-sensitive matrix factorization ［J］. Future Generation Computer Systems, 2018, 82：669-678.

［46］ GUO L, MU D, CAI X, et al. Personalized QoS prediction for service recommendation with a service-oriented tensor model［J］. IEEE Access, 2019, 7：55721-55731.

［47］ XIONG W, WU Z, LI B, et al. A learning approach to QoS prediction via multi-dimensional context［C］//Proceedings of 2017 IEEE International Conference on Web Services(ICWS). Cambridge：IEEE, 2017：164-171.

［48］ WU H, ZHANG Z, LUO J, et al. Multiple attributes QoS prediction via deep neural model with contexts［J］. IEEE Transactions on Services Computing, 2021, 14(4)：1084-1096.

［49］ ZHU J, HE P, XIE Q, et al. CARP：context-aware reliability prediction of black-box web services ［C］//Proceedings of 2017 IEEE International Conference on Web Services(ICWS). Cambridge：IEEE, 2017：17-24.

［50］ CHOWDHURY R R, CHATTOPADHYAY S, ADAK C. CAHPHF：context-aware hierarchical QoS prediction with hybrid filtering [J]. IEEE Transactions on Services Computing, 2020, 15 (4): 2232-2247.

[51] LI S, WEN J, LUO F, et al. A new QoS-aware web service recommendation system based on contextual feature recognition at server-side[J]. IEEE Transactions on Network and Service Management, 2017, 14(2): 332-342.

[52] KUANG L, XIA Y, MAO Y. Personalized services recommendation based on context-aware QoS prediction[C]//Proceedings of 2012 IEEE 19th International Conference on Web Services. Cambridge: IEEE, 2012: 400-406.

[53] GAO H, XU Y, YIN Y, et al. Context-aware QoS prediction with neural collaborative filtering for Internet-of-things services[J]. IEEE Internet of Things Journal, 2020, 7(5): 4532-4542.

[54] SHEN L, PAN M, LIU L, et al. Contexts enhance accuracy: on modeling context aware deep factorization machine for web API QoS prediction[J]. IEEE Access, 2020, 8: 165551-165569.

[55] WU H, DUAN Y, YUE K, et al. Mashup-oriented web API recommendation via multi-model fusion and multi-task learning[J]. IEEE Transactions on Services Computing, 2021.

第 5 讲
服务系统开发技术与运行基础设施

本讲概览

服务系统是复杂的社会化、技术化服务系统，由组织/人、物理要素、技术要素、环境要素构成，多种要素通过各类交互关系耦合在一起，共同对外提供服务。其中，组织/人是服务的主体或客体（服务提供者、各类使能者、员工、顾客等）；物理要素和技术要素是支撑服务交付所需的各类资源，包括设备、软件、硬件等；环境要素是服务系统部署和运行的物理环境，包括技术环境（如云平台、云-边-端环境等）和物理环境（如房间、设施等），也称为服务系统的运行基础设施，为其他服务要素的运行提供基础和共性能力的支撑。这些要素在服务系统开发过程中体现为不同形态的"服务组件"，需要明确其具体的形式和开发技术，遵循特定的技术标准或行业标准将其开发出来，进而根据服务系统模型中刻画的逻辑耦合关系将它们组装起来，形成可运行的服务系统。

不同领域的服务系统中，上述各类型的服务要素所占的比例不同。对传统服务业的服务系统，非技术化的服务要素比例较高；对基于互联网的新型服务系统，技术化的服务要素的比例更高。考虑到本书读者主要来自 IT 领域，本讲所介绍的服务系统开发技术与运行基础设施主要面向基于互联网的新型服务系统。

以"外卖服务"为例，其服务系统是一种基于移动计算环境的服务系统，其"组织/人"包括顾客、餐馆、骑手、外卖平台，物理要素包括餐馆的各类餐食制作设施、骑手的电动车等，技术要素包括外卖平台的云端业务系统以及顾客、骑手、餐馆所使用的移动端 App，运行技术设施包括这些云系统和移动 App 所部署的云-端技术环境。外卖服务系统的开发，是指用云原生和移动 App 开发的技术标准开发出这些系统并部署，支持顾客、餐馆、骑手、外卖平台四方之间按照特定的业务流程请求、交付和使用外卖服务功能。

服务系统的开发和运行涉及以下方面。

1）各类服务要素所呈现的典型形态和所使用的开发技术，以及它们之间的交互协议（见本讲 5.1 节）；

2）各类服务要素如何组织、如何管理、如何运行，遵循哪些典型的体系结构、使用哪些典型的运行时基础设施（见本讲 5.2 节）；

3）以前两点作为基础，服务设计和开发人员遵循什么样的开发过程进行服务系统开发（见本讲 5.3 节）。

在介绍完上述三个方面之后，本讲 5.4 节给出两个简要的服务系统应用示例，并初步展示其形态、开发过程和运行基础设施。

5.1 | 服务开发技术

5.1.1 服务的形态与开发技术

服务系统中的服务要素数量众多，其形态多样，在服务系统中发挥的功能各异。从功能角度出发，其形态可分为以下四类。

（1）感知服务（Sensing Services，SS）　驻留于各类端或边缘设备上、依赖于特定传感设备从外界获取状态数据。该类服务直接连接外部世界，对外部世界起到感知作用，并将感知结果提供给上层服务要素，用于更复杂的业务处理。

（2）数据服务（Data Services，DS）　指提供数据采集、数据传输、数据存储、数据处理（包括计算和分析算法）、数据交换等相关的服务。该类服务的具体实现形式一般是传统意义上的 API 形式，直接连接内部数据源或外部公开数据源进行特定的数据操作。

（3）功能服务（Functional Services，FS）　提供具体业务功能的服务，如交易、支付等，一般以 API 的形式呈现。这类服务是最主要的服务形式，有明确的输入和输出，其他服务通过调用接口传递调用参数，经过业务处理之后返回结果。

（4）人机交互服务（Human-Machine Interaction Services，HS）　一方面，该类服务不是通过接口调用完成功能，而是通过人机交互界面（如 GUI）从用户获取输入，作为对其他功能服务或数据服务调用的输入；另一方面，该类服务还负责将其他功能服务或数据服务处理的结果通过人机交互界面反馈给用户，供用户进行人工决策以采取下一步行动。

图 5-1 给出了这四类服务之间的逻辑关系，人机交互服务负责与用户（人）的连接，处理用户的输入和对用户的输出；感知服务负责与外部世界的连接，从外部世界获

取必要数据；数据服务负责数据处理功能；功能服务负责执行特定业务功能。四类服务紧密配合，构成了复杂的服务系统。

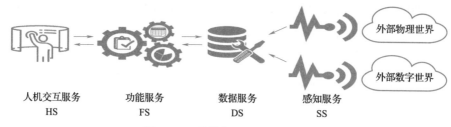

人机交互服务　　　功能服务　　　数据服务　　　感知服务
HS　　　　　　　　FS　　　　　　DS　　　　　　SS

图 5-1　四类服务之间的逻辑关系

多样的服务对应着多样的服务开发技术，且不同形态的服务往往对应不同类型的技术。发展至今，服务提供形式及其开发技术可分为以下三类。

（1）**API 服务**　用户从一台机器（客户端）上通过参数传递的方法调用其他机器（服务器）上的函数或对象上的方法，得到返回的结果。此类常见的开发技术有基于 WSDL/SOAP/RESTful 的 Web 服务、微服务及 Dubbo 等各种远程过程调用和远程方法调用技术。数据服务和功能服务一般实现为 API 服务的形式。

（2）**UI 交互服务**　通过 UI 界面与用户交互的服务，需要用户的即时参与，并与其他类型的服务配合，对用户的输入进行反馈。上述人机交互服务一般实现为 UI 交互服务的形式，具体表现为 Web 网站页面、移动 App 等形态。常见开发技术包括 HTML、Ajax、RESTful API、iOS/Android/ Harmony OS 等移动操作系统的 App 开发技术等。

（3）**推送服务**　向客户端或特定平台、数据库等主动推送数据或消息的服务，上述提及的感知服务一般实现为该形式。例如，通过 IoT 传感器实时监控环境数据，当满足特定条件时将提醒信息发送至特定目的地；通过可穿戴设备监控个人身体指标，并以数据流的形式将其传递至云端进行存储。常见的 SOAP 和 RESTful 框架也支持这类服务的开发。

5.1.2　云原生服务开发技术

随着技术的发展，以微服务[1] 及容器[2] 为代表的一系列新技术的发展促使了云原生技术[3] 的出现，其技术架构如图 5-2 所示。基于云原生技术开发服务、管理服务、搭建服务，已成为当前服务系统开发与运行的主要技术手段。

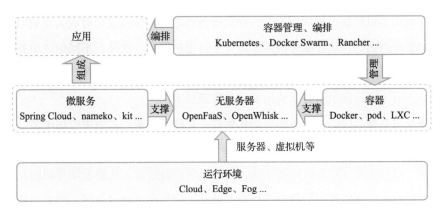

图 5-2　基于云原生的技术开发服务

　　微服务（Microservice）是一种服务开发的架构和组织方法，将整个服务系统划分为多个小型服务（称之为微服务），且各个服务之间相互独立开发、部署、维护，高度解耦并具备较好的维护性。不同的服务具备独立的版本历史，并借助 RPC 等技术实现微服务之间的 API 调用。此外，由于微服务之间相对独立，仅在 API 方面需要相互协作，不同的微服务可选用不同的开发语言、技术框架等，能够更好的适用于复杂应用场景，常见的微服务开发框架有 Java 的 Spring Cloud、Python 的 nameko、Go 的 kit 等。

　　但是，微服务也导致了服务系统运行部署及维护的困难。容器化技术的出现大大降低了微服务部署运行的难度。容器（Container）是同时打包了代码及运行依赖的标准软件单元，能够在不同的运行环境中高效可靠的执行。借助于容器技术，微服务能够在不同机器上快速部署运行，降低了开发及运维人员的部署维护难度。容器技术有统一的技术标准，并出现了诸如 Docker、pod、LXC 等遵循统一技术标准的容器工具。

　　在运行环境方面，云原生技术不仅可用于云计算，在边缘计算以及雾计算的场景下也同样适用，为微服务、容器等提供服务器、虚拟机等运行环境。在此基础上，以微服务等结合容器等技术形成了分布式运行环境，开发者能够自由选用 IaaS、PaaS 及 SaaS 平台。借助实时日志收集分析等技术，通过跟踪、度量和日志来监控云原生服务系统的运行状态，实现高可观测性，并通过问题溯源等技术实现服务系统运行时故障的实时分析。

　　基于云原生技术的服务系统由多个开发、部署等相互独立的小型服务构成，多个小型服务通过 API 调用实现用户界面、数据访问、业务逻辑之间的相互连通，构成完整的服务系统。大多数情况下，云原生服务系统的各个组成部分部署在不同的物理环境下，由于 API 调用多以网络远程调用为主，导致服务器之间的带宽及延时成为影响服务系统性能的主要原因之一，这让服务的部署位置变得更加重要。此外，不同的微服务可以采用不同的实例扩展策略，使得云原生服务系统的合理部署更加复杂。为了解决这个问题，进一步引入了云原生服务系统的编排与管理技术。

编排是对系统、应用及服务的自动化配置、管理和协调。云原生应用中多以容器编排为主，可支持部署、配置和调度、资源分配、横向拓展等的自动化。实际运行过程中，需求、网络环境等随着时间而变化，导致出现负载过高、性能下降等问题，系统需要通过编排技术定期依据运行状态进行自动调整。例如在负载过高时，将关键瓶颈服务进行横向拓展，通过部署多个实例实现负载均衡，该部分一般借助 Kubernetes、Docker Swarm、Rancher 等工具实现。

除了微服务及容器技术之外，DevOps 也是云原生技术的重要组成部分。它是结合了软件开发和运营的实践方法，通过多种不同类型的自动化工具，构建高效完备的 CI/CD 流程，实现服务的自动化构建及发布等，使得开发人员能够更快、更高效地对软件进行高质量的持续交付。

此外，无服务器（Serverless）技术[4] 近年来也得到越来越多的关注。它本质上是一种云原生开发模型，可使开发人员专注构建和运行应用而无须管理服务器。Serverless 并不意味着没有容器技术及容器管理等，而是由云提供商负责设备的置备、维护和扩展，Serverless 平台屏蔽了服务器管理、容器管理等一系列细节，开发人员只需要关心具体的业务逻辑实现。目前可以选用开源 Serverless 工具自行搭建 Serverless 平台（如 OpenFaaS、OpenWhisky 等）或直接使用商业版本，当前提供 Serverless 服务的有 AWS Lambda、Google Cloud Functions、IBM Cloud Functions、Azure Functions 等。

5.1.3　服务发布、组合、交互协议

前面介绍的各类服务，其运行过程中不可避免的需要与其他服务之间产生交互，共同完成复杂的服务功能。考虑到服务开发技术的异构性，服务之间的交互力求采用标准化的协议，以降低因技术异构而导致的互操作难题。具体而言，为实现服务交互需要考虑以下三个方面，以下给出这些技术及其相关协议的简要介绍，读者可查阅相关资料对其开展进一步学习。

1. 服务的描述与发布

以标准化的方式（如 WSDL、OpenAPI、REST）描述服务的接口及功能语义，便于其他服务对其发出调用请求，并以标准化的方式（如 UDDI）对外公开 Web 服务，将服务注册到公开或私有的服务发布平台上，供其他服务或用户查询。

WSDL（Web Services Description Language）[5] 是 W3C 组织为描述 Web 服务发布的标准化 XML 格式，定义 Web 服务对外通过接口所提供的基本操作及其参数和消息类型，将外部接口操作与服务内部的功能建立绑定关系，从而屏蔽了 Web 服务内部的具体编程语言和运行环境，使服务以标准化的方式对外呈现其接口操作。

REST（Representational State Transfer）[6] 是 Web 服务目前的主流技术，它使用 URI 来定位每个服务（表现形式是 HTML 或 XML），其他服务通过标准 HTTP，使用 GET、POST、PUT、DELETE 四种表示操作方式的动词对服务所管理的资源进行操作。考虑到其简单性和基于 HTTP 的标准化，REST 协议已成为目前 Web 服务/Web API 开发的事实标准。

OpenAPI[7] 是一种面向 REST 服务标准的接口描述规范，使得开发者和其他服务能在"不接触任何程序源代码和文档、不监控网络通信"的情况下了解服务的外部信息。Swagger 是 OpenAPI 规范的一种具体实现，由多个组件组成。Swagger Editor 用于编辑描述 API，Swagger UI 呈现规范的 API 文档，Swagger Codegen 基于 OpenAPI 规范生成类库和文档。

UDDI（Universal Description Discovery and Integration）[8] 是一种用于描述和发现 Web 服务的规范，服务提供者将服务及其标准 WSDL 描述发布在 UDDI 注册中心，其他组织通过标准化的查询方式进行服务搜索，按类别进行服务浏览，并获取服务的标准描述和调用方法。

2. 服务的查询、选择与组合

用户以标准化的 UDDI 协议，基于公开或私有的服务发布平台上的服务注册信息来查询 Web 服务，该过程称为服务发现。通过服务注册与服务发现技术，将多个服务之间建立交互关系的过程解耦开来，也可方便和自动的感知到新服务的出现、原有服务的消失等。同时，借助健康检查等技术，可实现对不同服务实例的生命周期变化感知，能够更加灵活的支撑服务间的调用。

在发现出候选服务之后，根据需求从多个候选服务中选择出适合的服务。服务选择的过程可以是人工的，也可以是由自动算法加以执行。服务选择问题是服务计算领域的经典问题之一，从海量候选服务集中筛选出满足需求且具备较大潜在组合价值的候选服务，从而精简候选服务规模，对该问题研究的最新进展可参见本书前面章节介绍。

为满足客户端的复杂需求，可能需要将多个服务组合起来形成更大粒度的服务，这称为服务组合问题[9]。有关服务组合问题研究的最新进展也可参见本书前面章节介绍。与服务组合相似的一个研究方向是服务 Mashup[10]，利用 open API 或界面 widget 等方式将多个 Web 应用/服务整合起来，形成一个大的应用/服务。

经过服务选择或服务组合生成的服务方案通常呈现为工作流（Workflow）或业务流程（Business Process）的形式。BPEL（Business Process Execution Language）[11] 与 BPMN（Business Process Model and Notation）[12] 是两种最常用的业务流程建模标准。BPEL 通过一种用于规范可执行业务流程和抽象业务流程的语言，对流程的行为进行建模。它扩展了 Web 服务交互模型，使它能够支持业务交互。BPMN 为业务流程制定了规范化的符号、元模型、交换格式和执行语言，并提供了可扩展机制使技术人员可以进行流程模型扩展和图形扩展。基于此，很多研究人员对这两种建模标准进行实现并发布了业务流程执行引擎，如 Bexee、Activiti、Flowable 等。利用这些建模标准和执行引擎，服务方案可以很容易地被执行并提供给用户使用。

3. 服务通信与交互

面向运行时多个服务之间、服务与其客户端之间的交互，目前有三种主流技术标准：面向资源类的 REST（Representational State Transfer）、面向方法类的 RPC（Remote Procedure Call）、消息传递。

1）REST。已在前面做了介绍，基于标准 HTTP 及其四种基本操作 PUT/POST/GET/DELETE 完成多方之间的调用关系。

2）RPC。一种常见的通信协议，允许一台计算机上的程序远程调用另一台计算机上的程序。现有多种不同工具（如 Thrift、gRPC 等）允许以 XML 文件或者接口描述语言（Interface Description Language，IDL）文件等形式对服务接口的参数等必要信息进行描述，并能够根据接口描述文件自动生成不同语言下的服务端、客户端的代码文件等。遵循 WSDL 协议描述的服务，其他服务可以按单向、请求-响应、要求-响应、通知四种类型之一对其进行调用，调用过程中产生的往返消息遵循 SOAP 协议。SOAP（Simple

Object Access Protocol)[13] 是在网络环境中使用 XML 交换结构化和类型化信息的一种简单通信协议，建立在 HTTP 基础之上，Web 服务及其客户端通过传输 SOAP 消息进行服务的调用和响应。

3）消息传递。消息队列作为一种常见的消息传递方式，适用于分布式系统的异步消息通信，其实现了服务和客户端之间的解耦。消息队列有两种典型的模式：发布订阅模式和点对点模式。发布订阅模式中，通过中间件维护消息队列，服务通过中间件发布信息，客户端通过中间件接收自己的信息。点对点模式中，一般由客户端维护自己的消息队列，接收来自服务的信息。目前已经有许多开源的消息队列产品。RabbitMQ 是一种主流的消息中间件，其基于 AMQP（Advanced Message Queuing Protocol）实现，不仅支持跨平台和多种语言，还具有丰富的管理界面。RocketMQ 是一种较为成熟的消息传递产品，可运行在 Java 语言所支持的平台上，性能高且简单易用。

上述三种服务交互机制面向两个服务之间的点对点调用。考虑到服务系统中包含很多的服务，它们之间存在的调用关系数量巨大，这对服务系统管理带来了巨大挑战。为此，实践中采用企业服务总线 ESB（Enterprise Service Bus）[14]，它采用总线的方式支持服务之间的多对多调用和集成。为了解决异构服务之间的连通性，通过协议转换、消息解析、消息路由把服务提供者的数据传送到服务消费者，让不同的服务互联互通，大幅简化多个服务之间的通信及集成。ESB 作为一种标准，不同的厂商提供了各种具体实现产品。

5.2 服务系统体系结构与基础设施

上一节介绍了服务的形态和开发技术、服务的发布/组合/交互技术，但是仅有这些技术是不够的，还须将这些服务按照特定的架构模式组织起来，才能形成完整的服务系统。在过去的 20 多年里，服务计算领域涌现出诸多关于服务系统体系结构的通用模式，本节对其中代表性的架构模式做简要介绍。首先是经典的基于 SOA 的分层结构，其次是建立在 SOA 分层结构基础上的支持双边资源整合的服务平台体系结构，然后是最近几年出现的大服务和服务互联网，这三种服务系统架构模式是递进发展的，前者是后者的基础，从侧重于关注服务系统的实现技术逐步过渡到侧重于关注服务系统的业务，所支持的服务系统的规模和复杂程度也越来越大。最后，本节对支撑服务系统运行的基础设施做简单介绍，并结合区块链，在服务系统基础设施中扩展"可信"的能力。

5.2.1 基于 SOA 的服务系统分层结构

面向服务的架构（Service-Oriented Architecture，SOA）[15] 是一种以服务为导向的分层次架构风格，用于系统化的组织和管理构成服务系统的各服务，并提供对服务系统进行全方面治理的运行基础设施。

SOA 的架构风格遵循软件架构中的典型分层思想。它从底层的技术化服务出发，自顶向上逐层聚合，将功能方面设计的对象、数据、组件、业务流程、界面等进行水平层次化，各层次中包含的实体逐步与服务业务实现对齐，从而支持了从底层小粒度服务到顶层业务服务系统的构造过程。考虑到服务系统的治理需求，将安全架构、数据架构、集成架构、服务质量管理等公共治理功能提取出来形成垂直层次，为各水平层次所共用。SOA 多层参考架构[16] 如图 5-3 所示，共包含 9 个层次：运行系统层、基本服务层、组合服务层、业务过程层（整合服务层）、应用表示层、集成层（ESB）、QoS 层（安全、监控等基础服务层）、数据架构层、管理控制层，前 5 层是水平层次划分，后 4 层是垂直层次划分。

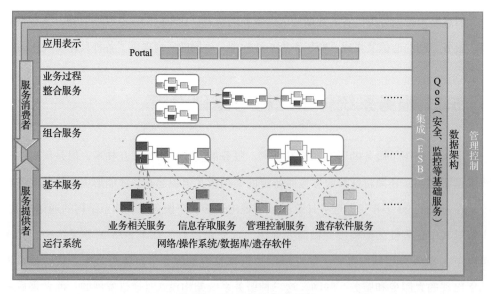

图 5-3　SOA 多层参考架构

SOA 内管理和聚合的服务可以是基于 WSDL 和 SOAP 的 Web 服务、RESTful 风格的 API 服务、微服务或其他任何技术协议所实现的服务，标准化的接口定义隐藏了服务的内部实现技术和业务逻辑。这些服务可以被其他服务所调用，但在开发阶段无须事先指定服务之间的调用关系，客户端服务也无须了解被调用的服务如何执行功能。这些服务既可以是新开发的服务应用，也可以是对现有遗留软硬件系统的特定功能的封装。

考虑到服务之间的复杂交互关系，集成层的 ESB 所提供的与技术和协议无关的服务路由和集成机制，使得服务系统中的服务业务能够通过独立于平台和编程语言的标准协议对外提供。进而，通过引入服务编排模型（如 BPEL、BPMN 等）和服务协同的标准化规范（如 WS-CDL、WS-Coordination 等），将多个细粒度的服务组合成更大粒度的业务服务，进而通过服务系统的前端应用对用户提供这种业务服务的工作流和业务流程。

SOA 面临的主要挑战是服务系统的治理。基于 SOA 的分层架构中包含大量服务，由于涉及多个服务的协同工作，一个业务流程可能会包含数百个服务，产生数百万条消息，这对流程构建和数据管理都带来了巨大的挑战。

5.2.2　基于第三方平台的服务系统体系结构（BIRIS）

SOA 描述了一个服务系统的复杂分层结构，但它是站在技术角度出发的服务架构风格，虽然其目标是通过逐层聚合技术服务来支撑顶层的服务业务，但对服务业务的考虑只是给出了诸如 BPEL、BPMN、ESB 等标准规范或运行基础设施，这对开发支撑复杂业务的服务系统是不够的。

为此，针对目前现代服务业领域占据主导地位的"基于第三方平台的服务系统"，哈尔滨工业大学徐晓飞教授团队提出了一种新的面向双边资源整合的服务模式（BIRIS）[17]。该服务模式可以看作一种服务架构模式，也可以看作一种服务业务模式，它从技术和业务角度给出了这种基于第三方服务平台的服务系统的参考架构，为各领域此类服务系统的开发提供了共性解决方案。

从业务的角度，BIRIS 由三部分构成：顾客方、提供者方和第三方服务平台。大量的顾客与服务提供者连接到服务平台上，前者向服务平台表达自己的个性化需求，后者向服务平台提供各种异构的服务资源。服务平台充当二者之间建立服务供需关系和进行服务交互过程的中介。它一方面将不同提供者所提供的资源进行有效整合，形成新的虚拟服务资源和适应性服务解决方案；另一方面，通过对顾客群的整合，形成新的客户资源、新需求的服务内容和服务方式。同时，通过在服务过程当中对服务质量进行全程监控，维持服务供需双方的信用记录，BIRIS 为供需双方创造不断优化的服务价值与服务质量。

BIRIS 的业务架构如图 5-4 所示。

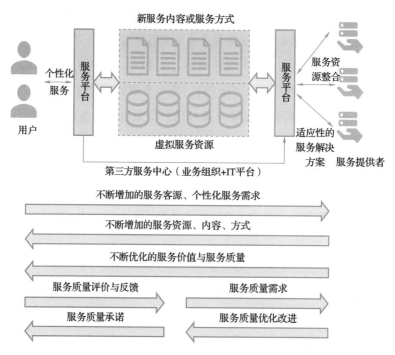

图 5-4　BIRIS 业务架构

BIRIS 模式的最大特点在于，引入第三方服务平台、服务资源与服务任务的双边虚拟化及整合以及支持由服务资源到服务任务之间的映射。具体来说，首先，BIRIS 引入第三方服务平台整合双边资源，并作为服务中介负责服务链的组织与控制、统一质量标准及行业规范、公共信用体系、服务支撑平台以及服务价值最大化，使得 BIRIS 模式更具竞争力。其次，BIRIS 平台一方面将分布于不同服务提供者的资源虚拟化与整合，形成集成的、标准规范的虚拟服务资源；另一方面将个性化的客户需求进行虚拟化，形成新的服务内容、服务提供方式以及服务任务。最后，服务平台支持建立服务资源与服务需求之间的映射和链接，从而支持服务链的建立。

BIRIS 技术架构的一种可选实现方案如图 5-5 所示。平台分为五个层次，自下而上
分别为服务资源与接口层、基础设施层、基础服务层、业务服务层和表现层。服务资源
与接口层将顾客的业务系统和提供者的业务系统通过标准格式（如 Web 服务、BPMN
等）接入服务平台。基础设施层根据服务整合的结果，动态向各分布式的服务资源发
出指令并收回结果，通过 BPEL 或 BPMN 执行引擎来控制各服务资源间的协调。基础服
务层包含了供平台健康运行的核心技术，如采集用户需求、进行个性化推荐等。这些技
术通常都以 Web 服务的形式部署在平台上。业务服务层为平台向外提供的一系列可独
立存在的业务服务，每个业务服务由一组来自不同服务提供者的分布式服务资源聚合和

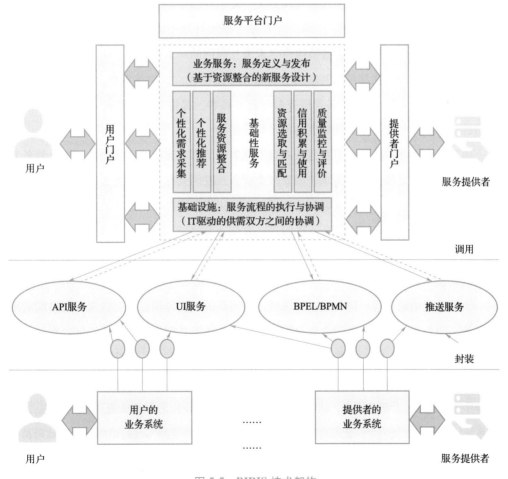

图 5-5　BIRIS 技术架构

虚拟化而成。表现层面向顾客、服务平台和服务提供者，为这三方提供使用服务发布、服务个性化定制等平台功能的门户。本质上说，BIRIS 的技术架构是在上一节所介绍的 SOA 分层架构基础上，专门增加了第三方平台所提供的若干面向业务的基础服务，从而更有效地支撑运行在上层的业务服务。

5.2.3　大服务与服务互联网体系结构

大服务（Big Service）[19] 是哈尔滨工业大学徐晓飞教授团队提出的一个新术语，本质上也可以看作一种服务架构模式。与之前的 SOA 分层结构和 BIRIS 第三方平台架构相比，大服务所面向的服务系统的规模更大、复杂程度更高。

在大服务提出之前，欧盟于 2007 年在第七框架计划中提出了"服务互联网"（Internet of Services）的概念，它被描述为"未来互联网的一个视图，是指所有需要使用软件应用实现的各种事物都可以互联网上的服务形式存在，如软件本身、软件开发工具、软件的运行平台等"，并支持各类服务参与者（顾客、提供者、使能者）之间进行基于网络的服务协作与交易，实现价值的创造与传递。

由于现实中客户的需求日益复杂而且不同客户的需求又存在巨大差异，单个服务互联网可能无法满足所有客户需求，需要多个服务互联网共存共享。为了支持客户的丰富需求，就需要整合多个服务互联网的资源，通过集成跨网跨域跨世界的服务来实现和提供各种业务服务，这就使得服务互联网进一步向大服务方向发展。与服务互联网相比，大服务是基于"大数据+服务物联网"派生出的服务新概念，是服务生态体系和服务互联网的高级形态。

大服务是由跨世界、跨领域、跨区域、跨网络的海量异构服务经过聚合与协同而形成的复杂服务形态。大服务蕴含规律和各种智能业务服务密切相关，用于解决物理信息系统支持下企业或社会的大数据关联业务处理与业务应用问题，创造服务价值。

基于大服务构成的服务系统亦称为大服务系统。它是大数据环境下的大服务构成的复杂服务生态系统或复杂服务网络，能够在物理信息空间实现设定的服务功能及解决方案。大服务系统能够面向大规模个性化顾客需求，在现实世界与虚拟空间实现跨组织跨网跨域跨世界的服务聚合，快速构建有针对性的最佳服务解决方案，为大服务参与各方创造价值。

大服务系统参考架构如图 5-6 所示，共分为五层：物理世界与基础设施层、局部服

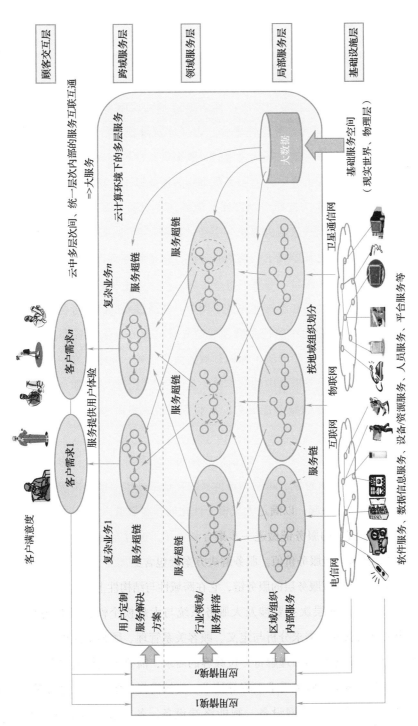

图 5-6　大服务系统参考架构

务层、领域服务层、跨域服务层（解决方案层）、顾客交互层，支持分散的、自治的大服务资源通过逐层的服务聚合形成不同粒度的服务生态与网络化形态，并最终为每个顾客提供满足其个性化需求的服务解决方案。

（1）**物理世界与基础设施层**　该层次作为通过基础设施来连接"物理世界"的"接口层"，由互联网、物联网、云计算平台、边缘计算设施、各类通信网络、终端设备、物理服务、人员服务等构成。基础设施层一般提供共性的 IaaS、PaaS、SaaS 平台和服务接入技术，以方便现实世界中各类服务和事物的便捷接入、虚拟化、标准化。

（2）**局部服务层**　该层次按照组织边界或地域边界对通过基础设施层接入的服务进行物理划分，形成各组织或区域内部的一个个"服务子网"。每个服务子网可看作相对内聚的服务集合体，其内部形成了一条条服务链，每条服务链代表着一个在局部开展协作并形成稳定关系的服务集合。通常，由各组织、机构、企业、社区或个人开发的大量的各类局部基本服务都会存在于这些服务子网中，并通过局部的服务链相关联。

（3）**领域服务层**　该层次按照行业或领域边界对局部服务层的各类基本服务或服务链做进一步聚合和连接，聚集形成了面向领域的复合服务，并由此在一定范围内构成了一个个服务群落。这些服务群落中的基本单元是由复合服务构成的服务链，其粒度和范畴比局部服务层基本服务的服务链更大，其业务价值也更高。这是大服务的核心资源层。

（4）**跨域服务层（解决方案层）**　该层次直接面对顾客需求，为其构造复杂服务解决方案。服务解决方案是由跨域、跨网、跨世界的复杂服务按需聚合构成，往往要把来自多个领域的服务聚合在一起，以满足大规模个性化的顾客需求，实现顾客价值最大化。为此，要对领域服务层内的服务链做进一步聚合和连接，通过直接迎合顾客的需求、偏好、情境、价值期望来创造服务价值。服务解决方案会包含更加复杂的"服务超链"，相比于前面局部服务层和领域服务层的服务链，它在跨域性与结构性上更加复杂。

（5）**顾客交互层**　该层次主要涉及大服务系统与大规模个性化顾客的交互界面，包括顾客需求交互与获取、需求分析与定义、顾客关系管理、顾客交互界面与方式、服务的交付等。为了准确地得到和理解每一位顾客的需求，需要用到智能服务交互、顾客知识图谱、顾客需求表示、服务需求工程等技术。要按需提供服务，通过各种人机交互技术渠道（如移动设备、物联网设备、智能终端设备、各类服务设施等）以适当形式将服务解决方案交付给顾客，以获得最佳顾客满意度与服务价值。

此外，由于大服务与相关领域的大数据密切相关，大服务各个层次的服务及其聚合与交付过程需要得到大数据的支持。还有，大服务的解决方案都与其应用情境或场景有关，其各层次服务的构建与聚合都是"情境感知"（Context Awareness）的。因此，情境感知的服务技术在大服务中具有重要价值。

大服务系统的开发环境与运行平台[20] 如图 5-7 所示，主要包括模型驱动与价值知觉的大服务系统开发过程、大服务双边模式开发过程、面向具体需求的大服务方案构建以及多架构模态的大服务运行平台。其中，前三部分将于 5.3 节进行详细介绍，本节主要介绍第四部分。

大服务运行平台对大服务系统内部服务和外部接入的服务纳入统一的大服务库管理，在云服务平台的支持下，对来自大服务方案构建过程的大服务解决方案进行部署和执行，提供基础设施支撑运行过程中的服务路由、质量保障、方案动态演化与在线修改，并向最初发起需求的用户进行智能的交互与交付。

大服务运行平台支持三种不同的架构模式[21]，其示意图如图 5-8 所示。

（1）集中式大服务平台架构　该架构中的大服务平台只有唯一一个逻辑运行节点（称为"大服务节点"），所有功能模块都部署于该节点上，大服务各参与方也通过该节点提供的门户（Portal）访问相应的功能，完成个性化需求建模、双边模式匹配、大服务解决方案构造、大服务解决方案运行、大服务交付和交互等任务。

（2）半分布式大服务平台架构　该架构中的大服务平台中存在多个普通节点和一个中心节点。所有功能模块均部署于每个普通节点上，普通节点可以独立为用户提供解决方案构建与运行服务。中心节点汇聚所有普通节点的数据，维护规模更大且不重复的关键数据库如全局服务模式库等供所有普通节点使用，当一个节点无法单独满足用户需求时，与中心节点的交互可以帮助自身构建解决方案。

（3）分布式大服务平台架构　该架构中的大服务平台有多个逻辑运行节点，所有功能模块均部署于每个节点上，每个节点可独立对外提供大服务的各项功能。但是，不同节点上的大服务库、需求模式库、服务模式库、关联矩阵所存储的数据有差异，根据特定的分布式策略将这些库/表中的数据分散在不同的大服务节点上。各个大服务节点通过网络和接口进行互联互通。

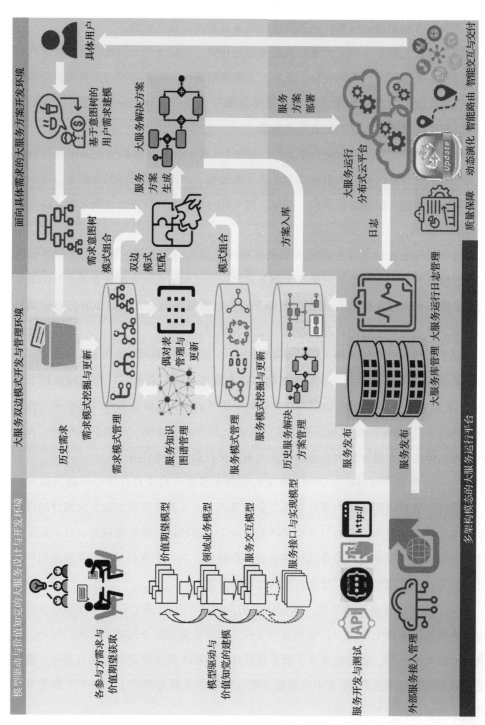

图5-7 大服务系统的开发环境与运行平台

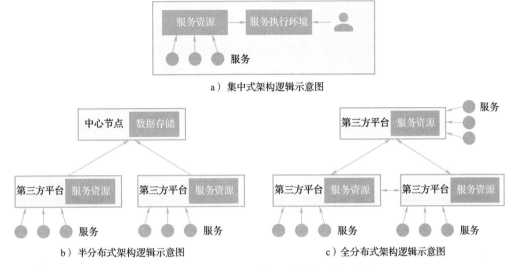

a）集中式架构逻辑示意图

b）半分布式架构逻辑示意图　　　　c）全分布式架构逻辑示意图

图 5-8　大服务运行平台不同架构逻辑示意图

5.2.4　基于区块链的服务系统可信运行基础设施

如前所述，服务系统是一种复杂的社会化技术化系统，其中涉及的服务要素种类多、范围广，且除供需双方之外，还往往涉及诸多使能者，多方之间形成复杂的交互流程，支撑复杂的服务业务。为此，运行基础设施除了给服务系统的运行提供基本的技术支撑环境，还要有能力充分保障多方交互中的安全，规避风险，包括信任问题、公平性问题等，即，服务系统运行设施应扩展"可信"的能力。

1. 服务系统运行基本技术支撑环境

服务系统的执行需要服务平台、ESB 等基础设施的支撑。服务系统与服务系统运行环境之间的关系如图 5-9 所示。图中虚线框内部为服务系统运行基本环境。

服务系统在运行时，服务平台首先需要根据服务系统构建的业务流程进行服务流程解析、服务分解、服务映射，然后由 ESB/Service Mesh（服务网格）进行服务发现、路

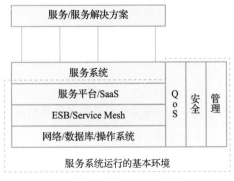

图 5-9　服务系统运行基本环境

由、绑定、执行、返回结果，最终完成服务系统的业务功能。服务系统运行的基本环境主要包括以下三类。

（1）网络/数据库/操作系统　为服务系统运行提供底层环境支撑。

（2）ESB/Service Mesh　提供基本服务注册、发现、通信、适配等功能。ESB 已于 5.1.3 节进行了简要介绍。随着 ESB 承担任务过重以及去中心化等的要求，研究人员提出了服务网格技术，实现了更好处理服务之间的流量控制，同时剥离了大量底层通信系统，使开发者的注意力集中在业务逻辑上。服务网格通常是由一系列与服务配对的网络代理组成，通过代理与代理之间的通信实现配对的服务与服务之间的通信。其屏蔽了通信的复杂性，提供了服务发现、流量控制、负载均衡等多种功能。同时其作为基础设施层，与服务的具体实现无关，并独立与服务之外。当前较为流行的服务网格工具包括 Istio 及 Linkerd 等。

（3）服务平台/SaaS　服务平台通常面向特定的业务领域或业务类型，提供业务层面的复合服务的注册、组合、管理以及服务系统的流程解析与服务调度等功能；另外，还包括诸如用户管理等面向应用的功能。服务平台可以是面向应用的服务运行平台，也可以是面向服务的 SaaS 服务平台。

另外，服务系统还需要对服务质量（QoS）和安全进行管理，主要包括：对服务质量的度量、监控、管理以及优化；对服务访问、服务流程完整性及可信性的控制；对整个服务系统的管理等。

2. 基于区块链的可信运行基础设施

区块链[20] 是一种安全共享的去中心化的数据账本，支持一组特定的参与方共享数据。它可以收集和共享多个来源的事务数据，每个事务被映射为一个加密哈希形式的唯一标识符，并以 Merkle 树的形式链接在一起形成共享区块。区块链不依赖于第三方中介，通过各参与方之间的共识机制形成一个去中心化的单一信息源，从而确保数据完整性。基于这个特性，可以消除数据重复，提高数据安全性。区块链具有去中心化、开放性、独立性、安全性以及匿名性等特点。因此，将区块链引入服务系统运行基础设施中可以充分保障运行过程中的可信性。

以 5.2.3 节的大服务运行平台为例，在其中扩展区块链基础设施。图 5-10 给出了大服务分布式平台架构的示意图，系统中可存在多条区块链，通过在每条链上部署事件合约定义了大服务执行过程中的各类事件，当大服务执行到特定业务触发事件时，外部预言机程序监听事件合约，并通过跨链中间件实现不同大服务节点之间的消息传递。

可上链的服务要素可分为服务数据上链、服务资源治理上链、服务协作协议上链三种。

（1）服务数据上链

服务系统运行过程中的数据上链可以保证服务数据安全可靠，防止恶意篡改行为。可上链的数据包括服务资源的权属信息、服务质量监控数据、服务评价数据等涉及多参与方的数据。服务数据上链的方式主要有以下几种。

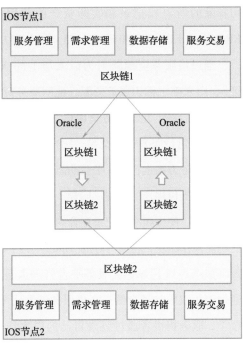

图 5-10　基于区块链的大服务分布式平台架构

1）内容存证。 把要存储的服务数据内容直接放入区块链之中。考虑到区块链上的存储空间是有限的，所以这些数据一般不会太大。

2）哈希存证。 在区块链上存储文件内容哈希值，可通过对文件内容进行哈希运算得到。由于哈希值的长度都比较有限，存储这样的数据可以有效减轻区块链的计算压力和存储负担，同时又保障了这些文件内容不会被恶意篡改。

3）隐私存证。 把服务数据进行加密之后存储在区块链之上，这是为了应对区块链上的数据都是公开透明而采取的策略，一般采用的是对称加密。

（2）服务资源治理上链

采用智能合约[21] 和 NFT（Non-Fungible Tokens，非同质化代币）实现对服务系统中服务资源治理过程的上链。第二代区块链的代表是以太坊，它的最大特性是引入了可编程底层，利用智能合约，按照各方达成一致的规则执行操作，处理信息，接收、储存和发送价值。NFT 是数字世界中"独一无二"的资产，它代表现实世界中的商品。任何一枚 NFT 代币都是不可替代且不可分割的，当用户购买了 NFT 之后，就获得了它不可抹除的所有权记录和实际资产的使用权，后续可以被交易。现有的 NFT 协议有 ERC-721、ERC-998 和 ERC-1155 等，实际应用中可以继承并扩展它们。

通过将服务资源映射为以太坊上的 NFT，可以在以太坊上构造服务资源的"通证"，用来唯一标识服务资源，证明服务资源的所有权。通过扩展 ERC-721 协议，可以编写智能合约，定义服务资源信息（如服务的名字、价格、使用权及其他权属等），基于 NFT 可进行服务资源交易，用户通过转账支付后，平台可实现服务资源使用权授予，在后续服务方案运行时，平台功能模块可读取合约信息来验证该用户是否具有使用权，从而保证了支付用户的权益。同样，将服务模式与服务方案都 NFT 化，将服务模式 NFT 的组成信息、使用频率等记录在合约中，完成信息上链。通过 Web3j 工具可以开发服务平台的功能操作模块，将编写好的 Solidity 合约文件手动编译、部署在本地搭建的私链。

如图 5-11 所示，大服务平台管理人员登录到以太坊账户，完成合约初始化部署，通过调用权限管理合约来完成服务资源代币、服务模式代币、服务方案代币发布权力的授予，服务提供者通过登录自己的以太坊账户来注册服务资源并调用 NFT 构造模块，在服务资源合约中发布服务资源代币。当用户提出需求，大服务平台经过匹配生成服务方案，用户便可按照服务方案的编排信息来依次购买服务资源，在服务资源合约里授予用户服务使用权，以供服务方案运行时验证用户身份。通过此方法，我们可以实现大服务资源的上链、安全交易和权属保护。

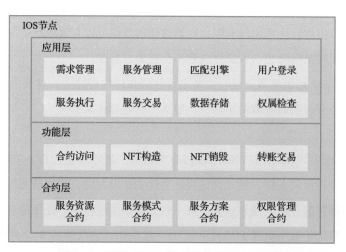

图 5-11 基于 NFT 的服务资源治理方法架构

（3）服务协作协议上链

服务系统中经常存在多参与方通过协商达成约定协议，在满足特定条件时触发协议中相关条款的执行。在传统服务系统中，此类协议执行的及时性、可靠性无法达到充分保障，可能导致某些参与方的利益受损。为此，借助于区块链与智能合约，将多方协议转化为智能合约部署在区块链上，当服务系统执行多方之间的协作过程中满足一定条件时，自动触发智能合约的执行。

通过智能合约编辑器，可以将多方协作过程建模为 BPMN 模型，将其中需要自动触发执行的条款刻画为智能合约，并与其他服务活动编排在一起，形成 BPMN。进而，通过手工编程或自动代码生成等方式，生成智能合约代码，并部署到区块链上，由此实现了多方服务协作协议的上链，支持安全可信的协议执行。

5.3　服务系统设计与开发范型

本讲前面各节介绍了服务开发技术、服务系统体系结构、服务系统运行基础设施，但是如何从零开始设计和开发出服务系统，并在运行时根据用户具体需求构建服务解决方案，需要遵循系统化的开发过程。本讲以 5.2.3 节介绍的大服务体系结构为例，介绍一种面向双边模式匹配的服务系统开发范型 RE2SEP。

5.3.1　模型驱动与价值知觉的服务系统开发过程

用户的需求越来越复杂，对服务系统的设计开发和实施要求也越来越高。价值是服务系统中所有服务参与者（客户、供应商、各种推动者等）的主要目标，在服务系统设计开发过程中需要进行价值知觉，不仅要满足功能层面的要求，还要随时随地了解服务价值，满足服务参与者的价值期望。模型驱动与价值知觉的服务系统开发过程从用户需求出发，将用户的功能需求建模为业务流程。同时，抽取用户的价值期望，分解成质量能力并标注到业务流程之上。这样，在服务开发过程中就可以依据分解后的价值质量能力完成对服务非功能属性的开发。

哈尔滨工业大学徐晓飞教授团队结合近年来的研究基础，提出了模型驱动与价值知觉的服务系统开发过程[22]，如图 5-12 所示。该过程主要包括三个建模方法：服务功能建模方法、价值体系建模方法以及服务标注建模方法。下面将会对这三个建模方法进行简要介绍。

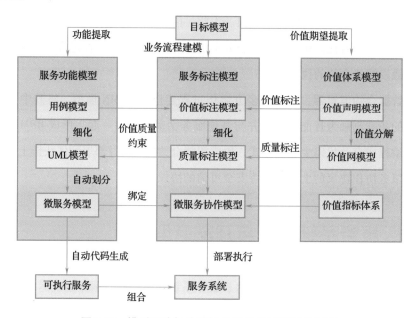

图 5-12　模型驱动与价值知觉的服务系统开发过程

1. 服务功能建模方法

服务内部功能模型使用 UML 来抽象和建模服务系统的功能，并使用微服务的架构来实现服务的功能设计。该模型的三个层次从上到下分别是用例模型、UML 模型和微服务模型。

用例模型使用经典的 UML 用例图和用例文档来描述服务系统的功能需求。UML 用例图是由参与者和用例组成的，描述了用户、需求和系统功能单元之间的关系。用例文件描述了每个用例的内部信息，包括参与者的角色、使用场景、数据流等，它是对用例图的细化和补充。

UML 模型包括一个系统 UML 类图和多个 UML 序列图。UML 类图描述了服务系统中各个对象之间的静态关系，而序列图则显示了特定业务场景中对象之间的动态合作关系。序列图还强调了对象之间的消息传输，直观地显示了对象之间的交互。UML 模型的作用是根据参与者的业务需求来设计服务系统的对象以及对象之间的关系，这样就可以通过对象的时序调用来实现每个业务场景了。

最后，利用微服务划分算法将 UML 类图和一组标有价值和质量指标的时间序列图（来自价值标注模型）划分为一组微服务来满足用户需求。

2. 价值体系建模方法

价值体系模型从用户需求开始，逐步将用户价值期望映射到质量和能力之上，建立一系列价值系统模型：价值声明模型、面向服务的价值网模型和 VQC 多层指标体系模型。

价值声明模型表述了服务参与者和价值之间的声明关系，用来描述服务参与者期望从服务方案中获得的服务价值。目标模型中的每个服务参与者都对应于其意图树（见本讲 5.3.3 节），从中提取多个服务参与者-价值期望关系。通过这种方式，每个服务参与者都可以与他想要声明的价值相关联，形成价值声明模型。

面向服务的价值网模型将价值期望分解为可以量化的服务价值。然后对已经存在的声明关系进行补充，产生价值交换关系。同时，面向服务的价值网模型导入了语义信息的概念，如参与者类型、价值交换关系和价值链领域属性。

最后，利用 VQC 多层指标体系模型将服务价值映射到服务业务质量指标、技术质量指标和能力指标上，以支持价值的分析和评估。

3. 服务标注建模方法

服务标注模型使用 BPMN 将 VQC 与实际业务流程中的服务内部功能联系起来。服务标注模型中的三层模型从上到下是价值标注模型、质量标注模型和微服务协作模型。

价值标注模型由 BPMN 和标注的价值指标组成。价值指标来自价值声明模型，它定义了业务场景中参与者的价值期望。价值指标被标记在用户活动上，这意味着特定的价值期望通过执行特定的活动得到满足。通过这种方式，业务流程中的活动和价值指标之间的二元关系可以被清晰直观地表达出来。

质量标注模型在价值标注模型的基础上进一步完善并引入质量指标和能力指标。质量和能力指标的来源是价值网模型。价值指标描述了参与者的价值期望，这取决于质量和能力指标。因此，质量或能力指标被标注在用户活动上，而价值指标被标注在质量或能力指标上，以表达价值对质量和能力的依赖。

微服务协作模型由 BPMN 与用户活动绑定的微服务接口组成。每个用户活动内部的执行是通过调用一系列的微服务接口来完成的，这些微服务接口是由微服务模型衍生出来的。更进一步地，我们可以将业务流程部署到业务流程执行引擎中，以获得一个可执行的服务系统。这个服务系统是一个考虑到参与者的价值期望的服务解决方案，是为特定的业务场景而形成的。

5.3.2　基于双边模式匹配的服务系统开发范型

哈尔滨工业大学徐晓飞教授团队提出了 RE2SEP（Requirement-Engineering two-phase of Service Engineering Paradigm），即"需求+工程"两段式软件服务工程范型，它是一套用于指导大服务系统的设计开发与运行的系统化的工程思路和方法。它不仅要完成针对互联网中海量跨领域服务的重用，还需要建立面向情境化、个性化的需求与服务解决方案匹配机制[23]。图 5-13 为 RE2SEP 参考架构，主要分为面向服务的需求工程（Service Oriented Requirement Engineering，SORE），面向领域的服务工程（Domain Oriented Service Engineering，DOSE）以及基于双边模式的"需求-服务"精准匹配。RE2SEP 架构的核心内涵是基于服务世界的顾客需求认知、服务认知、经验知识、领域知识、应用场景和供需关系等，通过 SORE 和 DOSE 来建立基于用户需求模式和开放服务资源的服务模式/组合/聚合的服务需求与解决方案匹配机制。

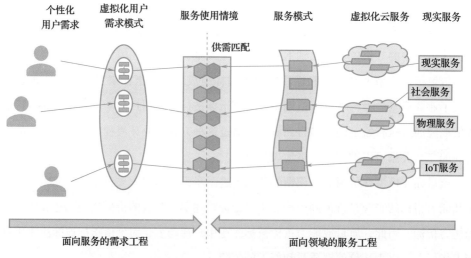

图 5-13　"需求+工程"两段式服务开发范型参考架构

1. 面向服务的需求工程

SORE 从个性化用户需求和典型的用户需求声明出发,着重于如何根据用户提出的服务需求提供自适应的解决方案。它包含了构建阶段和运行使用阶段。如图 5-14 所示,SORE 是一种自上而下的方法。用户需求最初由大量个性化的用户提出,SORE 通过分析大规模个性化用户需求,深度挖掘和分析用户历史记录或历史业务流程,并从典型的需求声明片段中提取和定义需求模式。在构建用户需求声明时可以重用需求模式,提高效率节约构建时间和成本。这一阶段侧重于发现和定义需求模式、维护需求模式集合等,进行需求分类和场景分类。SORE 的整体过程是一个从"规模化、个性化"到"聚类化、模式化",再到"情境化、聚合化"的过程。SORE 需要一套完整的工程方法论,其中包括需求建模方法,需求模式挖掘方法,需求重定义方法等。本讲 5.3.3 节将简要介绍这些方法。

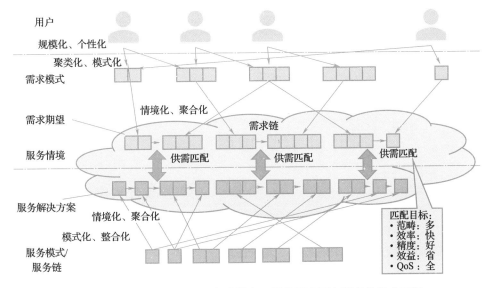

图 5-14　"需求+工程"两段式服务开发范型中面向服务的需求工程

2. 面向领域的服务工程

DOSE 重点关注基于特定领域及其领域知识提供可用的物理资源和虚拟化的服务资源,并侧重于如何高效和智能化地利用服务资源。它也包含了构建阶段和运行使用阶段。如图 5-15 所示,DOSE 是一种基于服务模式和开放服务源的自底向上的方法。在

DOSE 中，服务封装技术将把所有的基本服务变成在云平台上可用的 IT 使能虚拟化服务。在此基础上，服务模式可以由领域专家手动定义，也可以通过数据挖掘或统计方法自动发现。服务模式可以是完成基本服务功能的服务资源，也可以是领域中的部分服务解决方案。为了在领域应用级别满足用户需求，需要选择并链接服务模式以形成最终的服务解决方案。DOSE 过程整体而言是一种从"物理化、个性化"到"虚拟化、适应化""模式化、整合化"，再到"情境化、聚合化"的过程。DOSE 需要一套完整的工程方法论，其中包括服务设计与开发、服务标准化封装与发布、服务知识图谱、基于多层服务模式的服务组织与管理等，本讲 5.3.4 节将简要介绍这些方法。

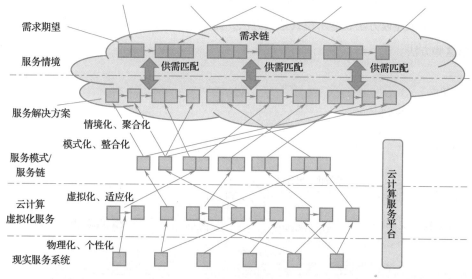

图 5-15 "需求+工程"两段式服务开发范型中面向领域的服务工程

3. 基于双边模式的"需求–服务"精准匹配

当面向服务的需求工程识别到了用户的需求模式，面向领域的服务工程汇聚了领域/领域间的服务模式之后，RE2SEP 范型进入关键环节——基于双边模式的"需求–服务"精准匹配。如图 5-16 所示，该步骤是一个包含了需求任务、服务资源、约束和目标的资源匹配的复杂优化问题，即将一组需求任务或活动在满足一组约束条件下映射到一组服务资源上，并最优化给定目标。在面向服务的需求工程中，领域知识被利用于服务需求及需求模式的语义化标注，所有的需求点在模式框架下形成了语义概念的相似矩阵和关联矩阵。同样的，在面向领域的服务工程中，使用频繁模式或者其他聚类方法挖掘到的服务模式也可以被形式化成为与功能特征或者 QoS 指标相关的相似矩阵和关联矩阵。通过对大量不同的情境下的需求-服务模式匹配情况的统计分析，可以进一步将上述的矩阵融合成为"需求-服务"模式偶对映射的概率矩阵。它可以用于针对新需求的服务模式发现。本讲 5.3.5 节将简要介绍这部分内容，包括基于双边模式的服务匹配机制以及基于双边模式的服务匹配方法。

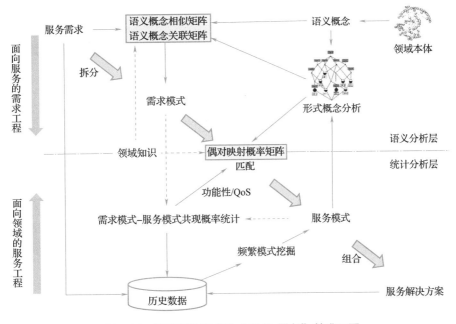

图 5-16　基于双边模式的"需求-服务"精准匹配

5.3.3　需求层：需求获取、需求建模、需求模式

大服务需求工程是服务系统设计与开发中非常重要的环节。它主要包含大规模个性化用户需求的认知、理解、获取、建模、定义、需求分解，领域需求分析，需求模式挖掘，以及基于需求模式的重构与再定义等重要环节。在实际应用中，任一用户的个性化需求期望都可以被分解成为若干需求片段，这些片段都可以结合需求模式进行需求重组，最后通过需求模式和服务模式的匹配得到满足该个性化需求的大服务解决方案（如图 5-17 所示）。

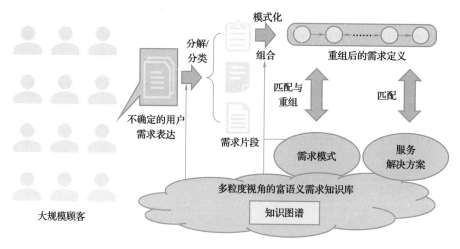

图 5-17　大服务需求工程示意

接下来，将会对图 5-17 中所包含的方法与技术进行简要介绍。

1. 需求建模

大服务需求建模需要将业务过程、用户意图、用户需求偏好等内容描绘清楚，从而从不同视图对需求偏好进行刻画，且服务需求需要在异构系统、异构场景、多组织、多领域做到互操作、可推理。为此，利用意图树建模用户的偏好，利用知识图谱注重需求的互操作和可推理性。

（1）基于意图树的大服务需求建模

意图模型是需求建模中的重要视图模型。意图树结构如图 5-18 所示。意图树节点包含了意图、优化目标和约束三部分，意图用来描述用户的功能需求，优化目标描述用户的偏好，约束表达用户的非功能需求和对满足需求服务的限制。意图树的边表示分解

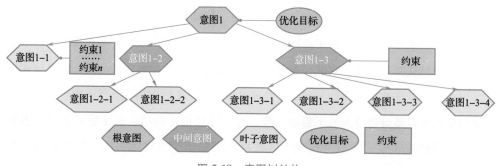

图 5-18　意图树结构

关系，即下层意图为上层意图的子意图。

（2）需求知识图谱构建方法

参照传统知识图谱的构建方法，需求知识图谱的构建过程中首先是为每一条用户需求构建一个相对应的需求本体，每个需求本体都是一个由实体和实体之间的关系构成的有向图数据结构，且包含了实体和关系的属性信息，如图 5-19 所示。

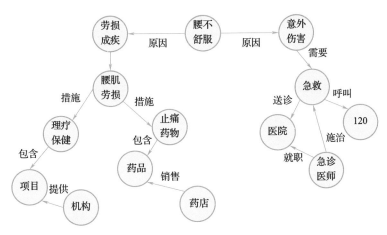

图 5-19　需求知识图谱示例

与经典的知识图谱不同的是，需求知识图谱需要能够表达出用户需求的偏好性，因此，需求知识图谱可以引入热度的概念，可以体现一个实体在用户需求中的偏好程度，也可以被用于需求模式的挖掘。

2. 需求模式与需求模式挖掘

当用户不断地提出新需求时，就会出现一些与过去需求相同或者相似的需求。随着相似需求数量的增加，就可以从这些相似需求中抽取出相同的部分形成需求模式。需求模式是有代表性、共性的模块化需求，在大服务系统设计与开发过程中，它们可以被重用于不同的用户需求的快速、高效构建。

它们通常需要对特定领域中的历史需求记录进行挖掘而获得。需求模式挖掘的研究首先将基于用户对各领域中服务的历史使用记录及需求调研文档进行数据挖掘工作，之后结合领域专家知识进行人工排查和确认。对意图树模型的挖掘主要在频繁子图挖掘方法的基础上进行扩展，将附着在意图上的约束进行聚类。对需求知识图谱的挖掘主要利用概率图模型挖掘元素之间的关联关系。同时，在挖掘中需要设置动态阈值，以满足将低频需求中的高概率事件也定义为需求模式。

3. 需求再定义

需求再定义本质是充分发挥需求模式的作用，将用户的不完整需求进行分解，然后利用需求模式将其补充成完整的用户需求声明，从而获取更优质的大服务解决方案。

需求再定义分为两个阶段。首先，利用基于意图树的需求模式重建用户需求，从而将用户需求分解为一组需求模式和一组不能用需求模式重建的额外部分，借助需求模式就可以快速地找到一组可以满足用户需求的服务。然后，对于剩下的不能用需求模式表达的部分意图，借助需求知识图谱进行需求概念的推理拓展，预测分析用户的潜在意图。通过在需求知识图谱中能够搜索到与意图树上下文相似的部分，再根据意图上下文与已有的用户意图节点之间的相对位置关系，从需求知识图谱中获得可选需求结果。

5.3.4 服务层：基于多层服务模式的服务组织与管理

大服务工程方法研究如何设计、开发和管理服务与服务系统，其目标是充分利用各组织各领域现有的服务，对其进行汇聚、互联，构造满足特定用户个性化需求的服务解决方案。大服务工程方法非常类似于传统软件复用的方法：针对特定顾客的个性化需求，在可复用的领域服务系统的基础上加以配置和调整，得到相应的服务系统。

大服务工程方法的框架（如图 5-20 所示）是自底向上的，包括服务设计与开发、服务标准化封装与发布、服务知识图谱、基于多层服务模式的服务组织与管理。其中，服务设计与开发、服务标准化封装与发布已于本讲 5.1.4 节介绍完毕，本小节将简要介绍其他内容。

1. 大服务知识图谱

大服务知识图谱用于支撑大服务平台对分散异构的外部服务的汇聚、存储和管理，以标准化的语义对来自不同领域的异构服务进行统一化语义认知，为后续的精准需求匹配和服务方案构造奠定基础。大服务知识图谱包含四个层次的内容。

1）领域知识图谱。 定义了特定领域的服务描述中所使用的通用概念及其之间的联系，由该领域的服务提供者所构造和使用。

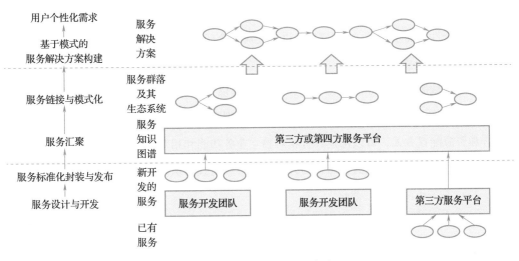

图 5-20　大服务工程方法框架

2）融合知识图谱。 将来自不同领域的领域知识图谱进行语义对齐之后所形成的整体知识图谱，相当于将多个领域的领域知识汇聚到一起形成的结果，这是知识图谱的核心部分。

3）服务描述知识图谱。 使用融合知识图谱中的概念对各服务的基本信息、接口功能特征、所属领域、服务提供者等信息进行标准化描述，遵循 OWL-S 规范。

4）服务关系知识图谱。 基于各服务的融合知识图谱，利用知识图谱的推理功能，构造服务关系知识图谱描述多个服务之间、多个功能特征之间、领域之间、服务提供者之间的各类显式和隐式关系。

服务知识图谱的核心作用是对发布在大服务平台上的服务和服务模式进行语义的一致化，用统一的概念和关系来描述服务和服务模式，生成服务描述知识图谱和服务关系知识图谱，从而支撑后续的服务链接和服务匹配过程。

2. 服务模式与服务模式挖掘和演化

（1）服务模式

汇聚到服务平台上的海量服务彼此协作起来满足特定需求的时候，往往存在固定的组合和搭配，称为"服务模式"。服务模式本质上表达了大服务系统运行过程中所积累的"先验知识"，代表着特定领域内或多领域之间的服务使用的隐式规律。服务模式可组织为多层次的结构，越往上层的服务模式的粒度和跨组织跨领域的程度越大，且越贴近用户的个性化需求场景。本书第 10 讲也会对这个问题展开详细讨论。

（2）服务模式挖掘

基于领域服务约束和服务知识，基于服务提供和使用历史的大数据，在服务知识图谱的支持下，辅以基于领域先验的模式构建原则和策略，提取领域中常用的共性服务组合和资源配置方式，可以构建具有相对独立业务功能和相对稳定关联的服务模式，采用聚类统计与频繁子图挖掘相结合的方法完成服务模式的识别。

（3）服务模式的持续演化

服务模式须根据用户需求变化不断演化和优化，以提升使用效率和优化效果。基于服务环境大数据，指导服务模式有针对性地演化。服务模式的演化分为两类：结构演化（分解、聚合、扩大、缩小、相同、相似、出现和消失）和性能演化（服务模式服务能力的变化，其判定可依据服务模式的评价模型获得）。服务模式的持续演化机制是"渐进学习"和"阶段增强"的。每次演化时，重点在于找到服务模式"稳定点"，即服务模式中部分关联的服务间能够保持强的关联稳定性。服务模式修改时，此部分服务能够保持稳定。服务模式的调整、扩充、缩减等操作将在"稳定点"保持不变的情况下进行。此部分可采用贝叶斯网络和概率图模型完成分析与挖掘工作，进而依据各种策略完成服务模式的演化。

5.3.5 中间层：基于双边模式匹配的服务方案构建

大服务系统涉及网络世界的软件服务和现实世界的商务服务，目标是面向大规模个性化顾客需求，在现实世界与虚拟空间之间实现跨组织跨网跨域跨世界的服务聚合，快速构建有针对性的最佳服务解决方案，为大服务参与各方创造价值。经大量实践证明，充分利用领域先验服务知识和大数据，挖掘需求间、服务间的关联关系，构建蕴含成功经验的大粒度需求模块（需求模式）和服务组合单元（服务模式），实现成功经验的有效复用，提升求解质量，有效降低搜索空间，是实现供需快准匹配的有效手段。

接下来，将会对基于双边模式的服务匹配机制与方法进行简要介绍。

1. 基于双边模式的服务匹配机制——关联矩阵

（1）　基于双边模式的关联矩阵

利用领域先验知识和历史使用记录，挖掘服务模式与需求模式间的固定搭配，可以构建基于供需双边模式的关联矩阵，为经需求重定义后的需求模式选择合适的服务模式，以支持匹配效率的提升。

关联矩阵涉及需求、服务、需求模式、服务模式以及匹配情境间的复杂关联关系，由于需求模式和服务模式中已经包含了需求和服务的关系，因此关联矩阵重点关注需求模式、服务模式和匹配情境组成的三维矩阵，如图 5-21 所示。

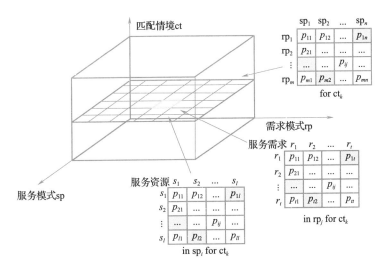

图 5-21　基于双边模式的关联矩阵

一个双边模式的偶对（即一个<需求模式，服务模式>对），在不同的匹配情境（时间、位置、顾客类别、优化目标倾向等）下，其可匹配的概率也是不同的。双边模式匹配概率（匹配度）计算所用数据主要为已有匹配方案中不同服务情境下服务模式对需求模式的满足程度和成功匹配次数。匹配情境元素可根据领域知识人工设定或者根据历史服务记录归纳挖掘。常用情境信息包括用户情境和环境情境两类。

此外，服务互联网始终处在动态变化中，双边模式的匹配度也随之动态变化，为了更准确刻画供需双边模式的匹配度，提高匹配度计算结果的时效性，将所有匹配关系数据按照时间划分为历史、当前和未来三个时间窗，分别考虑其对匹配概率的贡献程度。

（2）双边模式关联矩阵的构造与更新

构建双边模式关联矩阵的目标是要计算特定<需求模式，服务模式，匹配情境>数据对下的匹配度。由于记录下来的匹配情境众多且离散，在关联矩阵实际构造时需要先将匹配情境聚类，再计算匹配度。

由于大服务系统处于不断变化当中，且当历史数据中总方案数量很多时，更新代价较大，因此有必要动态调整更新频率，在更新效率与更新实时性间进行均衡。根据关联矩阵的特点，在关联矩阵更新时需要考虑新增加的<需求模式，服务模式>对以及双边模式使用情况的突变。另外，当<需求模式，服务模式>对在某情境下的匹配度降低到某一阈值时，该对在匹配中不予考虑，视为失效，但在关联矩阵中保留数据，随关联矩阵进行更新。

2. 基于双边模式的服务匹配方法

基于双边模式的服务匹配方法核心思想可概括为：①基于双边模式匹配，提升组合粒度，降维降空间；②用领域知识和约束指导算法优化；③优先追求满意解，快速收敛。首先，利用需求模式与服务模式，提升组合基本单元粒度，缩减解空间，降低搜索维度。基于关联匹配矩阵，将传统组合优化问题，转换为组合粒度更大、搜索空间更小的子图匹配问题，有效缩减搜索空间，提升效率。与此同时，服务模式与需求模式中蕴含的领域成功服务组合经验和局部优化结果，又有效保证了服务解决方案的优化程度。其次，充分利用大数据环境下的领域知识指导算法优化。考虑到服务领域特性和领域约束对问题求解的影响，在算法关键要素及优化策略的设计中以服务先验性、关联性、相似性为指导，基于数据挖掘、统计分析、贝叶斯推理、距离度量等理论方法给出服务领域重要特性的发现方法，可以优化算法求解效率和效果。

5.4 应用示例

针对本讲前面各节介绍的服务开发技术、服务系统体系结构、服务系统设计与开发范型，本节使用两个应用示例来展示这些技术与方法在实际中的具体应用。其中智慧医养融合服务系统案例侧重于大服务体系结构以及基于 RE2SEP 的服务系统设计与开发过程，云边协同救灾服务系统案例侧重于云原生服务开发技术。

5.4.1　智慧医养融合服务系统

目前，我国医疗健康和养老服务的资源结构不平衡、优质医疗健康与养老服务资源供给不足等问题较为普遍。同时，医疗、养老、社保、政府监管等部门间信息孤岛多、数据标准不统一、智能化服务协同程度低。特别是"医""养"服务体系分离、服务融合难弱，严重影响了医疗健康和养老服务的质量、效率和效益。

为了解决当前医养融合领域中存在的不足，将大服务引入医养融合服务，提出基于大服务的双边资源整合智慧医养服务创新发展模式（如图 5-22 所示），构建了以用户为中心，全流程、全周期的"互联网+医疗健康"和"互联网+养老"医养服务融合体系，以解决复杂、多元、分散服务资源整合难，基层服务资源有效利用率低等问题。

该模式一方面聚集来自海量客户的服务需求，另一方面聚集地理和逻辑上分散的诸多服务提供者所提供的服务资源，通过软件服务的 SaaS 化和物理资源/人工服务的虚拟化，利用 SaaS 服务流程将线上和线下的服务集成在一起。

基于上述医养服务创新发展模式，为了汇聚跨领域、跨组织的异构服务资源并进行服务资源弹性供给与高效配置，建立一种支持边缘计算、多协议转换、异构服务系统集成、服务 App 接入等的开放式智能平台架构，为构建以用户需求为导向，通过跨行业/跨领域/跨企业的资源聚合和数据驱动的全要素、全流程、全生命周期端到端集成的信息物理融合系统提供平台架构支撑。开放式智慧医养服务平台架构如图 5-23 所示。

开放式智能服务平台架构基于容器技术和微服务架构，实现了资源注册与发现、动态配置、服务跟踪/容错/调度/监控等，支持应用开发的敏捷迭代、快速部署与交付。开放式智能服务平台架构包括物联网感知与边缘计算、服务接入与管理、协同调度引擎、端/云业务协同、智能交互应用五个层次和面向数据、网络、系统、信息、内容等多层次的安全控制与运维治理体系，提供对开发者开放标准的 SDK 和 API 接口，支持第三方平台的接入和提供社会化商业应用、医疗健康与养老服务 App、物联网应用、共享服务应用等多种应用形式。

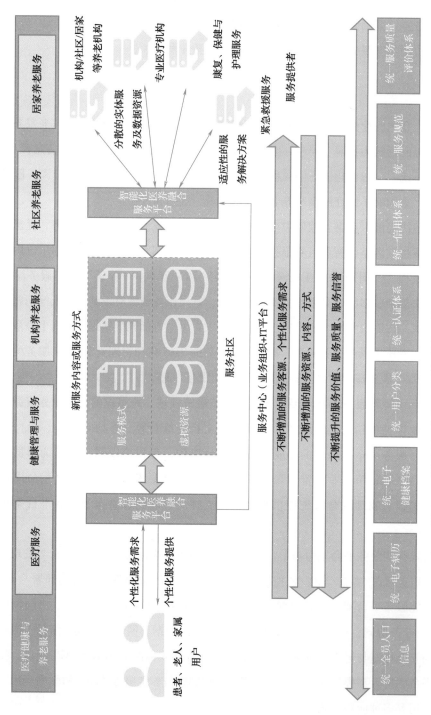

图5-22　基于大服务的双边资源整合智慧医养服务创新发展模式

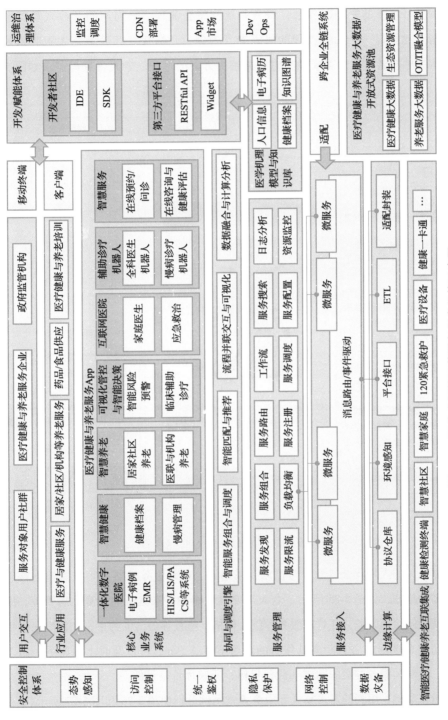

图 5-23 开放式智慧医养服务平台架构示意图

大服务环境下的智慧医养融合服务系统支持全流程、全周期的开放式智能医养融合服务。这里以一个无法自理的居家老人为例，介绍智慧医养融合大服务系统在运行过程中感知老人日常需求和交付服务解决方案的过程。老人背景与需求如图 5-24 所示。

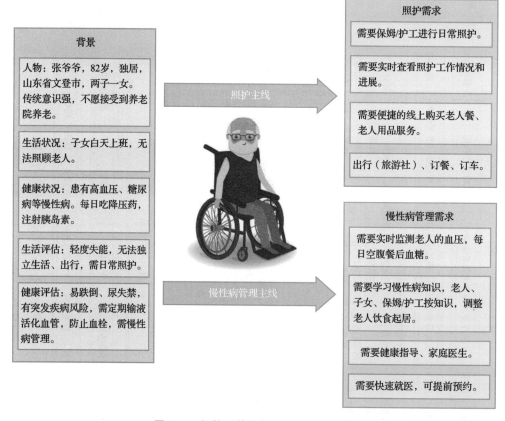

图 5-24　智慧医养融合老人需求的案例

根据老人的人物背景以及日常需求，采用人工或软服务机器人等方法建立基于意图树的需求模型，如图 5-25 所示。老人需要日常照护、家庭医生、慢性病管理、康复理疗、就医问诊等服务，并且对服务等级、价格、位置等提出了约束，如家庭医生年服务费不超过 6000 元，并且距离其住所的距离不超过 5km，可以及时上门服务。出于经济考虑，其对大服务方案的期望（优化目标）是整体价格最低。

针对该案例，用到的需求模式和服务模式示例分别如图 5-26 和图 5-27 所示。

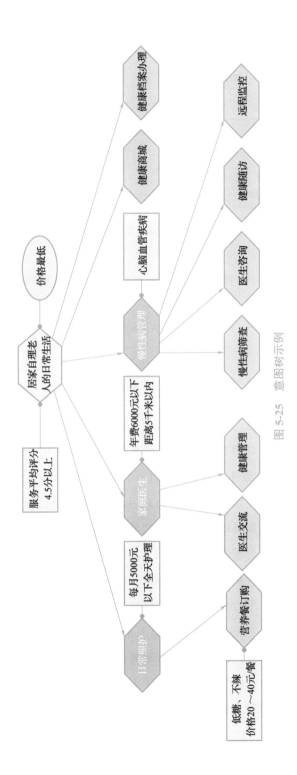

图 5-25　意图树示例

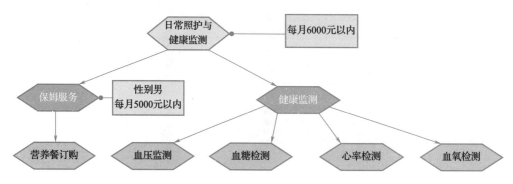

图 5-26　日常照护与健康监测需求模式示例

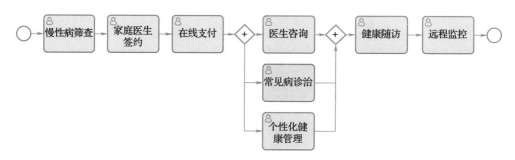

图 5-27　慢性病管理服务模式示例

　　针对案例中的需求，利用 5.3.5 节介绍的基于双边模式的服务匹配算法生成的服务方案如图 5-28 所示。在该服务方案中，任何一个服务提供都具有完整的执行流程，例如预约保姆，当第三方服务提供商接入平台之后，需要提供自己的业务流程，或者按照平台制定的业务流程进行服务的提供。除此之外，平台会记录下不同的用户在满足自身完整需求的时候的服务组合模式，例如，当老人预约保姆的护理服务时，平台将自动查询老人的过往护理记录，为护工提供咨询服务。护工在护理过程中发现老人的一些慢性病问题并提交平台之后，平台将自动按照当前护理情况为老人推荐下一步的服务。如老人如果近期身体出现了一些问题，平台可以根据问题的大小，结合专业医务人员的建议，提供健康指导咨询服务，或者上门理疗康复的服务，或者帮助老人预约挂号的服务等。总而言之，医养融合大服务平台在汇聚了大量服务的同时，也抽象出了各类服务选择、执行，以及不同服务组合的模式，可以按需进行动态匹配，以满足用户的个性化需求。

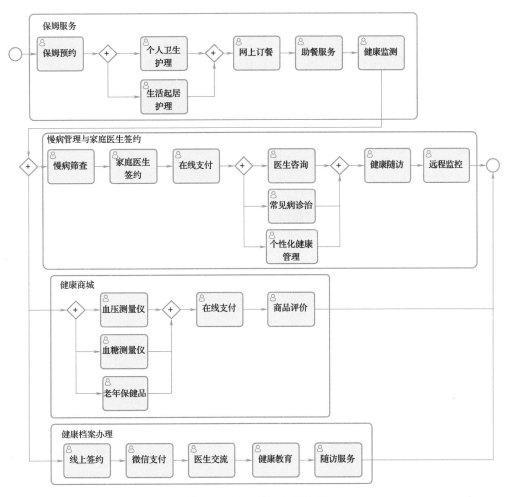

图 5-28　服务解决方案流程

5.4.2　云边协同救灾服务系统

该服务系统以救灾场景为背景，在云−边−端的运行环境下，对实际救灾场景中的部分功能进行了简化模拟，旨在为服务相关研究方向如服务部署、服务卸载、服务治理等提供实际可运行的微服务集合，以验证解决方案的可行性及性能等。同时该系统聚焦在服务类型上，同时提供数据库、深度学习算法、前端、流数据等处理等不同类型的服务，为实验场景提供了多种可能性。

如图 5-29 所示的服务系统模拟了云−边−端架构下救灾场景中的部分功能，在实际

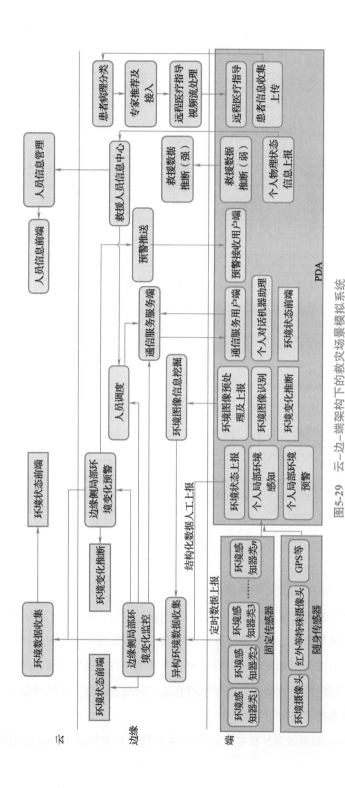

图5-29 云-边-端架构下的救灾场景模拟系统

场景的基础上进行简化。该模拟系统主要刻画了救灾场景中的边缘环境监测、救援人员调度、救援辅助 AI 算法、通知及消息通信等功能。在该场景中主要的参与对象包括：现场侧的各种不同传感器、不同区域内部不断移动的救援人员、救援人员随身携带的各种移动设备、不同区域的边缘侧的专家、边缘/云端的局部/全局指挥等。其中救援人员随身携带的设备具备相关传感器，能够定时感知环境数据、救援人员身体状态数据等，并定时上报。同时移动设备承载着一定的计算能力，负责处理简单的计算任务，如简单的环境图像识别任务。当计算任务过于复杂时则将任务转移到边缘服务器上执行以提高计算效率，进而实现了对云、边、端协同场景的模拟。此外，结合救援人员的移动能力，移动设备的位置也会实时变化，实现了云边端场景下的移动场景刻画。在数据处理方面，则以流数据处理为核心，构建了流数据上传、存储、云边端协同计算的流数据处理场景。

该模拟系统中的服务主要分为以下几类：

1）传感器类。例如风速、温度、湿度传感器等，负责从实际传感器或者数据文件中定时读取数据并上报数据。该类服务根据数据类型的不同可分为诸如视频、音频等的连续数据上报，以及定时触发的非连续型数据上报，根据数据类型的不同选用不同传输协议如 RTSP 等。

2）AI 类。例如环境图像信息挖掘等，该类服务主要包含若干神经网络模型，接收指定格式的数据作为输入，通过深度学习等技术对数据进行处理并将处理结果返回给服务调用方。该部分主要通过 PyTorch 实现，并通过统一的服务注册中心接入统一服务系统。

3）前端类。例如环境状态前端等，该类服务仅负责前端页面的显示及用户交互，遵循前端、业务逻辑、数据库分离的原则进行设计开发，主要使用 Java Spring Cloud 进行开发。

4）业务逻辑类。负责实现系统中的所有业务逻辑，主要使用 Java Spring Cloud 进行开发，负责结合前端、数据库中的信息处理各种不同的业务逻辑。

5）数据库类。负责存储系统中产生的关键数据，数据库以 MySQL 为主，以 Java Spring Cloud 为框架进行开发。

在运行环境方面，该模拟系统主要运行在云-边缘-端环境下，其中，端侧包括现场侧的各种传感器、工作人员的各种手持设备如 PDA、手机、笔记本式计算机等,传感器仅负责环境数据获取及上报,不承载计算任务;用于计算任务的 PDA、手机等在负责部分数据上报的同时,能够运行一些基础服务。边缘侧指一片区域内架设的基站、服务器等,负责管理该区域内所有的端侧设备,收集信息并上报给云端;一般情况下同时存在着多个边缘区域,各个区域之间可以相互连通。云端则是指传统的云服务器,负责多个边缘区域的信息汇总及协调。系统中的所有服务均以容器形式部署,允许同一服务按照具体的业务需求部署到云-边-端中的不同地方,云-边缘侧中的容器主要通过 Kubernetes 进行容器管理及编排,端侧中的容器则通过在设备中部署运行对应的代理服务实现对设备容器的管理。

在服务通信方面,边缘侧的服务之间通过统一的服务注册中心进行管理,各个服务具备不同的服务名称,在服务实例启动时,将实例的 IP、端口号、服务名称等关键信息注册到服务注册中心,各个服务之间通过服务名称进行相互调用,系统通过服务名称查询当前活动的对应服务实例,并结合具体的路由策略,选定服务实例并通过 IP、端口号及指定的 API 路径进行服务间的接口调用。在边-端侧通信方面,利用边缘侧服务器 IP 固定的特点,以端侧设备向对应功能服务器的主动注册为主建立通信连接及数据交换。在端侧通信方面,主要借助边缘侧服务器进行请求转发。在云-边通信方面,云端提供固定的 IP 地址以供边缘侧请求。

在服务部署运行方面,部分无状态服务诸如人员调度、环境图像信息挖掘等以算法为主,不需要依赖其他服务,该类服务能够按照资源需求、响应时间优化等不同的目标部署到云-边-端中的指定位置;其他服务则具备各自的依赖关系,如传感器类服务依赖具体的地理位置等,该类服务需要部署到云-边-端中的指定位置。尽管不能在云-边-端中自由部署,部分服务在满足自身依赖的情况下可以在同一侧的不同服务器上按需部署。

5.5 本讲小结

正如软件工程提供了一系列过程、方法和工具来支撑软件系统的分析、设计、研发和运维，面向复杂的社会化技术化服务系统，也需要有系统化的开发技术与运行基础设施，以支持将描述业务的服务需求与服务模型转化为在特定基础设施上运行的技术系统。本讲面对以互联网为载体的技术密集型现代服务系统，系统化地介绍了其基本构成要素（服务）的典型形态、开发技术、发布/组合/交互协议，以及将这些服务组合起来形成复杂系统所需遵循的典型体系结构，也包含了对服务系统运行的基础设施的介绍。特别地，还着重介绍了面向大服务体系结构的服务系统开发过程，称为面向双边模式匹配的服务系统开发范型 RE2SEP。最后，以两个应用示例简要呈现了这些技术、方法、过程在实际服务领域中的使用过程。

现代服务业是目前经济社会中最为活跃的产业，支撑现代服务业业务运作的各类服务系统是数字经济的主体。借助于云计算、物联网、大数据、人工智能、区块链等新一代信息技术，服务正在推动着各类传统产业转型升级，形成各种创新业态和创新服务方式。本讲介绍的这些开发技术将对这些新型服务系统的开发和运行提供基础支持。需要说明的是，服务计算领域也是非常活跃的学术领域，根据实践需求，越来越多的服务开发技术和运行基础设施也在不断涌现出来。本讲介绍的这些技术，在本书出版时可能未必是当时最新或最主流的技术，但其内在蕴含的技术思想是相通的，相信会给读者提供充分的技术营养。

拓展阅读

［1］徐晓飞，王忠杰. 服务工程与方法论［M］. 北京：清华大学出版社，2011.

［2］ERL T. Service-oriented architecture：analysis and design for services and microservices［M］. 2nd ed. Westminster：Pearson，2016.

［3］TITMUS M. Cloud native go：building reliable services in unreliable environments［M］. Sebastopol：O' Reilly Media，2021.

［4］BASHIR I. Mastering blockchain：a deep dive into distributed ledgers，consensus protocols，smart contracts，DApps，cryptocurrencies，Ethereum，and more［M］. Birmingham：Packt Publishing Ltd，2020.

参考文献

［1］NADAREISHVILI I，MITRA R，MCLARTY M，et al. Microservice architecture：aligning principles, practices, and culture[M]. Sebastopol: O' Reilly Media, 2016.

[2] KANG H, LE M, TAO S. Container and microservice driven design for cloud infrastructure devops [C]//Proceedings of 2016 IEEE International Conference on Cloud Engineering. Cambridge: IEEE, 2016: 202-211.

[3] GANNON D, BARGA R, SUNDARESAN N. Cloud-native applications[J]. IEEE Cloud Computing, 2017, 4(5): 16-21.

[4] BALDINI I, CASTRO P, CHANG K, et al. Serverless computing: current trends and open problems [J]. Research Advances in Cloud Computing, 2017: 1-20.

[5] BOOTH D, LIU C K. Web services description language(WSDL) version 2.0 part 0: primer[J]. W3C Recommendation, 2007(26): 39-41.

[6] BATTLE R, BENSON E. Bridging the semantic web and web 2.0 with representational state transfer (REST)[J]. Journal of Web Semantics, 2008, 6(1): 61-69.

[7] Smart Bear. OpenAPI specification version 3.0.3[S/OL]. [2022-09-27]. https://swagger.io/specification.

[8] CURBERA F, DUFTLER M, KHALAF R, et al. Unraveling the web services web: an introduction to SOAP, WSDL, and UDDI[J]. IEEE Internet Computing, 2002, 6(2): 86-93.

[9] SHENG Q Z, QIAO X, VASILAKOS A V, et al. Web services composition: a decade's overview [J]. Information Sciences, 2014, 280: 218-238.

[10] BENSLIMANE D, DUSTDAR S, SHETH A. Services mashups: the new generation of web applications[J]. IEEE Internet Computing, 2008, 12(5): 13-15.

[11] JORDAN D, EVDEMON J, ALVES A, et al. Web services business process execution language version 2.0[S]. United States: OASIS Standard, 2007.

[12] ROSING M V, WHITE S, CUMMINS F, et al. Business process model and notation-BPMN[S]. Bethesda: SciSpace, 2015: 429-453.

[13] BOX D, EHNEBUSKE D, KAKIVAYA G, et al. Simple object access protocol(SOAP) 1.1[S/OL]. [2022-09-27]. http://www.w3.org/TR/2000/NOTE-SOAP-20000508.

[14] SCHMIDT M T, HUTCHISON B, LAMBROS P, et al. The enterprise service bus: making service-oriented architecture real[J]. IBM Systems Journal, 2005, 44(4): 781-797.

[15] ERL T. Service-oriented architecture: concepts, technology, and design[M]. Upper Saddle Riv-

er：Prentice Hall，2005.

[16] ARSANJANI A, GHOSH S, ALLAM A, et al. SOMA：a method for developing service-oriented solutions[J]. IBM Systems Journal，2008，47(3)：377-396.

[17] 王忠杰，徐晓飞. 面向双边资源整合的服务创新模式[J]. 计算机集成制造系统，2009，15 (11)：1-10.

[18] XU X, SHENG Q Z, ZHANG L J, et al. From big data to big service[J]. Computer，2015，48 (7)：80-83.

[19] SHI H M, XU H C, XU X F, et al. How big service and internet of services drive business innovation and transformation[C]//Proceedings of the 34th International Conference on Advanced Information Systems Engineering(CAiSE 2022). Berlin：Springer，2022：517-532.

[20] BASHIR I. Mastering blockchain[M]. 3rd ed. Birmingham：Packt Publishing Ltd，2020.

[21] ZOU W, LO D, KOCHHAR P S, et al. Smart contract development：challenges and opportunities [J]. IEEE Transactions on Software Engineering，2021，47(10)：2084-2106.

[22] LI J, WANG J, XU H, et al. A modeling and engineering methodology for developing internet of services from scratch[C]// Proceedings of 2021 IEEE World Congress on Services(SERVICES). Cambridge：IEEE，2021：78-83.

[23] XU X, MOTTA G, TU Z, et al. A new paradigm of software service engineering in big data and big service era[J]. Computing，2018，100(4)：353-368.

第 6 讲
大数据服务

本讲概览

近年来，随着信息技术的快速发展和广泛应用，各种业务的数据通过不同的设备源源不断地产生、存储，形成规模（Volume）巨大、类型（Variety）多样、产生速度（Velocity）快、真实（Veracity）且具有价值（Value）的大数据。对这些具有意义的大数据进行专业化分析与处理，能够帮助公司企业改善业务逻辑，提高盈利，实现数据增值。为此，围绕大数据的一系列服务技术应运而生，统称大数据服务。大数据服务可以分为大数据平台服务与大数据业务服务。大数据业务服务是解决特定业务场景问题的定制化分析挖掘服务，而大数据平台服务则为大数据业务服务提供底层存储、计算和分析支撑服务。

大数据平台服务主要包括大数据分布式存储服务、并行计算服务和大数据算法分析服务等。大数据分布式存储服务就是将海量数据分散存储到多个存储服务器上，并将这些分散的存储资源构成一个虚拟的存储设备，形成物理上分散、逻辑上集成的分布式存储架构，能够有效支持大规模数据的存储，同时可以轻松扩展整个系统。大数据并行计算服务是指同时使用多种计算资源协同求解同一问题的服务过程。并行计算将被求解的问题分解成若干个部分，各部分由一个独立的处理器进行计算，是处理大规模数据的一种有效手段。大数据算法分析服务是指利用机器学习算法平台对大规模数据进行探索、分析，以发现数据之间的因果关系、内部联系和规律，从而提炼有价值的信息的过程。

大数据业务服务根据业务分析的场景不同，分为过程大数据服务、时空大数据服务、文本大数据服务以及视觉大数据服务等。过程大数据服务指的是基于服务过程建模数据，实现服务过程发现、改进、推荐等。时空大数据服务指的是对带有时间、空间属性的数据进行分析，提供查询、预测、推荐等服务。文本大数据服务与视觉大数据服务则是针对自然语言处理与计算机视觉两个业务领域的定制化服务，如机器翻译、目标追踪等。

本讲的组织架构如下：6.1 节中对大数据服务基本概念、应用与意义进行介绍；6.2 节介绍大数据平台服务；6.3 节介绍大数据业务服务；6.4 节对本讲进行总结。

6.1 ｜ 大数据服务的基本概念与应用

6.1.1　基本概念

大数据是指规模大到在获取、存储、管理、分析方面远超传统数据库软件工具能力范围的数据集合[1]，其具有数据量大、数据种类多、数据价值密度低以及数据产生和处理速度快四大特征。

一个完整的服务系统是由人、技术、其他内外部服务体系以及共享信息（如语言、过程、度量、价格、政策及法律）配置而成的价值共创系统。大数据服务是指依托大数据及人工智能技术对数据资源进行分析和管理的服务，包含平台和业务两个层面。

大数据平台服务主要指大数据架构能够从软件工程角度提升服务应用的能力。构建一个有效支撑大数据服务应用的平台，需要考虑大数据平台架构、大数据建模与存储管理、大数据分析处理以及大数据应用等关键技术。

大数据业务服务指业务服务的整合和管理，涉及基于大数据分析的业务服务优化等内容。业务服务优化能够帮助企业或相关部门制定更好的决策和业务举措，其实现流程：首先获取海量且具有多样性的数据以创建针对行业领域的预测分析模型，然后标记、保护、跟踪、分析所有数据，最后返回预测信息和决策建议。

6.1.2　大数据服务的应用与意义

随着国内外大数据相关产业体系日渐完善，大数据服务与各行各业的融合应用逐步深入，颠覆了传统行业的管理和运营思维，加速了企业的数字化转型，推动了国家数字经济与实体经济的深度融合。具体应用实例列举如下。

1. 基于大数据的医学影像分析服务实现高效医疗诊断

医学领域信息化的迅速发展使得医学影像数据越来越丰富。传统医学影像数据依赖于医师进行人工分析，不仅工作量巨大，而且误诊率高，很可能导致患者错过最佳治疗时间。大型影像诊断设备结合大数据分析技术可以提高医疗诊断效率，同时还能对诊疗信息进行更精准的研究，提供更准确的诊断报告，助力精准医疗，促进影像组学的发展。

2. 基于大数据的出行服务需求量预测优化交通服务资源

在智能出行领域，服务需求量是制定服务计划的一个重要参考因素。基于服务需求量的历史数据，预测未来一段时间的出行需求，可以帮助决策者衡量交通服务压力，安排适量的交通服务资源，保证服务质量的同时避免资源浪费。如根据地铁客流量安排地铁班次与站点管理人员，根据车辆出行量预估道路拥堵情况并进行交通信号调度等。

3. 基于大数据的客服服务质检实现高效服务管理

随着新经济的发展，企业对"客户体验"的要求不断提升，传统客服质检的人工抽查方式已然无法满足需求。而基于大数据的客服服务质检，能够利用计算机对所有服务日志、服务对话、服务工单以及服务过程等结构与非结构化内容进行检查，使其按照规则自动完成质检任务，增强客服质检的深度、广度和力度。质检人员仅须查看少量问题会话即可完成复检，从而大大提高工作效率和服务质量，降低了人工成本。

6.2 | 大数据平台服务

大数据平台服务主要是各种支撑服务，为上层业务应用提供各种服务调用的接口，包括分布式存储、并行计算和大数据算法分析等一系列服务。其中，分布式存储服务是基础，并行计算服务是核心，大数据算法分析服务是关键。大数据体量巨大，单台服务器的存储与处理能力有限，首先需要高效的分布式存储服务将大数据分散存储在多台独立的设备上；然后需要并行计算服务将应用分解为多个微服务后再分配到多台设备上进行处理，以节约整体计算时间，提高计算效率；最后需要大数据算法分析服务对并行计算结果进一步分析，挖掘数据价值，为用户提供指导性建议，从而实现高质、高效的决策。接下来将详细介绍分布式存储、并行计算和大数据算法分析服务技术。

6.2.1 大数据分布式存储服务

集中式存储服务将数据全部存储在一个本地服务器内。随着物联网、5G、人工智能技术的发展，各类数据呈爆炸式增长，集中式存储服务的性能已无法满足大规模数据的存储应用需求，因而大数据分布式存储服务应运而生。

简单而言，大数据分布式存储服务就是将海量数据分散存储到多个存储服务器上，并将这些分散的存储资源构成一个虚拟的存储设备，实际上数据分散地存储在各个角落。分布式存储服务根据存储节点之间的关系将分布式存储架构主要分为主备架构和对等架构。主备架构中，主节点提供数据的查询和更新服务；备节点获取更新消息，在主节点正常服务期间不对外提供服务。但当主节点不可用时，备节点顶替主节点提供服务。对等架构中，每个节点是平等的，都保存了数据的元信息以及数据，都提供数据的查询与更新服务。主流的大数据分布式存储服务包括分布式文件存储服务（如 HDFS、GFS、Ceph、GridFS、Lustre、mogileFS、TFS、FastDFS 等）和分布式数据库服务（如 Hbase、MongoDB、OceanBase、polarDB、Aurora 等）。

首先列举使用较为广泛的分布式存储服务框架 HDFS[2]。HDFS（Hadoop Distributed File System）是一种典型的主备架构，可看作 GFS 的开源实现。它为 Hadoop 分布式计算系统提供数据存储与管理服务，同时提供副本进行容错及可靠性保证。

HDFS 的架构如图 6-1 所示，由 Client、NameNode、DataNode 三种组件构成。NameNode 是中心服务器，负责管理文件系统的名字空间以及客户端对文件的访问，确定数据块到具体 DataNode 节点的映射。在 NameNode 节点出错后，由 Secondary NameNode 备用节点顶替。DataNode 负责处理文件系统客户端的读写请求，在 NameNode 的统一调度下进行数据块的创建、删除和复制。

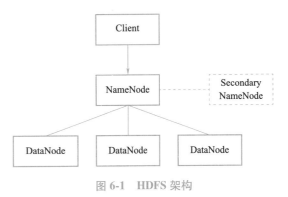

图 6-1 HDFS 架构

分布式数据库服务以分布式文件存储做基础存储。下面介绍较为常用的分布式数据库服务 MongoDB[3]。

MongoDB 是一个无模式的文档型数据库，是最像关系数据库的非关系数据库。它支持的数据结构非常松散，是一种类似于 JSON 的 BSON 格式，可以存储比较复杂的数据类型[4]。MongoDB 的逻辑结构是一种层次结构。如图 6-2 所示，MongoDB 主要由文档、集合、数据库三部分组成。文档相当于关系数据库中的一行记录。多个文档组成一个集合，相当于关系数据库的表。多个集合逻辑上组织在一起形成数据库。

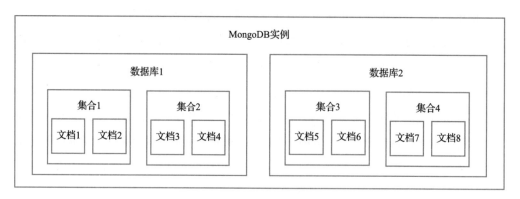

图 6-2　MongoDB 架构

6.2.2　大数据并行计算服务

随着科学技术的发展，现实中许多应用领域问题（如医疗成像、虚拟现实、基因解码等）不断增大的规模、对计算能力越来越高的要求，驱动了并行计算的发展。大数据并行计算服务是指同时使用多种计算资源协同求解同一问题的服务过程。并行计算将被求解的问题分解成若干个部分，各部分由一个独立的处理器进行计算，是提高计算机系统计算速度和处理能力的一种有效手段。根据数据时效性、数据特征、应用场景和运行方式的不同，大数据并行计算服务主要分为批量大数据计算服务和流式大数据计算服务。批量大数据计算是一种批量、高时延的计算，实时性要求不高；而流式大数据计算是一种低时延的计算，实时性要求很高。接下来将具体介绍这两种计算服务。

1. 批量大数据计算服务

批量计算是对存储的静态数据进行大规模并行批量处理的计算。批量大数据计算服务框架中较为流行的是 MapReduce[5] 和 Spark[6]。

MapReduce 的核心思想是"分而治之，先分后合"，其先将复杂的任务分解为若干个子任务，再进行并行处理，最后将各个子任务处理之后的结果合并输出。MapReduce的输入数据首先被划分成多个分片，而后主要经过 Map、Shuffle 和 Reduce 过程的处理。Map 过程处理分片中的每条记录，将数据转换为 key-value 形式。Shuffle 过程对 Map 的输出进行一定的排序与分割，使得 Reduce 可以并行处理 Map 的结果。Reduce 过程做聚合运算，将具有相同 key 值的 value 进行处理后再输出新的键值对作为最终结果。

MapReduce 计算框架具有易于编程、可扩展和灵活等优点，但是框架中的 Shuffle 操作网络传输开销较大。对于迭代计算任务，整个计算过程会不断重复地从（向）分布式存储系统中读（写）中间结果，极其耗时。Spark 的出现弥补了 MapReduce 框架的这一不足。

与 MapReduce 的设计思路类似，Spark 对批量大数据的计算也分为 Map 和 Reduce 两类任务。但与 MapReduce 不同的是，一个 Spark 任务并不止包含一个 Map 和一个 Reduce，而是由一系列的 Map 和 Reduce 任务构成。如此便将并行计算的中间结果高效地传输到下一个计算步骤中，极大地提高了迭代计算任务的性能。

2. 流式大数据计算服务

流数据是指在时间分布和数量上无限的一系列动态数据集合体。流式计算就是对流数据进行处理，属于实时计算。相较于静态大数据，流式大数据生成速度更快、种类和来源更加多样化，因此它更能诠释大数据的 5V 特性，这也对流式大数据计算服务提出了更高的要求。典型的流式大数据计算服务框架有 Apache Storm[7]、Apache Flink[8] 等。

相对于批量大数据计算系统，Storm 是一个实时的，具备高可靠性、高扩展性、高容错性的计算系统。Storm 采用主从架构模式，主节点为 nimbus，从节点为 supervisor，有关调度的信息存储在 zookeeper 集群中。nimbus 启动后，首先与 zookeeper 集群进行通信，将要发布给 worker 的任务上传到 zookeeper 集群中；然后 zookeeper 与 supervisor 进行通信，通知 supervisor 开启 worker 进程；进程开启后，supervisor 从 zookeeper 中读取要执行的任务并进行计算。Storm 提供三种不同层次的消息保证机制，主要的数据处理保证是 "at least once" 语义——即在发生各种故障时，事件会被重复处理至少一次。

Flink 是由 Apache 开发的面向分布式数据流处理和批量数据处理的开源计算平台，它完全支持流处理，即作为流处理看待时输入数据流是无界的。批处理被视为一种特殊的流处理，它的输入数据流被定义为有界的。Flink 具有高吞吐、低延迟、高性能的特性，并支持 "exactly-once" 语义——即在发生故障时，流应用程序的所有算子会保证事件被精确地处理一次。Flink 包含主进程 JobManager、资源处理单元 ResourceManager、worker 进程 TaskManager 和 Dispatcher 四个组件。Flink 在接收到任务后，首先，Dispatcher 启动一个 JobManager 并将任务交给它；然后，JobManager 向 ResourceManager 申请必需的计算资源（即 TaskManager），TaskManager 启动后，JobManager 将任务分配给 TaskManager；最后，TaskManager 执行任务并返回结果。

6.2.3 大数据算法分析服务

大数据算法分析服务是指利用机器学习算法平台对大规模数据进行探索、分析，以发现数据之间的因果关系、内部联系和规律，从而提炼有价值的信息的过程。常用的大数据算法分析服务框架包括 Spark 的 MLlib[9]、TensorFlow[10] 以及 PyTorch[11] 等。

MLlib 是由 Spark 平台提供的机器学习算法库，由一些通用的学习算法（包括分类、回归、聚类、协同过滤算法等）和工具组成。MLlib 可以向用户提供底层优化的原语以及可直接调用的高层管道 API，其中管道是指数据处理的工作流程。MLlib 将机器学习算法的 API 标准化，从而使得多个算法组合成单个管道或工作流的过程变得更加容易。尽管 MLlib 在提供大数据分析服务时具有更低的 I/O 和 CPU 消耗、更高的通信效率以及更强的分析性能，但在分析复杂数据时，MLlib 需要结合多个模型来进行综合计算，因此数据会被处理多次，导致分析任务效率低下，甚至无法解决问题。

TensorFlow 是由 Google 开源的端到端机器学习平台，采用了符号式编程。TensorFlow 中，Tensor 为张量，代表着多维数组；Flow 为流，即采用数据流图来计算。TensorFlow 不仅支持深度学习，还支持强化学习和其他算法等。它具有跨平台性，并且计算效率较高，用户可以轻松地在 CPU 或 GPU 上部署 TensorFlow 并高效地完成分布式计算。但是 TensorFlow 构造的图是静态图，所以改变计算逻辑时较为麻烦。并且由于 TensorFlow 是符号式编程，须先定义好计算流程，较其他大数据分析服务框架相比，实现较为复杂。

PyTorch 是由 Facebook 开源的包含 GPU 加速的神经网络框架，采用了命令式编程，是基于 Torch 的 Python 版本。Torch 是对多维矩阵数据进行操作的张量库，在机器学习中有着非常广泛的应用。PyTorch 是深度学习领域最受欢迎的框架之一，相较于 TensorFlow，PyTorch 更简洁易用，并且其支持图动态计算，内存使用更高效，在需要更改计算逻辑或处理输入输出时更加灵活方便。但 PyTorch 是命令式编程，相较于 TensorFlow 框架效率较低。

6.3 | 大数据业务服务

本节主要介绍大数据业务服务的相关内容，大数据业务服务指的是针对实际业务问题，以提高服务效率、改善应用效能、提高服务结果准确性为目标，专门定制提供的技术服务。企业将大数据业务服务部署在后端服务器中，从而为用户提供特定业务服务。大数据业务服务具有数据量大、数据来源丰富、业务需求导向等特点。大数据业务服务的有效开展，可以有效提升用户服务体验。大数据业务服务可以结合面向服务的架构（Service-Oriented Architecture，SOA）等技术来实现。

本节将介绍以下四类大数据业务服务：过程大数据服务、时空大数据服务、文本大数据服务以及视觉大数据服务。其中，过程大数据服务主要涉及过程大数据的发现、改进、推荐；时空大数据服务包括时空数据查询优化、时空预测与推断以及时空行为分析；文本大数据服务包含知识图谱、机器翻译、文本生成、对话交互系统等服务；视觉大数据服务包括目标识别、检测与跟踪、视觉数据生成与合成，以及视觉大数据处理与分析等服务。这些服务在现实世界中具有巨大的应用价值。

6.3.1 过程大数据服务

过程大数据指各类企业、组织和机构在生产、运营过程中产生的海量过程数据。过程大数据按照过程的连续性可以分为离散过程大数据和连续过程大数据两类。比如制造企业中的零部件制造过程为离散过程；工业聚丙烯的生产过程为连续过程。使用 Petri 网等工具对过程大数据进行建模，得到图形化的过程模型，可以服务于生产、运营过程的决策和优化，对于企业和机构意义重大。

现代企业普遍拥有成百上千的过程模型。例如，中国北车股份有限公司由 20 多个子公司重组而成，重组后公司共拥有 20 多万个过程模型。虽然企业积累了大量的过程数据，但是这些过程大数据并没有得到很好的挖掘、分析和利用。对此，本小节将介绍过程发现、过程改进、过程推荐这三个技术，如图 6-3 所示，旨在从过程大数据中提取出有用的信息，以帮助组织更好地理解和改进其过程。

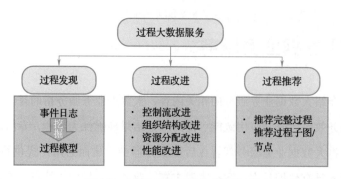

图 6-3　过程大数据服务主要内容

1. 过程发现

过程发现是指在缺乏先验知识的背景下，从记录过程执行情况的事件日志中挖掘、重构过程模型[12]。过程发现技术能将事件日志中的过程信息提取出来，以直观易懂的方式呈现给用户，帮助企业与机构分析和优化现有过程模型，提高管理者的决策和执行能力。

20 世纪 90 年代后期，Cook 和 Wolf 针对软件工程过程场景，通过软件过程执行中产生的事件流来推断过程行为的形式化模型，采用神经网络、纯算术和马尔可夫三种方法来进行软件过程建模[13]。然而，这三种方法仅考虑了顺序结构，无法适用于并发结构。1998 年，学术界在过程发现领域有两个重要突破：一是从事件日志中发现符合过程图（Conformal Process Graph）的方法，该方法的优势在于可以分析和发现任务节点之间的因果关系，但是该方法在处理并发时有问题；二是提出了一种添加概率元素的改进 Biermann-Feldmann 方法，通过构建有限状态机，从事件日志中发现业务过程模型，该方法的优势在于在原有基础上添加了概率元素，但是基于此方法的过程模型依然只适用于顺序过程。此外，早期学术界还提出过使用图生成技术等方法来发现过程模型。

总之，传统过程发现方法大多针对顺序过程，难以处理并发结构，此问题直到 2004 年 α 算法的提出才得到很好的解决。α 算法是针对并发过程提出的，但是其本身也有很大的局限性，比如逻辑问题及由噪声、异常和不完备性引发的问题。对此，学术界提出很多关于控制流挖掘的方法，如启发式挖掘、基于区域的挖掘、遗传过程挖掘、模糊挖掘、增量式挖掘和整数线性规划（Integer Linear Programming，ILP）挖掘等。但是诸如此类的过程挖掘方法很难在算法效率、挖掘结果拟合度、精确度和简洁度等多个维度上达到平衡。例如，启发式挖掘把发生次数很少的事件当作噪声来进行处理，这样导致生成日志的拟合度不高；遗传过程挖掘处理优质种群的准备工作难、时间复杂度高，对于大型日志数据的分析和挖掘很难在一定时间内达到收敛。

现有的大多数过程发现方法建立在产生事件日志的过程模型是稳态这一基础假设之上，然而实际情况要比假设复杂得多，比如政策变化、市场竞争格局改变、突发情况等各种原因会导致过程模型结构被动态调整，即所谓的概念漂移现象。如果直接使用传统的过程发现方法来分析和挖掘出现概念漂移的事件日志，过程模型会因为无法反映模型在不同时间段的动态调整而存在大量的问题。此外，由于混杂了概念漂移前后多个过程模型的行为，过程发现的结果将会更加复杂且难以理解。因此，概念漂移给过程发现带来了诸多挑战，也是今后研究和应用的重要攻克方向。

2. 过程改进

通过过程改进来实现精细化、智能化管理是现代组织采用的必要手段。一般可以运用过程挖掘方法从过程模型的多个维度来发现过程执行与目标的偏差、组织间的低效合作、过程资源分配不合理、过程瓶颈等问题，从而改进过程模型[14]。这里从过程模型中的控制流、组织结构、资源和性能四个维度介绍过程改进方法。

基于控制流维度的过程改进的主要方法是过程一致性检查（Conformance Check），即将过程发现得到的过程模型与原始设计的过程模型进行比较，针对比较中识别出来的问题对过程模型进行改进。此外，基于控制流分析的过程改进方法还包括消除过程模型中的冗余循环结构、最大化过程模型中节点间的并行执行、调整关键活动的位置、调整决策点的位置等方法。

基于组织结构的过程改进是通过发现过程中各方角色间的关系、组织间的合作方式等对组织结构进行改进。基于组织结构的过程改进方法主要有社交网络分析法，通过在过程模型中构建社交网络，分析角色、组织间的协作方式，提升资源间的合作效率，进而提高过程的执行效率。另一种基于组织结构的过程改进方法是通过优化组织和资源间的合作关系来改进组织结构，以适应服务需求，促进资源之间的协作。此外，现代组织的发展超越了传统组织在用户、服务等多个方面的边界和定义，需要跨组织相互配合、协同工作来完成。在此背景下，学者们研究跨组织过程挖掘在过程改进中的应用，进而优化业务过程。

基于资源维度的过程改进找出过程中资源分配低下的环节、问题和原因，针对这些环节和问题，找出相应的优化办法，进而提升资源分配和使用效率。基于资源维度的过程改进方法常用的算法主要有关联规则挖掘等方法，从事件日志中挖掘资源分配的规则，根据挖掘出来的分配规则对过程的运行实例实现资源的自动分配和优化，进而提高资源的分配效率。

基于性能维度的过程改进通过比对分析评价过程性能的主要指标如运行成本、运行时间等，找出过程执行中性能指标方面存在的花费高、效率低等瓶颈环节，通过针对瓶颈环节的性能优化提升来提高实现过程改进。瓶颈环节较长的执行时间或较高的执行费用会影响过程的整体执行时间和费用，识别并优化或者消除瓶颈环节能提升过程的执行性能和效率。

现有的利用控制流、组织结构、资源和性能四个维度的过程挖掘技术大多采用离线方式，即从过程模型、事件日志中挖掘过程知识，进而改进过程模型。大数据时代的企业拥有海量信息，为更好地适应市场和客户需求的瞬息万变，企业需要从海量结构化和非结构化数据中挖掘过程知识，实时改进过程模型。但是过程数据的质量、过程挖掘算法效率以及计算能力等都制约着企业实时过程改进的实施和效果。因此改善过程数据质量、提高过程挖掘算法的效率、提升计算能力，是实时改进过程的挑战，也是大数据时代企业面临的机遇。

3. 过程推荐

过程推荐是过程建模中的一个辅助环节和手段。过程模型将各个活动根据实际运行情况按顺序、选择、并行、循环等特定关系执行，从而达到特定的过程建模目标。过程建模要求建模人员熟悉各个任务节点的复杂关系和执行过程外，还要求他们具备丰富的领域知识，因此，过程建模耗时、复杂且易出错，需要过程推荐技术来帮助建模人员提高工作效率和准确率。

过程推荐通过比对分析当前过程建模片段与过程库中各个过程模型之间的相似度，提取相似度最大的候选过程模型、片段或节点，将其推荐给建模人员，帮助其对当前片段的后续部分进行建模。

尽管过程推荐方法已被实际采纳和运用，但是作为学术研究，过程推荐仍然是一个新兴的领域。当前流行的过程推荐方法主要有两类[15]：①推荐全过程模型，即通过参考相似的全过程模型，完成当前建模片段的后续建模；②推荐过程子图或节点，作为当前建模片段的后续部分。

推荐全过程模型的代表方法有：Dijkman 等人[16] 提出了三种过程模型间的相似度衡量标准，即语义相似度、结构相似度和行为相似度，基于上述相似度衡量标准可以在过程模型库中找出与当前建模过程最相似的过程模型。Bobek 等人[17] 提出的一种基于贝叶斯网络和可配置模型的业务过程推荐方法，实验结果也表明所提方法可以帮助过程模型的创建节省更多时间且降低错误率。

推荐过程子图或节点的代表方法主要有：Born 等人[18] 基于过程子图上下文分析、预处理和后处理进行过程推荐；Zhang 等人[19] 基于现有过程模型中活动节点间的关系来推荐当前建模片段的后续节点，但该方法只能提取因果关系，不能提取并行、循环等复杂关系。浙江大学计算机学院 CCNT 实验室在过程推荐方面积累了不少研究成果[15]，所提出的过程推荐方法的主要思路是提取过程模型库中所有的过程活动之间的关系，并基于一定的相似度衡量标准为建模片段推荐最合适的后续节点，如基于图编辑距离的相似度衡量标准、基于字符串编辑距离的相似度衡量标准、通过衡量过程片段间最大公共子图的相似度衡量标准等。

总之，大多数现有过程推荐方法是基于图挖掘等技术，通过挖掘分析建模片段及附近的邻居节点或片段进行推荐的。因此，过程模型间相似度计算大多需要计算基于图结构的相似度，这种计算复杂度高且效率低下，很难实现实时过程推荐。此外，在过程建模中，复杂过程模型之间的相识度计算效率低而且它们之间存在的相似性很难体现。这样导致针对复杂结构的过程推荐准确率较低。因此，实时性和精准性是过程推荐面临的两大挑战，也是未来过程推荐领域主要的突破方向。

6.3.2　时空大数据服务

时空大数据服务可以基于顾客或服务提供者处获得的数据，以支持高效和定制的服务，例如基于顾客的 GPS 位置提供打车服务或兴趣点推荐服务。时空大数据服务在城市规划、环境治理、选址规划等方面发挥了重要作用。时空大数据指的是具有时间和空间属性的大规模海量数据，这些数据具有明显的时空特性，包括在时间属性上的邻近性、周期性和趋势性等，以及在空间属性上的距离远近、空间层次性等。按照时空动态与数据类型，可以将时空大数据分为时空静态点数据、空间静态时间动态点数据、时空动态点数据、时空静态网数据、空间静态时间动态网数据以及时空动态网数据[20]，如图 6-4 所示。

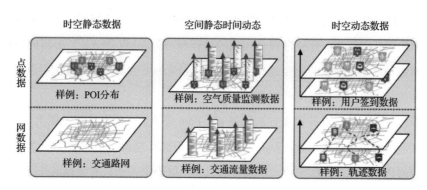

图 6-4　时空大数据分类

其中时空静态的点数据是指空间信息及自身属性相对固定的实体，例如车站或宾馆，它们的位置是不变的；宾馆的属性也是固定的，所以它既是时空静态数据，也是点数据。传感器则属于典型的空间静态时间动态数据的点数据，如果一个空气质量监测站点建在一个地方，建好后它的位置是不变的，但它的读数却每个小时都在变化。时空动态点数据指的是时间和空间一直发生变化的实体，例如有用户向滴滴发送打车请求时，可能 10:00 时存在某个用户发起请求，10:20 时又有其他用户在不同位置发起打车请求，这构成了时空动态点数据。除此之外，这三类时空属性的点数据还有对应的网络数据。路网其实是一个静态结构，路一旦修好，它的结构是不变的，它属于空间静态时间静态的网络结构。如果基于路网叠加交通流量，则会形成一个空间静态时间动态的网络结构。物体随时间发生连续运动所形成的轨迹是一种常见的时空动态网数据。

近几年，工业界和学术界致力于开发和应用新兴的计算技术来分析海量、高维的时空数据，挖掘时空数据中有价值的信息，为政府管理、城市规划、民生改善等实际应用提供高效服务。针对时空大数据的服务可分为三类，分别为时空数据查询优化、时空数据预测与推断以及时空行为分析，它们之间的关系如图 6-5 所示。

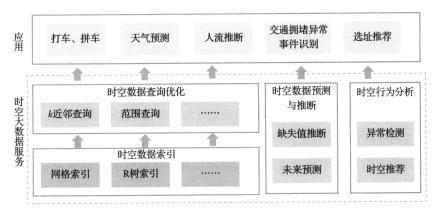

图 6-5　时空大数据服务框架图

1. 时空数据查询优化

常见的面向时空数据的查询优化服务包括范围查询服务、k 近邻查询服务等。范围查询指的是检索给定空间范围（通常为矩形或圆形）内的所有对象，如图 6-6a 所示。图 6-6a 表示两次不同的范围查询，其中 Q1 检索矩形内的所有实体，Q2 检索圆圈内的所有实体。范围查询服务能够优化我们日常生活中许多应用，例如在拼车场景中，当用户发起打车请求时，系统不需要将订单通知全部出租车，只需要查找以用户为中心一定范围内的出租车并通知即可。

k 近邻查询服务指的是给定目标实体，检索离目标实体最近的 k 个对象（$k \geqslant 1$）。假设 $k = 3$，图 6-6b 展示了 k 近邻查询的示例，与灰色点相连的三个实体表示对灰色点进行 k 近邻查询的结果，与黑色点相连的三个实体表示对黑色点进行 k 近邻查询的结

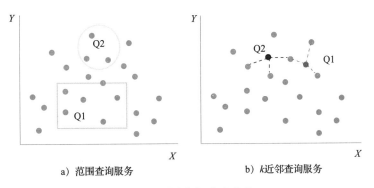

a）范围查询服务　　　　　b）k 近邻查询服务

图 6-6　时空数据查询优化

果。在我们的日常生活中存在许多 k 近邻查询的应用，例如在大众点评中寻找距离自己最近的 k 家餐厅时就需要使用该服务。

为了实现这些查询优化服务，还需要实现高效的时空数据存储机制，为时空数据建立合适的索引结构。目前常用的索引结构包括网格索引、R 树等。

网格索引结构是将地理空间用横竖线条划分为大小相等或不等的网格，记录每一个网格所包含的空间实体（对象）。当用户进行空间查询时，首先计算出用户查询对象所在网格，然后在该网格中快速查询所选空间实体，这样就大大地加速了查询速度。图 6-7a 展示了网格索引的简单例子，图中将空间分成 3×3 的网格，散点代表要查询的空间实体。网格索引是空间索引中简单、直观、适用的一种索引方式，但其缺点是如果存在数据倾斜问题，则可能导致每个网格中的数据量不平衡，对索引速度产生影响。如图 6-7b 所示，在 5 号网格中存在大量空间实体，导致对该网格内的实体进行查询时效率变低。因此，有学者提出动态网格的索引方式，对密度较高的网格进行再次划分，如图 6-7c 所示，将图 6-7b 中的 5 号网格继续拆分成更小的 3×3 网格。

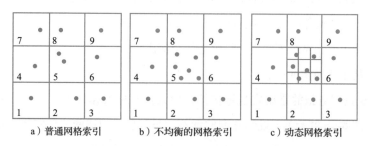

a）普通网格索引 　　b）不均衡的网格索引 　　c）动态网格索引

图 6-7　网格索引示例

R 树索引运用了空间分割的理念，采用了一种称为最小边界矩形 MBR（Minimal Bounding Rectangle）的方法，从叶节点开始用矩形（Rectangle）将空间实体框起来，节点越往上，框住的空间就越大，以此对空间进行分割。如图 6-8a 所示，首先用一个最小边界矩形 R3 框住数据形成的不规则区域，其他实线的矩形如 R4、R5、R6 等都是同样的思想。因此，一共得到了五个最基本的最小边界矩形，这些矩形都将被存储在 R 树的叶节点中。下一步操作就是进行高一层次的处理。我们发现 R3、R5、R6 三个矩形距离最为靠近，因此就可以用一个更大的矩形 R1 框住这 3 个矩形。同样道理，R4 和 R7 被 R2 框住。所有最基本的最小边界矩形被框入更大的矩形中之后，再次迭代，用更大的矩形去框住这些矩形，直到划分到只剩下两个最大的矩形为止，在图 6-8a 例子中不需要继续迭代。最后形成的 R 树索引结构如图 6-8b 所示。

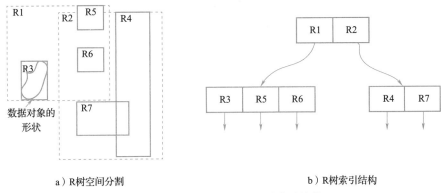

a）R树空间分割　　　　　　　　　　　　b）R树索引结构

图 6-8　R 树空间分割与 R 树索引结构

2. 时空数据预测与推断

时空预测与推断是指基于收集到的历史时空数据，进行两种类型的分析服务。一是未来预测，即基于已收集的历史数据预测未来的可能结果；二是细粒度/缺失值推断，即收集到的历史数据可能无法覆盖整体区域或者存在缺失值，则需要基于稀疏采集的数据推断细粒度的数据分布或缺失值。时空预测与推断在我们的日常生活中有丰富的服务应用，如交通流量预测、空气质量预测/推断、人流细粒度推断等。

交通拥堵是当前各国在城市建设和管理中普遍面临的问题。对交通状况进行动态分析和预测服务，对智慧城市管理和道路规划改善具有重要意义。然而要实现交通状态动态预测，具有以下两点挑战。

1）时间周期性与波动性。交通流量在时间维度上易形成周期性的变化，如早晚高峰、周末与工作日等。并且因为特殊事件或交通事故，交通流量在短时间内易发生明显波动，使得预测模型需要快速适应这种波动。

2）空间相关性。路网结构对交通流量也具有重要的影响。例如，由一条道路上的事故引起的交通流量的时间演变可能会在不久的将来影响远处的道路。此外，由于道路交叉口或车道的复杂性，道路之间的相互作用不易辨别，为交通流量预测带来困难。

近几年，随着深度学习技术的发展，许多学者提出利用深度学习技术解决交通流量预测问题，取得了不错的效果。起初学者们利用 RNN、CNN 等神经网络模型对交通流量预测问题中的时间相关性和空间相关性进行建模，后来又引入图神经网络和注意力机制对交通系统中复杂的图结构和交互信息进行建模。

细粒度人流数据对城市管理具有重要意义，例如政府利用人流数据来指导公安执勤和视频监控等城市安全资源的规划。但是细粒度的人流数据获取代价很高，需要部署大量的监测设备，同时需要消耗大量的存储设备。因此，基于粗粒度的人流数据推断细粒度的人流数据具有重要价值。以图 6-9 为例，假设已知某区域 3×3 网格的人流量数据，需要推断更细粒度的 6×6 网格内的人流量数据。为了实现这样的服务，需要解决以下两个问题。

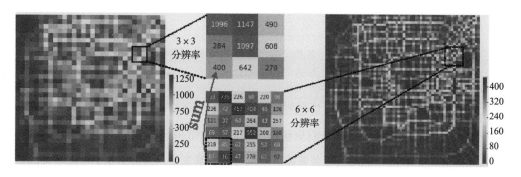

图 6-9　人流细粒度推断示例[21]

1）**空间相关性**。多个细粒度级区域的流量之和等于一个粗粒度级区域的流量，并且相邻区域之间存在潜在影响。

2）**外部因素的影响**。外部因素如天气、特殊事件、POI 分布等都会对人流量产生影响，因此需要模型能够挖掘这些外部因素与人流量的深层关系。

论文［21］提出了如图 6-9 所示的深度学习模型解决细粒度人流推断的问题。模型主要由外部因素和结构约束推理两个模块组成。推理网络首先通过 Feature Extraction 模块提取特征；然后通过 Distributional Upsampling 计算子区域中的流量分布系数；最后，对父区域进行上采样后，两者进行按元素相乘，就可以推断细粒度级下各个子区域的流量值。

3. 时空行为分析

时空行为分析是指对历史时空行为数据，进行时空异常检测或时空推荐。检测异常事件或感兴趣的对象在智慧城市服务中非常重要，例如在台风等破坏性天气条件下，实时检测树木、积水等道路障碍物可以有效缓解道路交通堵塞。

时空推荐是指基于历史客流量、任务配送数据等为新设施（如购物中心、电动汽车充电站、配送站等）推荐合适的地点。根据推荐的城市不同，还分为同一城市内的时空推荐服务以及城市间的时空推荐服务。在同一城市内的时空推荐服务相对简单，可以利用该城市内其他设施相关的历史数据挖掘最优的候选位置进行推荐。而不同城市间的时空推荐服务更加复杂，因为会遇到城市间的特征偏移问题，导致从源城市学习的设施部署经验无法直接运用到目标城市中。

在同城市内进行时空推荐的方法大多数致力于构建基于特征的学习模型，首先从不同来源的数据中提取特征，然后学习回归模型来推荐站点的最优位置。例如，Chen 等人[22] 将自行车站点放置问题转化为自行车出行需求预测问题，并提出一种半监督特征选择方法，从高度异构的城市开放数据中提取特定特征来预测自行车出行需求。

跨城市时空推荐的方法主要利用迁移学习技术消除特征偏移问题。例如 Guo 等人[23] 提出一种基于跨城市跨企业群智知识迁移的选址推荐方法，旨在解决连锁企业进军新城市时所面临的历史数据缺失问题。该方法在协同过滤的基础上，引入迁移学习思想，利用同行业不同企业门店的信息对不同城市之间的区域构造语义特征，建立城市间的区域映射，最后对区域评分模型进行迁移，有效融合城市和企业两方面的知识，解决了冷启动条件下的连锁企业选址推荐问题。Hou 等人[24] 提出基于迁移学习的跨城市配送站选址方法，利用对抗学习策略消除城市间物流配送数据以及客户分布数据的差异，实现配送站选址知识迁移。

目前时空异常检测的工作主要集中在特殊事件和空间地图上的检测。例如 Sun 等人[25] 提出了一种卷积神经网络（CNN）来识别由事故、体育比赛、恶劣天气等时间中断引起的非重复性交通拥堵异常事件。Chen 等人[26] 收集了包括人类流动性数据和交通事故数据在内的大量异构数据，提出了一种堆叠去噪自动编码器的深度模型来学习人类移动性的层次特征表示，并将这些特征用于有效预测交通事故风险水平，以了解人类流动性将如何影响交通事故风险。

6.3.3　文本大数据服务

文本大数据是指从互联网社交媒体以及各行业领域中获取的海量文本数据集合。捕捉文本中的大量有用信息并加以利用，可以使得各行业领域的工作更加高效智能化，因此文本大数据服务应运而生。例如基于自然语言理解技术的智能客服系统的出现，提高了用户与服务方的互动效率：用户不必排队等待客服应答、服务方可以减少对大量客服人员的培训，可见智能客服系统在节约劳动力、提高工作效率、推动专业技术发展等方面产生了更高的价值。为进一步了解文本大数据服务如何与各行各业融合应用，本小节对知识图谱、机器翻译及对话交互系统三种文本大数据服务进行介绍，这三种服务能够为现实生活提供多种多样的应用，如图 6-10 所示。

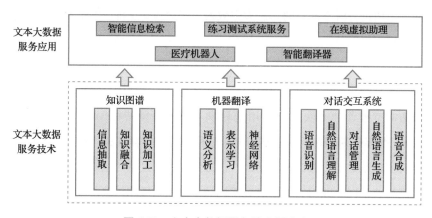

图 6-10　文本大数据服务的主要内容

1. 知识图谱

知识图谱本质上是语义网络，是一种基于图的数据结构，由节点（Point）和边（Edge）组成。在知识图谱中，每个节点表示现实世界中存在的实体（如人名、地名等），每条边为实体与实体之间的关系（如属性关系等）[27]。如图 6-11 所示，"大熊猫"和"哺乳纲"分别为两个实体，这两个实体间的关系为属性"纲"的关系。在文本大数据相关服务中，知识图谱将海量文本数据中的有用信息连接在一起形成巨大的语义关系网络，利用这样的语义网络，计算机在捕捉文本的上下文信息的同时，可以进一步挖掘出隐藏在背景知识下

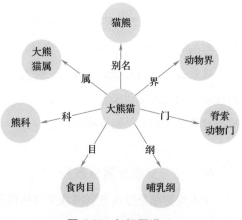

图 6-11　知识图谱

的更深层语义。

通常知识图谱将实体和关系以三元组<实体 A，关系，实体 B>的形式作为知识进行存储。构建知识图谱需要从各种数据源中提取知识。目前，知识图谱的构建技术主要分为两种：一种为自顶向下，将百科类网站作为数据源获取结构化的数据，然后从结构化数据中提取出知识并加入知识库中；另一种为自底向上，借助各项技术手段，从公开数据集中提取知识，并由人工进行审核，然后加入知识库中。

图 6-12 为知识图谱自底向上的构建技术过程。

1）信息抽取。 从各种类型的数据源中抽取实体、实体间的关系及属性，在此基础上形成本体化的知识表达。

2）知识融合。 由于抽取出的实体可能存在歧义，如一个实体表示多种意思，又或者多个实体表示同一个意思，所以在获得新知识之后，需要对其进行整合以消除矛盾和歧义。此外，还可以利用第三方数据库的知识以及结构化数据对当前构建的知识图谱进行补充，因此需要整合数据。

3）知识加工。 对于经过融合的新知识，需要经过质量评估（部分需要人工参与甄别），才并将合格的部分加入知识库中，以确保知识库的质量。此外，在图谱存在大量现有知识的基础上，使用知识推理技术，获取更多知识以补充、更新图谱。

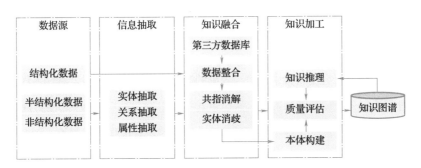

图 6-12　知识图谱自底向上构建技术过程

互联网上海量异构的文本大数据蕴含了大量有用的信息，知识图谱的出现为建立这些信息之间的关系提供了一种有效的方式。通过借助知识图谱，计算机可以对文本产生更深层次的语义理解，并相应地做出更加智能化的回应。正因如此，知识图谱在例如智能搜索、问答系统等文本大数据服务中得到了广泛的应用。

2. 机器翻译

机器翻译文本大数据服务如图 6-13 所示，旨在使用计算机设备将文本数据从一种自然语言表达转换成另外一种自然语言表达[28]。机器翻译文本大数据服务在各类服务应用场景中起着重要作用，担负着语言沟通桥梁的重任。例如，在国际会议中，提供机器翻译文本大数据服务能够在多语言交流的场景中实现低成本的有效交流，让拥有不同语言背景的学者探讨学术难题；在信息检索服务领域，机器翻译文本大数据服务与检索服务结合能够检索到更多的跨语言信息，特别是在当下这个信息高度融合的时代，海量的文本数据以不同的语言为载体存在于互联网中，这增加了跨语言检索的需求，机器翻译服务与信息检索服务相结合能够以信息检索者熟悉的语言方式呈现对海量跨语言文本的检索结果。由此可见，机器翻译文本大数据服务与服务领域是密切相关的。

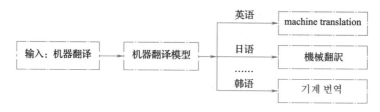

图 6-13　机器翻译文本大数据服务

从发展历程来看，机器翻译研究主要可以分为三个阶段：第一阶段是基于规则的机器翻译研究；第二阶段是基于统计的机器翻译研究；第三阶段是基于神经网络的机器翻译研究。

早期的机器翻译研究主要集中于语言规则的制定，基于规则的机器翻译系统就是对语句的词法进行语义分析、判断和取舍，然后重新排列组合，最后生成等价的目标语言[29]。基于规则的机器翻译方法泛化性不强，对于语法理论存在着很强的依赖性，同时在构建规则时需要耗费大量的时间和人力，单纯依靠语言工作者编写机器翻译规则很难满足实际应用的需要。

基于统计的机器翻译研究始于 1993 年，彼得·布朗发表了两篇重要论文，标志着现代统计机器翻译方法的诞生。统计机器翻译的基本思想是把机器翻译看成一个概率问题，任何一个目标语言句子都有可能是任何源语言句子的译文，只是概率不同，机器翻译的任务就是找到概率最大的句子。显然，基于统计的机器翻译方法需要大规模的双语语料，翻译质量的高低主要取决于概率模型的好坏和双语语料库的覆盖能力。

近些年来，随着深度学习的日益火热，越来越多的神经网络结构应用在机器翻译研究中，带动了基于神经网络的机器翻译研究。其基本思想是利用神经网络把源文本编码成一个连续的向量，再将神经网络作为解码器把该向量转换成目标语言，即通过神经网络寻找源语言和目标语言之间的映射关系。2018 年，研究人员使用基于神经网络的机器翻译方法在自动中英文新闻翻译上实现了与人类同等的水平[30]，如表 6-1 所示，模型 COMBO-4、COMBO-5、COMBO-6 在自动中英文翻译上均优于人工翻译结果 REFER-ENCE-HT、REFERENCE-PE、REFERENCE-WMT（Ave%表示平均原始分数，分数越高表示模型效果越好，Ave z-score 表示对平均原始分数进行 z-score 标准化处理）。此后，专家学者提出了越来越多的神经机器翻译模型，翻译的效果也得到了不断的提升。

表 6-1　文献［30］中提出的模型与人工翻译结果对比

System	Ave%	Ave z-score
COMBO-6	69.0	0.237
COMBO-5	68.9	0.216
COMBO-4	68.6	0.211
REFERENCE-HT	68.5	0.220
REFERENCE-PE	67.3	0.141
REFERENCE-WMT	62.1	−0.115

尽管基于神经网络的机器翻译研究已经取得了不错的进展，但是机器翻译研究还有很多待解决的问题，比如，主流的神经网络机器翻译模型通常是句子级别的，即以单个句子为单位进行翻译，然而对于长文本翻译，句子级别的模型显然无法考虑篇章中句子之间的依赖关系以及全局上下文信息，因此对于长文本翻译需要考虑篇章级别的上下文依赖关系；训练神经网络翻译模型时如果源语言和目标语言标注集少，难以获得一个有效的模型去映射源语言到目标语言之间的关系，因而需要更多的源语言和目标语言的标注数据集。

3. 对话交互系统

对话交互系统[31] 旨在让计算机使用自然语言与人进行多轮次对话式的交流，可以应用于多个行业，如金融服务、医疗、汽车语音交互、教育等。对话交互系统具有多方面的优点，如可以减少沟通成本，消减劳动力成本，提升运营效率，提升人机交互的友好程度。下面逐一介绍对话交互系统的服务应用领域。

在金融领域服务有在线虚拟助理和语音外呼系统等。在线虚拟助理会与顾客聊天，了解顾客的需求，并以互动的方式回应他们的询问，实现对人工服务的补充作用。语音外呼人工智能会主动打电话给客户，筛选出大部分人力助理的重复性工作，如电话销售、客户反馈收集、身份验证等。

在医疗领域服务有非接触式智能语音交互、医疗机器人等。非接触式智能语音交互可以应用在手术室中，医生可以通过语音输入检索患者的病历、图像等相关资料。医疗机器人将患者病情描述与标准医疗指南进行比较，并提供指导、医疗咨询、自我诊断等服务。同时，智能机器人可以通过对话提前完成病史收集工作。

在汽车行业有控制系统服务，驾驶员和乘客可以通过与汽车对话的方式直接控制汽车，而不必再通过按键来控制汽车。这不仅可以为客户提供更加舒适、便捷的乘坐体验，还可以提高驾驶时的安全性。

在教育行业有练习测试系统服务，如用户可以通过对话交互教学系统进行多种语言的语音练习和答疑，并利用该系统进行评价、反馈和纠错。

如图 6-14 所示，目前构建一个完整的对话交互系统主要包含以下模块[32]：语音识别模块（Automatic Speech Recognition，ASR）、自然语言理解模块（Natural Language Understanding，NLU）、对话管理模块（Dialog Management，DM）、自然语言生成模块（Natural Language Generation，NLG）、语音合成模块（Text To Speech，TTS）。

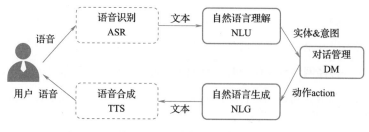

图 6-14　对话交互系统架构

语音识别（ASR）模块：将用户说出的语音，识别成相应的文本内容。如订票系统中，用户发送一条"我想订一张明天的火车票"的语音，系统可以将语音转化成"我想订一张明天的火车票"的文本内容。

自然语言理解（NLU）模块：将文本内容变成机器能够理解的内容，即将非结构化的文本转换成结构化的语义。如可以将"我想订一张明天的火车票"的文本，转化成"{意图：订购火车票。实体：{时间：明天}}"结构化的语义。

对话管理（DM）模块：根据自然语言理解模块的结果以及上下文环境、对话历史信息、知识库等综合信息决策出系统将要采取的动作或者策略。如识别出对话中的订票的意图，之后将针对订票的意图进行后续的操作，即回复"询问出发地和到达地"动作。

自然语言生成（NLG）模块：计算机能以自然语言文本来表达它的意图。即将结构化的文本转化成非结构化的文本。如订票系统下一步采取的策略为询问出发地到达地。然后可以将结构化的语义（"{意图：询问出发地和到达地。}"）生成非结构化的文本：请问你的出发地和到达地是哪里？

语音合成（TTS）模块：将产生的自然语言文本合成语音信号。如将生成的"请问你的出发地和到达地是哪里？"的文本合成语音信号输出给用户。

6.3.4　视觉大数据服务

计算机视觉的主要任务是通过对采集的图像或视频进行处理以获得相应场景的三维信息。随着计算机视觉和人工智能技术在各行业中的广泛应用，视觉大数据服务可以帮助用户从海量的视觉大数据中有效地采集、分析或理解转换为所需要的信息，在很多方面提升了用户服务体验。比如：在农业中，视觉大数据服务能够自动识别农作物病虫害情况，为经营管理人员提供相应的对策；在工业中，视觉大数据服务能够检测工业品中的瑕疵，提升用户的产品质量检验效率；在零售场景中，视觉大数据服务能帮助商家描绘重点用户画像，精准掌握核心客户的需求。本小节将结合图 6-15，对目标识别、检测与跟踪，视觉数据生成与合成，视觉大数据处理与分析这三个部分的视觉大数据服务进行介绍。

1. 目标识别、检测与跟踪

在视觉大数据服务中，目标检测、识别、跟踪是最基本的任务，尤其又以目标检测最为重要。

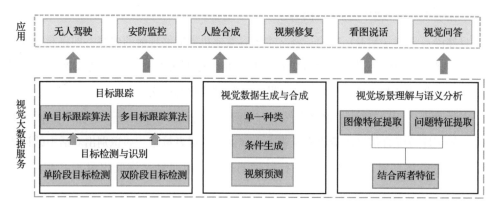

图 6-15　视觉大数据服务主要内容

目标检测与识别任务是利用计算机自动从图片或者视频帧中精准地找到物体的所在位置，并标出物体类别。近年来，目标检测技术得到了快速发展，常见的方法可以分为两类：双阶段目标检测和单阶段目标检测。双阶段目标检测算法旨在先进行特征提取，再通过区域生成网络（Region Proposal Network，RPN）获得有可能包含物体的候选框，然后通过卷积神经网络进行样本分类和定位回归；常见的双阶段目标检测算法有 R-CNN、Faster-RCNN[33] 等。单阶段目标检测算法不使用 RPN，而是直接在网络中提取特征来预测物体的分类和位置。常用的单阶段目标检测算法是 YOLO 系列。相比较之下，双阶段目标检测算法的准确率高一些，但是速度慢；单阶段目标检测算法速度快，但是准确率低一些。

目标跟踪是对目标检测任务的进一步扩充，广泛应用于体育赛事转播、安防监控、自动驾驶和无人机等领域。目标跟踪方法可以分为单目标跟踪和多目标跟踪两类算法。单目标跟踪算法[34] 一般是通过待查找对象的特征从海量的数据中辨别出指定的对象，将跟踪对象作为模板，待查找的图像作为搜索图像，通过孪生网络的结构分别提取两部分的特征，并进行相似度匹配计算。多目标跟踪算法需要定位出时序图片集合中的所有对象，挖掘不同时序中对象的关联性，并构建跟踪轨迹。

目标检测与跟踪作为一个接续任务，也常常应用在人脸识别、智慧交通、工业异常检测等领域的视觉大数据服务。人脸识别技术通过采集含有人脸的图像或视频流，自动对人脸部分进行识别，并检测出人脸所在的位置。在智慧交通中，视觉大数据服务可以检测与跟踪交通违法事件，如通过视觉算法检测到套牌车辆；通过目标跟踪算法进行单个或者多个对象全程轨迹追踪。此外，智能制造过程中可以采用目标检测与跟踪算法来进行工业产品的异常检测，把产品在生产过程中出现的裂纹、形变、部件丢失等外观缺陷检测出来，以提升产品质量稳定性和降低人力成本。

当然，目前目标检测与跟踪技术还存在一定的局限性，比如针对目标物体较小、存在严重遮挡的情况以及光照剧烈变化的应用场景，检测和识别效果还不够理想，但相信未来这些问题可以得到更好的解决。

2. 视觉数据生成与合成

视觉数据生成任务是指对真实数据进行模拟以实现"以假乱真"的效果，从而解决数据多样性低、特定数据获取困难的问题。尤其是在数据爆炸的今天，如何利用现有的海量视觉数据生成自己需要的视觉数据变得越来越重要。常用的视觉数据生成方法包括：生成式对抗网络（Generative Adversarial Networks，GAN）、变分自编码器（Variational Auto-encoder，VAE）、基于流的模型和自回归模型（Autoregressive Model，AR）。

在视觉大数据的背景下，基于生成式对抗网络的方法的发展最快，应用日益广泛。在基于生成式对抗网络的方法中，生成器模型随机抽取样本数据，生成与真实数据非常相似的合成数据，判别器则利用之前设置的条件将该合成的数据与实际数据集进行比较。

针对单一种类视觉数据的生成，如人脸图像生成和超分辨率，生成图像的清晰度和模型训练的稳定性问题基本得到解决。因为生成图像的清晰度主要受网络结构的影响较大，大型的网络和引入特定的结构在一定程度上可以生成更加清晰的图像。比如，DC-GAN 通过使用卷积替换全连接从而保留空间信息，并通过加入 Spectral Normalization[35] 对判别器权重施加正则化约束来增强训练的稳定性；SA-GAN 则通过加入自注意力机制来提高生成图像的效果；BAGAN 和 StyleGAN 等模型也从不同角度提升了视觉数据生成的效果。

如果想要控制生成视觉数据的某些特性，就不得不提著名的条件生成对抗网络 cGAN。因为原始的 GAN 只依赖于随机噪声输出，所以无法对输出进行控制，通过将条件输入 c 添加到随机噪声向量 $\mathbf{Z}$，生成的图像便可以由 $G(c, \mathbf{Z})$ 进行控制。通常条件输入向量 c 与噪声向量 $\mathbf{Z}$ 直接连接，将得到的向量直接作为输入。条件 c 可以是图像种类、对象属性或者图像文本描述，甚至是图片，所以条件生成对抗网络可以根据给定的条件生成与之对应的视觉数据。

如果需要生成视频，就可以采用广泛使用的 videoGAN[36]。视频由于复杂度较高，直接对视频进行建模存在困难，而且在连续的多帧预测中，会产生累积误差。videoGAN 通过将视频的前景与背景分开建模，降低了视频生成过程的复杂程度。因为视频背景很多时候变化不大，甚至在多帧视频中背景信息很多时候是相同的，所以，在视频背景建模时可以忽略掉时间维度，只将它作为图像进行建模。视频前景的信息非常重要，而且通常较为复杂，它涉及所有物体的运动变化，与时间和空间维度都有关系。因此，videoGAN 将背景从视频中剥离后，前景就变得容易建模。

目前，基于生成式对抗网络的视觉数据生成技术还不是很成熟。特别是在生成多类别视觉数据时，很容易发生模式奔溃的问题，即只能生成部分类别。在视频生成技术方面，也会有生成的视频连续性差、场景切换困难、新增物体预测难等问题。当然，随着视觉大数据处理技术的发展，这些问题在未来一定会有更好的解决方案。

3. 视觉大数据处理与分析

视觉场景理解与语义分析是指通过对视觉场景的语义理解和分析，抽取视频或图像中隐含的有用知识和图像数据关系，主要包括视觉场景理解和视觉场景语义分析。

视觉场景理解是融合计算机视觉技术和自然语言处理技术等多个领域的热点问题之一。它首先需要理解图像中各个实体对象的信息，然后理解各个实体对象之间的联系。目前，视觉场景理解一般是基于深度学习算法来实现的，主要包括基于搜索的视觉场景理解模型、基于模板匹配的视觉场景理解模型和基于注意力模型的视觉场景理解模型。

基于搜索的视觉场景理解模型包括对象检测和图像匹配两个阶段。对象检测阶段常用 Faster RCNN[33]、YOLO 系列网络框架等方法实现目标定位、实例分割以及目标检测；图像匹配阶段则通过建立影像内容、特征、结构、关系、纹理及灰度等的对应关系，并根据相似性和一致性的分析寻找相似影像目标。基于搜索的视觉场景理解模型，进一步又可细分为建立全局特征进行搜索的视觉场景理解模型和建立图像与句子间映射关系的视觉场景理解模型。Ordonez 等人[37] 通过构建一个大型图像数据库实现了对 100 多万张图片的查询，并对每张图片赋以自动描述结果；Yan 等人[38] 提供了一个可以计算图像和句子之间的分数的系统，将描述句子附加到给定图像，以此实现场景理解。

基于模板匹配的视觉场景理解模型也包含两个阶段：第一阶段是对象检测，实现目标检测和属性检测；第二阶段是生成描述，结合目标对象、属性描述和位置信息，通过序列判别方法建立实体之间的序列关系，并根据预测内容和自然语言文本进行统计，匹配最为相似的语句作为图像描述。该类视觉场景理解方法常用自然语言处理方法包括条件随机场（Conditional Random Field，CRF）、隐马尔可夫模型（Hidden Markov Model，HMM）等。

基于注意力模型的视觉场景理解模型则与上述两种模型不同，旨在学习视觉内容和文本句子在公共空间中的概率分布（即映射关系），以生成具有更灵活语法结构的新句子。该模型结构采用一种编码/解码框架，通过对视觉场景的特征提取，获取图像中的对象信息、属性信息、位置信息等，并将之编码为可以供解码模块理解的中间向量。解码模块通常采用 LSTM 等网络获得最终的图像信息。Miller 等人[39] 提出了多模态对数-双线性神经语言模型实现图像生成句子，以实现对视觉场景的理解。Kiros 等人[40] 提出了一个端到端的神经网络体系结构，利用 LSTM 网络为图像生成句子，并在编码-解码框架的基础上结合注意力模型，提高模型描述准确率。

视觉场景语义分析是为了更有效地获取图像中的数据，也衍生出了很多不同的研究方向，其中视觉问答技术（Visual Question Answering，VQA）是近年来的研究热点之一。视觉问答其实就是一种通过图像进行信息获取，最后实现智能应答的技术。视觉问答技术包括了计算机视觉大数据处理中的目标识别、目标检测、属性分类、场景分类等关键技术。视觉问答技术一般通过图像特征提取、问题特征提取、结合两者特征来产生答案等步骤来构建算法模型。较早的 Deeper LSTM Q + Norm I 模型、VIS+LSTM 模型、Neural-Image-QA 模型、mQA 模型等就是视觉问答技术中比较经典的模型框架。这些方法的主体是基于 CNN 和 LSTM，以 CNN 抽取图像语义信息，再以 LSTM 抽取问题中包含的文本语义信息并进行文本分析应答。近年来，部分研究人员在这些方法的基础上构建以注意力为核心的 VQA 模型，如图 6-16 所示。基于语言注意力的 VQA 模型通过语言注意力、问题识别、问答目标、视觉验证四个阶段，更好地实现视觉图像的智能问答。

看图说话也是视觉大数据分析和处理研究难点之一。与 VQA 类似——看图说话任务也同时涉及计算机视觉和自然语言处理两个领域。但是与 VQA 不同的是，看图说话只需要产生对视觉数据的一般性描述，而视觉问答则根据问题的不同，仅聚焦与图像中

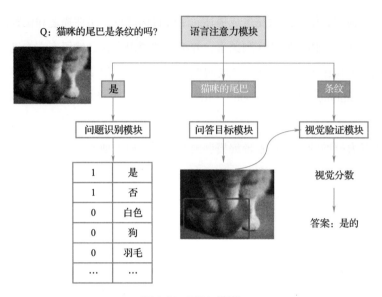

图 6-16　VQA 模型

的某一部分，而且某些问题还需要一定的常识推理才能做出回答。当然，视觉大数据的处理和分析也应用于和人们日常生活更息息相关的很多领域，比如在无人驾驶方面，基于大量的视觉数据进行路况信息分析处理，从而实现智能驾驶；在智慧城市方面，基于视频监控系统获取海量的视频信息，并利用视觉大数据处理与分析服务提升城市管理水平。因此，在视觉数据大爆炸的时代，视觉大数据的处理与分析技术也将变得日益重要。

6.4 本讲小结

　　本讲主要介绍了大数据服务的相关知识，首先介绍了大数据服务的基本概念、应用与意义，然后将大数据服务分为大数据平台服务与大数据业务服务分别进行介绍。大数据平台服务主要包括大数据分布式存储、并行计算、大数据分析框架。大数据业务服务根据数据形式的差异，分为过程大数据服务、时空大数据服务、文本大数据服务以及视觉大数据服务。不同业务领域中解决的问题都不相同，使用的数据与解决方案也不尽相同。

拓展阅读

［1］ BORDOLOI S, FITZSIMMONS J, FITZSIMMONS M. 服务管理：运作、战略与信息技术［M］. 张金成，范秀成，杨坤，译. 北京：机械工业出版社，2020.

［2］ Schönberger V M, Cukier K. 大数据时代［M］. 周涛，译. 浙江：浙江人民出版社，2013 年.

［3］ ZHENG Y. Urban computing［M］. Massachusetts：MIT Press，2019.

［4］ SUH S C, ANTHONY T. Big Data and Visual Analytics［M］. Berlin：Springer，2017.

参考文献

［1］ MANYIKA J, CHUI M, BROWN B, et al. Big data：the next frontier for innovation，competition，and productivity［M］. Chicago：McKinsey Global Institute，2011.

［2］ SHVACHKO K, KUANG H, RADIA S, et al. The hadoop distributed file system［C］//Proceedings of IEEE Symposium on Mass Storage Systems and Technologies. Cambridge：IEEE，2010：1-10.

［3］ BRADSHAW S, BRAZIL E, CHODOROW K. MongoDB-the definitive guide：powerful and scalable data storage［M］. 3rd ed. Sevastopol：O' Reilly Media. 2019.

［4］ 杨传辉. 大规模分布式存储系统：原理解析与架构实战［M］. 北京：机械工业出版社. 2013.

［5］ DEAN J, GHEMAWAT S. MapReduce：simplified data processing on large clusters［J］. Communications of the ACM，2008，51（1）：107-113.

［6］ SPARK A. Apache spark［J］. Retrieved January，2018，17（1）：1-17.

［7］ APACHE STORM. Apache software foundation［EB/OL］. （2022-03-26）［2022-09-27］. https：//storm. apache. org.

［8］ APACHE FLINK. Apache software foundation［EB/OL］. ［2022-09-27］. https：//flink. apache. org.

［9］ 黄美灵. Spark MLlib 机器学习：算法、源码及实战详解［M］. 北京：电子工业出版社. 2016.04.

［10］ ABADI M, AGARWAL A, BARHAM P, et al. TensorFlow：large-scale machine learning on heterogeneous distributed systems［J］. arXiv preprint，2016，arXiv：1603. 04467v2.

［11］ PASZKE A, GROSS S, MASSA F, et al. PyTorch：an imperative style，high-performance deep learning library［C］//Proceedings of the 33rd International Conference on Neural Information processing Systems. Red Hook：Curran Associates Inc.，2019.

［12］ HUSER V. Process mining：discovery，conformance and enhancement of business processes［M］.

Berlin: Springer, 2012.

[13] COOK J E, WOLF A L. Discovering models of software processes from event-based data[J]. ACM Transactions on Software Engineering and Methodology, 1998, 7(3): 215-249.

[14] 赵卫东, 刘海涛. 流程挖掘在流程优化中的应用[J]. 计算机集成制造系统, 2014, 20(10): 2632-2642.

[15] DENG S, WANG D, LI Y, et al. A recommendation system to facilitate business process modeling [J]. IEEE Transactions on Cybernetics, 2017, 47(6): 1380-1394.

[16] DIJKMAN R, DUMAS M, VAN DONGEN B, et al. Similarity of business process models: metrics and evaluation[J]. Information Systems, 2011, 36(2): 498-516.

[17] BOBEK S, BARAN M, KLUZA K, et al. Application of bayesian networks to recommendations in business process modeling[C]//Proceedings of AIBP@ AI * IA. Berlin: Springer, 2013: 41-50.

[18] BORN M, BRELAGE C, MARKOVIC I, et al. Auto-completion for executable business process models[C]//Proceedings of International Conference on Business Process Management. Berlin: Springer, 2008: 510-515.

[19] ZHANG J, LIU Q, XU K. FlowRecommender: a workflow recommendation technique for process provenance[C]//Proceedings of the 8th Australasian Data Mining Conference. Australia: Australian Computer Society, Inc. 2009.

[20] ZHENG Y. Urban computing[M]. Cambridge: MIT Press, 2019.

[21] LIANG Y, OUYANG K, JING L, et al. UrbanFM: inferring fine-grained urban flows[C]//Proceedings of the 25th ACM SIGKDD International Conference on Knowledge Discovery & Data Mining. New York: Association for Computing Machinery, 2019: 3132-3142.

[22] CHEN L, ZHANG D, PAN G, et al. Bike sharing station placement leveraging heterogeneous urban open data[C]//Proceedings of the 2015 ACM International Joint Conference on Pervasive and Ubiquitous Computing. New York: Association for Computing Machinery, 2015: 571-575.

[23] GUO B, LI J, ZHENG V W, et al. Citytransfer: transferring inter-and intra-city knowledge for chain store site recommendation based on multi-source urban data[C]//Proceedings of the ACM on Interactive, Mobile, Wearable and Ubiquitous Technologies. New York: Association for Computing Machinery, 2018, 1(4):1-23.

[24] HOU C, CAO B, RUAN S, et al. TLDS: a transfer-learning-based delivery station location selec-

tion pipeline[J]. ACM Transactions on Intelligent Systems and Technology, 2021, 12(4): 1-24.

[25] SUN F, DUBEY A, WHITE J. DxNAT—deep neural networks for explaining non-recurring traffic congestion[C]//Proceedings of 2017 IEEE International Conference on Big Data. Cambridge: IEEE, 2017: 2141-2150.

[26] CHEN Q, SONG X, YAMADA H, et al. Learning deep representation from big and heterogeneous data for traffic accident inference[C]//Proceedings of the AAAI Conference on Artificial Intelligence. Palo Alto: AAAI Press, 2016.

[27] JI S, PAN S, CAMBRIA E, et al. A survey on knowledge graphs: representation, acquisition, and applications [J]. IEEE Transactions on Neural Networks and Learning Systems, 2022, 33 (2): 494-514.

[28] GARG A, AGARWAL M. Machine translation: a literature review[J]. arXiv preprint, 2018, arXiv: 1901. 01122.

[29] KHAN N J, ANWAR W, DURRANI N. Machine translation approaches and survey for Indian languages[J]. arXiv preprint, 2017, arXiv: 1701. 04290.

[30] HASSAN H, AUE A, CHEN C, et al. Achieving human parity on automatic chinese to english news translation[J]. arXiv preprint, 2018, arXiv: 1803. 05567v2.

[31] NOBLES A L, LEAS E C, CAPUTI T L, et al. Responses to addiction help-seeking from Alexa, Siri, Google Assistant, Cortana, and Bixby intelligent virtual assistants[J]. NPJ Digital Medicine, 2020, 3(1): 1-3.

[32] CHEN H, LIU X, YIN D, et al. A survey on dialogue systems: recent advances and new frontiers [J]. ACM SIGKDD Explorations Newsletter, 2017, 19(2): 25-35.

[33] REN S, HE K, GIRSHICK R, et al. Faster r-cnn: towards real-time object detection with region proposal networks[J]. IEEE Transactions on Pattern Analysis and Machine Intelligence, 2017, 39 (6): 1137-1149.

[34] SHAN Y, ZHOU X, LIU S, et al. SiamFPN: a deep learning method for accurate and real-time maritime ship tracking[J]. IEEE Transactions on Circuits and Systems for Video Technology, 2021, 31(1): 315-325.

[35] MIYATO T, KATAOKA T, KOYAMA M, et al. Spectral normalization for generative adversarial networks[C]//Proceedings of International Conference on Learning Representations. Ithaca: Open-

Review. net, 2018.

[36] VONDRICK C, PIRSIAVASH H, TORRALBA A. Generating videos with scene dynamics[C]// Proceedings of Advances in Neural Information Processing Systems. Red Hook: Curran Associates Inc. , 2016, 29: 613-621.

[37] ORDONEZ V, KULKARNI G, BERG T. Im2text: describing images using 1 million captioned photographs[C]//Proceedings of Advances in Neural Information Processing Systems. Red Hook: Curran Associates Inc. , 2011, 24: 1143-1151.

[38] YAN F, MIKOLAJCZYK K. Leveraging high level visual information for matching images and captions [C]//Proceedings of Asian Conference on Computer Vision. Berlin: Springer, 2014: 613-627.

[39] MILLER T L, BERG A C, EDWARDS J A, et al. Names and faces: technical report No. UCB/ EECS-2007-12[R]. California: Berkeley, 2007.

[40] KIROS R, SALAKHUTDINOV R, ZEMEL R. Multimodal neural language models[C]//Proceedings of International Conference on Machine Learning. Cambridge: MIT Press, 2014, 32 (2): 595-603.

第 7 讲
云计算服务

本讲概览

近年来，以互联网为主干，电信网、广电网、传感网等多种网络正在不断交叉渗透，信息世界、人类社会、物理世界之间趋于融合，为信息技术及其应用开辟了更为广阔的发展空间。

云计算是当前互联网最为主流的应用模式。云计算基于数据中心（Data Center），以集中的方式汇聚各类计算资源、存储资源和软件资源，以服务的形式供用户在线使用。从这个意义上看，服务计算是云计算的核心使能技术之一。云计算服务是指将大量用网络连接的计算资源统一管理和调度，构成一个服务资源池（包括计算资源、存储资源、网络资源），向用户提供按需服务。对于云计算使用者来说，云计算服务具有"只求使用，不求拥有，按需使用，按需定制"等特点。云计算服务是业界焦点，谷歌、亚马逊、阿里巴巴等互联网巨头均推出了各自的云计算服务，彼此之间的竞争继续升温。

当前，在"互联网+"的时代背景下，云计算正在成为数字经济时代下的基础设施，国内外加快实施大数据战略，大数据生态系统的日益完善为云计算的发展奠定了重要基础，云计算也催化出大数据在应用领域的优势。

在这一讲中，将回顾并介绍云计算相关的概念。首先，介绍服务计算和云计算的产生背景、基本概念和相应的特点。然后，介绍主要的云计算服务类型，包括基础设施即服务、平台即服务、软件即服务、容器即服务、函数即服务。进而介绍云计算服务一些关键技术，例如云计算虚拟化技术、轻量级的容器和微服务、无服务器计算等。最后，对正在兴起的新型云计算模式——穹计算（Sky Computing）做简要介绍。

7.1 | 云计算与服务计算

在人-机-物融合的网络环境下，针对软件网构化、服务化、泛在化、高可信的发展趋势，亟需新的软件范型，这对软件开发方法、软件运行平台、质量度量评估及保障机制提出了一系列新的挑战。在软件开发方法方面，随着互联网上可复用软件资源

（如软件服务、开源软件等）的不断丰富，基于构件/服务组装的软件开发成为主要途径，出现了全球化软件开发等新型软件开发模式，数据分析、处理与应用在软件开发中的作用日益重要。软件运行平台向着支持网络化和网络应用的方向发展，除了在传统单机操作系统之上出现了软件中间件等新的系统软件层之外，新型网络化操作系统也引起了广泛关注，呈现出"云-端"融合的发展趋势，需要管理更大规模的资源（包括计算资源和存储资源），支持更加多样化的应用，支持新型的应用模式和计算模式，支持用户以多种不同终端设备访问所需的服务。互联网产生至今，已经出现了多种基于网络的应用模式和计算模式。

服务计算的目标是以服务作为应用开发的基本单元，能够以服务组装的方式快速、便捷和灵活地生成增值服务或应用系统，并有效地解决在分布、异构的环境中数据、应用和系统的集成问题。在服务计算中，"服务"是最本质也最核心的理念，人们不再需要拥有软件产品本身，也就是说，不需要在本地安装和部署软件，而是直接使用软件所提供的功能并按需计费。从这个意义上讲，服务不仅是信息基础设施能力和用户体验之间的黏合剂，也是在以动态、开放、不确定和聚众为基本特征的新兴网络环境下涌现智能的核心载体。

云计算是当前网络环境下最重要的应用模式。云计算的理念与 20 世纪 90 年代中期提出的网格计算（Grid Computing）有很多相似之处，都是力图整合各类资源并为用户提供一体化的透明服务。网格计算的目标是整合分布于互联网上的计算资源、存储资源、通信资源、软件资源和知识资源等。网格计算中资源具有地域分布的特点，而云计算则基于数据中心，以集中的方式汇聚各类计算资源、存储资源和软件资源，以服务的形式供用户在线使用，资源的调度、管理、维护等工作由专门的人员负责，用户不必关心"云"的内部实现。

1. 云计算特点

云计算是一种能够通过网络以便利的、按需付费的方式获取计算资源（包括网络、服务器、存储、应用和服务等）的范型，这些资源来自一个共享的、可配置的资源池，并能够以最省力和无人干预的方式获取和释放；而且它往往基于虚拟化技术将资源进行分割或聚合以实现按需缩减或扩展，并最终以服务的方式进行供给，由此提升企业对计算系统的规划、购置、占有和使用的灵活性。通常，在云计算模式下，有以下几个特点。

1）按需自助服务：用户可以随时获得包括计算、存储、带宽等在内的计算资源，而不需要云服务提供者的人工参与。

2）服务资源池化：通过虚拟化技术，将存储、计算、内存、网络等资源化，并汇集到资源池中，通过多租户模式共享给多个消费者，根据消费者的需求对不同的物理资源和虚拟资源进行动态分配或重分配。资源的所在地具有保密性，消费者通常不知道资源的确切位置，也无法控制资源的分配，但是可以按用户需求动态地分配资源，提高了资源的共享和群体的合作沟通能力。

3）弹性的计费模式：用户随时随地可以根据实际需求，快速、弹性地请求和购买服务资源，扩展处理能力，这帮助用户解决了由于计算能力不足应用需求无法被满足的问题。

4）带宽网络调用：用户使用各种客户端（例如移动电话、笔记本电脑），通过网络的方式调用云计算资源。

5）可靠性：自动检测失效节点，通过数据的冗余使其能够继续正常工作，提供高质量的服务，达到服务等级协议要求。

总体来说，云计算是一种大规模资源共享模型，是以虚拟技术为核心、以经济成本为驱动、以互联网为载体、以用户为主体，按照用户需求动态地提供虚拟化的且可伸缩的商业计算模型。更确切地说，云计算是一种服务模式而不单纯是一种技术。这种模式拥有为客户提供根据客户或最终用户的需求定制软件、存储、开发平台和计算资源的能力。这些优点是研究界为这一最先进的概念付出很多努力的原因[1]。

云计算体系结构主要分为四层，如图 7-1 所示。最底层的是物理资源层，这一层主要为基础设施设备，包括计算机、存储设备、数据库、软件和网络设施等。在物理资源层之上的是资源池层，这一层主要通过虚拟化技术实现对物理资源的访问和管理，形成计算资源池、网络资源池、存储资源池、数据资源池、软件资源池等。在资源池层之上的是核心中间件层，这一层实现应用服务接口对资源池的访问，主要负责资源管理、任务管理、安全管理、性能管理和计费管理等任务。最后，在核心中间件层之上的是

图 7-1　云计算的体系结构

应用服务接口层，这一层具有服务调度[2]、服务查询、服务工作流和服务选择等功能。

2. 云计算应用场景

由于云计算的上述特点，它已经被广泛应用到许多领域。

1）云存储： 云存储是最相关的应用场景，用户可在不使用本地设备的情况下将他们的信息和数据存储在云中，也可以通过任何设备访问存储的文件。有多种云存储类型，包括文件、对象、块存储等，可以满足用户存储数据和备份文件的需求，这些存储单元可根据个人预算增加或减少，以提供安全性和可扩展性。

2）大数据分析： 如今，各种企业和公司收集到大量的数据，分析这些数据有利于实现更好的工作绩效，也有助于发现新的业务增长机会或寻找复杂问题的解决方案。在这种情况下，云计算的好处是用户只对使用的资源付费，而不会为未使用的资源付费。

3）数据备份和归档： 随着当今技术的快速发展，用户需要有一个安全的网络环境，传统的数据备份不再是应对当今网络威胁的解决方案。云计算提供了基于云的备份，易于使用，适合作为应对威胁和挑战的解决方案。用户可以备份数据，包括基于云的存储系统上的敏感数据。在云计算中，用户还可以对敏感数据进行加密。

4）灾难恢复： 在隔离和管理的区域中构建灾难恢复站点并测试灾难恢复计划是一个昂贵且耗时的过程。云计算包含以数字方式存储在云中的灾难恢复程序，用户可共享数据和设置，以便在多个站点上进行复制。

7.2 | 云计算服务类型

服务计算是云计算的核心使能技术之一。从类型上划分，目前云计算中的服务[3]主要包括基础设施即服务（Infrastructure as a Service，IaaS）、平台即服务（Platform as a Service，PaaS）和软件即服务（Software as a Service，SaaS）。本质上，形成云计算的根本原因就是这些服务能力的形成。随着需求的日益复杂，其他服务类型也渐渐形成，例如容器即服务（Container as a Service，CaaS）、函数即服务（Function as a Service，FaaS）等。

7.2.1 基础设施即服务（IaaS）

计算资源、存储、网络或者其他基础性计算资源，甚至组装而成的虚拟数据中心等，都是可提供的服务。用户可以在 IaaS 之上安装和部署平台或者应用程序，而不需要管理和维护底层物理基础设施。IaaS 本质上是云服务客户能配置和使用计算、存储和网络资源的一种云能力类型[4]。典型代表为亚马逊的云计算平台主要提供弹性计算云（Elastic Compute Cloud，EC2）和简单存储服务（Simple Storage Service，S3）。IaaS 对用户而言，具有良好的自主性，用户可以像使用本地系统一样使用云资源，但这也对用户提出了较高的要求——用户必须自己处理大规模计算任务中的任务调度、协同通信、数据可靠性，扩展性等问题。

IaaS 服务模式有四大优势，可帮助企业更快地实现数字化转型：

1）云基础设施减少了为开发、测试和生产供应与伸缩环境的时间及成本，这就给了开发人员和运维团队更大的自由度来实验和创新。

2）企业可以根据需要扩展或缩减其基础设施，只需为每小时、每天或每月使用的资源付费，同时还可拥有比大多数本地环境更高的峰值规模。

3）IaaS 可以让许多企业用上买不起或不能快速用上的新式先进设备和服务，如最新的处理器、存储、联网硬件和容器编排等。

4）IaaS 适用于大多数地理区域，在各地区的大型人口中心附近皆可使用，支持企业更快速地扩展线上业务。

7.2.2 平台即服务（PaaS）

PaaS 可使用户采用特定编程语言、框架或工具来开发部署应用程序，而不用关心基础设施是什么样的、在哪里。用户可以用它来开发、测试和部署应用程序以及管理数据等。PaaS 本质上是允许云服务用户使用云服务提供者支持的编排语言和执行环境，部署、管理和运行用户创建或获取的应用程序的一种云能力类型[5]。实际上，PaaS 提供了操作系统和应用服务器的组装，如微软的 Azure、谷歌的应用引擎、LAMP 平台（Linux、Apache、MySQL 和 PHP）、百度的百度应用引擎（Baidu App Engine）等，都为开发者提供了在线的开发环境以及编译、调试、部署和运维服务。PaaS 具有良好的用户体验，用户无须进行大量与业务无关的管理，但 PaaS 也要求用户必须遵循它们的编程模型。值得注意的是，PaaS 模式的主要焦点之一是数据保护，这一点在存储即服务的情况下变得尤为重要。应该更多考虑的是，该模式应该能够在将数据存储在第三方平台上的同时对其进行加密，并且应该意识到可能会给不同地区的数据可用性留下监管问题。

大多数企业决策的合理性基于三项原则，即效率、业务创新和风险规避。以下是 PaaS 服务模式履行这些原则的方式。

1）效率：PaaS 可加快配置速度，提高自动化水平，实现部署标准化，消除日常任务并提高可扩展性。

2）业务创新：PaaS 让企业能够更加积极主动地响应业务机遇，例如移动应用、更具创新性的用户体验（聊天机器人）、更加可信的交易（区块链）、更短的发布周期（容器和 API）以及数据发现（分析），从而帮助企业提高营收和利润。

3）风险规避：PaaS 可增强和简化安全性，并更加快速地响应异构构件中不断变化的威胁。这有助于提升业务弹性，缩短停机时间，防范数据丢失以及加快恢复速度。

7.2.3　软件即服务（SaaS）

通过网络，用户能够使用服务商运行在云基础设施之上的应用。用户通过各种终端登录服务门户，使用相关应用系统，并按照使用量支付费用，不需要关心应用程序如何实现以及运行在什么样的硬件平台上，也不用考虑运维和配置等问题。SaaS 本质上是允许云服务用户使用云服务提供者的应用程序的一种云能力类型[6]。例如，微软的 Software+Service 模式、谷歌提供的办公类和生活类系列在线服务（例如 Gmail、文档、表格和表单）、Salesforce.com 提供的在线客户关系管理（CRM）服务等，都已被广泛应用。SaaS 也强调应用程序中的访问管理任务，如策略控制。例如，一个人只能从应用程序下载某些信息。通过这种方式，多个最终用户可以从服务的单个实例中受益。

SaaS 服务模式有如下几个优点。

1）可以使用先进的应用程序：用户可以使用 SaaS 应用，而无须购买、安装、更新或维护任何硬件、中间件或软件。SaaS 服务模式让缺乏自行购买、部署和管理必需基础结构与软件所需资源的企业能够使用非常先进的企业应用程序。

2）只为自己使用的东西付费：由于 SaaS 服务模式将根据使用水平自动扩展和收缩，用户能够节省费用。

3）无须使用客户端软件：用户可以从其 Web 浏览器直接运行大部分 SaaS 应用而无须下载和安装任何软件（部分应用程序需要插件）。这意味着用户无须购买和安装特殊软件。

4）轻松增强移动性：SaaS 让用户能够轻松增强"移动性"，因为用户可以通过任何连接到互联网的计算机或移动设备来访问 SaaS 应用和数据，无须考虑将应用程序开发为可在不同类型的计算机和移动设备上运行，因为服务提供者已经完成了这部分工作。此外，用户无须学习专业知识即可处理移动计算带来的安全问题。无论使用数据的设备是什么类型，谨慎选择的服务提供者都将确保数据的安全。

5）从任何位置访问应用数据：将数据存储到云中后，用户即可通过任何连接到互联网的计算机或移动设备访问该数据，并且用户的计算机或移动设备发生故障时也不会导致丢失任何数据。

7.2.4　容器即服务（CaaS）

CaaS 允许用户通过基于容器的虚拟化来管理和部署容器、应用程序和集群，支持本地部署或云部署。云服务提供者会提供部署和管理容器的框架或编排平台，而正是通过此编排平台，才得以实现关键功能的自动化。这种服务对于要开发更安全且可扩展的容器化应用程序的开发人员而言是很重要的。

CaaS 被认为是 IaaS 的一种子集，介于 IaaS 和 PaaS 之间。CaaS 的基本资源是容器，它是云原生应用和微服务的常见部署机制。CaaS 可以提供环境之间的可移植性，无论是在混合环境下还是在多云环境下。而且，CaaS 带来的另一个优势是简单性，具体来说就是 CaaS 使得应用程序在云上运行比在其他情况下运行容易得多。把一些针对本地使用而设计的应用程序安装到基于云的虚拟机上时，并不能确保这些程序一直稳定运行。不过由于容器的程序具有可移植性，用户可以创建应用程序容器，在本地测试新的容器化应用程序，然后该应用程序上传到公有云。容器化的应用程序能够像在本地一样在云上运行。

从技术的实现来看，CaaS 需要依托于 IaaS 的基础设施来实现。服务的扩缩本质上依然是主机资源的伸缩，只是通过容器的包装屏蔽了复杂性。许多目前比较成功的 CaaS 平台也是依托于特定的 IaaS 实现的，例如 Amazon ECS、CoreOS Tectonic、Docker Datacenter、Google Container Engine、Project Magnum 等。

7.2.5　函数即服务（FaaS）

FaaS 是无服务器计算的一种形式（无服务器计算的相关内容在 7.4 节有详细介绍）。FaaS 本质上是一种事件驱动的、由消息触发的服务，FaaS 供应商一般会集成各种同步和异步的事件源，通过订阅这些事件源，可以突发或定期地触发函数运行。在 FaaS 这种模式下，最突出的优势是函数粒度，它使得开发人员对平台底层的管理更少，同时使用更加便捷。

7.3 | 虚拟化、容器与微服务

Web 服务为云计算服务提供了基本的实现基础。为了适应云计算环境的应用特点，围绕云计算服务，一系列关键支撑技术，如虚拟化、容器、微服务以及近年来的无服务器计算，也得到了学术界和工业界的广泛关注。

7.3.1　虚拟化

一般来说，虚拟化是指使同一台物理机能够托管和运行多个虚拟服务器，以提高资源利用率并降低总功耗。在虚拟化的过程中，真实的运行平台叫作主机（host），被仿真的平台叫作客户机（guest）。虚拟化的目标是让原本运行在真实主机平台上的程序可以运行在虚拟的客户机平台上，并且使运行在虚拟客户机环境下的程序得到与在真实客户机上一致的行为和结果。虚拟化的客户机并不一定是纯硬件环境，它可以是一种计算机体系结构，也可以是应用二进制接口，甚至可以是操作系统接口。客户机也并不一定是真实存在的运行环境，比如说 Java 虚拟机的客户机就是一个专门为虚拟化设计的、没有硬件实现的体系结构。所以，虚拟化提供了全新的数据中心部署和管理方式，为数据中心管理员提供了高效和可靠的管理体验，还提升了数据中心的资源利用率，降低了能耗，绿色环保。因此，虚拟化技术是云计算系统的核心，是将各种计算及存储资源充分整合和高效利用的关键技术[7]，其实质是实现软件应用与底层硬件的隔离，把物理资源转变为逻辑可管理的资源，即把计算、存储、应用和服务都变成可以动态配置和扩展的资源，从而实现在逻辑上以单一整体的服务形式呈现给用户。具体来说，虚拟化具有以下几个技术优势。

1）动态的资源控制：即可以把任务连同环境包装成的镜像移植到任意计算机上立即运行，而不需要改变计算环境。

2）位置无关性：镜像运行在虚拟的计算环境中，不依赖于任何具体的物理资源。

3）安全性和独立性：让用户程序运行在镜像的虚拟环境中，用户程序无法破坏支撑虚拟环境的底层计算环境，用户程序可以运行在不同的镜像之中且不会互相影响。

4）用户定制环境：用户可以独立享有一个虚拟计算环境，因此可以自己搭建需要的环境而不会对其他用户造成影响。

核心的虚拟化场景

目前，云计算中的虚拟化技术主要包括将单个资源划分成多个虚拟资源，以及将多个资源整合成一个虚拟资源[8]。虚拟化技术的对象可以是硬件层面的计算机、服务器、存储器、网络、计算等，也可以是操作系统、应用系统等。计算虚拟化可分为系统级虚拟化、应用级虚拟化和桌面虚拟化等。下面，介绍几种虚拟化场景：网络功能虚拟化、内存虚拟化、操作系统虚拟化、桌面虚拟化。

1）网络功能虚拟化：通过将软件网络功能部署在稳定的商用计算资源平台上，避免了传统的异构硬件网络功能部署过程中复杂的连接配置工作，再结合灵活的负载均衡等管理机制，能够有效解决传统网络功能硬件设备存在的设备价格高、管理困难以及由连接配置和网络流量过载等引起的效率低等问题[9]。网络功能虚拟化已经被广泛应用到云数据中心、蜂窝基站、移动核心网、家庭网络等网络场景中。

2）内存虚拟化：客户操作系统希望被运行在一个如同直接在硬件上运行的物理地址空间上。为了实现虚拟机内存管理的独立性和隔离性，大多数虚拟机产品采用的是影子页表机制，即客户操作系统中的页表把虚拟机之上的虚拟机地址空间映射到虚拟机的物理地址空间。通常一台服务器可能运行多个虚拟机，为了更好地为各个虚拟机提供服务并节省内存，出现了一些提高内存利用率的方法，如回收虚拟机的内存、虚拟机之间共享部分内存等。

3）操作系统虚拟化：允许多个应用程序在共享同一主机操作系统内核的环境下隔离运行，主机操作系统为应用程序提供一个个隔离的运行环境，即容器实例（7.3.2 节将会介绍容器的概念）。操作系统虚拟化与传统虚拟化最本质的不同在于，传统虚拟化需要安装客户操作系统才能执行应用程序，而操作系统虚拟化使用共享的宿主机操作系统来取代客户操作系统，因此容器启动时不需要等待操作系统加载，从而使容器的启动速度远快于虚拟机的启动速度。

4）桌面虚拟化：面向终端用户的技术有着更好的扩展性、安全隔离性、移动性及可配置性。它可以将软件与服务无缝连接，将客户端设备延伸到巨大的云环境下。然而，完成桌面虚拟化会面临一些挑战，比如：在终端用户存在很多个性化需求的情况下，如何为用户提供可定制的、可重构的虚拟化使用环境；如何快速灵活地部署虚拟化的桌面环境；如何满足用户对桌面环境的移动性需求，把桌面虚拟化扩展到智能移动终端设备上；如何为大量用户提供一个资源集约的、质量服务可保障的虚拟化服务支撑环境。

7.3.2 容器

通过解除操作系统与物理主机之间的紧耦合，虚拟机使操作系统的部署更加轻松便捷，工作负载的移动性显著增强。通过虚拟化的方式，可以很快虚拟出一个小的、独立的、随需随用的 CPU 内核供用户使用。但是，当用户仅仅需要使用一小部分资源去运行一个很简单的应用程序时，虚拟出一整台计算机来完成软件发布不但会浪费相当多的系统资源，并且启动虚拟机也需要额外的时间。因此，需要一种比虚拟机更小的资源分配粒度来满足这类需求。为了能够以比虚拟机模式更快、更少资源的方式发布软件，就需要对资源进行比虚拟机模式更高级别的抽象，使得服务可以通过更细的粒度对资源进行分配和控制。为此，Linux 内核添加了新的技术，这便是控制组（Control Group，cgroup），它是 Linux 内核提供的一个特性，可用于限制和隔离进程对资源（包括 CPU、内存、磁盘 I/O 和网络带宽）的使用。通过这一技术对服务运行时环境进行隔离，这种隔离起来的运行时环境就被称为容器[10]。容器可以为应用程序提供一个隔离的运行空间，包括完整用户环境空间；一个容器内的变动不会影响其他容器的运行环境。所以，可以使用容器虚拟化技术将应用构件以及依赖打包为一个标准、独立、轻量的环境来部署分布式应用程序，从而满足以比虚拟机更小粒度来控制资源的需求。

Docker 是一个可以简化和标准化不同环境中应用程序部署的开源的容器引擎，目前已经有很多的分布式容器管理相关的生态圈软件。Docker 包括一系列针对容器管理的功能构件，并实现了镜像打包、Docker 注册管理、镜像分层等多种创新方案，这些功能大大地提升了容器的使用效率，也降低了容器在跨环境迁移中的难度。用户无须关注底层的操作，就能够简单地管理和使用容器。近几年来，随着 Docker 的出现，容器技术对云计算的发展产生了巨大的影响。

相比于虚拟机，容器没有自己的操作系统，而是通过容器引擎来实现共享宿主机操作系统内核，从而减少运行多个操作系统的开销。因此，容器的很大优势在于，启动时间很快，可以达到秒级，而且对资源的利用率很高，一台主机可以同时运行几千个 Docker 容器。虚拟机体系结构与 Docker 体系结构如图 7-2 所示。

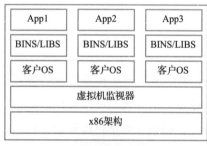

a）虚拟机体系结构　　　　　　　　b）Docker 体系结构

图 7-2　虚拟机体系结构与 Docker 体系结构

图 7-2a 显示了每个虚拟机不但包括应用程序本身与必需的二进制文件和代码库，并且还需要包括整个客户操作系统。一般来讲，应用程序的代码只有几十 MB 大小，但是客户操作系统有时会高达几十 GB。

图 7-2b 显示了 Docker 对用户空间进行打包的方式。与虚拟机不同，容器唯一需要独立构建的只有二进制文件与代码库，而所有操作系统层级的架构都可实现跨容器共享。由此可见，Docker 拥有极为出色的轻量级特征，同时还享受与虚拟机一样的资源隔

离和分配的好处。

总的来说，容器和虚拟机具有相似的资源隔离和分配优势，但功能不同。容器虚拟化的是操作系统而不是硬件，因此容器更加轻便高效。但是如果用户需要使用在不同操作系统上运行的不同应用程序，虚拟机就能提供可靠的解决方案和更好的安全性。

容器也有一些缺点，比如：资源隔离性不够完全，虽然 CPU 和内存能够被隔离，但是文件句柄等资源无法被隔离；容器镜像安全无法得到保证，对于非官方镜像，无法得知其中的具体修改内容，即使对于官方的镜像，也难以保证无漏洞；容器本身的优势并不足以把容器技术推上技术顶端，容器技术还包括编排，编排本身包括部署管理、流量层控制、服务发现、资源管理等功能的实现[11]。

7.3.3　微服务

尽管面向服务架构为跨平台的企业开发提供了方便，但是在开发模式上，采用的是单体架构模式。随着企业业务复杂性的增大及业务需求量的增加，对系统的性能、吞吐率、稳定性、扩展性等特性都提出了更高的要求，而这种单体架构开发模式使得软件设计难度增加，部署效率低下。因此，出现了一种更佳的实践方式——微服务化。将传统的单体应用进行服务拆分，按照业务和功能需求从横向或纵向分解成相互独立的微型服务，每个服务都能够单独地运行多个实例，服务之间尽可能逻辑独立[12-13]。

微服务化也使得软件架构思想和相关技术发生了改变，产生了微服务架构。这种架构的核心理念是将复杂的应用系统以独立业务单元的形式分解为多个服务，每个服务可以采用不同的实现技术，以轻量级、更灵活的模式进行独立设计、开发和部署，运行于独立的进程中，形成高度内聚的自治单元。互联网公司尝试使用微服务架构实现企业转型并取得了成功，典型的有亚马逊、Uber、Netflix、IBM、Twitter、淘宝、腾讯等。因而，微服务作为一种新兴的技术，在异构分布式计算、数据与代码重用等方面实现了更好的解决方案，并具备高度的平台互操作性、动态扩展能力，以及强大的容错能力等，受到了学术界和工业界的极大关注。

1. 微服务特点

容器技术作为一种轻量级虚拟化技术，使微服务架构的实现成为可能。开发者应用程序及其运行环境被打包成一个自包含容器，可使应用程序更容易移植和扩展，并且可以节省大量的系统资源。微服务架构的思想是将一个应用程序整体看作一套小型服务系统来开发，它将传统的单体应用按照业务功能划分为多个只实现单一功能且可独立部署和运维的微服务。微服务运行在独立、隔离的容器中，微服务间边界清晰，各自拥有独立数据库，并且能够将自身的功能发布为服务，也可以调用其他具有对外接口的微服务，微服务之间采用轻量级的通信机制（如 HTTP/REST）进行集成。以这种方式对应用系统进行解耦，使每个服务都可以根据需要动态地创建或删除运行实例，简化系统的扩容和缩容。开发者也可以将微服务按需部署在合适的硬件服务器上，实现更为灵活的资源分配和调度。

由于单个微服务提供的功能有限，大多数情况下，需要对系统已有的微服务进行灵活组装，实现更为丰富的服务组装方案，以满足多样性的用户需求。微服务架构中存在很多功能独立的微服务，为了将各个独立的微服务进行灵活组装并满足上层多样性的业务需求，出现了微服务组装模式。微服务组装模式使得用户能够以一致的方法处理组装工作，提高微服务组装的效率和成功率。一般来说，微服务组装模式包括分支模式、聚合模式、异步消息模式、链式模式和代理模式。

1）分支模式：每个微服务可以有自己的数据库，分支模式可以调用两个互相排斥的微服务链，处理来自两个微服务链的数据。也可以根据业务需求调用一个原子服务、单个微服务链或者多个不同的微服务链。

2）聚合模式：聚合模式是根据业务流程处理的需求，以一定顺序调用依赖的多个微服务，并对依赖的微服务返回的数据进行处理，最后将结果返回给用户。

3）异步消息模式：异步消息模式可以避免由同步调用出现阻塞导致的雪崩效应，针对不同应用程序的具体情况，可以通过异步消息的方式进行服务调用，使用消息队列而不是 REST 请求/响应模式。

4）链式模式：链式模式对请求产生单一的响应，由第一个服务负责接收请求，依次执行串联服务，最后将结果返回给用户。每个服务只能感知到发送服务请求以及接收该服务请求的服务，但可在链尾扩展其他服务。

5）代理模式：代理模式是根据业务的需求选择调用后端的某个服务。在将结果返回给使用端之前，代理服务可以对后端服务的结果进行加工，也可以直接把后端服务的返回结果返回给用户。

2. 微服务的核心构件

本质上，微服务架构是面向服务架构的延伸，通过化整为零，减少服务粒度，从而突破传统单体应用架构的制约，增加了应用架构的灵活度。每个应用程序都变成小粒度的服务（微服务），它们有明确的任务，且边界清晰。每个微服务都可以独立地开发，可以有各自的开发和交付节奏，也可以独立部署和上线，从而提高应用程序的开发速度。此外，微服务可以带来更灵活的资源扩展，这体现在可以以单个服务为粒度进行横向扩展或缩减，且不会影响其他服务。

与传统的面向服务架构的实施方案相比，微服务架构除了提供服务发现机制与注册中心、服务部署等基本构件外，还加入了负载均衡、服务容错和服务网关等，同时对已有的模块进行了扩展和优化[14]。

1）服务发现机制与注册中心： 微服务遵循轻量级通信原则，单一微服务一般部署在轻量级容器（如 Docker）中。然而，在运行过程中，服务实例随时可能被销毁、克隆或者重新定位。由此，服务实例处于动态变化中，创建一种服务发现机制有利于服务之间感知彼此的存在。服务注册中心是服务发现机制中重要的一环，即服务启动时会将自身的网络地址与数据提交到注册中心，并订阅自己需要消费的服务。在服务注册中心中，主要存储服务提供者和消费者的统一资源定位器地址及路由转发信息，同时，它还可以实现服务的注册、发布、健康检查和故障检测等功能。目前较为流行的服务注册中心有 Etcd、Consul、ZooKeeper、Euerka 等。具体来说，在 KeyValue、Kubernetes、Cloud Foundry 等应用平台中使用的 Etcd 具有分布式、高可用以及强一致的特征，适合于少量数据的情形。由谷歌公司开发和维护的注册中心 Consul 的功能更加全面，作为一个用于发现和配置的工具，Consul 提供了允许客户端注册和发现服务的 API，而其提供的服务健康检查可以帮助确定服务可用性。此外，具有高协调能力的 Zookeeper 在分布式系统中应用较为广泛，通过提供统一命名服务、集群管理、状态同步、分布式应用配置和管理等功能，解决了分布式系统中的数据一致性问题。

2）负载均衡： 为了保证服务具有高可用性，微服务需要部署多个服务实例来提供业务支持。当请求同一个服务的多个实例时，如何合理选择服务实例以减少业务等待时间成为一个亟待解决的问题。

微服务架构支持多种高负载均衡算法，其中应用最广泛的是轮询法。其主要思想是将多个可用的服务实例组成一个循环队列，然后根据实例的顺序轮流分配给内部的服务器，该方法适合服务基本配置相同且服务平均请求相对均衡的情境。但在实际应用中，客户端每一次请求服务，服务器的响应时间都具有较大差异。因此，简单使用轮询法并不能达到负载均衡。这种情况下，可使用最小连接数算法。该算法记录当前服务器可负载的实例数量，以及该服务器正在处理的进程数量。具体来说，当产生新服务连接请求时，将把当前请求分配给连接数最少的服务器，以提升服务实例利用率以及服务器负载能力。在微服务架构中，服务端的软件模块维护一个可用的服务端清单；客户端节点也需要维护本身所访问的服务端的清单，而这份服务端清单来自（微服务架构中独有的）服务注册中心；同时，客户端需要维护服务端清单的健康性，这一工作需要与服务注册中心配合完成。Spring Cloud Ribbon 是微服务架构中基于客户端的负载均衡工具，将面向服务的 REST 模板请求自动转换成负载均衡的微服务调用。

3）服务容错：容错就是将系统错误产生的影响限制在一定范围内。在微服务体系结构中调用集群服务时，若单个微服务调用异常，产生如连接超时、请求失败、流量突增或负载过高等问题，则需要制定容错策略进行容错处理，使微服务具有自我恢复功能。服务容错分为两种情况：第一种，若产生超时异常，可采用超时重试机制，通过设置服务请求超时响应时间或者服务的响应时间和次数，决定是否采用超时重试机制；第二种，若服务因负载过高出现异常，可采用限流和熔断器等容错策略。其中，限流是以限制服务的最大访问量或者访问速率的方式，对服务进行容错处理；熔断器会记录和监测服务执行情况，若监测到某个服务实例超过阈值，可拒绝接收服务请求并将其直接返回。目前，微服务框架支持的容错策略还有并发控制、线程隔离等。如果连续失败多次，则直接熔断，不再发起调用，避免单个服务异常影响系统中所有服务的运行。

4）服务网关：服务网关是微服务架构中的重要构件，其关键思想是将轻量级网关作为所有客户端/消费者的主要入口点，并在网关级别实现常见的非功能需求。服务网关的基本功能包括统一接入、安全防护、协议适配、流量管控、支持长短链接等。目前已有许多成功的应用案例，如由 Netflix 公司开发的 Netflix Zuul 是目前较通用的服务网关构件（如图 7-3 所示），其主要作用是协调客户端与微服务的中间层，提供权限验证、压力测试、负载分配、审查监控等较为全面的服务网关功能。其中，Zuul 主要负责处理 RESTful 的服务请求及调用。然而，在部分微服务业务场景下，仍存在"外部客户端是 RESTful 的接口请求而内部服务之间却是 RPC 通信"的情况，由此产生了同一系统具有两套不同类型的 API 接口的情况，无疑增加了通信的复杂度。因此，GRPC Gateway 通过读取 GRPC 服务请求并为其生成反向代理服务器，将 RESTful 的 HTTP/JSON API 接口转化为内部 GRPC 的形式，从而解决了服务内外接口不兼容这一问题。

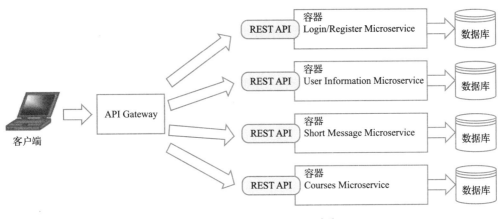

图 7-3　Netflix Zuul 服务网关[14]

5）服务部署：微服务部署中的关键问题之一是如何做到独立于其他微服务部署，使每个微服务级别都可以进行部署与扩展，从而在单个微服务的故障不影响任何其他服务的前提下，快速构建和部署微服务。Docker 作为一种开源应用容器引擎，以打包应用程序以及依赖包到一个可移植容器中的方式，满足上述功能需求。其具体理念是：将每个服务实例部署为容器，将微服务作为 Docker 容器镜像进行打包，根据容器实例数量变化情况进行缩放。在 Docker 容器部署过程中，使用 Kubernetes 应用平台构件，将一组 Linux 容器作为单个系统进行管理，在多个主机上管理和运行 Docker 容器；根据容器的部署位置，执行服务发现和复制控制等机制，对 Docker 功能进行扩展与伸缩。基于此种方式，构建、部署和启动微服务的速度将会大大提升。Kubernetes 技术为 Docker 容器部署微服务提供了强有力的支持。

3. 微服务关键技术

一个功能相对简单的微服务在实际需求与扩展中会变得更加复杂，并且同一业务由多个微服务共同协作完成。因此，微服务存在三个问题：第一，在分布式协作方面，存在微服务之间通信、分布式数据存储一致性等问题；第二，在微服务定位方面，如何快速定位出现的性能瓶颈；第三，在测试方面，众多的微服务如何协调一致，保证测试的准确性。由于这三个问题，微服务的顺畅运行需要采用一些关键技术。

1）微服务分布式通信：在微服务架构中，每一个服务都是一个进程，使用进程间通信（IPC）技术实现进程间信息交互。IPC 将进程间的交互模式分为两种：一对一交互模式与一对多交互模式。一对一交互模式是单个客户端向服务器端发出请求，客户端期望此响应即时到达；然而在线程应用程序中，请求传送过程可能造成线程阻塞。一对多交互模式则是一个客户端发出多个通知，被多个相关联服务消费的模式。进程间的通信大致分为以上两种模式，而在实际技术层面，不同编程语言对应着不同的通信技术。例如，Java 底层编程语言的微服务架构通信是远程过程调用（RPC），它是基于客户端/服务器模式的调用机制。由于 RPC 不支持面向对象，适用的场景大幅度减少，进而促进了远程方法调用（RMI）协议的发展，它采用客户机和框架进行远程对象的通信。这种协议的优点是支持分布式对象的、跨平台高速率的数据传输；缺点是不能跨越编程语言进行数据传输。

2）分布式数据存储一致性：在微服务架构中，每个微服务具有独立的数据库，以保证微服务进程独立演进、独立开发。然而在分布式环境中，每个服务访问的数据是相互分隔的，服务之间不能依靠传统数据库中的 ACID 保证事务一致性。由此，基于对微服务分布式数据存储一致性的要求，开发人员在初始阶段采用两阶段提交（2PC）协调机制，该机制为分布式事务提供了强一致性保障。然而该机制存在隔离性互斥的特点。在事务执行过程中，所有的资源都是被锁定的，该机制只适合执行时间确定的短事务，并降低了系统的吞吐率。针对此种情况，开发人员通过业务逻辑将互斥锁操作从资源层面移到业务层面，即提出 TCC 方式，其包含三种操作（Try、Confirm、Cancel）方式以达到数据最终一致性和系统整体性能的提升。但是在 TCC 方式中，微小的事务变动会牵动整个业务逻辑，复杂性较高。Saga 事务正好弥补该缺点。Saga 事务就是一个长期在线运行的事务，由多个本地事务组成，每个本地事务具有相应的执行模块和补偿模块。2017 年 5 月，Saga 模式在华为开源微服务框架中已被应用，并且在不断地发展进步。

3）分布式调用链：在微服务架构下，服务按照不同维度进行拆分。由此，一次业务请求需要调用多个微服务。系统应用构建在不同软件模块中，存在不同模块由不同的团队或不同的编程语言实现。同时，可能部署于几千台服务器，横跨上百个不同的数据中心。因此，亟需能够理解系统行为、用于性能分析的工具，以便发生故障时能够快速定位和解决问题。分布式调用链应运而生，即可以监控那些不同应用、不同服务器之间的关联动作，进而快速定位与解决故障。

Twitter 开发了 Zipkin 分布式跟踪系统，为微服务架构提供参考。Zipkin 通过采集跟踪数据，使开发人员深入了解在分布式系统中如何执行某一个特定请求。例如，若存在一个用户请求超时，跟踪系统可以将这个超时的请求的调用链展示在界面当中。开发人员可以快速定位出现故障的服务，可定位到服务中导致超时的具体位置。同时，通过服务调用链路能快速定位并解决系统的性能瓶颈。Central Application Tracking 是大众点评网开源出来的追踪系统，已被成熟应用。

4）**测试方面的复杂性**：在微服务测试方面，系统被分解成独立的微服务，即每个微服务都是一个功能完整的微型系统。首先，需要保证服务自身业务功能的正确性，即通过单元测试保证每个微型系统能够正确执行。其次，由众多微服务构成完整的系统，需要集成测试来保证整体系统的良好质量。然而，在一个微服务架构中，一旦微服务的个数达到一定阈值，开发团队就会面临如网络环境不稳定、运行速度慢、反馈周期长等问题，从而对集成测试望而却步。因此，引入有协议概念的集成测试的情况下，在基于协议概念的基础之上，消费者驱动契约测试将协议契约中的 JSON 文件转换成工作软件时，文档的细微修改便会导致任意一方测试失败。并且，利用可工作测试套件保证契约一致性与实时性，进而使工作测试套件成为双方共同遵守的契约。

4. 微服务挑战

虽然微服务相关技术在逐步发展与创新，但由于微服务相当于相对独立的小型软件系统，在一个具有多种功能、多样性复杂的大型软件平台中，微服务架构主要面临 4 类挑战：如何在一定的人力物力成本下，快速部署微服务以及大量底层应用构件，使该平台具有自动化部署功能；微服务之间如何迅速、准确地通信，以满足用户快速响应的需求；如何在正常通信中保证用户的数据信息安全；在数量众多的微服务中，如何保证数据传输中的网络安全。

1）**自动化的基础设施**：微服务的目的是使系统在水平扩缩和弹性伸缩方面更加敏

捷，但这一特点就要求基础设施能够自动化。那么在微服务架构下，如何实现基础设施自动化是一大挑战。

2）安全的信息交互：若某个微服务由攻击者掌控，则该微服务可能会恶意影响系统的其他微服务。因此，在微服务架构下，应该去验证各个微服务之间信息交流的真实性和正确性，而这也正是微服务在信息安全方面面临的挑战。

3）有保证的数据安全：微服务架构在云环境中的应用越来越广泛，对分布式数据隐私信息的保护问题也越来越被重视。如何有效保证数据源信息的安全以及对第三方平台数据进行有效认证是值得思考的问题。

4）网络安全：在微服务架构下产生的很多微服务提升了网络复杂性，使得监控整个应用程序的难度大大增加。而且，应用程序中的一个微服务的失误可能会导致整个应用程序崩溃。因此，为基于微服务的应用程序提供一个灵活的网络流量监控策略对应用程序安全性来讲是很重要的，且这项工作是有挑战性的。

7.4 无服务器计算

无服务器计算（Serverless Computing）是近年来被广泛关注的一种新型云计算范型。严格意义上讲，这个名称是工业界创造的术语，用于描述一种编程模型和架构，其中小代码片段在云中执行，而对运行代码的资源没有任何控制。下面，将介绍无服务器计算的特征、挑战和与其他概念的区别。

7.4.1 无服务器计算的特征与挑战

管理云服务并不是一件容易的事情，用户在管理云环境时会面临一些挑战，例如可用性、负载均衡、自动缩放、安全性、监控等。这些挑战导致了另一种云计算模型的引入，即无服务器计算，这主要是由于企业当前的应用程序架构向容器和微服务转变而发展出来的。如图 7-4 所示，云计算系统的发展阶段，从开始时的基于裸机，到基于虚拟机/容器，再到目前主流的无服务器计算，基础设施的管理越来越便捷，同时用户的操作负担越来越小，更多的关注点转移到应用层面上。

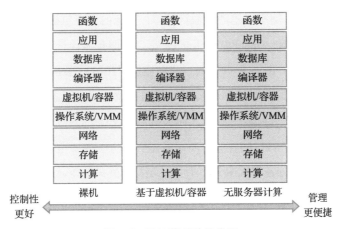

图 7-4　云计算系统的发展

无服务器计算允许开发人员在云中运行事件驱动的应用，而无须管理资源分配或配置运行时环境。也就是说，当开发人员部署无服务器应用时，云平台会自动管理依赖项，编译代码，配置操作系统并管理资源分配。简单来说，无服务器计算提供了后端即服务（Backend as a Service，BaaS）和函数即服务（Function as a Service，FaaS），如图 7-5 所示。BaaS 包括存储、消息传递、用户管理等云服务，而 FaaS 使开发人员能够在计算机平台上部署和执行他们的代码，FaaS 依赖于 BaaS 提供的服务，且 FaaS 被认为是无服务器计算的核心，所以 FaaS 和术语"无服务器计算"可以互换使用。

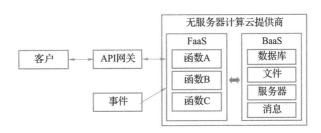

图 7-5　无服务器计算架构

亚马逊云提供商于 2014 年推出了第一个无服务器计算平台——亚马逊 Lambda。而后，云计算就发展到被称为无服务器计算的新一代。然而，无服务器计算并不是一种全新的范式，它出现在采用虚拟机和容器的技术进步之后。截止到 2016 年，其他主要的云提供商（如谷歌、微软和 IBM）也紧跟这种趋势。许多商业和开源平台也都提供无服务器计算产品。比较著名的商业平台包括亚马逊的 Lambda、微软的 Azure Functions、谷歌的 Cloud Functions、阿里巴巴的函数计算等；开源的实现包括 IBM 的 Cloud 和 Open-Whisk，还有 OpenLambda、OpenFaaS、Knative 等。无服务器计算经常被开发人员用来编写简短的事件驱动计算，例如 Web 服务、移动应用程序的后端和物联网设备的聚合器。在研究界，人们对为无服务器计算开发新的编程抽象的兴趣日益浓厚，包括大数据处理[15]、模块化编程[16]、信息流控制[17]、聊天机器人设计[18] 等。

1. 无服务器计算的特征

许多特征有助于区分各种无服务器平台。开发人员在选择合适的无服务器平台时应该了解这些特征，以下只列举一部分关键的特征。

1）成本。通常，使用量是计量的，用户只须为运行无服务器函数时使用的时间和资源付费。这种扩展到零实例的能力是无服务器平台的主要特征之一。计量的资源（如内存或 CPU）和定价模型（如非高峰折扣）因提供商而异。

2）限制。对基于无服务器计算的代码的运行时资源要求设置了多种限制，包括并发请求的数量以及可用于函数调用的最大内存和 CPU 资源。当用户需求增长时，可能会增加一些限制，例如并发请求阈值，而其他限制是平台固有的，如最大内存大小。

3）编程语言。无服务器计算支持多种编程语言，包括 JavaScript、Java、Python、Go、C#和 Swift。大多数平台支持不止一种编程语言，一些平台还支持以任意语言编写代码的可扩展性机制，只要将代码打包在支持明确定义的 API 的 Docker 镜像中即可。

4）编程模型。目前，无服务器平台通常执行事件触发的函数，这些函数将字典（例如 JSON 对象）作为输入并生成字典作为输出。

5）可组装性。无服务器平台通常提供一些方式来从一个函数调用另一个函数，但有一些无服务器平台提供用于组装这些函数的更高级别的机制，并且可以更容易地构建更复杂的基于无服务器计算的应用程序。

6）部署。无服务器平台在尽最大的努力使部署尽可能简单。通常，开发人员只需要提供一个包含函数源代码的文件。除此之外，还有许多选项可以将代码打包为包含多个文件的存档或带有二进制代码的 Docker 镜像。同样，版本或分组功能的工具很有用，但很少见。

7）安全和记账。无服务器平台是多租户的，必须隔离用户之间的函数执行并提供详细的记账，以便用户了解他们需要支付的费用是多少。

8）监控和调试。每个平台都通过使用记录在执行日志中的打印语句来支持基本调试。可以提供附加功能来帮助开发人员发现瓶颈、跟踪错误并更好地了解函数执行的情况。

总的来说，无服务器计算已经成为一种重要的趋势。工业界、学术界和开发人员出于多种原因共同推动了这种发展趋势[19-21]。一个重要原因是无服务器计算为云提供商提供了有吸引力的参与机会，提供了更方便、更高效的方法来管理和利用空闲计算资源。另一个原因是仅基于功能执行时间和资源分配进行计费。此外，开发人员不需要了解底层基础设施和工作流程。因此，这吸引了云提供商和企业沿着许多方向迁移和支持无服务器计算。与此同时，研究人员越来越关注无服务器计算，因为它正在成为云计算的未来范式。此外，无服务器计算当前的挑战和限制引起了很多学者的关注，他们希望解决这些问题并增强当前可用的功能。

2. 无服务器计算的挑战

任何新技术在开始时都会面临许多技术和操作方面的问题与障碍。已经确定了几个挑战和问题，涵盖了无服务器计算的功能和其他方面。

（1）关于系统级别的挑战

1）冷启动问题。 无服务器计算可以在不需要功能和服务的情况下扩展到零，这会导致一个称为冷启动的问题。当函数保持空闲一段时间后，就会发生冷启动，下次调用这些函数时，需要更长的启动时间。因此，减少冷启动问题的方法和技术至关重要[22-25]。

2）安全问题。 安全性是无服务器计算中最具挑战性的问题。安全问题之一是隔离，因为函数在许多用户的共享平台上运行。因此，无服务器平台需要强隔离。另一个安全问题是对过程敏感数据的信任。无服务器应用程序与许多系统构件一起工作，这些构件必须正常运行以维护安全属性。

3）伸缩性问题。 无服务器计算必须保证函数的伸缩性。例如，当许多请求被发送到无服务器应用程序时，这些请求都应该得到服务，并且使用的无服务器云提供商应该提供处理所有这些请求所需的资源，资源应该随着请求数量的增加而扩展。

4）厂商锁定。 FaaS 这种模式将代码与数据分开，这导致功能强依赖于提供商的生态系统来存储、获取和传输数据。这个问题使得客户在产品和服务上依赖于无服务器提供商，并且客户在没有大量预算的情况下无法在未来轻松使用不同的提供商。因此，客户必须等待无服务器提供商提供其他服务。

5）性能。无服务器计算有许多性能挑战和问题，例如调度和服务调用开销。调度意味着当无服务器函数被激活以响应事件时，该函数应映射到要运行的特定资源（例如容器或虚拟机）。根据可用资源、输入数据和代码的位置、负载平衡等，资源可以对性能产生重大影响。

6）支持异构硬件。现有的无服务器平台可能不支持某些专用硬件，例如图形处理单元（GPU）和现场可编程门阵列（FPGA）。这是提供商在为异构硬件提供支持方面的一个具有挑战性的问题。

（2）关于编程模型和开发运维的挑战

1）编程和调试。目前缺乏调试工具，还需要监控工具，因为开发人员需要监控应用程序并观察函数如何工作。开发者需要更高级的集成开发环境，以便执行重构函数，例如合并或拆分函数，以及将函数恢复到以前版本。此外，基于无服务器计算的函数调用的日志需要发送给开发人员并提供详细的堆栈跟踪。当发生错误时，需要一个好的方法来向开发人员报告关于错误的详细信息。

2）测试。无服务器应用程序由许多小函数组成，这些函数共同完成应用程序的功能。因此，这些函数的集成测试是确保应用程序正常运行的关键。

3）函数组装。无服务器云提供商为用户提供了将小型无状态函数部署到云中以处理特定任务的能力。然而，复杂的任务需要多个函数相互协作才能完成。因此，需要对如何在无服务器计算中有效和高效地使用函数组装进行更多的研究。

4）长时间运行。无服务器计算在有限且短暂的执行时间内运行函数，而有些任务可能需要很长的执行时间。目前的无服务器计算可能还无法很好地支持长时间执行，而且基于无服务器计算的函数是无状态的，这意味着如果函数被暂停，它将无法恢复此前的状态。

5）状态管理。真实的应用程序通常是需要状态管理的，但是在无服务器计算平台上开发，开发者不清楚如何在无状态的函数中管理状态，通常将状态保存在存储服务中，但是这会产生相当高的读取数据延迟。

6）代码粒度。目前，无服务器平台以函数的粒度封装代码。更粗粒度或更细粒度的模块是否有用是一个悬而未决的问题。

7.4.2　无服务器计算与其他概念的区别

1. 无服务器计算与传统云计算的区别

无服务器计算和传统云计算之间存在一些区别，具体如表 7-1 所示。

表 7-1　无服务器计算和传统云计算的区别

概念	传统云计算	无服务器计算
开发过程	困难	容易
自动伸缩	不可获得	可获得
有状态应用	容易	困难
安全	复杂且不太安全	容易且更安全
功能生命周期	长	短
故障排除和调试	容易	困难
服务和硬件的配置与维护	必需	不可获得
容错	不太可靠	更可靠
成本（可变的工作负载）	昂贵	担负得起
成本（稳定的工作负载）	担负得起	昂贵
适用用户	管理员和开发人员	开发人员

在传统的云计算中，服务器充当包含所有业务逻辑的单体系统。而无服务器架构被建模为更小的、事件驱动的、无状态的"触发器"（事件）和"动作"（函数），每个构件处理不同的数据片段并独立运行。将业务逻辑扩展到更小的功能中可以提高开发效率，同时也降低了单点故障的概率。另一方面，单体应用程序中的构件依赖性会对其他服务的可用性产生不利影响。

在无服务器架构中，开发人员无法控制侦听 TCP 套接字，管理负载均衡器和资源分配，维护或配置服务器。因此，不需要系统管理员，开发者只专注于处理客户端请求，专注于提供有价值的服务。无服务器计算也不同于传统的单体计算，因为函数的生命周期较短。单体应用中使用的传统的监控和调试工具不包含在无服务器架构中，无服务器计算的相关开发人员被迫使用内置工具进行调试和监控。在无服务器计算中，计算能力不再是开发人员关心的问题，因为它几乎可以无限地水平扩展。而在传统的单体架构中，通常需要两个专用服务器实例（主实例和第二个实例）以防主实例失败，这导致整体范型中的成本更高。无服务器计算对于不稳定的负载条件可能更经济，而传统的基于服务器的架构更适合稳定负载。无服务器应用程序根据请求向上和向下扩展，因此与传统系统不同，没有必要将会话保留在内存中[26]，以至于很难跟踪请求。

无服务器计算提高了安全级别，因为云提供商不断使用最新的安全补丁更新他们的基础设施，这也减轻了开发人员的安全负担。在传统模型中直接访问后端资源被认为是一个关键的安全问题。因此，针对无服务器环境中来自客户端和内部功能的任何请求，必须建立分布式请求授权机制，以加强安全级别。此外，拒绝服务（DoS）攻击会受到控制，因为攻击分布式服务器比攻击单个服务器更困难。然而，由于第三方 API 的使用，无服务器计算中仍然存在一些安全问题，但缺乏识别漏洞和访问控制风险的工具。

2. 无服务器计算与 XaaS 的区别

从某些角度来说，无服务器计算与平台即服务（PaaS）有很多的相似性。无服务器计算也是从平台即服务发展而来的。作为云计算服务的一种，无服务器计算与基础设施即服务（IaaS）、平台即服务、软件即服务（SaaS）等有相似的服务思路。

函数即服务（FaaS）是无服务器计算框架的重要实现方式。函数即服务在用户控制的自由度和成本管理方面，介于平台即服务和软件即服务之间，从云平台管理资源的角度，函数即服务与平台即服务有相似之处——都是由云平台提供运行时环境，并由云平台实现运行时环境的自动扩展，不同的是运行时环境中运行程序的粒度不同。在平台即服务中，运行时环境直接运行用户开发完成的应用，这个应用可以直接提供用户需要的服务；而在函数即服务中，运行时环境中运行的是用户定义的函数，这些函数仅实现某个功能，需要将多个函数组装起来（即服务组装），才能提供用户需要的服务。此外，在平台即服务中，用户需要按照申请的资源付费，而在函数即服务中，用户可以根据函数实际运行消耗的资源付费。

3. 无服务器计算与微服务的区别

微服务是面向服务架构的延伸。微服务通过化整为零，减小服务粒度，从而突破传统单体应用架构的制约，增加了应用架构的灵活度。在微服务架构下，每个应用粒度变小，有自己明确的任务，各服务之间的边界变得清晰。同时，每一个微服务都可以独立地开发，还可以有自己的开发和加快交付节奏，也可以独立部署，还可以有独立上线和更新的节奏，从而有效提高应用的开发速度和加快交付节奏。此外，微服务可以带来更灵活的资源扩展，这体现在可以以单个服务为粒度进行横向扩展或缩小，而不会影响其他服务。然而微服务在带来价值的同时，也面临新的挑战。微服务的化整为零要求开发团队结构也需要做相应调整；更多的小应用大大增加了运维工作的复杂度；各个小应用间的通信、调用链的管理、状态监控、错误跟踪排查等都需要相应的解决方案。

无服务器计算和微服务都强调功能的解耦，两者都要求计算单位专注于做一件事情，但两者的粒度有所不同，无服务器计算中最小成员单位是函数，微服务中最小成员单位是微服务。两者的目的都是提高应用开发、交付上线的效率，不同点在于，微服务要求把服务拆分，从而提高应用架构的灵活度，而无服务器计算更侧重于减少用户管理的复杂度和成本，采用的是将服务器运维等工作移出用户管理职责范围的方式。

7.5 | 混合云、云际计算与穹计算

当单个云上的功能无法有效和高效地满足任务的执行要求时，出现了混合云服务模式以及多云操作模式（穹计算）。下面将简单介绍混合云和穹计算。

7.5.1 混合云服务

在谈论混合云之前，回顾一下公有云和私有云，它们是最常见的，也是基础的云部署方式。公有云是由第三方云计算服务商部署的云计算平台，用户通过租用的方式使用它。在公有云中，云计算处理组织的数据中心；而且，资源被分配给一个或多个组织，并跨职能工作。因此，基础设施由此类云中的同一组织拥有和运营。此外，用户和提供商的关系识别与安全风险检测要容易得多。然而，公有云无法控制用户体验。

私有云是一个企业或机构建设的为内部使用的云计算平台。在私有云中，政府、企业或学院拥有并运营公有云。此外，组织可以在此模型中通过互联网或其他门户提供开放访问。在这种类型的云中，资源定位和所有权检测领域出现了许多挑战。保护资源免受各种类型的入侵和攻击是非常复杂和困难的。但私有云的好处是提供对用户体验的完全控制。

一个企业在私有云不能满足需要，或者需要业务起伏的情况，但又不值得去扩张云

计算中心时，就会租赁公有云部分资源使用，技术上能够实现私有云和公有云的连接，成为混合云。混合云是最具优势的，它提供与一个或多个外部云服务相关联的私有云或公有云，同时数据和应用程序绑定在一起以集中管理。值得注意的是，如果实体通过互联网访问，混合云的安全性比公有云的安全性更可靠。这种方式也促进了云之间数据和服务的交互，实现了应用的可移植性[27]。混合云可以向私有云内部提供服务，也可以向云外部提供服务；而且混合云的管理层负责协同组装云服务，统一向用户提供，同时管理云的加入、退出，提供跨云认证、授权和访问控制等安全功能。

混合云有很多优势，包括可以组织针对需求低延迟的敏感工作负载维护私有基础结构，可以在需要时利用公有云中的其他资源，可以扩展至公有云且仅在需要时才为额外的计算能力付费，无须费时费力就可以过渡到云，根据实践按工作负载逐步迁移。

选择混合云方式的场景有以下几种。

1）工作负载动态或频繁变化。通过混合云可轻松扩展至公有云来处理动态工作负载，同时将不稳定程序较低或较敏感的工作负载留给私有云或内部数据中心。

2）关键工作负载与不太敏感的工作负载需要分隔开。将敏感的信息存储在私有云上，其余的业务使用公有云。

3）临时处理容量需求。与使用自有数据中心的基础架构相比，使用混合云能够以更低的成本为短期项目分配公有云资源。

7.5.2 云际计算

面向混合云的部署方式，国防科技大学史佩昌教授等人[28]提出了云际计算的概念。云际计算是以服务提供者之间的开放协作为基础，通过多云资源深度融合，方便开发者通过"软件定义"方式定制云服务，创造云价值，实现"服务无边界、云间有协作，资源易共享、价值可转换"的新一代云计算模式。云际计算的研究重点从协作模型和利益机制两个层面，突破了软件定义云际计算的理论模型、方法和技术，试图构建可编程、可定义和可审计的云际计算基础理论，支持云间资源自主共享、服务自由交易，向用户提供无缝、透明的多云协作环境。

云际计算生态系统的体系结构必须体现自主协作与利益交换的设计原则。

1）云际计算必须支持云服务提供者直接（而不是间接）参与自由交易，为此提出了对等协作机制。对等协作机制建立在一个标准的软件定义框架之上，按照这个标准框架，云服务提供者可以自主定义对等协作机制，参与协作交易。

2）云际计算必须支持云服务提供者之间的公平交易，为此提出了云际协作环境。云际协作环境也是建立在一个标准的软件定义框架之上，基于这个标准框架，云际计算生态系统的设计者可以定义云际交易和监管的相关规则与机制，支持云服务提供者之间的自主协作与利益交换。

云际计算模式的普及将推动互联网从信息传递网络进一步向价值传递网络演进。

7.5.3　穹计算

尽管云计算从根本上改变了计算机行业以及构建和部署应用程序的方式，但是严格来说，现阶段的云计算并没有像互联网或网络那样成为一种"普惠"的公共服务。目前，没有一个单一的底层云平台拥有一套任何人都可以使用的开放标准，相反，云计算已经演变成一系列在很大程度上相互不兼容的专有平台。因此，2021 年，加州大学伯克利分校的 Ion Stoica 教授和 Scott Shenker 教授[29] 提出了穹计算（Sky Computing）的展望。从概念上看，它是在多个云计算平台之上的计算抽象层次，其目标是实现云之间的互操作性，这样，应用程序就能够实现"云无关性"，即可以在多个云之上运行并按需使用多个云的服务资源。

穹计算架构（如图 7-6 所示）主要由三个关键层组成。

1）兼容层。 兼容层是用于屏蔽底层技术差异并抽象出各个云提供的服务的层，开发人员在该层之上开发的应用程序在更改后即可在不同的云上执行。简而言之，兼容层是可以构建应用程序的一组接口或 API，然后可以使用云的一组接口（可能是专有的）将此兼容层移植到每个云上。从纯技术的角度看，实现一个广泛可用的兼容层是很容易的，但是问题是市场是否会支持。原因在于，虽然兼容层对用户有明显的好处，但它可能影响云服务提供商的利益。

2）云间层。 这一层允许开发人员指定他们的任务应该在哪里运行的策略（将任务路由到正确的云），但不要求他们就任务安排做出低级的决定。简而言之，根据用户的需求（如最小化成本，最小化时间，或如何处理这些数据），允许应用程序跨多个云提供商运行。这部分功能可以由现有的云平台提供，或者出现一个新型的虚拟云来专门管理。

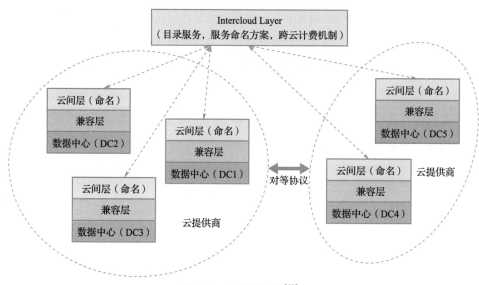

图 7-6　穹计算架构[29]

一旦应用程序被设计为跨多个数据中心运行，剩余的跨云问题可以通过以下三个功能来解决。

- 服务命名方案。为了表示在特定云上的服务实例，需要一个命名方案来标识实例。而且还需要注意将元数据与每个此类服务实例相关联，元数据应包含如何调用服务、云提供商的名称、位置、软件或 API 版本、硬件类型等。此外还可能添加动态信息，如定价、负载和可用性等。

- 目录服务。需要特定服务的应用程序必须找到满足其要求和偏好的服务实例，这就需要目录服务。每个云提供商通过提供其名称和元数据信息将其服务发布到该目录。此外，每个云提供商都应定期更新其动态元数据。反过来，应用程序应该请求表达其偏好和要求的特定服务。在接收到这样的请求后，目录服务将返回一个满足这些要求和偏好的实例。

- 跨云计费机制。使用穹计算，用户可以在某个云上运行，甚至可以同时在多个云上运行，并且每个云都必须对所使用的资源进行核算。如果计费由每个云完成，则需要每个用户在各个云上拥有账户。因此，这种情况下，可以让每个用户都与在所有云上拥有账户的第三方签约，然后累积费用，最后再将每个用户的付款分配给各个云。

3）对等层。允许对云之间的有关问题达成一致。这一层反映了互联网本身的设计方式，例如，互联网协议提供了网络间兼容性、定价策略。

穹计算的前景目前还不是很清晰。在竞争激烈的市场中，独立的云服务提供商相互竞争，而穹计算某种角度是希望促成云服务提供商之间的合作。实际情况中，独立云服务提供商的利润率显然更高，但必须持续保持其专有接口的优势。云服务提供商之间的合作虽然可以创造更多创新的应用机会，但盈利模式还有待深入讨论。

总的来说，在技术层面，为了实现穹计算的愿景，需要让兼容层、云间层和对等层都有效，即兼容层隐藏云之间的任何实现差异，云间层自动找到各种服务的最佳价格、性能和属性，对等层互连使数据移动自由且快速。

7.6 | 本讲小结

在本讲中，主要介绍服务计算和云计算的背景、基本概念和关系，然后介绍不同的云计算服务。进而介绍云计算服务的一些关键技术，包括虚拟化、容器和微服务、无服务器计算等。最后，对新型云计算模式—穹计算做简要介绍。

拓展阅读

[1] ARMBRUST M，FOX A，GRIFFITH R，et al. Above the clouds：a berkeley view of cloud computing[J]. Electrical Engineering and Computer Sciences，2009，28(13).

[2] JONAS E，SCHLEIER-SMITH J，SREEKANTI V，et al. Cloud programming simplified：a berkeley view on serverless computing[J]. arXiv preprint，2019，arXiv：1902. 03383.

[3] 史佩昌，尹浩，沃天宇等. 软件定义的云际计算基础理论和方法研究进展[J]. 中国基础科学，2019，21(6)：54-60.

[4] STOICA I，SHENKER S. From cloud computing to sky computing[C]//Proceedings of the Workshop on Hot Topics in Operating Systems. New York：ACM，2021：26-32.

参考文献

[1] JONAS E，SCHLEIER S J，SREEKANTI V，et al. Cloud programming simplified：a berkeley view

on serverless computing[J]. arXiv preprint, 2019, arXiv: 1902.03383.

[2] KUMAR M, SHARMA S C, GOEL A, et al. A comprehensive survey for scheduling techniques in cloud computing[J]. Journal of Network and Computer Applications, 2019, 143: 1-33.

[3] SENYO P K, ADDAE E, BOATENG R. Cloud computing research: a review of research themes, frameworks, methods and future research directions[J]. International Journal of Information Management, 2018, 38(1): 128-139.

[4] MANVI S S, SHYAM G K. Resource management for infrastructure as a service(IaaS) in cloud computing: a survey[J]. Journal of Network and Computer Applications, 2014, 41: 424-440. https://www.sciencedirect.com/science/article/abs/pii/S1084804513002099.

[5] BONIFACE M, NASSER B, PAPAY J, et al. Platform-as-a-service architecture for real-time quality of service management in clouds[C]//Proceedings of the Fifth International Conference on Internet and Web Applications and Services. Cambridge: IEEE, 2010: 155-160.

[6] SUN W, ZHANG K, CHEN S K, et al. Software as a service: an integration perspective[C]//Proceedings of the International Conference on Service-Oriented Computing. Berlin: Springer, 2007: 558-569.

[7] ISMAEEL S, MIRI A. Using ELM techniques to predict data center VM requests[C]//Proceedings of the 2015 IEEE 2nd International Conference on Cyber Security and Cloud Computing. Cambridge: IEEE, 2015: 80-86.

[8] PEARCE M, ZEADALLY S, HUNT R. Virtualization: issues, security threats, and solutions[J]. ACM Computing Surveys(CSUR), 2013, 45(2): 1-39.

[9] CHOWDHURY N M, BOUTABA R. A survey of network virtualization[J]. Computer Networks, 2010, 54(5): 862-876.

[10] PAHL C, BROGI A, SOLDANI J, et al. Cloud container technologies: a state-of-the-art review [J]. IEEE Transactions on Cloud Computing, 2017, 7(3): 677-692.

[11] TOSATTO A, RUIU P, ATTANASIO A. Container-based orchestration in cloud: state of the art and challenges[C]//Proceedings of the 2015 International Conference on Complex, Intelligent, and Software Intensive Systems. Cambridge: IEEE, 2015: 70-75.

[12] CERNY T, DONAHOO M J, TRNKA M. Contextual understanding of microservice architecture: current and future directions [J]. ACM SIGAPP Applied Computing Review, 2017, 17

（4）：29-45.

[13]　ALSHUQAYRAN N, ALI N, EVANS R. A systematic mapping study in microservice architecture
［C］//Proceedings of the 2016 IEEE 9th International Conference on Service-Oriented Computing
and Applications. Cambridge：IEEE, 2016：44-51.

[14]　冯志勇，徐砚伟，薛霄，等. 微服务技术发展的现状与展望[J]. 计算机研究与发展，2020,
57(5)：1103.

[15]　AO L, IZHIKEVICH L, VOELKER G M, et al. Sprocket：a serverless video processing framework
［C］//Proceedings of the ACM Symposium on Cloud Computing. New York：ACM, 2018：
263-274.

[16]　BALDINI I, CHENG P, FINK S J, et al. The serverless trilemma：function composition for server-
less computing［C］//Proceedings of the 2017 ACM SIGPLAN International Symposium on New Ide-
as, New Paradigms, and Reflections on Programming and Software. New York：ACM,
2017：89-103.

[17]　ALPERNAS K, FLANAGAN C, FOULADI S, et al. Secure serverless computing using dynamic in-
formation flow control［C］//Proceedings of the ACM on Programming Languages. New York：ACM,
2018, 2(OOPSLA)：1-26 .

[18]　BAUDART G, DOLBY J, DUESTERWALD E, et al. Protecting chatbots from toxic content［C］//
Proceedings of the 2018 ACM SIGPLAN International Symposium on New Ideas, New Paradigms,
and Reflections on Programming and Software. New York：ACM, 2018：99-110.

[19]　BRENNER S, KAPITZA R. Trust more, serverless［C］// Proceedings of the 12th ACM Interna-
tional Conference on Systems and Storage. New York：ACM, 2019：33-43.

[20]　KUHLENKAMP J, WERNER S. Benchmarking FaaS platforms：call for community participation
［C］//Proceedings of the 2018 IEEE/ACM International Conference on Utility and Cloud Computing
Companion. Cambridge：IEEE, 2018：189-194.

[21]　SOMMA G, AYIMBA C, CASARI P, et al. When less is more：core-restricted container provisio-
ning for serverless computing［C］//Proceedings of the IEEE INFOCOM 2020 - IEEE Conference on
Computer Communications Workshops. Cambridge：IEEE, 2020：1153-1159.

[22]　HOROVITZ S, AMOS R, BARUCH O, et al. FaaStest-machine learning based cost and perform-
ance FaaS optimization ［C］//Proceedings of the International Conference on the Economics of

Grids, Clouds, Systems, and Services. Berlin: Springer, 2019: 171-186.

[23] OAKES E, YANG L, ZHOU D, et al. SOCK: rapid task provisioning with serverless-optimized containers[C]//Proceedings of the 2018 USENIX Annual Technical Conference. New York: ACM, 2018: 57-70.

[24] XU Z, ZHANG H, GENG X, et al. Adaptive function launching acceleration in serverless computing platforms[C]//Proceedings of the 2019 IEEE 25th International Conference on Parallel and Distributed Systems. Cambridge: IEEE, 2019: 9-16.

[25] AKKUS I E, CHEN R, RIMAC I, et al. SAND: towards high-performance serverless computing [C]//Proceedings of the 2018 USENIX Annual Technical Conference. New York: ACM, 2018: 923-935.

[26] ADZIC G, CHATLEY R. Serverless computing: economic and architectural impact[C]//Proceedings of the 2017 11th Joint Meeting on Foundations of Software Engineering. New York: ACM, 2017: 884-889.

[27] ALZAHRANI A, ALALWAN N, SARRAB M. Mobile cloud computing: advantage, disadvantage and open challenge[C]//Proceedings of the 7th Euro American Conference on Telematics and Information Systems. New York: ACM, 2014: 1-4.

[28] 史佩昌, 尹浩, 沃天宇, 等. 软件定义的云际计算基础理论和方法研究进展[J]. 中国基础科学, 2019, 21(6): 54-60.

[29] STOICA I, SHENKER S. From cloud computing to sky computing[C]//Proceedings of the Workshop on Hot Topics in Operating Systems. New York: ACM, 2021: 26-32.

第 8 讲
移动边缘服务

本讲概览

本讲主要介绍以服务计算为背景，以移动网络、边缘计算、卫星计算为应用场景所产生的移动边缘服务。因此，本讲中的移动边缘服务主要由三部分组成：5G 网络服务化架构中下沉到网络边缘的通信服务、边缘节点或移动网络中承载的 IT 服务以及卫星上运行的星载服务。

首先，针对移动服务种类繁多，服务特征各不相同，对网络的要求也各不相同，5G 网络实现了网络的控制面和用户面分离，用户面功能可以灵活部署在核心网机房或者靠近接入网的位置，为边缘计算中网元的下沉部署奠定网络基础。例如，通过用户面功能的分布式部署和数据流量的本地卸载，边缘服务器可以基于灵活可控的网络能力，满足移动边缘服务对时延、带宽的不同需求。另外，移动网络架构在设计时充分考虑了用户需求、场景特点和指标要求，结合了 IT 领域前沿的思想和技术，将服务计算的服务化架构引入 5G 网络，使得整个系统在大幅提升通信能力的同时，也具备了 IT 系统提供移动边缘服务的灵活性。例如，高可靠低时延通信服务能力支持对时延要求极高的工业控制、车联网、无人驾驶、无人机等场景；增强移动带宽服务能力支持对带宽要求较高的虚拟现实/增强现实、在线超高清视频、直播等场景；大规模机器类通信服务能力支持对于海量连接需求高的物联网设备接入、智慧城市、智能交通等场景。最后，随着5G 向 6G 的演进，6G 实现空天地海一体化的网络服务覆盖将是其主要特征之一，而以卫星计算为呈现形态的星载服务也将在未来的移动边缘服务中发挥重要作用。

本讲针对移动边缘服务相关技术进行了较为全面而深入的介绍，包括移动网络的发展背景、移动网络关键技术、边缘计算的架构及计算前沿进展等；针对日益增长的移动服务需求，介绍了云边端协同架构；面向未来空天地海一体化的移动服务需求，介绍了认知服务化架构；以天算星座为例，探索性地介绍了卫星计算的相关背景及案例。

8.1 移动网络发展背景

过去的 30 多年中，无线通信技术取得了飞速发展。1G 通信使用模拟通信技术实现了移动通信技术从无到有的飞跃。2G 通信不仅使移动通信技术迈入了数字通信时代，同时通过引入通用分组无线服务（General Packet Radio Service，GPRS）技术，使得移动设备具备了提供数据业务的能力。3G 和 4G 技术通过不断引入新技术，使得移动设备的网络接入速率分别达到了 10Mbps 和 100Mbps 的量级。在这个发展过程中，更稳定的连接，更高的速率是移动通信技术发展过程中不变的追求。

5G 开启了全连接、全业务的时代。不同于 4G 核心网的单纯增强移动宽带（Enhanced Mobile Broadband，eMBB）服务能力，独立组网的 5G 核心网能够同时提供 eMBB、超可靠低时延通信（Ultra-Reliable and Low Latency Communications，URLLC）和海量机器类通信（Massive Machine Type Communication，mMTC）服务，实现一网万用、赋能行业数字化转型。一方面，屏蔽接入方式的差异，实现以用户体验为中心的多接入网络；另一方面，网络切片和边缘计算为各行各业提供按需服务。当前，独立组网的 5G 核心网商用部署已经逐步开始。5G 核心网关键技术已取得如下进展。

1）云化部署。云化部署是 5G 核心网的基础。在实际应用中，大区集中全云化核心网技术已日益成熟。核心网的云化部署可建立基于业务感知的弹性网络架构，使业务容量不受物理硬件限制，实现网络资源的按需管理和网络功能的按需生成。当前，5G 核心网云化部署处于中心云部署初级阶段，边缘云部署尚未开始，中心云技术架构须继续演进，边缘云架构待部署，中心云与边缘云架构之间的协同也有待探索。

2）服务化架构。服务化架构（Service Based Architecture，SBA）是 5G 核心网的重要标准架构。在服务化架构中，5G 核心网由多个软件定义的网元功能组成，每个网元功能由多个微服务来实现。通过第三代合作计划（The 3rd Generation Partner Project，3GPP）定义的统一接口规范，各个网元之间互相解耦，可以实现独立的部署和扩容。在此基础上，5G 网络实现了彻底的控制面和用户面分离（Control and User Plane Separation，CUPS），将用户面的功能集中于用户面功能（User Plane Function，UPF），使得 UPF 的部署更加灵活，既可以部署在核心网机房，也可以下沉部署到靠近接入网的位置，为多接入边缘计算（Multi-access Edge Computing，MEC）中计算资源的下沉部署奠定网络基础。当前 5G 核心网控制面已经实现全面服务化但仍然不够灵活，而 UPF 网元还未开始服务化。

3）网络切片。网络切片也是 5G 的关键技术之一。网络切片主要利用网络虚拟化技术，将网络中的各类物理资源抽象成虚拟资源，并基于指定的网络功能和特定的接入网技术构建端到端的逻辑网络，通过服务功能链技术为用户提供服务。为了实现 5G 的服务功能链，欧洲电信标准化协会（ETSI）提出了网络功能虚拟化管理和编排框架，该框架包含网络功能虚拟化编排器、虚拟网络服务管理器和虚拟基础设施管理器，并定义了如何从基础设施提供的资源构建虚拟网络服务。网络功能虚拟化编排器根据特定的编排算法决策网络服务功能的部署位置和相邻网络服务功能之间的流量路由，虚拟网络服务管理器通过依赖于网络服务功能的放置策略构建网络服务功能实例。

4）边缘计算。5G 服务化架构的引入以及 UPF 的灵活部署，使得算力资源的下沉部署，即移动边缘计算成为可能。移动边缘计算通过靠近用户部署边缘云，使得用户数据可以就近得到处理，极大缓解了传统云计算中由于云数据中心部署较远带来的高时延问题，同时减少了数据大规模远距离传输给骨干网带来的压力。例如，通过将后端应用部署在边缘云，人脸识别类应用的响应时间可以从 900ms 降低到 169ms。而通过将可穿戴类设备的计算任务卸载到边缘云，其总响应时间同样可以降低 80 到 200ms。

8.2 5G 网络

8.2.1 5G 服务化架构

5G 核心网是以服务化架构作为网络基础架构，如图 8-1 所示，5G 核心网采用服务来设计网元（又称网络功能），以服务调用（基于 HTTP 协议，以 JSON 为数据交互格式的 RESTful API）取代传统的信令交流，通过模块化实现网络功能间的解耦和整合，各解耦后的网络功能可以独立扩容、独立演进、按需部署，并实现网络功能的服务注册、发现和认证等。采用服务化架构设计，可以提高网络功能的重用性，简化业务流程设计，优化参数传递效率，提高网络控制功能的整体灵活性，同一种网络功能可以被多种网络功能调用，从而降低网络功能之间接口定义的耦合度，最终实现整网功能的按需定制。

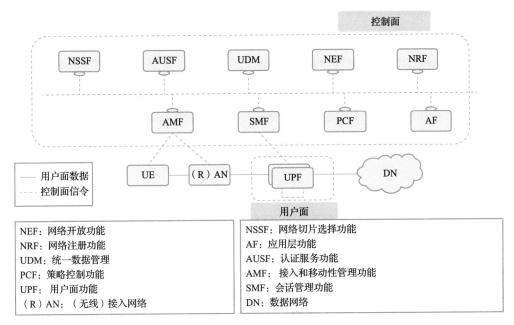

图 8-1　5G 服务化架构

在控制面，5G 核心网的接入和移动性管理功能（Access and Mobility Management Function，AMF）主要负责用户的接入和移动性管理，包括注册、连接、访问验证授权及可达性管理等，并且提供控制面网元与用户终端（User Equipment，UE）的消息传递功能。会话管理功能（SMF）负责用户的会话管理，包括会话的建立、更新和释放及维护协议数据单元（Protocol Data Unit，PDU）的会话状态、群组管理、控制和协调用户面功能（UPF）的收费数据收集和流量控制等。认证服务功能（Authentication Server Function，AUSF）负责对用户的 3GPP 和非 3GPP 接入进行认证。策略控制功能（Policy Control Function，PCF）负责用户的策略控制，包括会话策略、移动性策略等。统一数据管理（Unified Data Management，UDM）负责用户签约数据和配置文件的存储与管理。网络切片选择功能（Network Slice Selection Function，NSSF）负责选择用户业务采用的网络切片。网络注册功能（Network Repository Function，NRF）负责网络功能的注册、发现和选择，使各网络功能可以相互发现选择并通过 API 通信。网络开放功能（Network Exposure Function，NEF）是外部用户接入核心网 API 的网关，负责将 5G 网络的能力开放给外部系统，同时内部网络功能也可通过 NEF 向其他网络功能公开其功能和事件。应用层功能（Application Function，AF）通过与核心网互通为用户提供业务。

在用户面，UPF 负责用户面处理，作为 PDU 会话锚点完成用户平面上数据包协议的封装和解封装、分组路由和转发、数据包检查、QoS 流映射等功能，同时负责用户平面部分策略规则的实施。UE 通过无线接入网（RAN）支持不同类型接入，并通过 UPF 响应 SMF 请求，连接数据网络（Data Network，DN），以满足用户终端的 5G 业务需求。

8.2.2 SDN/NFV

网络性能上的巨大提升离不开技术架构上的升级。通过引入软件定义网络（Software Defined Network，SDN）和网络功能虚拟化（Network Functions Virtualization，NFV）等网络技术，5G 核心网实现了软硬件的解耦。SDN 是一种网络管理技术，其将网络数据包的转发过程从路由过程独立出来，分别形成数据面和控制面，网络控制功能集中于实现控制面功能的网络组件中。SDN 技术可以支持快速、高效可编程的网络配置以提升网络性能和监控。NFV 利用 IT 虚拟化技术实现整个网络节点功能的虚拟化，从而实现网络节点的互联、成链和传输通信服务。NFV 将网络功能软件从定制化硬件平台解耦出来，构建灵活的网络架构，从而实现灵活的网络管理和快速的服务推出。5G 核心网通过 SDN/NFV 技术实现在云服务器上运行虚拟网络功能以取代专用设备，使得网络架构更加灵活。

8.3 边缘计算

8.3.1 背景与发展现状

随着 5G 商用的推进，视频直播、云游戏、VR/AR、自动驾驶等高带宽消耗和时延敏感的移动应用给云计算带来了巨大的挑战。大量研究工作曾致力于解决大规模移动数据的分布式处理问题，例如微云（Cloudlet）、雾计算和微数据中心等。为了更有效地应对各类接入终端移动数据流量的高速增长、海量的终端连接以及各种差异化新型应用不断涌现的局面，5G 引入多接入边缘计算支撑这些计算密集型的业务和庞大的连接数。

边缘计算通过将计算存储能力和业务服务能力向网络边缘迁移，使应用、服务和内容可以实现本地化、近距离、分布式部署，从而减轻核心网络的带宽压力、缓解云数据中心计算和存储负担并增强用户隐私保护和边缘设备安全性。

边缘计算的概念最早出现在 2013 年，主要思想是通过在移动基站上引入业务平台功能，使得业务应用可以部署在移动网络边缘。经过产业界共同推动，ETSI 于 2014 年 9 月正式成立了 MEC 工作组，针对 MEC 技术的应用场景、技术要求、框架及参考架构等展开深入研究。随着 ETSI MEC 标准化工作的推进，MEC 的概念已经从立项初期以 3GPP 移动网络为目标扩展至非 3GPP 网络（Wi-Fi，有线网络等）以及 3GPP 后续演进网络，其名称也从边缘计算改为多接入边缘计算。目前，除 ETSI 之外，其他标准化组织也在进行边缘计算相关的标准化工作，如 3GPP、GSMA 和 5GAA。其中，3GPP SA 工作组关于边缘计算的标准化工作和 5G 核心网的各方面工作息息相关，并且从 R15 一直持续到 R17。例如 3GPP SA2 定义了边缘云间流量路由，使得应用具备了流量定向的功能。3GPP SA4 定义了 5G 核心网为边缘计算提供的流架构扩展。3GPP SA5 明确了应用服务器的生命周期管理和边缘服务计费功能。GSMA 联合各家运营商的边缘计算基础设施来提供全球范围的边缘云。5GAA 定义了 C-V2X 应用的需求和基于边缘计算的实现建议。不同的标准活动涵盖不同的方面，并在很大程度上相互补充。

工业界中，国内外互联网公司、设备厂商、电信运营商纷纷布局边缘计算。互联网头部企业的边缘演进策略是将服务能力从中心云下沉，将自己的生态逐渐向边缘云拓展。AWS 发布了边缘服务平台 Wavelength，在边缘云上与 Verizon、Vodafone、KDD 和 SK 电讯等运营商合作，共同提供边缘云服务。微软发布了面向边缘的云平台 Azure IoT Edge，将人工智能和分析工作下沉到网络边缘。Google 也推出了 Anthos 边缘框架，计划通过 AT&T 的网络将 Anthos 生态推送到企业客户和个人客户。阿里云推出了 Link IoT Edge 物联网边缘计算解决方案，提供将云上应用延伸到边缘的能力。百度推出了智能边缘计算的"端云一体"解决方案 Baidu IntelliEdge。腾讯采用"CDN+边缘计算"模式，在视频直播、游戏等场景上进行探索。设备厂商的边缘计算演进策略是从边缘终端逐渐上移，积极研制符合边缘计算部署要求的通用硬件基础设施。例如，戴尔推出针对物联网的易安信边缘计算网关 Edge Gateway，华为推出针对边缘计算服务器市场的 Ascend 310 芯片。全球主流电信运营商也积极拓耕边缘计算领域，希望实现从管道经营到算力经营的转变。美国电信公司 AT&T 将边缘计算定位为 5G 战略三大支柱之一，与微软、Google 等联合部署基于 5G 网络的边缘云平台，加快边缘计算生态建设和商用部署。中国移动发布了边缘计算通用平台 OpenSigma1.0，为生态合作伙伴提供"网-边-云"的一站式孵化服务。中国联通推出了 CUC-MEC 边缘云平台，具备端到端集合和一体化运营优势，实现 CT+IT+OT 的融合。中国电信 MEC 平台提供一站式的应用部署服务，实现一点入云、一跳入云、一键部署。

目前，边缘计算的应用场景十分丰富，涉及各个领域和行业。中国联通在《中国联通 5G MEC 边缘云平台架构及商用实践白皮书》中给出了边缘计算在新媒体、智能制造、智慧港口、智能车联、智慧教育、智慧医疗和智慧安防中的商用案例。百度在《5G+AI 智能工业视觉解决方案白皮书》中指出，端+5G+网络+边缘云+云的协作将成为未来智能化工厂标配解决方案，让工厂质量检查和缺陷识别变得简单和高效。边缘计算产业联盟发布的《边缘计算与云计算协同白皮书 2.0》中介绍了各个公司在云边协同的场景下商业实例部署的成果。总体来看，数字能源、智慧交通、工业互联网是边缘计算最有发展前景的价值行业。因此，边缘计算的价值行业与新基建的重点领域匹配度高，新基建的推进必将加速边缘计算产业的落地。未来，边缘计算可为用户提供极致的生活体验，成为行业数智能力的新基石，推动社会数字经济的发展。

8.3.2　移动边缘计算架构与优势

移动边缘计算的主要思想是将计算资源从远端的云数据中心转移到互联网边缘，也就是无线接入网络，从而以分布的方式为移动用户提供计算资源。边缘主机（包括基站边缘主机和微云）被部署在通信基站内（附近）或无线接入点附近，移动用户通过通信基站（或无线接入点）经由一跳的无线传输即可以获取边缘主机的计算资源。移动边缘计算系统由移动边缘主机和运行移动边缘应用所需的管理模块构成，图 8-2 展示了 ETSI 提出的移动边缘计算的系统架构。在移动云计算中，计算资源由云服务提供商集中管理，无线接入网络只作为移动用户

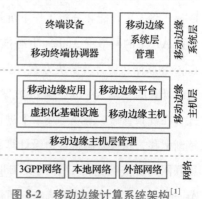

图 8-2　移动边缘计算系统架构[1]

在进行计算迁移时的传输中继。与移动云计算不同,移动边缘计算中的计算资源和通信资源不再分别由云服务提供商和无线网络运营商独立地进行管理,而是由无线网络运营商统一管理。

移动边缘计算由于靠近移动用户,与传统的移动云计算相比具有高带宽、低时延的优势。同时由于在无线接入网络内部处理移动请求,移动边缘计算能够有效地降低核心网络的通信负载和云数据中心的计算负载。此外,移动边缘计算在位置识别方面优于移动云计算:由于位置靠近移动用户,移动边缘计算能够实时地处理基于位置的移动应用。基于以上优势,移动边缘计算的提出与发展为移动用户和网络运营商带来了诸多益处。从移动用户的角度,由于新出现的计算密集型的移动应用(如增强现实、自然语言处理、目标识别等)的计算需求大大超过了移动设备本身的资源容量,通过计算迁移将移动应用的计算请求迁移到移动边缘主机,有利于提高移动设备支持复杂移动应用的能力,并且在计算迁移的过程中,用户只须经过一跳的无线传输就可以获取边缘主机的计算资源,因此能够有效地降低移动应用的处理时延和移动设备的能耗。从网络运营商的角度,由于将边缘主机部署在无线接入网络内,网络运营商能够很方便地监控无线网络的状态,有利于对无线网络进行高效的管理和优化。

8.4 移动边缘计算研究进展

8.4.1 5G 核心网服务化架构

在 5G 网络中,无论是控制面还是用户面,接入和移动性管理功能都扮演了重要的角色[2-4]。因此,吸引了国内外相关学者在这方面开展研究工作。众所周知,5G 网络接入和移动性管理的关键要素是切换过程,该过程通常利用已建立的度量进行切换决策,如参考信号接收质量或参考信号接收功率。然而,在 5G 超密集网络场景下,需要部署大量的微基站以提高传输速率,这种需求大幅增加了异构网络的干扰和切换数量。因此,针对 5G 超密集网络中用户设备的频繁切换问题,许多学者试图通过建立本地网或在基站附近部署锚点优化切换流程,例如美国科罗拉多州立大学的 Alsaeedy 等人[5] 提出了一种基于基站的用户终端移动跟踪方案,用户终端将不再触发跟踪区域更新来报告其位置变化，而是由基站负责跟踪和定位这些用户终端，实现轻量级的信令开销和极低的分页延迟。中国电信科学技术研究院的 Wang 等人[6] 针对超密集网络提出了考虑微型小区部署和回程拓扑的高效本地化移动性管理方案，这两种方案均在移动性管理过程中引入本地接入服务器，但第一种方案直接由本地接入服务器进行移动性管理，而第二种方案允许单个微型小区接入点处理移动性事件，但仍然需要本地接入服务器充当移动性锚点。东南大学的 Xu 等人[7] 提出了一种基于上行参考信号的新型移动性管理方案，该方案允许用户终端发送上行链路参考信号，由基站在上行链路中执行测量，从而缩短切换延迟，节省下行链路测量的功率。美国南佐治亚大学的 Semiari 等人[8] 将移动性管理问题描述为用户终端和微基站之间的动态匹配博弈，提出了一个移动性管理框架，利用设备级缓存及双模式微基站减少切换失败的概率，并降低频率测量的能耗。荷兰代尔夫特理工大学的 Balasubramanian 等人[9] 利用网络切片在 5G 核心网服务和 4G 核心网服务之间实现无缝切换，引入连接模式即服务充当云代理，实现对边缘可用的虚拟化无线电资源的聚合，在边缘服务器内部运行并标识源 IP 的控制逻辑，通过定位其他网络代理与外部网络建立可用连接，综合考虑信令成本，服务中断和其他资源预留需求，充分保障移动边缘运营商的利润。北京科技大学的 Zhang 等人[10] 研究了基于网络切片的 5G 系统的逻辑体系结构，提出了一种管理不同接入网之间移动性的方案，以及一种基于网络切片的频谱共享两层系统的联合功率和子信道分配方案，并考虑了共层干扰和跨层干扰。

基于上述分析，尽管 5G 核心网架构能够有效支撑当前用户业务需求，但存在以下不足：①现有统一接口协议栈主要基于 TCP，这使得信令的通信开销和时延仍有较大优化空间；②核心网架构的控制面在逻辑上过于集中，边缘侧就近为用户终端提供接入及移动性管理的性能有待提升。

8.4.2　5G 移动边缘计算

移动边缘计算作为 5G 的关键核心技术之一，国内外在这方面的研究成果比较多。下面将从计算卸载、边缘缓存及任务调度等多个方面介绍 5G 移动边缘计算相关的国内外研究工作。

在移动边缘计算的计算卸载方面，北京邮电大学的 Liu 等人[11] 在以用户终端为中心的超密集网络场景下将多个接入点成组为每个用户终端提供接入服务以最大化系统效率。西安电子科技大学的 Guo 等人[12] 在多用户多边缘服务器场景下提出了一种启发式贪婪卸载方法以实现用户终端和边缘服务器的计算资源协作。华中科技大学的 Chen 等人[13] 基于软件定义网络思想提出了一种超密集网络场景下的计算卸载方案以最小化时延，同时减少用户终端的功耗。华中科技大学的 Long 等人[14] 提出了一种将用户终端形成视频处理组并将视频块分配给合适视频处理组的算法，以处理时延敏感的多媒体任务。这些研究都是假设已知全局信息来离线优化计算卸载方案的。一些研究工作关注在线计算卸载方案以适应网络环境的动态变化。清华大学的 Cui 等人[15] 提出了一种软件定义的协作卸载模型，在用户终端之间进行集中式调度任务，并设计了一种在线任务调度算法，以节省用户终端的能耗并减少访问链路上的流量。美国迈阿密大学的 Chen 等人[16] 研究通过工作负载对等卸载实现边缘节点之间的协作，在未来系统动态信息未知的情况下最大化系统性能。但是，这些集中式协作卸载方案在现有网络中难以实现，主要原因在于应用层和网络是解耦的，应用层无法实时精准地感知网络性能。另外，一些研究基于博弈论设计分布式计算卸载方案，如斯德哥尔摩皇家理工学院的 Jošilo 等人[17] 设计了基于势博弈的计算卸载算法，以最小化每个用户终端的计算卸载成本。清华大学的 Gao 等人[18] 提出了一种在网络编码辅助 D2D 通信中的两阶段博弈算法，基于贪婪算法将有限的蜂窝资源分配给 D2D 设备。

在移动边缘计算的边缘缓存方面，通过在边缘节点缓存服务，在靠近用户侧处理计算任务，减少迁移到核心网的通信流量和远端云的计算任务。然而，由于边缘节点存储资源有限，在边缘节点合理放置移动应用服务对提高边缘缓存的性能具有重要意义。美国南加利福尼亚大学的 Ao 等人[19] 研究通过小区分布式内容缓存和基站协作传输加速内容传递并降低回程开销和时延。缓存相邻基站的不同内容以最大化点击率，或缓存多个相邻基站的相同内容，相邻基站可以并行传输以达到复用增益。西班牙加泰罗尼亚电信技术中心的 Gregori 等人[20] 考虑了两种场景：①将内容缓存在小基站；②将内容缓存在用户终端，再通过 D2D 通信传输缓存内容，并研究了这两种场景下的内容传输和缓存机制的联合优化。印度达尔瓦德理工学院的 Bharath 等人[21] 提出了一种可在有限训练时间内达到预期流行预测精度的学习方法。北京航空航天大学的张珊等人[22] 围绕以用户终端为中心的边缘缓存机制，每个用户终端由多个边缘服务器服务，从而优化服务时延，提出了以用户终端为中心的移动网络的时延最优的协作边缘缓存机制，基于网络拓扑、信道质量和文件流行度等随机信息联合优化内容放置和集群大小。华中科技大学的杨鹏等人[23] 通过预测内容的流行度设计了面向位置的边缘缓存机制，以最大化本地的点击率。一些工作研究了动态边缘服务缓存机制[24-26]。英国皇家理工学院 Dan 等人[24] 研究基于预测的内容放置问题，并为基于云存储和内容分发网络的混合系统提供近似最优的动态内容放置策略。美国得克萨斯农工大学的 Hou 等人[25] 提出基于历史信息的动态边缘缓存方法，无须预测未来请求或采用随机模型。巴西坎皮纳斯州立大学的 Chantre 等人[27] 研究了 5G 超密集组网场景下边缘服务器的放置问题，采用粒子群算法和遗传算法优化放置方案，从而提高系统的可靠性并降低成本。爱尔兰都柏林大学的 Garcia-Saavedra 等人[28] 设计了一种移动边缘计算和虚拟无线接入网联合优化框架，该框架遵循一种数据驱动的评估方法共同选择基站功能划分、前传路由路径和边缘服务器部署位置，从而最小化虚拟无线接入网的成本并提高计算效率。华中科技大学的 Deng 等人[29] 针对工业无线传感器网络中覆盖漏洞导致的网络性能下降问题，设计了启发式算法，解决了覆盖漏洞问题并减少调度移动节点的能耗。清华大学的 Yin 等人[30] 设计了一种移动边缘计算场景下的决策支持框架，该框架通过预测潜在的边缘服务器部署位置设计服务部署方法，从而降低边缘配置成本。

在移动边缘计算的任务调度方面，尽管边缘计算使得用户终端能够在一跳范围内获取丰富的资源，但由于边缘节点的计算、通信和存储资源有限，大量研究工作通过将计算任务迁移到一跳外的边缘节点（或远端云）解决任务调度问题。荷兰阿姆斯特丹自由大学的 Wang 等人[31] 和中国科技大学的 Han 等人[32] 研究边缘节点间的在线任务调度问题以服务动态移动请求。荷兰阿姆斯特丹自由大学的 Wang 等人[31] 研究面向用户移动性的任务分配问题，首先用一个综合模型建模此问题以分析面临的主要挑战，然后提出一种在线算法解决一系列子问题，最后得出边缘资源分配的可行解。美国田纳西大学的 Tong 等人[33] 提出分层边缘计算架构并优化此架构的任务调度问题。清华大学的崔勇等人[34] 提出在边缘节点间以软件自定义方式进行任务调度。为了保证资源需求密集且时延敏感的应用（如增强现实应用）的服务质量，需要联合优化服务缓存和任务调度，以最小化服务响应时间，提升资源利用率。美国马萨诸塞大学阿姆赫斯特分校的 Dehghan 等人[35] 研究了边缘缓存和请求调度的联合优化问题。美国耶鲁大学的 Poularakis 等人[36]

研究了多小区环境下的边缘缓存和任务请求调度问题。美国迈阿密大学的 Xu 等人[37] 提出了一种迭代式的缓存更新策略以得到有效的服务缓存策略和计算迁移决策。美国宾夕法尼亚州立大学的 He 等人[38] 和 Farhadi 等人[39] 研究服务缓存和请求调度的联合优化问题，在缓存开销约束下最大化本地处理的请求数。另外，本讲作者团队也在边缘计算任务和服务请求调度方面做了很多工作并发布了移动边缘计算数据集⊖，该数据集不仅仅包含用户信息，基站数据，还提供了用户请求的服务/应用信息。

基于上述分析可以看出，尽管 5G 关于边缘计算的计算卸载、边缘缓存及任务调度方面已有大量研究工作，但仍存在以下不足：①现有 5G 核心网单个边缘节点的算力资源有限且节点之间难以互相感知和协同；②已有研究进行任务分配和资源调度时，缺少考虑边缘节点在计算、网络和通信等多种资源的局限性，导致系统资源利用率较低；③已有的边缘节点资源集中编排和管理方法存在扩展性差和共享性低问题，难以适应 6G 核心网对上层网元和服务能力的保障需求。

8.4.3 边缘计算数据集

对边缘计算的研究同时涉及用户终端、通信网系统以及边缘算力设备，因此在相关研究中需要高质量的数据集以获取用户终端访问边缘服务的历史信息。例如，上海电信数据集⊖提供了上海电信用户访问互联网的历史数据，包括用户连接基站的经纬度、用户上网的开始时间与结束时间以及加密处理的用户 ID 等数据，对研究移动用户访问网络服务的时空特性具有重要研究意义。而移动边缘计算数据集⊜不仅提供了基站的位置区编码（Location Area Code，LAC）、小区标识（Cell Identity，CI）以及用户访问的开始、结束时间，还提供了网关信息、终端 IP 和端口、服务端的 IP 和端口以及用户访问的 URL 等信息，所记录的数据涵盖终端、网络以及边缘侧服务，具有重要研究价值。以上数据集均对涉及隐私的信息做了处理，在保护用户隐私的同时，极大地方便了边缘计算的研究。

⊖ https://github.com/BuptMecMigration/Edge-Computing-Dataset。
⊜ http://sguangwang.com/TelecomDataset.html。
⊜ https://github.com/BuptMecMigration/Edge-Computing-Dataset。

8.5 云-边-端协同研究

8.5.1 背景

近年来，深度神经网络的快速发展使得传统服务开始向认知服务演进。得益于深度神经网络在语音识别、视觉目标识别、目标检测等许多领域[40]的飞速发展，无处不在的移动设备可以用来提供各种认知服务[1,41-42]。然而，由于计算、存储和电池资源有限，移动设备在提供认知服务的过程中，无法同时满足长时间、快速响应和高推理精度的要求。许多现有的认知服务常常依赖于具有强大计算能力的远程云服务器。然而，由于云服务器通常离用户很远，基于云的解决方案可能会导致较长的传输延迟，无法满足快速响应的需求。

移动边缘计算（MEC）通过在网络边缘提供计算和存储资源，使移动设备能够提供实时响应的认知服务[43-45]。近年来，已有很多基于 MEC 的认知服务被提出[46-50]。但是，现有的很多工作中，边缘服务器仅被用来进行数据预处理，任务仍然是在云端执行，认知服务的实时性问题仍然无法得到保障。

8.5.2 云-边-端协同框架

为了实现高实时性的认知服务，提出一种用于认知服务的云边缘协作框架，如图 8-3 所示。该框架中，有两种神经网络模型：CloudNet 和 EdgeNet。CloudNet 是一种深层的神经网络模型，EdgeNet 是一种浅层的神经网络模型。较之 EdgeNet 的网络结构，CloudNet 的网络结构更复杂，准确性更高。然而，CloudNet 的结构复杂也意味着较长的推理时间。为了减少图像识别服务的推理时间，EdgeNet 的网络结构一般较为简单。已有研究的结论[51-52]表明，利用在其他数据集上训练的神经网络模型的低层初始化新的神经网络模型，可以提高神经网络模型在新数据集上的性能。因此利用 CloudNet 协助训练 EdgeNet，可以使后者提供高质量的服务。尽管深层神经网络模型可能会泄露有关训练数据的信息[53-54]，而且云服务器通常存储了大量的私人数据，如个人图像。但受到[51]的驱动，使用 CloudNet 的 L 层低层（其中 L 是一个正整数）来帮助训练 EdgeNet。

此外，考虑到在现实场景中，用户可能会不断上传数据，这会促使我们使用不断上传的数据来进一步训练 EdgeNet。但是上传的数据通常没有标签，直接在边缘服务器上使用没有标签的数据训练 EdgeNet 是一个挑战。一种简单的解决方案是利用手工和机器协作注释技术[55-56] 来获得数据的标签，并使用它们在边缘服务器上帮助训练 EdgeNet。但是，单个边缘服务器[57] 的覆盖范围有限，采集的数据量也很少，远远不能显著提高 EdgeNet 的推断精度。为此，提出了一种自适应算法。该自适应算法可进一步提高 EdgeNet 的推理精度。请注意，CloudNet 可以是许多其他流行的深度神经网络模型，例如 VGG[58] 和 ResNet[59]。类似地，也可以在边缘服务器上设计不同的 EdgeNet。从这个意义上说，本框架是通用的，可以适用于大多数现有的神经网络模型。

图 8-3 展示了本框架，它包含了三层组件：移动设备、边缘服务器和云服务器。这些组件将同时参与框架的运行。移动设备包括智能手机、笔记本电脑、谷歌 Glass、Apple Watch 等。它们负责向边缘服务器上传数据以及从边缘服务器接收结果等轻量级任务。边缘服务器部署在网络的边缘，通常是传感器、路由器和交换机。一般来说，它们负责训练 EdgeNet 并将预处理后的数据上传到云服务器。云服务器被视作拥有充足的计算和存储资源，负责训练 CloudNet，并向边缘服务器发送标签和部分层。

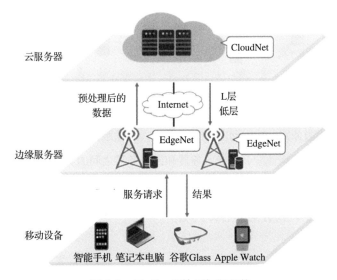

图 8-3　云–边–端协同框架架构

图 8-4 展示了图像识别过程。首先通过使用大量带标签图像来训练 CloudNet。然

后，云服务器将 CloudNet 的 L 层低层发送给每个边缘服务器。每个边缘服务器接收到 L 层低层后，再添加 H 层，从而形成 EdgeNet。接下来，使用少量带标签的图像在边缘服务器上训练 EdgeNet。训练 EdgeNet 时，冻结 L 层低层，微调 H 层高层。通过这样，EdgeNet 可以提高其推断精度。此外，在现实场景中，用户可能会不断地向边缘服务器上传数据。为了进一步提高 EdgeNet 的推断精度，提出了一种通过使用连续上传数据和 CloudNet 的自适应算法。

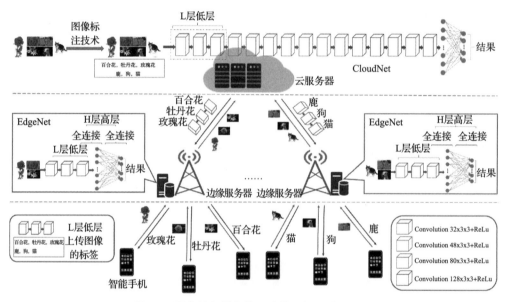

图 8-4　面向认知服务的云边协同框架详细流程

在提出的架构中，移动设备只与边缘服务器通信。当请求一个认知服务时，设备上传数据到最近的边缘服务器。接收到上传的数据后，边缘服务器通过运行 EdgeNet 获取结果并将结果发送回用户（请注意，边缘服务器和云服务器之间的交互对用户来说是透明的）。

8.6 核心网新架构研究

服务化架构是 5G 网络的基础架构。在该架构中，核心网按照"自包含、可重用、独立管理"三原则，将网络功能定义为若干个可被灵活调用的"服务"模块，即所谓的核心网网元。当前的网元和架构仍然偏向传统模式，策略和业务流程以预先配置为主，比较僵化死板，这样的设计在当前业务和服务质量多样化需求尚未爆发前的陆地移动通信网络中是可行的。而 6G 网络着眼于空天地海人机物灵全覆盖，届时业务承载量和网络流量将大幅提升，再考虑到网络异构性，业务场景将更加复杂多变，不同网络下业务的个性化和定制化需求也会随之增加，此时当前的架构设计便不再适合。为此，我们在 5G 服务化架构和核心网网元的概念的基础上引入了认知服务，为核心网提供基础认知能力，通过各个网元接口获取业务或网络所需的认知流元数据，提取和映射转换成相应的认知信息，基于收集的认知信息，可以通过训练、推理等方法学习并进行后续的智能决策和灵活执行。由此我们构建了认知、学习、规划、决策、执行的控制闭环，有效解决了上述问题。知识图谱则是在获取认知信息后将其持久化的一种可选方式，由于其可扩展性较强，较适合未来核心网复杂多样的认知数据的表示和学习。在未来，我们可能在一段旅途中通过陆地、海基、卫星组网的核心网不间断地访问某个服务内容提供商的一组服务。一方面要考虑到服务连续性的问题，另一方面又要考虑到各个异构网络中链路质量、网络容量、网元服务分布的因素，此时需要认知服务化架构中的认知服务作为主导，基于实时认知信息和知识图谱中存储的历史认知信息进行智能决策，调用各个核心网中的网元，按照业务需求、服务内容提供商级别、网络态势等按需服务。

8.6.1　面临的挑战

当前 5G 服务化架构主要面临两方面挑战。

1）5G 核心网集中式的被动服务供应机制，难以保证 B5G 全场景业务接入下连续性实时服务供应，且 5G 网络切片难以满足 B5G 业务场景多变且交叉（如沉浸式无人驾驶）、适配组合复杂且随机（如混合现实沉浸式交互）带来的服务质量保障需求。

2）5G 核心网采用了基于服务的架构（Service Based Architecture，SBA），该架构借鉴了 IT 领域的"微服务"理念，将网络功能拆分成多个网络功能服务，导致调用链条变长，调用关系变得非常复杂，给网络运维带来了极大挑战。

8.6.2　提出的新型架构

1. 认知驱动的 B5G 分布式服务化架构

如图 8-5 所示，认知驱动的 B5G 核心网架构在 5G R16 原有的 SBA 架构下融入了包括分布式以及服务计算的思想。一方面将控制面部分网元向边缘下沉，形成云端核心网和边缘核心网两级体系。其中云端核心网主要负责分布式服务注册和发现、网络拓扑结构和组织形式的自适应改变等；边缘核心网主要负责多接入场景适配、用户面会话管理、认知服务所需要的信息收集和处理等。此分布式核心网架构在逻辑上支持分层、分域的分布式部署，也支持边缘子域单域独立部署（不依赖于核心域和其他边缘子域）。通过分层的单域自治和跨域协同，缩小单个控制域的控制粒度，解决网络管理的灵活性问题，实现 B5G 全场景业务接入下实时服务供应，并有效提升多复杂业务场景的服务质量。

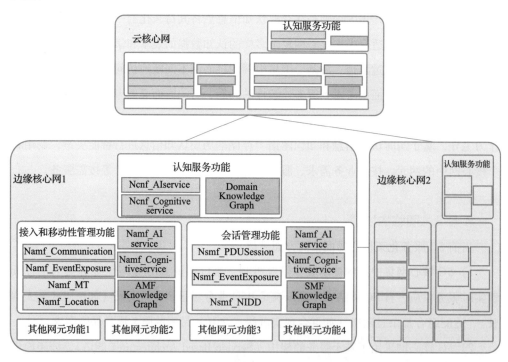

图 8-5　认知驱动的 B5G 分布式服务化架构

另一方面，认知驱动的 B5G 核心网架构在 5G 核心网服务化架构的基础上引入了认知网元（Cognition Network Function，CNF）。在基于服务的核心网络架构中，网元由多个模块化的网络功能服务组成，并通过基于服务的接口来展现其功能。B5G 核心网架构在原有基于服务的核心网络架构的基础上，每个网元增加了认知智能，从而能够更加自适应、精准、智能地管理核心网网络功能服务，解决了网络运维难题。核心域和每个边缘子域有单独的认知网元 CNF。边缘子域 CNF 内有本边缘子域的所有网元的公共图谱。各边缘子域的 CNF 之间以及边缘子域与核心域的 CNF 之间可以交互以同步知识图谱。而其他网元在原有的网络功能服务的基础上，增加了认知服务和智能服务两个服务。

认知服务基于文本分析、语音理解、以及视觉输入等形式，将看、听、说、搜索、理解和加速决策等能力集成到核心网网元中，构建一个人工智能网络。实时感知接口监视指标并对行为进行刻画，通过智能服务快速地做出智能的决策，为用户带来个性化、定制化、更加精准的服务体验。通过在核心域和边缘子域引入认知网元，以及在原有网元的基础上增加认知服务和智能服务，构建任务关键型 AI 服务，并使用容器将认知智能部署到从核心-边缘-网元的任何位置，建立分布式的智能核心网架构。

认知服务的主要功能：接收操作维护管理（Operation Administration and Maintenance，OAM）的调用，利用配置的方式生成部分图谱，例如配置本网元，以及本网元内的用户的知识图谱信息；和本网元内的其他服务交互，其他服务运行过程中产生新的信息后发给认知服务来更新本网元的图谱。包括用户信息、网络拓扑以及智能通信服务内的 AI 模型数据等；接收本边缘子域内认知网元 CNF 的知识图谱；本网元内新生成认知图谱后调用智能服务，从而决定是否需要注册/更新/删除到子域集中的 CNF，并根据需要发起认知服务的注册、更新、删除流程。

以服务注册为例，集中式的服务注册机制无法有效支持认知服务架构下云边分离的控制面，同时完全分布式的服务注册也会导致边缘核心网间无法进行有效的协同。在基于认知服务的架构下，引入认知注册功能（Cognition Registration Function，CRF）来管理核心网的服务注册机制，通过集中的服务代理进行统一的服务调用，同时将网络服务划分为彼此独立的服务功能集，从而增加系统整体的鲁棒性。此外，CRF 在边缘核心网下具备单域自治能力，在云端核心网下具备全域备份以及跨域协同能力。在 CRF 的框架内，服务请求者可请求边缘核心网下的 CRF 直接获取服务，也可请求云端核心网下的 CRF 来寻找合适的服务提供者。

认知服务网元与交互机制：考虑到认知服务的引入，除注册机制外，同样需要引入额外的与认知服务相关的新网元和相应的交互机制。在系统层面，增加知识管理网元和认知调度网元。知识管理网元基于知识图谱相关理论进行工作，对系统各个接口的信息进行学习，更新认知服务的知识图谱，并基于更新的知识图谱指导网元和多态性接口的认知能力迭代升级。认知调度网元根据网元和多态性接口的认知信息对核心网系统进行编排、剪枝等操作，动态调整系统能力。在认知驱动的 B5G 核心网网络架构中，云端核心网和边缘核心网分别存储和更新自己的知识图谱。边缘核心网的知识图谱包含更多本地化，详细化的内容，用于细粒度的服务流或者 QoS 优化；云端核心网则保存各边缘核心网服务状态和抽取相关信息，抽象之后的知识图谱，并不具有边缘知识图谱全部的内容，但可以根据更新的知识支撑粗粒度例如网元服务级别的调度和优化。在认知功能的交互方面，一般认为，边缘核心网需要定期发送认知服务接口相关信息给云端核心网，用以更新云端核心网知识图谱；云端核心网则需在必要时对边缘核心网执行认知管理调度流程，以达到既定目标的优化。

智能服务的主要功能：一个网元内的服务调用其他网元的服务时，先去 NRF 做服务发现，返回服务列表，然后调用智能服务，智能服务结合本地知识图谱，得出最优的目标服务；认知服务收到更新的信息后，调用智能服务，对信息进行清洗提炼，返回有效的图谱数据；本网元图谱更新后，判断是否需要进行认知服务的（图谱的）注册/更新/删除，并根据需要触发认知服务发起相应的更新等流程；本地网元和边缘子域集中的 CNF 需要联合的智能计算（如联邦学习等）。

认知驱动的 B5G 分布式服务化架构通过引入知识图谱从而具备自主挖掘、理解进而解决问题的能力。传统的移动通信网络和具备认知智能的 B5G 网络相比，前者是专家赋能网络，后者是数据赋能网络。传统的移动通信网络是人类长期以来有关移动通信网络的知识积累、沉淀和传承的结果，而认知驱动的 B5G 网络在规则的网络流程基础上，可以针对复杂多变的场景进行灵活的感知和自主决策。传统的移动通信网络是完全建立在专家赋能的基础上，是领域专家对场景或问题进行的有效分析处理和归纳总结，使移动通信网络具备专家经验，进而在经验的基础上定义符号化规则，从而制定流水线式的网络流程。通过引入通信知识图谱，使网络能够针对网络状况、终端用户行为等变化进行自主感知、分析和判断，从而让网络得以面向不同的或不同情况下的终端设备或用户提供个性化的服务内容，达到在传输层和应用层提供服务质量保证，提高用户体验的目的。

知识图谱是人类知识的结构化表示，通常将现实世界的实体和关系组织成三元组形式：<实体，关系，实体>或<实体，属性，属性值>。在本讲中，知识图谱存储与通信相关的现实世界知识，比如通信协议、网元配置信息、运维数据等。知识图谱作为人工智能的认知基础，将成为智能服务的重要组成部分之一，主要为智能决策算法提供知识支撑。为了构建 B5G 知识图谱，通过信息抽取、知识融合和知识加工过程可获取 B5G 知识图谱。知识图谱的数据按其来源可以分成三类：结构化的数据主要取自现有的知识库，例如现有的 5G 通信知识图谱，百科知识图谱等；半结构化的数据主要通过爬虫实现对通信知识网页获取；对于非结构化数据则取标准化文献和专业书籍，例如 3GPP 协议文档等。为了保证图谱的规范性和可扩展性，需要对知识图谱进行本体设计。本体设计通过专家构建，用于规范知识图谱中存储实体和关系的类型、属性等。例如，在 B5G 通信知识图谱中，为术语类型的实体制定了定义、缩写、符号表示等属性。为了适应知识图谱的特点，采用图数据库来进行知识图谱的存储，例如 Neo4j。这种存储方式将实体存储为节点，将实体间关系存储为边，使得知识图谱的三元组结构<实体，关系，实体>可以更加直观地表现出来。依托于图数据库，可以通过 Gremlin、Cypher 等查询语言来完成知识图谱中数据的查询。对于知识图谱部署过程，综合考虑存储成本、数据冗余、数据传输时延等情况。为了保证知识图谱中的数据具有良好的时效性，需要定期或者实时更新知识图谱。对于部署在不同层不同域的知识图谱，在更新时间间隔和更新数据比例上可能不同。在更新过程中，当更新的新数据和知识图谱中原有数据产生冲突时如何确定应该保留哪种数据将成为一个巨大挑战。为了提升智能决策和认知服务的智能性，知识图谱通过表示学习，将图谱中的符号知识建模为可计算的连续空间向量，为将知识作为先验信息与多种决策算法进行联合学习提供了支撑。

　　B5G 核心网中基于知识图谱进行自主分析决策的典型案例是 UPF 的选取决策。UPF 是 5G 核心网中唯一与用户面有交互的网元，主要具备 IP 地址管理功能、管理 CN 隧道信息的功能、流量监测的功能以及控制用户平面转发的功能，合理的 UPF 选取对降低从基站到数据服务的时延有重要意义。UPF 选取的一般做法存在单一的离散式考虑、灵活性较差、重复执行决策流程等问题，如果核心网可以综合理解网络环境、终端自身变化（位置、需求等）等动态信息，挖掘出这些动态信息的潜在关联关系，不仅可以为用户提供个性化的用户面路径规划，同时可以有效地避免常规 UPF 选择带来的问题。为了能更好提供用户面功能服务，基于知识图谱的 UPF 选取应考虑 UPF 的动态负载、支持相同 DNN 的 UPF 中的相对静态容量、UPF 部署位置、UE 的位置、DNN、

PDU（Protocol Data Unit）会话类型等，并结合 UE 特征和会话可能需求进行合理化选取。而知识图谱以结构化的形式描述客观世界中概念、实体及其关系，将互联网的信息表达成更接近人类认知世界的形式，提供了一种更好地组织、管理和理解网络中海量信息的方式。建立知识图谱能够将原本离散的实体信息关联与融合，有效地利用所建立的图谱进行学习、推断等操作，因此可以按需为客户定制个性化的数据通路。在 5G 网络架构中，AF（Application Function）可以通过 N5 接口直接向 PCF（Policy Control Function）或者通过 NEF（Network Exposure Function）向 PCF 发送请求，PCF 将其请求信息转换成 PDU 会话建立的策略，从而影响 SMF 进行 UPF 的选择以及 PDU 会话的建立。从网络流程的角度来看，基于知识图谱的 UPF 选取简化了 PCF 制定策略的流程，可以简化决策步骤、节省决策开销，从而提高核心网信令交互的有效性、提升整体运行效率。

B5G 核心网中基于知识图谱的 UPF 选取操作主要分为三大模块：知识图谱构建和知识更新、知识表示学习和图特征聚合以及基于 KPL 和 CF 的决策三大模块。知识图谱的构建包括数据的采集和整合、知识建模、知识获取、知识表示、知识存储和知识运维等模块，将结构化或非结构化计算机不易理解的高维异构数据整合成计算机易于存储和理解的三元组表示的知识。对于知识表示学习和图特征聚合模块，首先通过知识图谱表示学习将高维的、离散的、稀疏的资源描述框架三元组表示的节点和关系特征表示转换为低维、连续的向量特征表示；然后对不同的终端设备进行聚类，以减少后续协同过滤的计算量，由于庞大的终端设备基数，直接进行协同过滤会造成计算开销的爆炸式增长，基于用户的协同过滤通过相似度计算将用户正在请求的服务推荐给同类用户，通过聚类将协同过滤的搜索范围限定在类簇内，可以在基本不影响效果的同时降低计算量。基于 KPL 和 CF 的决策是当终端设备发起 PDU 会话建立或修改时，会话管理网元向提供认知服务的网元发起 UPF 选取时进行的基于 KPL 和 CF 结果的智能决策，是面向未来服务需求预测和基于几何最短距离的 UPF 选取推荐，具体选择过程如下：首先统计一段时间内和目标终端设备相似的终端设备正在请求或使用的服务，并对其做归一化处理，构成一个向量；然后对所有能提供的服务进行编码；查询所有与 SMF（Session Management Function）连接的 UPF 所能提供的服务，针对每个 UPF 构建一个向量从而组成 UPF 集合；对向量做罚函数处理，最后基于几何最短距离选出 UPF。通过实验可以发现，采用基于知识图谱的 UPF 选取的命中率和用户面时延之间的关系：命中率越高，时延降低得越明显，而较低的命中率由于达到了简化流程的目的，也有显著降低时延的效果。

2. B5G 网络架构中基于深度强化学习的认知服务

人工智能及其子分支，如机器学习和深度学习等，已经发展成为一门学科，这使得 5G 以及 B5G 通信网络具有预测性和前瞻性。深度强化学习在近年取得了重大进展，在解决不同领域的序贯决策方面起到了重要作用。强化学习的思想是基于一个被称为智能体的学习系统，对环境做出反应，智能体执行动作并获得奖励或惩罚作为其动作的回报。这意味着智能体必须自己学习，创建一个策略来定义智能体在特定情况下应该选择的动作。强化学习任务的目的是在一段时间内最大化上述奖励（或者最小化惩罚）。对于 B5G 网络，尤其是物联网、异构网络和无人机网络等，其更加强调动态自适应性、分布式、自组化和自治的特性，将深度强化学习引入 B5G 网络中，可有效地解决网络环境中面临的各种问题和挑战。物联网设备、移动用户和无人机等网络实体需要做出本地和自主的决策，如频谱访问、数据速率选择、发射功率控制和基站联合，以实现不同网络性能的目标，如吞吐量最大化和能耗最小化。未来的 B5G 网络将提供可伸缩、低延迟、超可靠的服务，深度强化学习在 B5G 网络中也必将有广泛的应用前景。

近年来，人们对使用深度学习模型来改善移动应用认知服务的性能越来越感兴趣。现有的相关工作可以分为三类：基于云[60]、基于设备[61] 和基于边缘[62] 三种。基于云的移动应用程序将在云服务器上运行深度学习模型。也就是说，用户首先将捕获的数据上传到云服务器。当接收到上传数据时，云服务器将运行深度学习模型以获取结果并将结果发送回用户。例如，Kang 等人在文献［60］中研究了在移动设备和服务器之间分割深度神经网络推理的方法。Fang 等人在文献［63］中研究了调度技术，以此提高多租户移动卸载系统中的服务性能。Han 等人[64] 设计了一个优化编译器和运行时调度程序，以系统地权衡深度神经网络的分类精度，并为每个请求提供远程服务。尽管这些方法实现了高精度，但用户距离云服务器很远，这会导致较长的网络传输延迟。因此，它们很难满足用户对快速响应的需求。

基于设备的移动应用程序直接在移动设备上运行深度学习模型。与云服务器相比，移动设备受计算和存储资源有限的限制。然而不幸的是，深度学习模型通常需要大量资源。为了启用设备上的深度学习模型，方法大致分为两类。第一类是设计新颖的网络体系结构。例如，Howard 等人[61] 提出了 MobileNet 方法，该方法使用深度可分离卷积来构建轻量级深度神经网络。Zhang 等人[65] 提出了 ShuffleNet 方法，利用逐点分组卷积和信道混洗来降低计算成本，同时保证高精确度。第二类是使用压缩技术压缩深度学习模型，以牺牲精确性为代价来减少其资源需求。例如，Hinton 等人[66] 提出通过软化 softmax 学习类分配，将知识从教师网络转移到学生网络。Fang 等人[42] 提出了 NestDNN 方法，考虑了运行时资源的动态性，以满足运行 CNN 模型的多个用户的需求。Akhil 等人[67] 提出了 DeepEye——一种火柴盒大小的可穿戴式摄像机，它可以在设备上运行多个云规模的 CNN 模型，并以近乎实时的方式对捕获的数据进行丰富的分析。但是，基于设备的移动应用程序有两个限制。首先，它们将减少移动设备提供认知服务的持续时间。其次，部署的深度学习模型是静态的，无法轻松更新。

基于边缘的移动应用程序基于移动边缘计算体系结构提供认知服务。Drolia 等人[62] 使用缓存模型通过自适应地平衡边缘服务器和云服务器之间的负载来最小化响应时间。Li 等人[48] 提出了一种用于物联网（IoT）深度学习任务的边缘计算结构。作者将学习网络分为两个部分：一部分包括部署到边缘服务器中的较低层，而另一部分包括部署到云服务器中的较高层。边缘服务器从较低层加载中间数据，然后将数据作为较高层的输入数据传输到云服务器。Liu 等人[49] 在边缘设备和云服务器之间划分食物识别任务，在其所提出的系统中，边缘设备对食物图像执行轻量计算以进行食物识别，然后，边缘设备将预处理后的图像上传到云服务器以进行进一步处理。移动边缘计算架构的其他相关工作包括[2,68]。但是，它们仅使用边缘服务器预处理数据，并使用云服务器进行进一步处理。由于用户远离云服务器，因此，它们也不容易提供快速响应的认知服务。

在 B5G 网络中，智能驱动实现基于认知的网络智能需求，考虑网络数据的获取开销和存储空间成本，提出了一种基于元学习的多源数据迁移学习算法，实现时空序列预测，以提供网络智能决策的依据。由于神经网络是数据驱动的，在数据稀缺时，时空序列的预测性能受到影响。迁移学习是一种在数据稀缺时可以有效提高模型性能的方法。它先在数据样本丰富的源域中学习知识，再将这些知识迁移到目标域中，最后基于这些知识对模型进行训练。如何在数据稀缺情况下，设计神经网络模型和迁移算法，对时空序列预测问题建模也引发了国内外学者的关注。FLORAL 模型通过学习具有丰富数据的源域中的多种模式的语义相关字典，将字典和带标签的实例迁移到数据稀缺的目标域中，对空气质量进行预测。RegionTran 模型先计算源域城市和目标域城市间的具有相似时空模式的内部区域匹配对，然后利用这些匹配信息将知识从源域城市迁移到目标域城市，对目标域城市的交通流量进行预测。然而，这些迁移方法都是基于单一源域的数据，由于源域和目标域的时空分布不同，从单一源域迁移知识容易造成目标域的预测性能不稳定，当时空分布差异过大时可能造成负迁移，不利于提高预测性能。从多个源域迁移知识，可以有效提高模型的稳定性，降低负迁移的风险。MAML 和 Reptile 是基于多源迁移的元学习算法，适用于任何采用梯度下降训练的模型，通过结合多个不同时空分布的源域数据训练初始参数，迁移初始参数到目标域上，经过少量的梯度更新快速学习新任务的时空特征，可以提高数据稀缺的时空预测任务的性能。MetaST 是一种基于 MAML 方法的多源时空迁移模型，从多个城市的时空数据中学习并迁移知识，同时设计了模式信息机制学习长期时空变化趋势，利用交通流量和水质数据进行实验，证明了该模型的有效性。

3. 面向人机物融合的 B5G 网络体系架构

受章鱼神经系统的启发，提出了 B5G 核心网设计。如图 8-6 所示，章鱼的神经系统具有以下三个特性：首先，章鱼有很强的感知能力，章鱼的触手能够高效感知周围的环境，由于强大的感知能力，章鱼可以识别其皮肤并避免触手之间互相缠绕；其次，章鱼对于其复杂的身体具有很强大的控制能力；此外，章鱼具有独特的神经系统结构，章鱼的神经系统可分为中心大脑，两个连接到眼睛的视叶和触手上的轴向神经线。通过以上独特的神经系统，章鱼可以很好地控制整个身体。

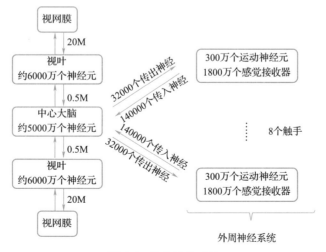

图 8-6　章鱼神经系统

　　为了有效支撑多样化、复杂化、个性化、去中心化应用的需求，B5G 通信网络应该具备细粒度的需求感知、智能决策、快速配置、灵活调度的能力，实现全网联合优化的智能网络；为了满足低时延、高带宽、大计算的需求，新一代通信网络构架应当具备强大且分层的计算能力，从接入、汇聚到云端梯次部署计算资源并按需提供，能够提供具备强大算力的网络智能，并将网络功能单元下沉到边缘端。为了满足以上两个需求，受章鱼神经系统的启发，提出了面向人机物融合的 B5G 网络架构。

　　如图 8-7 所示，B5G 核心网分为边缘核心网和云核心网，边缘核心网下沉到网络的边缘。认知服务化架构将利用边缘计算形成一个多中心的架构来提供有效、灵活、超低时延和超大容量的网络服务。边缘核心网扮演章鱼触角的周围神经系统，云核心网相当于章鱼的大脑。大部分的认知服务部署在边缘核心网，认知调度和知识图谱的管理主要部署在边缘核心网，云核心网不直接参与通信，而是负责 AI 调度，并帮助边缘核心网之间的协同。通过以上结构，可以有效地调度网络资源，从而降低网络响应时延，提高网络管理的灵活性。

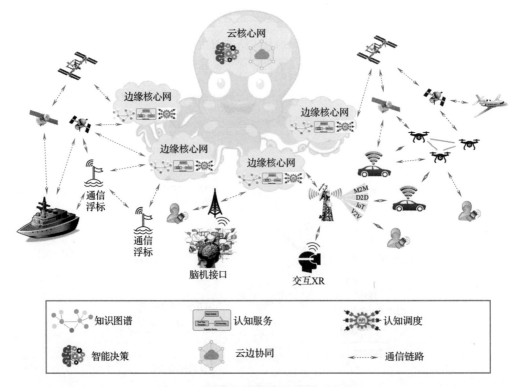

图 8-7　面向人机物融合的 B5G 网络架构

8.7 | 卫星计算

8.7.1 背景

600 年前的欧洲处于严重"内卷"之中，各国纷纷涌入海洋，探索新的资源与生存空间。新的大陆、新的文明被发现，新的航线、新的资源被开发，大航海时代产生的新技术不仅开启了人类文明的新纪元，更是延续了世界格局持续至今。

今天，人类社会面临全球气候变暖、大国竞争加剧、社会矛盾突出、产业过剩与资源枯竭并存等发展瓶颈。人类是否需要像 600 年前的大航海时代一样，开启星际大航海，拓展人类的生存边界，推动人类文明的再次进步呢？中美探月、"天问一号"着陆火星、帕克太阳探测器进入太阳内部、韦伯太空望远镜升空等，各大国都在试图给出答案。试问一：星际文明、星际资源的发现和开拓过程中伴随产生的新技术是推动人类进入星际文明时代还是大国竞争中的降维打击呢？

另外，尽管人类的网络通信技术发展迅速，但地球上仍有约 80% 的陆地、90% 的海洋没有被移动网络信号覆盖，全球 50% 的人类仍然面临接入网络困难。非洲、南美洲、东南亚等广大区域的人们仍然没有享受到网络通信技术大发展为人类社会带来的红利。试问二：如何共同建设更加美好的世界，构建人类命运共同体？

上述两个问题的答案是什么我们不得而知，但作为中国的科研工作者，能为人类的发展做些什么是我们一直思考的。比如，在人类迈向星际大航海时代的过程中，在建设美好世界的过程中，卫星及网络将扮演主要角色。我们认为卫星是人类拓展地球生存空间的第一站，是星际大航海时代的灯塔，点亮世界、泛链星辰。然而由于卫星（网络）等空间技术较高的门槛，较大的成本消耗以及太多未知的风险，那些渴望为人类解决生存环境问题的企业或和科研院所被挡在了门外。

为此，北京邮电大学联合多家单位构建了一个开放开源的卫星计算在轨试验平台，简称天算星座（www.tiansuan.org.cn）。天算星座的定位是，面向国家需求，瞄准国际前沿，立足产学研用，坚持开放开源，争创国际领先，服务人类社会。天算星座一期由六颗低轨卫星组成（包括地面站、云超算中心、服务开放平台等），目前已经发射宝酝号和创星雷神号两颗低轨卫星，星座一期将于 2023 年建成组网。天算星座的主要科研任务包括星地网络、6G 核心网、空天服务计算、云原生卫星边缘计算、卫星数联网、卫星操作系统、星载 AI 加速平台、器件与载荷测试、测空运一体化、星地云超算中心、公共服务能力开放平台等。

通过天算星座，我们认为卫星计算是以空天计算赋能卫星网络，以计算服务连接通信、导航、遥感等空间应用需求，面向业务上天、服务在轨，打通创新壁垒，实现异构星座互联、星地网络一体、器件载荷创新、应用数据共享等研究目标，为我国构建智能化综合性数字信息基础设施开展前期探索，为人类星际文明发现与探索、星际网络建设等提供技术支撑。

下面以星载 5G 核心网系统和云原生卫星边缘计算为例，展开介绍卫星计算相关的技术知识和研究问题。

8.7.2 案例 1：星载 5G 核心网系统

与传统弯管传输模式中仅将卫星作为通信中继不同，适用于卫星环境的核心网技术具备突破此限制的巨大潜力。如图 8-8 所示，2021 年 8 月，北京邮电大学联合天仪研究院、广东省新一代通信与网络创新研究院，通过协同技术攻关验证了星载 5G 核心网与

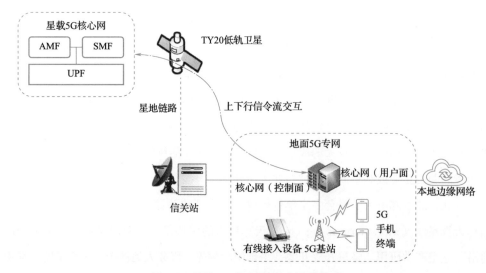

图 8-8　星地 5G 视频通话试验示意图

地面 5G 专网在控制面和数据面的信令交互（基站和 UPF），并将星载 5G 核心网产生的控制数据下传到地面 5G 专网，实现了卫星控制的边缘计算本地分流，并进行了视频通话等业务测试[○]。本次试验是全球首次将移动通信中的核心网部署于在轨卫星上，实现了卫星参与网络协同控制方面零的突破，迈出了星地融合通信的重要一步。

2021 年 8 月 9 日 20 点 36 分，通过上行测控链路发送卫星控制指令，利用卫星的星载计算机上加载的 5G 核心网所具备信令和数据处理能力，成功实现用户注册、会话建立，并对卫星设备实现控制。通过下行遥测监视显示 5G 核心网成功部署于天仪 TY20 低轨卫星的星载计算机上，该核心网具备信令和数据处理能力，实现了用户注册、会话建立、数据分流等核心网基本功能。

2021 年 8 月 10 日 21 点 41 分，遥测与数传链路回传的系统数据显示该核心网的三个主要功能部件运行正常，并正确产生了核心网控制数据。本次试验还基于服务计算理论与方法，通过网元剪枝编译重构、网元裂变协议栈复用等关键技术突破实现了轻量级核心网的快速在轨部署（最快一次过站），并支持增量升级，为救灾、应急、国防等特殊场景下的在轨卫星通信应急部署奠定了技术基础。

8.7.3　案例 2：卫星边缘计算

传统卫星都是封闭架构，为特定任务定制卫星，为特定卫星定制载荷，为特定载荷定制软件等，可谓"一星一任务，一箭定终生"。封闭系统架构的结果必然是硬件、软件不兼容，无法互换复用，技术迭代很慢。为了解决上述问题，国内外卫星厂商从软件定义的角度提出了软件定义卫星。软件定义卫星是一种以天基计算为核心，采用开放系统架构，支持有效载荷即插即用、应用软件按需加载，能够方便地通过更新软件去重新定义卫星功能，从而灵活适应多种任务、多类用户的新型智能卫星，如美国的 SmartSat、GSky-1，欧洲的 Eutelsat Quantum、OneSat 等。然而软件定义卫星仍然面临软件或应用在打包、分发、部署、升级、维护方面存在诸多困难，难以满足卫星在轨业务的快速迭代、即时部署、灰色发布、持续演化等需求，为此国内外都在试图推出新一代智能卫星。

2021 年 12 月 7 日，北京邮电大学联合华为云、天仪研究院成功发射了全球首颗云

　　○　https：//v. youku. com/v_show/id_XNTgwMjExMTM2MA＝＝. html。

原生卫星"宝酝号"。作为全球首颗云原生卫星，它利用容器技术，基于微服务，借助敏捷方法，通过 DevOps 实现应用的持续交付，具有快速部署、弹性扩展、高度自治、安全可靠等诸多优点。该卫星对计算平台上的基础软件、应用软件、搭载软件等进行了优化设计，优化在轨计算时间分配和资源调度，并对计算平台整体进行轻量化"瘦身"，最终大幅减少了程序运行的资源消耗，让云原生卫星成为可能。

利用云原生边缘计算技术，卫星在太空中先对数据进行计算处理，可减少大量传输压力，实现"业务上天、服务在轨"，满足航空航天领域多样化的需求。以通信、遥感为代表的传统卫星，只有储存能力，只能将存储的数据回传到地面，不具备星上处理能力。此次云原生卫星运用华为云主导并开源的云原生边缘计算平台 KubeEdge，可实现卫星在星计算处理。

如图 8-9 所示，通过将华为 KubeEdge 系统和轻量级 AI 推理模型 Sedna 根据卫星特点进行重构，赋能卫星云原生边缘计算能力，实现了卫星与地面站的协同 AI 推理，在遥感场景下，地面目标在轨识别精度提升了 50% 以上，卫星回传数据量减少了 90%，并支持 AI 模型的在轨持续更新[注]。

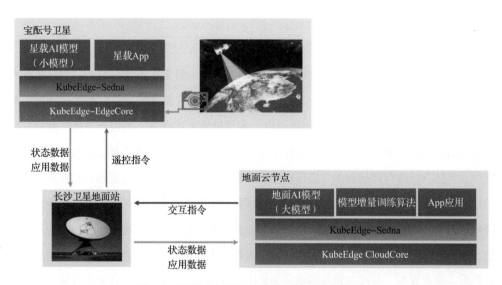

图 8-9　云原生卫星边缘计算：星地协同推理

[注]　https://v.youku.com/v_show/id_XNTg2OTEzNjU4OA==.html。

云原生卫星的到来，给洪水防灾减灾领域带来巨大变革。过去发生洪水时，需先在地面将"拍摄灾区图像"的指令传输给卫星，卫星将拍摄的影像回传。卫星的在轨计算需求迫切。尤其在中国西南地区，80%～90%的数据都是云层遮挡，是没有用的，但是卫星上没有处理，还要传到地面。卫星将所有影像回传后，地面再统一进行云检测与水域提取，生成监测报告通常需要 1 天时间。

当卫星有了云原生边缘计算后，洪水来临时，卫星可以通过在轨 AI 推理，将被云雪覆盖超 50%的低质量图像数据丢弃，减少传输压力。并在有效图片回传后，在地面算力资源丰富的中心节点使用高精度 AI 模型进行运算，进一步缩短影像预处理、水域提取、监测报告生成的时间，时间只需 1 小时。

除了将应急响应时间从天级降低到小时级，卫星边缘任务还可按需更新，通过在轨 AI 推理，比较暴雨前后图片，发现山体坍塌风险，提前发现地质灾害隐患，并进行预警。此次云云原生边缘计算在太空成功验证后，后续将批量部署在"天算星座"一期的六颗卫星中，在太空中形成协同计算网络，未来有望更好地服务于航空航天、应急通信、生态监测、防灾减灾以及城市建设。

8.8 | 本讲小结

本讲首先对移动网络中的移动服务关键技术、发展背景、边缘计算的特点及体系结构等进行了详细介绍，使读者对背景知识有比较全面而深入的认识。基于该背景知识，本讲介绍了面向认知服务的云边端协同框架与流程，并进一步介绍了最新的移动网络架构，深入分析了基于深度强化学习的认知服务，以及面向人机物融合的网络架构，使得读者能够对移动网络与边缘计算中的最新网络架构与关键技术有深入的了解，最后扩展介绍了以卫星计算为背景的移动边缘服务及相关案例。

拓展阅读

[1] WANG S G, LI Q, XU M W, et al. Tiansuan constellation：an open research platform[C]// Proceedings of the 2021 IEEE International Conference on Edge Computing. Cambridge：IEEE, 2021.

[2] DENG S G, ZHANG C, LI C, et al. Burst load evacuation based on dispatching and scheduling in

distributed edge networks[J]. IEEE Transactions on Parallel and Distributed Systems, 2021, 32 (8): 1918-1932.

[3] WANG S G, GUO Y, ZHANG N, et al. Delay-aware microservice coordination in mobile edge computing: a reinforcement learning approach[J]. IEEE Transactions on Mobile Computing, 2021, 20 (3): 939-951.

[4] DENG S G, XIANG Z Z, TAHERI J, et al. Optimal application deployment in resource constrained distributed edges[J]. IEEE Transactions on Mobile Computing, 2021, 20(5): 1907-1923.

参考文献

[1] ETSI M. Mobile edge computing (mec): framework and reference architecture[J]. ETSI, DGS MEC, 2016, 3.

[2] CONDOLUCI M, JOHNSON S H, AYADURAI V, et al. Fixed-mobile convergence in the 5G era: from hybrid access to converged core[J]. IEEE Network, 2019, 33(2): 138-145.

[3] POLESE M, GIORDANI M, ZUGNO T, et al. Integrated access and backhaul in 5G mmWave networks: potential and challenges[J]. IEEE Communications Magazine, 2020, 58(3): 62-68.

[4] RUFFINI S, IOVANNA P, FORSMAN M, et al. A novel SDN-based architecture to provide synchronization as a service in 5G scenarios[J]. IEEE Communications Magazine, 2017, 55(3): 210-216.

[5] ALSAEEDY A A R, CHONG E K P. Mobility management for 5G IoT devices: improving power consumption with lightweight signaling overhead[J]. IEEE Internet of Things Journal, 2019, 6 (5): 8237-8247.

[6] WANG H, CHEN S, AI M, et al. Localized mobility management for 5G ultra dense network[J]. IEEE Transactions on Vehicular Technology, 2017, 66(9): 8535-8552.

[7] XU H, WANG X, LIU W, et al. An uplink based mobility management scheme for 5G wireless network[C]//Proceedings of IEEE International Conference on Communications. Cambridge: IEEE, 2019: 1-6.

[8] SEMIARI O, SAAD W, BENNIS M, et al. Caching meets millimeter wave communications for enhanced mobility management in 5G networks[J]. IEEE Transactions on Wireless Communications, 2018, 17(2): 779-793.

[9] BALASUBRAMANIAN V, ZAMAN F, ALOQAILY M, et al. A mobility management architecture

for seamless delivery of 5G-IoT services[C]//Proceedings of IEEE International Conference on Communications. Cambridge：IEEE，2019：1-7.

[10] ZHANG H, LIU N, CHU X, et al. Network slicing based 5G and future mobile networks：mobility, resource management, and challenges [J]. IEEE Communications Magazine, 2017, 55(8)：138-145.

[11] LIU Y, LI X, YU F R, et al. Grouping and cooperating among access points in user-centric ultra-dense networks with non-orthogonal multiple access[J]. IEEE Journal on Selected Areas in Communications, 2017, 35(10)：2295-2311.

[12] GUO H, LIU J, ZHANG J. Computation offloading for multi-access mobile edge computing in ultra-dense networks[J]. IEEE Communications Magazine, 2018, 56(8)：14-19.

[13] CHEN M, HAO Y. Task offloading for mobile edge computing in software defined ultra-dense network[J]. IEEE Journal on Selected Areas in Communications, 2018, 36(3)：587-597.

[14] LONG C, CAO Y, JIANG T, et al. Edge computing framework for cooperative video processing in multimedia IoT systems[J]. IEEE Transactions on Multimedia, 2018, 20(5)：1126-1139.

[15] CUI Y, SONG J, REN K, et al. Software defined cooperative offloading for mobile cloudlets[J]. IEEE/ACM Transactions on Networking, 2017, 25(3)：1746-1760.

[16] CHEN L, ZHOU S, XU J. Computation peer offloading for energy-constrained mobile edge computing in small-cell networks [J]. IEEE/ACM Transactions on Networking, 2018, 26(4)：1619-1632.

[17] JOŠILO S, DÁN G. Selfish decentralized computation offloading for mobile cloud computing in dense wireless networks[J]. IEEE Transactions on Mobile Computing, 2019, 18(1)：207-220.

[18] GAO C, LI Y, ZHAO Y, et al. A two-level game theory approach for joint relay selection and resource allocation in network coding assisted D2D communications[J]. IEEE Transactions on Mobile Computing, 2017, 16(10)：2697-2711.

[19] AO W C, PSOUNIS K. Distributed caching and small cell cooperation for fast content delivery[C]//Proceedings of ACM International Symposium on Mobile Ad Hoc Networking and Computing. New York：ACM, 2015：127-136.

[20] GREGORI M, GÓMEZ-VILARDEBÓ J, MATAMOROS J, et al. Wireless content caching for small cell and D2D networks [J]. IEEE Journal on Selected Areas in Communications, 2016, 34

(5)：1222-1234.

[21] BHARATH B N, NAGANANDA K G, POOR H V. A learning-based approach to caching in heterogenous small cell networks [J]. IEEE Transactions on Communications, 2016, 64 (4)：1674-1686.

[22] ZHANG S, HE P, SUTO K, et al. Cooperative edge caching in user-centric clustered mobile networks[J]. IEEE Transactions on Mobile Computing, 2018, 17(8)：1791-1805.

[23] YANG P, ZHANG N, ZHANG S, et al. Content popularity prediction towards location-aware mobile edge caching[J]. IEEE Transactions on Multimedia, 2019, 21(4)：915-929.

[24] DÁN G, CARLSSON N. Dynamic content allocation for cloud-assisted service of periodic workloads [C] //Proceedings of IEEE Conference on Computer Communications. Cambridge：IEEE, 2014：853-861.

[25] HOU I H, ZHAO T, WANG S, et al. Asymptotically optimal algorithm for online reconfiguration of edge-clouds[C]//Proceedings of the 17th ACM International Symposium on Mobile Ad Hoc Networking and Computing. New York：ACM, 2016：291-300.

[26] WANG S, URGAONKAR R, HE T, et al. Dynamic service placement for mobile micro-clouds with predicted future costs [J]. IEEE Transactions on Parallel and Distributed Systems, 2017, 28 (4)：1002-1016.

[27] CHANTRE H D, DA FONSECA N L S. Multi-objective optimization for edge device placement and reliable broadcasting in 5G NFV-based small cell networks[J]. IEEE Journal on Selected Areas in Communications, 2018, 36(10)：2304-2317.

[28] GARCIA-SAAVEDRA A, IOSIFIDIS G, COSTA-PEREZ X, et al. Joint optimization of edge computing architectures and radio access networks[J]. IEEE Journal on Selected Areas in Communications, 2018, 36(11)：2433-2443.

[29] DENG X, TANG Z, YANG L T, et al. Confident information coverage hole healing in hybrid industrial wireless sensor networks [J]. IEEE Transactions on Industrial Informatics, 2018, 14 (5)：2220-2229.

[30] YIN H, ZHANG X, LIU H H, et al. Edge provisioning with flexible server placement[J]. IEEE Transactions on Parallel and Distributed Systems, 2017, 28(4)：1031-1045.

[31] WANG L, JIAO L, LI J, et al. Online resource allocation for arbitrary user mobility in distributed

edge clouds[C]//Proceedings of IEEE 37th International Conference on Distributed Computing Systems. Cambridge：IEEE，2017：1281-1290.

[32] TAN H, HAN Z, LI X Y, et al. Online job dispatching and scheduling in edge-clouds[C]//Proceedings of IEEE International Conference on Computer Communications. Cambridge：IEEE，2017：1-9.

[33] TONG L, LI Y, GAO W. A hierarchical edge cloud architecture for mobile computing[C]//Proceedings of the 35th Annual IEEE International Conference on Computer Communications. Cambridge：IEEE，2016：1-9.

[34] CUI Y, SONG J, REN K, et al. Software defined cooperative offloading for mobile cloudlets[J]. IEEE/ACM Transactions on Networking, 2017, 25(3)：1746-1760.

[35] DEHGHAN M, JIANG B, SEETHARAM A, et al. On the complexity of optimal request routing and content caching in heterogeneous cache networks[J]. IEEE/ACM Transactions on Networking, 2017, 25(3)：1635-1648.

[36] POULARAKIS K, LLORCA J, TULINO A M, et al. Joint service placement and request routing in multi-cell mobile edge computing networks[C]//Proceedings of IEEE International Conference on Computer Communications. Cambridge：IEEE，2019：10-18.

[37] XU J, CHEN L, ZHOU P. Joint service caching and task offloading for mobile edge computing in dense networks[C]//Proceedings of IEEE International Conference on Computer Communications. Cambridge：IEEE，2018：207-215.

[38] HE T, KHAMFROUSH H, WANG S, et al. It's hard to share：joint service placement and request scheduling in edge clouds with sharable and non-sharable resources[C]//Proceedings of IEEE 38th International Conference on Distributed Computing Systems. Cambridge：IEEE，2018：365-375.

[39] FARHADI V, MEHMETI F, HE T, et al. Service placement and request scheduling for data-intensive applications in edge clouds [J]. IEEE/ACM Transactions on Networking, 2021, 29(2)：779-792.

[40] ZHU Q, ZHOU A, SUN Q, et al. FMSR：a fairness-aware mobile service recommendation method [C]//Proceedings of IEEE International Conference on Web Services. Cambridge：IEEE，2018：171-178.

[41] ZHANG C, LIU B, YAN J, et al. Hybrid measurement of air quality as a mobile service: an image based approach[C]//Proceedings of IEEE International Conference on Web Services. Cambridge: IEEE, 2017: 853-856.

[42] FANG B, ZENG X, ZHANG M. Nestdnn: resource-aware multi-tenant on-device deep learning for continuous mobile vision[C]//Proceedings of the 24th Annual International Conference on Mobile Computing and Networking. New York: ACM, 2018: 115-127.

[43] LIN L, WANG K, ZUO W, et al. A deep structured model with radius-margin bound for 3D human activity recognition[J]. International Journal of Computer Vision, 2016, 118(2): 256-273.

[44] WANG L, JIAO L, HE T, et al. Service entity placement for social virtual reality applications in edge computing[C]//Proceedings of IEEE International Conference on Computer Communications. Cambridge: IEEE, 2018: 468-476.

[45] WU H, DENG S, LI W, et al. Service selection for composition in mobile edge computing systems [C]//Proceedings of IEEE International Conference on Web Services. Cambridge: IEEE, 2018: 355-358.

[46] LYU X, NI W, TIAN H, et al. Optimal schedule of mobile edge computing for internet of things using partial information[J]. IEEE Journal on Selected Areas in Communications, 2017, 35(11): 2606-2615.

[47] LYU X, NI W, TIAN H, et al. Optimal schedule of mobile edge computing for internet of things using partial information[J]. IEEE Journal on Selected Areas in Communications, 2017, 35(11): 2606-2615.

[48] HU P, NING H, QIU T, et al. Fog computing based face identification and resolution scheme in internet of things[J]. IEEE Transactions on Industrial Informatics, 2017, 13(4): 1910-1920.

[49] LI H, OTA K, DONG M. Learning IoT in edge: deep learning for the internet of things with edge computing[J]. IEEE Network, 2018, 32(1): 96-101.

[50] LIU C, CAO Y, LUO Y, et al. A new deep learning-based food recognition system for dietary assessment on an edge computing service infrastructure[J]. IEEE Transactions on Services Computing, 2017, 11(2): 249-261.

[51] YOSINSKI J, CLUNE J, BENGIO Y, et al. How transferable are features in deep neural networks? [J]. Advances in Neural Information Processing Systems, 2014, 27: 3320-3328.

[52] LONG M, CAO Y, WANG J, et al. Learning transferable features with deep adaptation networks [C]//Proceedings of International Conference on Machine Learning. New York：ACM, 2015：97-105.

[53] SONG C, RISTENPART T, SHMATIKOV V. Machine learning models that remember too much [C]//Proceedings of ACM SIGSAC Conference on Computer and Communications Security. New York：ACM, 2017：587-601.

[54] ATENIESE G, MANCINI L V, SPOGNARDI A, et al. Hacking smart machines with smarter ones：how to extract meaningful data from machine learning classifiers[J]. International Journal of Security and Networks, 2015, 10(3)：137-150.

[55] PAPADOPOULOS D P, UIJLINGS J R R, KELLER F, et al. Extreme clicking for efficient object annotation[C]//Proceedings of the IEEE International Conference on Computer Vision. Cambridge：IEEE, 2017：4930-4939.

[56] CASTREJON L, KUNDU K, URTASUN R, et al. Annotating object instances with a polygon-rnn [C]//Proceedings of the IEEE Conference on Computer Vision and Pattern Recognition. Cambridge：IEEE, 2017：5230-5238.

[57] XU J, CHEN L, ZHOU P. Joint service caching and task offloading for mobile edge computing in dense networks[C]//Proceedings of IEEE Conference on Computer Communications. Cambridge：IEEE, 2018：207-215.

[58] SIMONYAN K, ZISSERMAN A. Very deep convolutional networks for large-scale image recognition [J]. arXiv preprint, 2015, arXiv：1409.1556v6.

[59] HE K, ZHANG X, REN S, et al. Deep residual learning for image recognition[C]//Proceedings of the IEEE Conference on Computer Vision and Pattern Recognition. Cambridge：IEEE, 2016：770-778.

[60] KANG Y, HAUSWALD J, GAO C, et al. Neurosurgeon：collaborative intelligence between the cloud and mobile edge [J]. ACM SIGARCH Computer Architecture News, 2017, 45 (1)：615-629.

[61] HOWARD A G, ZHU M, CHEN B, et al. Mobilenets：efficient convolutional neural networks for mobile vision applications[J]. arXiv preprint, 2017, arXiv：1704.04861.

[62] DROLIA U, GUO K, TAN J, et al. Cachier：edge-caching for recognition applications[C]//Pro-

ceedings of the IEEE International Conference on Distributed Computing Systems. Cambridge: IEEE, 2017: 276-286.

[63] HAN S, SHEN H, PHILIPOSE M, et al. MCDNN: an approximation-based execution framework for deep stream processing under resource constraints[C]//Proceedings of the 14th Annual International Conference on Mobile Systems, Applications, and Services. New York: ACM, 2016: 123-136.

[64] FANG Z, LIN J H, SRIVASTAVA M B, et al. Multi-tenant mobile offloading systems for real-time computer vision applications[C]//Proceedings of the International Conference on Distributed Computing and Networking. New York: ACM, 2019: 21-30.

[65] ZHANG X, ZHOU X, LIN M, et al. Shufflenet: an extremely efficient convolutional neural network for mobile devices[C]//Proceedings of the IEEE Conference on Computer Vision and Pattern Recognition. Cambridge: IEEE, 2018: 6848-6856.

[66] HINTON G, VINYALS O, DEAN J. Distilling the knowledge in a neural network[J]. arXiv preprint, 2015, arXiv: 1503.02531.

[67] MATHUR A, LANE N D, BHATTACHARYA S, et al. Deepeye: resource efficient local execution of multiple deep vision models using wearable commodity hardware[C]//Proceedings of the International Conference on Mobile Systems, Applications, and Services. New York: ACM, 2017: 68-81.

[68] HU P, NING H, QIU T, et al. Fog computing based face identification and resolution scheme in internet of things[J]. IEEE Transactions on Industrial Informatics, 2017, 13(4): 1910-1920.

第 9 讲
认知服务

本讲概览

认知智能是新一代人工智能的制高点，代表了人工智能发展的趋势，涉及语义理解、知识表达、联想推理、自主学习等人工智能的"深水区"。认知智能与服务计算相结合，将产生"更聪明"的服务——认知服务，能够主动洞察事物发展的内在规律，理解用户真实需求意图，为用户提供智能、优质的服务。认知服务是一种新型服务形态，面向复杂服务生态系统，有效融合人（用户/开发者）、机（服务）和知识，利用认知智能，赋予服务以认知能力，实现智能化的业务处理与应用。

认知服务已成为学术界和产业界关注的热点，不断涌现的新需求与新问题对认知智能的服务化和认知服务的工程化提出了更高的要求。本讲将从认知服务的起源、计算范型、使能技术、创新实践等方面对认知服务进行介绍。

本讲各节内容安排如下。9.1 节将从认知智能的发展趋势出发，介绍认知服务的产生背景和基本定义；9.2 节重点阐释认知服务的计算元模型、结构-行为模型以及认知服务中的人机协作模式，从模型和运行机理两个维度形成对认知服务计算的综合刻画，对认知服务计算范型的基本原则和一般运行规律进行认识和梳理；9.3 节介绍认知服务的主要使能技术，包括基于知识图谱的认知服务建模与推理，面向服务需求的用户意图表达与理解，基于深度学习的认知服务求解，基于元认知的适应性服务构造，以及认知服务生态系统演化；9.4 节将列举认知服务的相关创新实践工作，包括自动驾驶服务、智能助理服务、智能医疗服务；9.5 节对本讲内容进行总结。

9.1 | 从认知智能到认知服务

人工智能，特别是认知智能与服务计算相结合，产生了认知服务这类聪明的服务。认知服务的初步应用已经取得了较好效果，例如，近年来各大互联网公司纷纷推出了各种智能助理服务。以小米公司的小爱同学为例，它除了与用户进行基本的语音聊天和交互外，还可通过感知用户意图并调用相应的软件服务（如天气预报查询、电视节目切换等），以满足用户需求。除了简单的服务调用外，对认知服务更多、更迫切的需求也不断涌现。例如，2020 年的新冠肺炎疫情造成惨痛损失的主要原因之一是防控早期上报迟缓。而排除人为因素，导致这一问题的一个重要原因是上报机制智能化程度低。医院使用的传染病上报系统归属于疾控部门，且都是被动监测系统，需要依靠临床医生手工录入填报。如果上报服务认知能力更强一些，与医院系统的电子病历系统等服务融合，自动推送、一键完成，就可做到不遗漏、早上报。如果能进一步与药店（退烧药销量）、电商（口罩、体温计销量）、交通（体温监测）等第三方服务共建疾控服务生态系统，就有可能更精准、更及时地判断传染态势，防患于未然。可以看出，认知服务的构造与深度应用正成为一个亟须解决的问题。

9.1.1　认知智能

1. 从感知智能向认知智能的发展

随着算法、数据和算力的不断发展和相互作用，人工智能系统正经历着不断迭代发展的过程，智能化程度不断增强。智能首先是生物智能或自然智能，是一种生物的本能，动植物皆有智能，生物智能包括外化的交互智能和内化的认知智能。认知三角（Cognitive Triangle），即感受–思考–行动（Feeling-Thinking-Action）模型反映了认知基本过程，如图 9-1a 所示。其中"思考"发生在人脑的认知空间之中，而"感受"和"行动"则需要和物理空间进行交互。

认知过程中蕴含了智能过程，因此"认知三角"也被称为"智能三角"。感受或感觉是身体感官对外界信息的观察与体验，也是对原始数据的搜集，其中蕴含了感知智能。思考是认知主体对感知数据进行信息处理，与已有的认知结构与知识建立关联（记忆），进行分析与学习（计算），蕴含了认知智能（记忆智能+计算智能）。思考的结果是生成新的概念、产生新的知识。经过推理（概念性思维）可能会发现原有知识的不完整或不一致、与已有知识的矛盾、存在新的问题等，这就产生了验证、假说、猜想、方案，形成新的、主动的探究策略，产生进一步的行动需求。行动即是探究策略的执行，形成了与认知对象及其所在环境条件之间的互动，在这一环节中，行为智能起着关键作用。感知智能与行为智能是具身智能（Embodied Intelligence），是具身化和情景化的智能表现形式。海森堡测不准原理说明认知主体和客体密不可分，能知和所知交织在一起，因此，认知过程类似于软件开发的迭代增量、逐渐求精的过程，通过"感受

（感知）→认知（思考）→行为（行动）"螺旋上升。因此，交互智能是对身体外部物理空间的感知（刺激）和身体的反应（行为），是一种与物理空间交互的具身智能，而认知智能是发生在身体内部认知空间的高级心智活动，比如记忆、计算、推理、想象、联想、情绪、情感等，如果认知主体是机器，则主要包括计算智能和记忆智能，它们之间的关系如图 9-1b 所示。

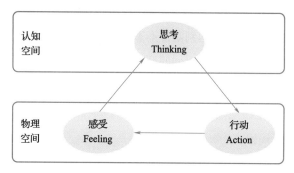

a）认知过程三角形

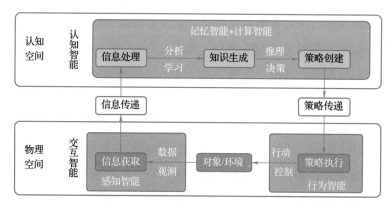

b）认知过程中的智能

图 9-1 认知与智能

　　人类的交互智能在很多方面不如动植物，比如视觉、听觉、嗅觉、运动、定位等。与很多生物相比，人类的 DNA 链长度、脑容量、脑重量占身体重量的比例、脑结构的复杂度、脑细胞的化学成分等都不具备明显优势。人的智能之所以强大，一方面是因为人类进化过程中大脑的持续进化，以及人的一生中大脑的不断演化。另一方面，社会化的环境带来的交互、知识的创新与传承、学习能力与思维能力的发展都促进了人类智能的进化。在图灵、冯·诺依曼、香农、赫伯特·西蒙这些计算机与人工智能之父们的思想里，计算机就是一种能够实现人类智能的机器，而人工智能是在机器上实现对人类智能的模拟。人类通过发明人工智能，实现了从自然进化向自主进化的发展。

随着深度学习和机器学习技术的进步，机器在感知智能方面已越来越接近甚至超过人类，但在自然语言理解、问题解决、分析决策等认知智能方面仍面临诸多挑战，需要进一步结合知识图谱、因果推理、持续学习等技术，赋予机器以理解、归纳和应用知识的能力。因此，从感知智能向认知智能转化，是新一代人工智能的重要发展趋势。2020年1月，阿里巴巴达摩院发布《2020 十大科技趋势》的报告，排在首位的就是"人工智能从感知智能向认知智能演进"，并认为认知智能是人工智能未来将实现的两大突破之一。

从认知心理学的角度，人类认知首先需要通过感知过程，即人类通过感官与外界接触，并将这些信息反馈给大脑。进一步，将感知到的信息与大脑中已有认知结构产生关联，实现学习、理解和推理等认知过程。人工智能模拟人类智能，也是经过感知→认知→理解→决策过程，如图 9-2 所示，数据到信息实现感知智能，信息到知识实现认知智能，在知识的基础上达到解决问题的智慧，最终机器智能将与人类智能融合，通过融合智能使得机器也能具有创新的能力。

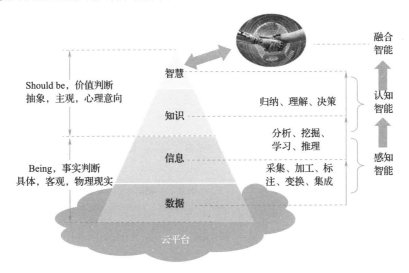

图 9-2　从感知智能向认知智能演进

其中，数据层关注对文本、图片、视频和语音等各种类型数据的采集、加工、标注、变换和集成。数据之间通过联系，可以得到有价值的信息。信息层注重数据的分析、挖掘、学习、推理。知识层注重对信息的归纳、理解和决策，知识是经过人类理解的信息，是被证明在一定时间和空间范围内正确的信息，这种"正确"蕴含了从"Being"向"Should be"的转变过程，具有价值观的意义，此谓"是非之心，智也"。"智"是认知事物、解决问题的能力，也就是"智能"；而研究智能、运用智能背后的价值判断则是"慧"，所谓"决断曰智，简择曰慧"。在更高层次的智慧上，强调在知识积累和理解的基础上，机器智能与人类智能结合产生新的洞察和创造。

2. 认知智能

亚里士多德在《形而上学》中的第一句话是"每一个人在本性上都想求知"。1993年，在华盛顿召开的美国科学基金会会议上认为：认知科学是研究人的智能、其他动物的智能及人造系统的智能的科学。认知包括三个方面：适应、结构和过程，即认知是为了一定的目的、在一定的信息结构上进行的信息加工过程，如图9-3所示。认知科学主要是研究认知的过程及对认知过程的分析，具体研究对象主要包括感知觉、记忆、思维、判断、推理、学习、想象等认知活动，同时研究情感、意志、动机、兴趣等非认知因素在认知活动中的作用，研究结果用以解释概念形成、语言使用、问题求解等人类复杂行为。例如，认知心理学试图了解人类如何获取有关自身和世界的知识，该知识如何在大脑中表示以及如何利用这些知识来指导行为[1]。经典机器学习涉及对象识别、集群分类、模式识别、功能回归和行为生成，但它不能充分解决基础常识学习，这是将人类学习机制传递到机器中的一项基本挑战。

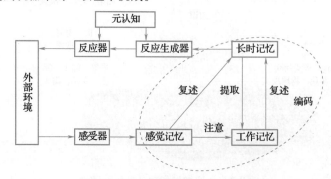

图9-3 认知过程的信息加工模型

认知智能是计算科学与认知科学的交叉领域，主要从认知算法、模型和系统架构等方面展开研究。例如，Samsonovich[2] 扩展了传统的情绪认知框架 eBICA，该框架中的学习主要包括语义映射的自组织，该语义映射反过来可以为主动的模仿人类学习提供指导。Özsoydan[3] 提出了一种基于粒子群的优化算法，该算法由具有个体认知智能的搜索 Agent 组成，每个 Agent 被允许从问题空间中独立学习并可互相共享信息。Chemchem 等[4] 提出了一种利用知识为 Agent 提供智能的方法，通过卷积神经网络对知识进行分类，使得 Agent 能够对其知识进行管理。Hays 等[5] 提出了一个基于人工智能和认知科学的医疗辅助框架，能够持续决定是否和何时需要额外的学习，以便纠正和提供元认知反馈，帮助医生纠正医疗中的错误。Napoles 等[6] 开发了一个模糊认知建模工具，可依靠机器学习计算模型参数及优化网络拓扑结构，在不丢失信息的情况下提高系统的收敛性。Craw 等[7] 探索了基于案例推理的认知和元认知过程，通过嵌入和开发认知功能，如洞察力、直觉和好奇心，以驱动可解释的智能。

目前，深度学习的发展显著提升了感知智能，譬如机器视觉、机器听觉、机器触觉。相较于感知，认知智能是人类独有的思维模式和能力，机器感知可以辅助人类做出决策，如医疗辅助诊断等的规则化统计问题，但仍不具备独立自主地理解数据、解释数据，进而进行推理、决策等的认知能力。在感知智能向认知智能发展的过程中，对认知机理的深入研究将会显著提升机器智能的水平，例如，源于认知过程中的注意力机制成为近年来深度学习中最重要的核心技术之一，已经被广泛使用在自然语言处理、图像识别及语音识别等任务中。在复杂、动态、多样的认知场景中，知识表征、知识推理等方法使得机器逐渐具有解决复杂问题的能力。知识图谱技术成为认知智能发展道路上重要的技术支撑，促进从"授之以鱼"到"授之以渔"，因此，如何利用知识图谱和元认知来增强认知系统的推理能力和认知能力成为一个重要的研究方向。

9.1.2 认知服务

1. 服务智能化与 AI 服务化

随着软件的网络化、服务化、平台化、生态化与智能化等新形态的发展，软件的运行环境从互联网向云计算、边缘计算、物联网、区块链等多向发展，一方面，软件定义（SDX）覆盖了云、网、端的各类资源，抹平异构的计算设备、存储设备、网络设备、安全设备之间的鸿沟，成为实现人、机、物融合环境下"软件基础设施化"的重要技术途径，应用开发者能按需"定义"出适用的基础资源架构，更加方便、灵活地来配置和使用这些资源。另一方面，互联网+、人工智能+、万物智联等 IT 泛在化的推动因素使得新的应用场景不断涌现，各类软硬件资源以服务的形式越来越"紧贴"用户，而用户只须购买他们需要的应用并按需付费，形成一切皆服务（XaaS）。服务上云、服务跨界、服务融合等催生了技术、社会、商业高度综合的服务生态系统，如阿里巴巴的电商生态系统、小米的智能家居生态系统、腾讯的微信生态系统等。

服务生态系统具有更强的竞争优势与价值创造能力，同时也因大规模、跨界合作、动态开放、大数据化、去中心化等特点而更复杂，更加需要依靠精准捕获用户需求、快速持续演化、高实时性与高扩展性来保持这种优势，于是催生了微服务、DevOps、Serverless、中台、社会化开发等新技术。与此同时，服务生态系统中服务及其涉众（Stakeholder）的多源异构自治更强、关联关系更复杂，也面临更具挑战的用户需求不确定性——个性化（千人千面）、融合化（不拘一格）、动态化（快速演变）等。

软件开发实质上是一个认知过程：不断试错、不断迭代、不断精化，以较小的代价发现错误，实现不确定中的相对确定，提供满足用户需要的软件制品。其中最大的认知障碍是开发者缺乏用户领域的认知，而用户也缺乏对信息化的认知，因而大量项目失败主要源于用户对需求"说不清、说不准、说不全"。事实上，人类生活在社会中，所有行为都与动机（需求）对应。心理学、社会学、行为科学等学科的研究为洞悉用户的现实需求乃至于心理需求提供了理论依据，如需求层次理论、认知行为理论、群体动力理论、人际关系理论等。因此，用户需求分析不仅要"听其言"，更重要的是"观其行"并"知其意"——通过洞悉用户的行为和模式，了解甚至预知用户"想要"（wants）背后真正的"需要"（needs）。大数据分析与机器学习等技术带来了感知智能的巨大进步，可以较好地处理用户行为大数据，在此基础上，需要通过对认知智能的发展与应用来理解把握用户需求，为用户提供更加聪明的、更能满足其需求意图的服务。

2. 认知服务的定义

认知智能是新一代人工智能的制高点，将引领人工智能的发展，涉及语义理解、知识表达、联想推理、自主学习等人工智能的高级领域，主要应用于自动驾驶、智能助手、机器翻译、情感计算等充满不确定性的复杂应用场景。认知智能与服务计算相结合，将产生"更聪明"的服务——认知服务，能够主动了解事物发展的内在规律，理解用户真实需求意图，为应对需求不确定性的挑战提供解决途径。认知服务是一种新型服务形态，面向复杂服务生态系统，有效融合人（用户/开发者）、机（服务）和知识，利用认知智能赋予服务以认知能力，实现智能化的业务处理与应用。

3. 认知服务的产生与发展

近年来，认知智能与服务计算相结合而形成的认知服务已经引起了产业界和学术界的关注。例如，2015 年微软公司通过 Azure 整合人工智能服务接口并发布认知服务平台，包括：视觉类，如计算机视觉、情感识别、人脸识别、视频检测等；语音类，如语音识别、声纹识别等；语言类，如拼写检查、语言理解、文本分析等；知识类，如学术知识检索、实体链接、知识推荐等；搜索类，如网页搜索、新闻搜索、视频搜索等。通过实现人工智能即服务，微软认知服务平台能够帮助用户和企业方便地在应用中使用机器学习和深度学习算法。

2015 年，IBM 开发的 Watson 医生可利用归纳法从海量病例中提炼临床诊断经验，改变了先前从医学文献中提取规则的演绎法。然而 Watson 通过机器阅读虽然可以短时间内积累大量的文献，但在融合各种数据时发现需要花费难以想象的人力、物力，其理解能力与人类医生有较大差异，并不具备人类的认知能力，未能达到预期的效果。2017 年，IBM 公布了基于 IBM Watson 的认知服务平台，旨在帮助专家团队提供更高的服务质量与创新动能，支持 IT 管理服务的整个生命周期，包括服务设计、构建、整合和运行。尽管该平台已经在银行、航空和零售等行业进行了应用，但更多的是基于感知智能的服务，通过对行业大数据的感知辅助决策，认知程度相对较低。微软公司的语音聊天助手小冰、百度公司的小度和小米公司的小爱同学等问答系统，增加了上下文语境的感知，向认知服务的方向前进了一步，但是其解决问题的能力尚处于初级阶段，在遇到专业问题时仍具有一定局限性。

综上所述，认知服务在产业界也已成为关注的热点，不断涌现的新需求与新问题对认知智能的服务化和认知服务的工程化提出了更高的要求。

9.2 | 认知服务的计算范型

现有的大部分工业化人工智能系统仍处于初步应用阶段，很多应用仅仅将机器学习模型和深度网络模型运用到人脸识别、语音识别、智能客服和智能推荐等具体任务，并没有充分拓展以人为本、以认知为基础的领域。目前，认知服务在实现服务智能化方面仍存在一些不足，主要面临以下挑战。

1）软件运行环境的开放性和动态性。软件在运行过程中，随着应用需求和环境的变化，需要动态进行软件的配置、维护和更新。

2）用户需求意图的动态性和不确定性。目标所处的动态环境和用户意图随着时间动态变化的特征增加了对用户意图把握的难度。系统运行时的不确定性会影响情境需求，为了正确执行与情境相关的需求，系统需要了解和需求相关的最新的情境信息。

3）知识领域的发展强烈依赖于持续性的大数据供应，然而从数据产生知识的过程是漫长且复杂的。人类对机器智能的期望在逐年增加，人工智能的发展能否突破数据的限制至关重要。

与认知科学结合是有效解决上述问题的重要途径。认知科学在计算机领域最广泛的应用是认知计算，认知计算利用认知科学的理论来开发算法，使机器能够拥有一定程度的类脑认知智能[8]。而在软件服务领域最重要的概念是服务计算，经典的服务计算关注如何利用 IT 服务实现业务服务，在相对确定的业务需求基础上进行服务设计和开发，并利用服务推荐和组合实现业务的动态适应性。无论是认知计算或是服务计算，在解决具体场景问题之前需要定义相关的计算范型。

在日趋动态化和个性化的服务场景下，用户需求往往不确定且动态多变，对服务的感知和认知能力的要求逐步催生了认知服务的涌现。不同于认知计算，认知服务关心的是与服务关联的对象（如开发者、知识和用户等），其目标是实现服务智能化和 AI 服务化。认知服务作为一种新型的服务形态，呈现出自治性、自主性、多样性、交互性和涌现性等特点，也对认知服务的分析、开发和运营维护都提出了更高的要求。面对复杂的服务生态系统，如何有效融合人（用户/开发者）、机（服务）和知识，利用认知智能赋予服务认知的能力，进一步提升软件智能化的业务处理是重要的突破口。本节重点介绍认知服务的计算元模型、结构-行为模型以及认知服务中的人机协作模式。

认知服务计算范型本质上是对认知服务生命周期一般规律和模式的总结，用以阐明认知智能服务化的机理。从计算范型的视角分析认知服务与经典服务计算的异同点，将为认知服务的开发与运维提供全面深入的指导。通过对模型关联和运行机理两个方面对认知服务进行综合分析，可以对认知服务计算范型的基本原则和一般运行规律进行认识和梳理，从而指导认知服务的用户需求意图理解、服务适应性构造和协同演化。

9.2.1　认知服务计算元模型

用户、开发者、知识以及认知服务之间泛在的互动、合作和竞争等关联关系和相互影响，认知服务之间的竞争、组合、调用、适应以及节点聚集和群落等生态现象，呈现出复杂、动态、网络化的生态系统特性。针对认知服务的特点，本小节介绍认知服务计算元模型，如图 9-4 所示。认知服务计算元模型定义了服务用户、服务开发者、知识、认知服务四类实体（User-Developer-Knowledge-Service，UDKS）及其交互协同过程。元模型充分展现了针对不同实体的核心建模元素及其关联关系，并反映了网络中不同元素间的相互作用机理。

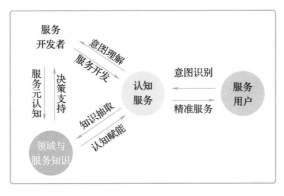

图 9-4　认知服务计算元模型

在构建认知服务计算元模型的过程中，首先需要把握服务消费者以及服务提供者在软件生态系统中的特点。具体来说，针对服务消费者，分析服务消费者在价值（Value）、角色（Role）、目标（Goal）、流程（Process）、偏好（Preference）等需求意图表达上的特点；针对服务提供者，分析其在描述认知服务时对服务资源的目标、功能、接口、行为、处理逻辑、运行、维护、非功能属性等的刻画。

其次，以模型抽象和模型映射为基础，从认知科学和网络科学的视角出发，建立用户、开发者、知识、认知服务四类实体（UDKS）组成的认知服务生态网络。其中，用户网络刻画业务领域中用户间的关联，以及用户在组织中扮演的角色、用户的个体目标、角色目标以及价值诉求等；开发者网络着重对开发者的开发技能和经验、服务开发历史、开发者间的交互关系等进行建模；认知服务有别于传统服务的一个重要特点在于其对用户意图的认知能力，认知能力为服务提供持续的智能化迭代，该能力的实现有赖于知识网络提供的知识支持及其与用户网络、开发者网络、服务网络之间的交互。知识网络的设计主要聚焦于领域的业务知识（包括领域概念、关联及业务规则等）和服务开发知识（如架构模式、接口设计模式等）两类知识；服务网络主要涉及服务的基本描述、服务的调用历史、服务流程、服务的执行载体和环境等。

用户、开发者、知识、认知服务四类实体间的关联和交互体现了认知服务计算范型的内涵，其具体表现如下。

1）认知服务与用户之间的交互，主要体现在两方面：一方面，认知服务开发的目的是通过用户的历史行为、自身目标以及价值诉求为用户提供精准服务；另一方面，实现服务精准推荐的关键在于认知服务需要准确识别用户的意图，同时用户在使用服务过程中的各项数据能够进一步指导认知服务的智能化迭代，进而为用户提供更优质的服务。

2）开发者与认知服务之间的交互，主要体现在两方面：一方面，开发者需要通过用户与认知服务之间的交互理解用户的真实意图，以便驱动后续的认知服务开发；另一方面，由开发者组织和实施认知服务的开发，参与服务在软件生态系统中的演化全过程。

3）开发者与知识之间的交互，主要体现在两方面：一方面，需要挖掘开发者在开发软件过程中积累的服务构造模式和知识，这类知识可以看作关于服务认知的认知，即元认知；另一方面，挖掘得到的知识（包括领域知识、服务构造知识、领域模型等）可以为开发者在后续开发过程或演化过程中作为可重用的认知资产持续提供价值。

4）知识与认知服务之间的交互，主要体现在两方面：一方面，利用传统的知识推理技术或认知计算智能算法可以提高服务的决策能力，即赋予服务以认知能力；另一方面，知识的获取需要从已有认知服务资源的各项属性和行为特征中加以抽取，进而不断丰富知识库内容。

最后，认知服务计算元模型的构造过程可以概括为，通过在典型应用场景下开展建模分析，构造初始认知服务计算元模型，进而通过不断迭代反馈持续完善，进一步指导认知服务的用户需求意图理解、服务适应性构造和协同演化。

9.2.2　认知服务结构-行为模型

在对智能 Agent 的 BDI（Belief-Desire-Intention，信念-愿望-意图）认知过程模型分析的基础上，结合认知服务计算元模型，可以定义认知服务的结构-行为模型，主要涵盖意图理解、决策推理、服务行为、效用评估四个部分及其交互。如图 9-5 所示，认知服务在其生命周期中各个阶段与认知服务计算元模型中的 UDKS 实体间的协同和相互作用关系，通过意图理解感知和分析用户需求，基于此进行决策推理以明确服务的执行决策，进而指导服务执行，并对服务的执行过程进行状态监控和效用评估。

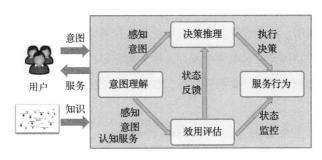

图 9-5　认知服务结构-行为模型

在认知服务运行的生命周期中，各个阶段都基于外部信息与服务自身状态利用决策推理模块进行服务行为的适应性调节。

在意图理解阶段，通过意图理解模块对用户行为进行感知、分析和理解，获取其真实需求。从用户数据识别意图的基础上，结合人类知识，对意图进行深层次感知和理解，助力认知服务的决策推理和效用评估。以网络购物为例，如果一个人多次浏览手机产品，从用户数据层面就可以识别出其有购买手机的意愿。若结合手机发布时间、是否有新的技术被采用、产品创意、社会舆论环境等相关知识进行分析，可能该用户比较关心新技术，或者比较关注某品牌，对其需求意图进一步理解，可以为其推荐该品牌的笔记本、网络服务等。

在决策推理阶段，基于获取的用户需求及当前网络态势，确定服务行为和执行方案。针对用户需求意图的不确定性和情境的演变性，将认知服务的执行策略问题映射为动态智能规划问题。在规划过程中借鉴多智能体系统的分布式协同控制中采取的领导者跟随网络和无领导者网络的思想。基于上述两类网络，在认知服务的执行逻辑规划过程中，通过考虑认知服务的构造模式及各组件服务间的逻辑交互关系、组件服务与知识网络的关联关系等，在确保一致性的基础上，从结构、语义、交互等不同层面分析，构造满足用户需求偏好和情境约束的服务组合方案。同时，为实现服务执行的适应性，需要确保服务组合方案的多样化。在服务网络中查找需求目标相关的服务连通图，识别相似子图中的极大独立集，进行多样化服务组合方案的制定。

在效用评估阶段，关注的是当前认知服务对用户意图的满足程度，在认知服务构造的基础上，建立认知服务效用评估指标体系，学习个性化的认知服务效用评估准则，对认知服务效用的未来变化趋势进行预测，为认知服务的决策分析、主动调节与优化以及后续的演化提供指引。在构建认知服务效用评估指标体系时，可以从用户感知的认知服务状态和认知服务协同交互机制两个方面入手，确定影响用户体验的关键指标，建立基于用户感知的认知服务效用评估指标体系，如图9-6所示。

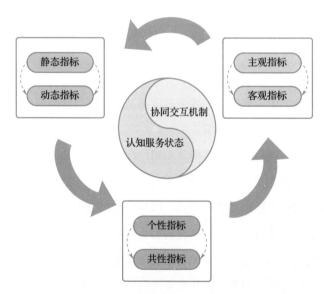

图9-6　认知服务效用评估指标体系

从用户感知的认知服务状态考虑，主要包括用户体验质量或反馈以及客观的服务质量（Quality of Service，QoS）。用户的服务体验质量与用户从认知服务获得的收益、用户的价值诉求和期望、服务自身质量等有关。认知服务的 QoS 则主要包括服务的性能、可靠性、安全性等传统服务 QoS 指标，另外还须进一步关注体现认知特点的适应性等相关指标。从认知服务协同交互机制出发，需要综合考虑认知服务在 UDKS 协同交互生态网络中的交互行为及其对认知服务质量的影响。结合开发者网络、服务组件网络、知识网络等蕴含的认知服务协同交互历史信息，关注生态网络中不同的网络节点特别是其伙伴服务或组件服务、处于同一生态位的竞争者服务之间的交互行为或影响，寻求影响认知服务效用的关键因素，揭示包含用户意图、应用场景、认知服务运行环境等因素在内的认知服务协同交互体系中不同实体变化对认知服务效用评估的影响机制。

知识网络则在认知服务运行整个生命周期中提供必要的知识支撑。认知服务的知识库涵盖领域知识、服务构造知识以及领域服务组件模型，利用本体建模和基本本体的知识图谱相关技术对知识库进行刻画，有别于传统的基于领域专家人为定义知识，基于大数据分析、机器学习技术和知识图谱从海量数据中进行知识挖掘，极大提高了知识抽取和知识推理的效率。传统的三元组形式的知识表示方法可以显式地表示出不同实体间的逻辑结构关系，而以深度学习为代表的知识表示方法，则实现了实体、关系及其之间的复杂语义关联的可计算型表示转换，在此基础上涌现了许多基于知识表示的知识推理模型。

综上，认知服务结构-行为模型通过对认知服务开发规律的不断认识，归纳并总结认知服务计算的基本模式，刻画认知服务的行为逻辑和执行过程，促进认知服务的开发。

9.2.3　认知服务中的人机协作模式

传统的人机协作更多依赖机器智能的高速运算能力以及数据处理能力，缺乏对人类认知的深层次利用，对数据的依赖性更强。而认知服务则更加注重借鉴人类的认知方式，人的智能在其中将承担越来越重要的作用。通过将人的认知能力赋予机器智能，认知服务的自主性与演化能力将得到快速提升。

人机协作可以有效融合人类智能与机器智能各自的优势，提升认知服务的智能化水平，增强在复杂、开放、易变环境中灵活应对和及时响应的能力。如图 9-7 所示，认知服务中典型的人机协作模式可以大致分为三类：专家指导、在环交互和人机对抗。专家指导注重利用已有知识提升机器智能，在环交互指机器与人持续交互过程中通过学习形成的智能，人机对抗指机器与人在极端环境中进行博弈对抗过程中形成的智能。

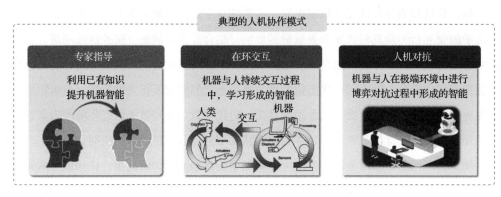

图 9-7　典型的人机协作模式

　　人机协作注重应对场景不确定、开放性、脆弱性等难题，不同环境和领域中这些挑战的程度也不尽相同，不同的人机协作模式需要相应地采取不同的分析、决策、执行与评估机制。例如，智能助理服务的挑战在于难以跟踪对话过程中的用户需求变化，需要从用户对话、搜索、打分等行为中感知和理解用户意图，进而自动调度和执行相应的服务满足用户需求，在人机在环交互过程中不断询问、探测、反馈和学习。在自动驾驶服务中，面临的主要挑战是难以满足复杂路况中苛刻的可靠性要求，对于缺乏有效训练样本的未知复杂场景，通过数据增强、虚拟仿真等方式生成对抗性用例样本，提高自动驾驶应对长尾问题（即极小概率的极端场景）的可靠性。在智能医疗服务中，需要借助医学专家的领域知识，利用不同医疗服务实例之间的知识共享和知识迁移，实现知识驱动的复制、模仿、学习和改进机制，分析和洞察知识共享与迁移的机理。

9.3　认知服务使能技术

9.3.1　基于知识图谱的认知服务建模与推理

　　软件的智能化和服务化趋势，推动着认知服务的应用场景不断多元化。为了满足不同领域、不同场景下的使用需求，需要借助于相应的领域知识。在复杂、动态、多样的认知场景中，知识表征、知识推理等方法使得机器逐渐具有解决复杂问题的能力，知识图谱成为认知智能发展道路上一个重要的技术支撑。利用知识图谱，系统不断"学习"知识来调整自身，最终形成准确认知，进而更好地提供服务。目前已经有许多认知服务场景面临挑战，需要使用知识图谱技术赋能。

在智能助理服务中，系统通过语音识别、意图理解等技术，在机器与人交互的过程中理解人的需求，从而持续进行对话交互。然而，在问题数量众多、语义复杂的场景下，智能助理服务在精准性、及时性和有效性等方面表现较差。同时，当用户需要跨领域进行推荐服务时，交互式系统很难满足这一需求。需要引入知识图谱的丰富信息，以解决跨领域推荐、开放式场景对话等问题。另外，目前的智能医疗服务受限于智能诊断的准确性，更多地还是需要医生在线上花费大量的时间进行人工问诊。这是由于医学诊断需要大量的专业知识，普通的最热门流行推荐、语义匹配返回的结果忽视了这些，容易造成误诊等严重后果。为了使智能医疗服务具有更强的安全性、逻辑性，需要引入专业知识图谱，通过挖掘这些实体之间的语义联系，做出合理的知识推断，从而给出准确的医学诊断结果。

知识图谱如何为上述场景的认知服务赋能？通过包含实体、关系、语义描述在内的结构化表征方式，知识图谱可以将散乱的数据信息通过逻辑关联有效组织起来，促使机器获取认知规则从而具有不同的理解和推理能力，搜索引擎、推荐系统、智能问答等也因此得到发展并具备了更高效的服务能力。知识表示问题是知识图谱构造的基本问题，也是知识推理的计算基础支撑。语义网是利用图结构进行知识表示的发展源头之一，随着资源描述框架（RDF）和网络本体语言（OWL）的出现，语义网体系也愈加完善，互联网上逐渐出现 DBpedia、WordNet 等丰富多样的开放知识库和本体库。

在构造知识图谱后，还须进一步利用图谱内容进行知识推理。经典的知识推理方法大致可分为三类：基于逻辑的推理方法可以用于实体间隐含关系的补全推理过程；基于规则的推理方法通过关联规则挖掘实现知识图谱的补全推理过程；基于路径的推理则将实体关系路径作为特征进行分类器训练，使得关系抽取问题转化为二分类问题，通过基于随机游走的关系序列路径预测实现知识推理。

有别于传统的基于领域专家人为定义知识，基于大数据分析和机器学习技术从海量数据中进行知识挖掘，极大提高了知识抽取和知识推理的效率。传统的三元组形式的知识表示方法可以显式地表示出不同实体间的逻辑结构关系，而以深度学习为代表的知识表示方法，则实现了实体、关系及其之间的复杂语义关联的可计算型表示转换，在此基础上涌现了许多基于知识表示的知识推理模型。作为经典的基于表示学习方法的知识推理模型，TransE[9] 将知识图谱中的实体和关系映射为同一空间的向量，并在同一向量空间中进行隐含实体关系的计算推理，实现了图结构化信息向向量表示方法的转化。在此工作基础上，TransH[10] 在同一向量空间下根据实体关系的不同而对实体进行不同的表示，TransR[11] 则将实体和关系分别映射到不同的向量空间，更多衍生方法如TransD[12]、TranSparse[13] 等也是通过对实体和关系进行不同表示学习方法的向量转化过程来实现隐含的知识推理的。在此基础上，更多深度学习方法被应用到知识推理中，如 DeepPath[14] 使用深度强化学习进行知识推理，将推理过程转化为关系路径寻找的序列决策过程，其中知识图谱和智能体交互的环境被视为一个马尔可夫决策过程，并通过不同的奖励函数来控制路径的寻找过程。深度学习依赖于特定任务下大量数据的前期训练，虽然可以快速计算出隐含关系路径，但缺乏对结果的可解释性。

基于深度学习的算法缺乏对结果的可解释性，需要进一步挖掘知识图谱中关系的语义联系，提取出对所产生结果的解释文本或者关系信息作为结果的解释补充，使得实际中的认知服务具有更好的可解释性以及更高可信度；此外，现今的方法受制于模型规模等因素，难以挖掘知识图谱中节点之间的多跳关系信息以及节点本身的富文本信息，需要进一步改善图网络等模型结构，关注节点间多跳的潜在信息，并利用节点本身的富文本信息。

9.3.2　面向服务需求的用户意图表达与理解

近年来，互联网上已经积累了海量的服务资源，需要将这些碎片化、松散耦合的软件服务加以混搭或组合，实现软件服务的随需而变、按需提供。服务面向用户，这就要求服务以用户需求为本。如何基于认知服务把握和理解用户意图是一个关键问题。以网络购物为例，从用户的网页点击、流量监控等结构数据挖掘，对发帖留言、浏览图片视频等非结构化数据分类，识别用户购买手机的意图。若结合用户浏览历史、近期科技发展（如新的芯片、折叠屏幕）、舆论环境（如品牌产品宣传、社会评价）等情境信息，并结合知识对用户的意图进行理解，可向其推荐该品牌平板、笔记本等产品。

意图是一个非常基础的"元概念"，各个领域的学者从自己的学科出发对其做出不同解释。在计算机软件领域，面向服务需求的意图与需求、目标等相联系，侧重于如何理解用户意图，从而构造出更符合用户需求的软件或服务。在开放分布、动态复杂的环境中，用户需求往往蕴含在多源、多模态数据中，呈现出多样化、个性化等不确定性特征，使得用户真实需求意图难以被准确捕获。

准确理解用户需求意图，对于明确用户的不确定性需求至关重要。但是，交互意图的自发性、输入数据的随机性、用户行为的差异性和交互场景的丰富性都给用户需求意图理解带来了巨大的挑战。用户需求意图理解主要是基于用户偏好、情境信息、交互、以及文本、手势、图像和视频等在内的多模态信息等内容，在语义级别上准确理解用户需求。例如，基于情景的意图理解利用情境信息来理解用户意图；基于多模态交互的用户意图理解在多模态交互式的场景中使用文字、图片、视频、音频等多模态的数据辅助理解用户的意图。

传统的意图理解通过分类方法来检测用户意图，将输入语句归入预先定义的意图类，这种用户意图理解必然是在一个封闭的世界假设下工作，不能处理新的或未出现过的意图类别，难以适应开放环境下用户表达多样、新意图频繁出现的场景。开放意图理解成为亟须解决的问题，目前这一领域的研究还正处于起步阶段，研究者们开始逐步关注开放意图的识别，即新意图的发现问题。

开放意图识别可以将意图定义为某种易于表达的形式，比如动名词对、三元组等，便于对意图的表示和提取，可以将新意图发现看作无监督聚类问题，通过引入有效的弱监督信号提升聚类性能，降低对标记数据的依赖；也可以将新意图发现看作半监督聚类问题，利用少量有标签的已知意图先验知识指导聚类过程，从而获得准确性的提升。此外，开放环境中用户输入数据中包含着一些隐式反馈（如用户动作、行为、状态等），可以加以利用来辅助推断用户对特定物品或系统采取的特定行动的意图。

在认知服务计算新范型的基础上，构建面向服务需求的意图模型。需要从用户、开发者、服务、知识等数据出发分析理解意图，进行数据样本的高效采集与生成，收集供人工智能算法学习所需的数据，为需求意图识别与理解建立基础。

9.3.3 基于深度学习的认知服务求解

认知服务的求解源于对服务的解构，解构服务的关键在于了解单个服务本身在软件中的作用，以及了解多个服务之间所构成的联系。挖掘服务之间的显式与隐式联系成为求解认知服务的有效方法之一，而深度学习可以对数据进行表征学习，能够深入挖掘服务之间的联系，完成对服务显式与隐式的解构并求解。

深度学习是机器学习的分支，是一种以人工神经网络为架构对数据进行表征学习的算法。深度学习中对服务观测值可以使用多种方式来表示，而使用某些特定的表示方法更容易从实例中学习任务，将服务信息融入网络之中。深度学习应用于服务之中的好处是用非监督式或半监督式的特征学习和分层特征提取高效算法来替代手工获取服务的特征，而表征学习的目标是寻求更好的服务表示方法并创建更好的模型来从大规模未标记数据中学习这些表示方法。使用深度学习的方法可以对服务进行有效的求解，寻找到服务之间的联系。至今已有数种深度学习框架，如深度神经网络、循环神经网络和 Transformer 等深度学习网络已被应用于认知服务求解领域。

深度神经网络（DNN）[15] 能够对服务的信息进行编码，服务信息被向量化之后输入深度神经网络的输入层之中，进行前向传播。深度神经网络利用若干个权重系数矩阵、偏倚向量来和输入服务的值向量进行一系列线性运算和激活运算，深度神经网络从输入层开始，逐层向后计算并编码服务向量，直至传播到输出层得到服务的输出结果向量。服务的输出结果向量可以作为服务的求解结果，也可以作为一种中间向量结果运用到服务任务的下游求解之中。

循环神经网络（RNN）[16] 可以被用来处理序列形式的服务数据。在传统的深度神经网络模型中，服务信息的流动方向是从输入层流向隐藏层，最后汇聚到输出层之中，服务信息在层与层之间是全连接的，但是信息在每层之间的节点是无连接的。深度神经网络对于许多服务问题的求解无能为力，例如，要预测当前服务的下一个服务需要用到前面的服务信息，因为一个服务序列中前后服务并不是独立的。循环神经网络中一个服务当前的输出与前置服务的输出有关，具体的表现形式为网络会对前面的服务信息进行记忆并应用于当前服务输出的计算中，即隐藏层之间的服务信息节点不再是无连接而是有连接的，并且隐藏层的输入不仅包括输入层的服务信息输出还包括上一时刻隐藏层的服务信息输出。在理论上循环神经网络能够对任何长度的服务序列数据进行处理。但在实践中为了降低网络的复杂性，往往假设当前服务的状态只与前面的几个服务的状态相关。

自注意力机制被提出后，加入注意力机制的序列到序列模型[17] 在各个任务上的表现都有了提升，Transformer[18] 利用全注意力的结构，在精度和性能上要高于循环神经网络。Transformer 接收服务信息的文本表示，先经过编码器模块，对服务信息进行编码，然后将编码后的服务信息传入解码器模块进行解码，解码后就得到了服务信息的向量化表示，可以运用到下游服务任务的求解中。在编码器模块中含有多个子编码器，解码器模块中也含有多个子解码器，而每个子编码器和子解码器主要由自注意力模块和前馈神经网络所组成。

自注意力模块是 Transformer 的核心模块，其输入为服务经过嵌入编码后的向量表示，即整个 Transformer 模型的最初的输入是向量的形式。自注意力机制是注意力机制的变体，是向量自身与自身之间计算注意力的一种方式，即将服务的嵌入表达与其自身之间计算注意力，从而得到服务的向量表示，并将该向量表示输入前馈神经网络之中，输出自注意力模块的结果。Transformer 能够将服务信息进行有效的编码，捕捉服务之间的联系，构造出一种有效的服务向量的特征表示。如今，Transformer 模型也有了许多的变体，如 BERT[19]、GPT[20]、BART[21] 以及 T5[22] 等，在不同的任务上具有良好的表现。

在深度学习的基础上，认知服务的求解可以转化为对服务隐式表达的表示，即将服务信息转化为向量化表达的服务特征并作为求解服务的认知基础应用于下游的服务推荐和服务构造中。下面以认知服务构造过程中的 API 推荐为例来讲述基于深度学习的认知服务求解的过程。API 是一种重要的软件服务，为开发人员提供了无须了解内部源码即可使用软件模块的能力，在显著提升软件的开发效率的同时减少了软件开发的成本[23]。API 服务推荐是一种对于在给定需求下的合适的 API 服务的推荐，可以给开发人员提供最符合当前开发需求的 API 服务序列。学术界已经对 API 推荐开展了深入研究，例如，Zhong 等人[24] 提出一种根据开发人员需求进行 API 模式挖掘的推荐方法。Linstead 等人[25] 提出一种基于模式挖掘的代码搜索方法。Thung 等人[26] 提出一种面向特征请求文本库结果反馈重排的 API 推荐方法。Asaduzzaman 等人[27] 提出一种基于当前代码上下文单词序列的 API 推荐方法。Niu 等人[28] 提出一种应用监督学习并使用多种特征的 API 推荐方法。Rahman 等人[29] 提出结合程序问答网站和开发者查询需求的 API 推荐方法。

下面，以 Gu 等人[30] 提出的基于 RNN 的 API 推荐方法为例进行介绍。使用 RNN 编码器–解码器结构来将自然语言描述的 API 服务请求转换为隐藏状态，并使用注意力机制为不同时间步的隐藏状态提供不同的权重，方法模型的示意图如图 9-8 所示。

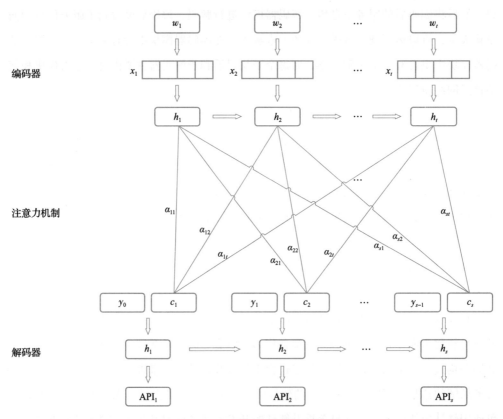

图 9-8　基于循环神经网络的 API 推荐

首先，构建编码器部分，将自然语言表达的 API 服务请求按单词划分为序列后，逐个输入编码器，将服务请求编码为基于时间步的编码器隐藏状态。具体来说，给定自然语言服务请求 Q，将其按单词划分为序列 $w_1, \cdots, w_i, \cdots, w_t$，其中 w_i 为 Q 中的第 i 个单词，使用独热编码将单词 w_i 编码为高维稀疏的输入向量 o_i；构建编码器，编码器包括输入层、隐藏层和输出层，输入层由一层嵌入层构成，隐藏层由一层 LSTM 层构成。通过编码器输入层的嵌入映射，将高维稀疏的输入向量转化为定长的低维稠密向量；通过编码器的隐藏层，按照时间步 t，根据前一个隐藏层状态和输入层的结果向量 x_t，计算出当前的隐藏层状态；最后，通过编码器的输出层得到每个时间步 t 的编码器的隐藏状态。

随后，构建解码器部分。解码器根据基于时间步的编码器隐藏状态并结合注意力机制，按时间步生成解码器隐藏状态，并使用集束搜索进行 API 服务序列的输出。具体来说，解码器包括输入层、隐藏层以及输出层，解码器的隐藏层由一层 LSTM 层组成；通过解码器的输入层接收前一个时间步 $s-1$ 时解码器中所得到的输出结果 y_{s-1}；通过隐藏层生成解码器的隐藏状态，在生成隐藏状态时采用结合注意力机制构建解码器每个时间步 s 的上下文向量 c_s，其为编码器各个时间步 t 的隐藏状态 h_t 的加权和，并生成当前时间步 s 下的隐藏状态 h_s，集束搜索根据每个时间步的隐藏状态 h_s 逐个生成 API 序列。

类似的，也可使用 Transformer 进行服务推荐。Transformer 使用 tokenizer 将自然语言表达的 API 服务请求编码为 tokens 序列 $t_1, \cdots, t_i, \cdots, t_n$。进一步，将 tokens 序列输入 Transformer 编码器模块，对服务请求信息进行编码。然后将编码后的服务请求信息传入解码器模块进行解码，解码的目标是 API 服务序列所代表的 tokens 序列。具体步骤由于篇幅所限不再赘述。

9.3.4　基于元认知的适应性服务构造

服务构造主要包括软件构造知识挖掘以及服务推荐与组合等方面的研究，支撑对个性化服务应用的定制化开发。服务构造以用户需求为本，用户需求意图具有动态性和不确定性，软件运行环境具有开放性和动态性。随着软件服务快速应变的要求，服务构造系统必须具有适应用户需求差异性和易变性的能力。随着服务需求数据和服务资源规模剧增，已有相关研究利用机器学习和人工智能等技术进行适应性服务智能化构造。在认知服务计算范型的指导下，抽取和挖掘服务构造模式的知识，形成认知服务构造的元认知，在元认知的引导下，完成适应性服务构造过程中认知智能模型理解、分析、决策等关键环节，不断驱动适应性认知服务的迭代优化，形成自适应调节的认知服务构造系统，满足差异化、多样化的个性需求。

基于元认知的适应性服务构造中，抽取和挖掘服务构造知识是重要基础，知识图谱是构建服务领域知识的重要技术，其通过包含实体、关系、语义描述在内的结构化表征方式，将散乱的数据信息通过逻辑关联有效组织起来，促使机器获取认知规则从而具有不同的理解和推理能力。

在跨组织、跨平台、跨场景的多源异构环境下，挖掘服务构造知识，基于服务描述文档、互联网开源服务社区和商业云服务社区的开放数据，利用数据挖掘、关联分析等技术，可以挖掘出服务的内容属性、质量属性以及关系属性，对内容属性的文本信息、质量属性的文本及数字信息、关系属性的结构化信息利用实体关系联合抽取技术及实体链接技术，构建面向服务的多源异构领域知识图谱。服务构造包含用户、开发者、服务、服务构造系统等主要角色，包含服务构建、服务组合与推荐以及服务构造系统的智能决策分析与主动调节，归纳并抽象其规律，识别认知服务构造模型，可以指导服务的组合和演化，形成面向服务构造的服务构造知识图谱。基于知识挖掘得到的以多源异构服务领域知识图谱和服务构造知识图谱为表现认知服务知识，可以与体现领域共性和可变性特征的领域服务组件模型相互关联，进而形成认知服务的知识库。在此基础上，完成面向领域的认知服务构造知识挖掘和管理，为后续开发工作提供知识保障，完成以目标驱动为核心的适应性认知服务构造。

服务组合是认知服务构造的重要技术，通过将已有服务连接起来形成一个新服务来满足复杂的用户需求。服务组合即需要满足用户的功能需求，还需要保证服务质量的优化性，随着服务构造动态化、规模化以及偏好多样化的趋势，服务组合也面临着不确定性。以服务构造知识为基础，深入挖掘出服务之间的竞争、合作等错综复杂的关系，形成面向环境、面向需求、面向质量的自适应服务组合。服务推荐，即从海量服务库中为开发者推荐合适的服务，也是服务构造过程中重要的一个环节，对实现智能化软件工程有重要意义。服务推荐需要面向用户真实需求意图，快速响应并满足复杂多变应用需求，将服务组合资源高效精准推荐给用户，实现软件服务系统的随需而变、按需提供，满足不确定软件开发的要求。以服务构造知识库为基础，挖掘其中的规则生成和推理机制，可建立认知赋能的持续感知和交互学习机制，生成动态化的智能调节服务行为逻辑，提供自适应性的服务构造策略，支持多源异构环境下认知服务的重构与优化，进一步完善知识驱动的适应性服务构造机制。

9.3.5　认知服务生态系统演化

软件服务生态系统[31-34]涉及开源软件、企业产品和第三方应用在内的软件因素，包含产品开发者、产品运维人员、用户等人的因素，还包含社会文化、市场等外部环境因素[35]。因此，软件服务系统演化应该从服务本身维护变更、服务之间的影响以及服务、开发者、用户之间的多重耦合与关联影响多角度出发，进行复杂化、生态化、持续化的协同演化。面向不确定性需求的认知服务，需要深刻理解用户、开发者、知识、认知服务个体、群落等要素及其交互关联关系，挖掘知识驱动的认知服务协同演化机理和规律，为实现软件服务系统性的协同演化和涌现[36] 及其健康持续发展[37] 提供支撑。

认知服务生态系统演化，需要遵循"认知-反馈-控制"的循环路径原则，在收集用户、开发者、知识、服务交互数据的基础上，挖掘并分析异质实体间复杂、动态的关联关系及其内在规律，进而从复杂网络的视角分析服务在用户关注力、开发者技能、领域与服务知识驱动下升级改进和涌现突变的协同演化规律，实现对认知服务演化的预测和干预。如图 9-9 所示，认知服务协同演化包含认知服务生态系统建模、认知服务协同机理、认知服务演化策略和认知服务演化评估四个部分。

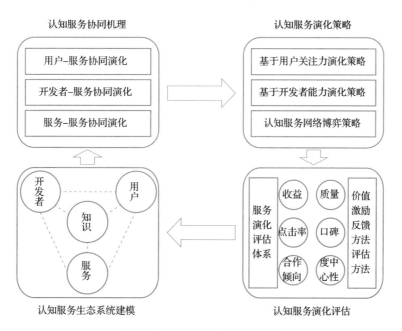

图 9-9 认知服务生态系统演化

认知服务生态系统建模模块基于复杂网络理论进行生态系统性质分析，识别核心结构和模式，挖掘用户、开发者、知识以及知识服务之间泛在的互动、合作和竞争等关联关系和相互影响，以及认知服务之间的竞争、组合、调用、适应以及节点聚集和群落等生态现象，实现在复杂、动态、网络化的生态系统特性下的跨域多层认知服务生态系统形式化建模。

认知服务协同演化机理模块基于复杂网络动力学，从整体关联的视角明确不确定环境中认知服务的生长和演化的内在机理和规律，分析形式化建模实体间的关联与互动导致已有认知服务演化出新特征或涌现出新的认知服务，形成知识驱动的基于用户-服务协同、基于开发者-服务协同以及认知服务之间的协同演化机制。基于用户-服务协同的认知服务演化从用户和服务动态交互的角度出发，主要关注用户对认知服务的关注评价反馈等持续交互过程和用户-服务耦合网络的协同机制，关注用户注意力随时间动态变化对认知服务演化趋势的影响和服务网络的动态演变。基于开发者-服务协同的认知服务演化从开发者与认知服务间发布、维护、更新等动态交互以及开发者合作的社交网络出发，关注开发者因发布认知服务获得收益驱动下的认知服务演化机理。认知服务群体之间的复杂交互结构有利于跨域合作行为的出现和维持，基于领域知识和服务网络的融合，从服务之间的竞争与合作关系入手，分析挖掘服务网络中从微观（单个服务）到中观（局部网络）再到整个宏观（整个服务网络）结构的变化以及涌现的潜在规律[38]。

认知服务演化策略模块基于认知服务跨域多层协同演化机理，从不同视角研究以"优胜劣汰"和"群体利益最大化"为基本原则的认知服务演化策略，包含以下三种策略。

1）基于用户关注力的利己-趋利性策略：同一类型（功能）的服务往往存在多个来自不同提供者的候选服务，这些候选服务相互竞争来争取更多的消费者，以便获得直接的服务调用经济收益，或者来自用户点评的良好口碑和社会声誉。基于用户注意力设计认知服务收益模型，为不同用户对不同服务分配不同程度的注意力，形成认知服务的利己-趋利性策略。

2）基于开发者能力的应激-适应性策略：从开发者-服务耦合网络视角出发，开发者不仅会从用户的评价中挖掘分析服务升级改进的需求，实现反馈-改进的应激式良性循环，还会学习、模仿具有优势竞争地位的服务。基于对用户评价的理解与表达以及服务网络状态的感知，设计不确定性环境应激-适应性策略。

3) 知识驱动的竞争与合作的网络互惠博弈策略：即使是在"按贡献分配"的公平原则下，不同认知服务在合作伙伴和竞争对手的选择上都有自己的认知，会根据当前情境做出最符合自己收益的选择。同时，也有一定的概率选择新的伙伴或对手。根据服务合作与竞争网络的特征属性，建立服务竞争与合作的博弈演化模型。

认知服务演化评估模块基于不确定性用户需求理解以及认知服务生态系统演化机理和演化策略，设计综合服务直接收益、影响力、合作倾向等因素的包含服务演化评估指标体系、价值激励-反馈服务演化评估方法在内的服务价值指标体系，实现认知服务个体和群体价值的利益最大化，保障认知服务系统的健康成长、良性演化和演进。

以智慧家居认知服务生态系统为例，分析上述演化机制。该系统包含用户、智能感知传感器、服务商等主要角色。用户包含家庭、个人、企业办公等目标客户群体，这些客户群体主要通过搜索、下载、安装以及使用服务等行为，并对使用体验提供反馈信息，开发者利用众包机制可以收集分析客户群体反馈，以便改进服务质量，提升用户体验，指导服务演化。开发者针对反馈信息也会通过如 Stack Overflow 的开发者问答交互、GitHub 等开源网站的 Issue 来进行动态交互，形成围绕认知服务开发的领域知识，构建包含开发者自身的背景、开发者之间的竞合关系、开发者之间的经验流、想法流等的知识体系，实现开发者和用户共赢，实现良性的社会化反馈迭代循环。

智能传感器集成了多样化的智能技术，实现对家居环境的智能感知，例如智能家电温度、湿度、声控、指纹、人脸识别等传感器，这些传感器以智能路由器为链接枢纽，通过手机 App 集中管理，这些智能传感器一方面为用户群体提供服务，另一方面来收集用户行为数据，如通过智能电视观看视频的内容、智能空调开启/关闭时间以及温度等进行数据智能分析，服务提供商可以为用户进行更加精准的广告投送及服务推荐，也可以根据智能家居的运行数据分析结果为用户进行个性化服务定制，如为用户提供智能化的空调温控服务，不断提高智能家居服务质量，不断满足用户个性化需求，以智慧家居的智能感知技术优化用户参与的智能家居认知服务生态价值网络，并驱动服务个性化演化。这些智能传感器之间也存在复杂的关系网络，各种智能电器的服务存在广泛的合作关系，然而各种服务商也会提供相似的服务，这些服务存在竞争关系。各种服务之间不论是竞争关系还是合作关系，本质上都是为了满足用户复杂个性化需求。服务之间的合作和竞争关系会影响服务网络的拓扑结构，改善认知服务生态系统整体的健壮度，从而实现认知服务的合作共赢。同时，基于认知的服务能够感知自身特征属性及服务竞争与协作态势，在决策推理组件的支持下实现知识导引和数据驱动的认知服务协同。

9.4 认知服务的创新实践

9.4.1 自动驾驶服务

目前，以无人驾驶汽车为代表的自动驾驶成为汽车厂商和互联网公司共同聚焦的热点领域。随着汽车的"新四化"——电动化、智能化、网联化和共享化，软件定义汽车（Software Defined Vehicle，SDV）成为重要发展趋势，软件成本已占到汽车成本的40%以上。软件带动着汽车技术的革新，引领汽车产品差异化发展潮流，未来自动驾驶汽车60%的价值将源于软件。

自动驾驶服务通过融合机器学习、环境认知、导航定位、智能决策、5G、远程控制等软件服务，为车辆赋值、赋能、赋智，推动形成智慧交通、智慧出行、智慧物流等新业态与新生态。当前自动驾驶领域还面临诸多挑战，面对的环境复杂多样且动态变化，传统基于规则的方法和技术已经难以满足自动驾驶的需求。自动驾驶对环境的认知和自主决策提出了很高的要求，必须要考虑各个地方交通环境的复杂性与不确定性，复杂性主要体现在道路拓扑结构的复杂性、道路元素和交通参与者类型的复杂性、交通参与者之间以及交通参与者与道路之间交互的复杂性；不确定性主要体现在感知信息的不确定性、他车运动状态的不可预测性等。当前自动驾驶技术能够做到对环境的精确感知和基于规则的决策，但缺乏认知水平的理解能力及知识推理能力，缺乏像人一样的驾驶经验的学习积累和举一反三的能力。

自动驾驶面临的场景复杂多样且具有高度不确定性，同时对系统的自主性、准确性、可靠性方面提出了很高的要求。针对自动驾驶系统中使用的多源异构数据（高精度地图、激光雷达、毫米波雷达、摄像头、GNSS、车辆底盘数据等），结合人类司机驾驶行为和轨迹，构建海量异构的数据库，并借助深度学习等方法，从海量数据中挖掘自主推理学习到人类驾驶经验，进行知识抽取，构建知识图谱，构建自动驾驶的数据库和知识库服务平台。同时采用专家指导、增强对抗等方式，建立定性与定量的评估机制，为系统的演进提供反馈，对演化过程进行引导和调控，实现闭环的演化迭代。

数据服务和知识服务在自动驾驶服务中的重要性越来越突出。如图 9-10 所示，通过装配了高精度传感器的采集车、无人机航拍以及众包等形式，可以构建多源感知数据集、驾驶行为和驾驶轨迹数据集。利用这些数据集，在时序上可以提取当前环境向未来环境演变的因果关系，建立因果知识图谱和智能模型，从而可以构建先验的环境认知结构，对目标相互遮挡区域进行"脑补"，实现对目标未来运动意图和运动趋势的预测。这样，自动驾驶车辆不仅可感知到当前所看到的场景，更进一步地能够理解周围交通参与者与自身之间的关系和交互，能够对未来环境的变化和发展趋势进行推理和预测，提高自动驾驶对周围环境的认知能力。另一方面，结合海量感知数据和人类驾驶数据（轨迹、行为），构建两者之间的因果知识图谱，提取出人类驾驶的技巧和经验，从而可以使自动驾驶软件系统在面对复杂多变的环境时，通过因果知识推理，智能地做出更符合人类驾驶习惯的决策，使得自动驾驶更接近于一个老司机。并且通过一些无监督学习、强化学习和对抗学习的方式，在有限样本的学习的基础上能够举一反三，适应更广、更复杂多样、更长尾的环境。

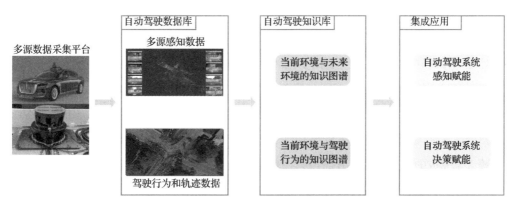

图 9-10　自动驾驶服务的构建

随着自动驾驶技术的提高，应用的场景越来越多元，面临的环境也越来越丰富，因此要实现高等级全场景的自动驾驶，保证驾驶的安全可靠和稳定高效，自动驾驶服务也需要不断地智能演化。通过专家先验知识、真值样本、用户在环反馈、在线数据采集以及极端对抗数据测试等手段，对自动驾驶软件系统存在的问题进行分析诊断，对性能进行评估，在知识库演化、模型演化、接口演化等方面提出优化建议，反向驱动系统朝着准确、自主、可靠的目标迭代，具备自我学习能力、复杂场景应变能力、综合态势预测能力。

9.4.2 智能助理服务

新一代人工智能是有感知、有认知、有行为、可交互、会学习、自成长的机器智能，有解释、解决智力问题的能力，但没有意识，也没有免疫和自愈能力，是特定人的智能代理机器[39]。智能助理服务旨在通过各种人工智能技术，构建具备认知能力的服务，让机器在和用户的交互对话过程中理解用户的服务需求意图，在实现机器与用户之间的自然可持续对话交互基础上，通过自动执行服务或任务编排实现用户的服务需求，提供"能用管用、好用适用、可信可靠"的服务。《2022 中国对话式 AI 采购指南》报告指出，2025 年中国对话式 AI 服务市场规模将会达到 125 亿元，在金融、电商、政府、电信运营商和能源制造中也具备很高的应用价值。例如，西安市"12345"基于智能客服实现了 10% 的话务分流，节约了用户 50% 的等待时间，显著提升了用户体验。智能助理服务可以视为元宇宙中数字虚拟人的一种职能，对于企业，它是虚拟化的"数字员工"；对于个人，则是虚拟化的"数字分身"。例如，传统的机器人流程自动化（Robotic Process Automation，RPA）是一种根据编排好的流程，代替人类完成大量重复性手工处理工作的软件机器人，主要用于自动执行固定规则、结构化数据较多的场景任务。而智能 RPA 则充分利用人工智能与服务计算技术提升认知服务能力，完成更多高认知型工作，一方面实现"做难事"——做更智能的事，深度融合计算机视觉、语音识别、自然语言处理等技术，能解决传统 RPA 无法处理非结构化数据的难题，完成更多原来依赖人工完成的任务；另一方面做到"像真人"——更智能地做事，与人的交互更人性化、协作更顺畅，实现高效的人机协作。

当前智能助理服务还存在很多挑战。传统的对话式服务局限于以"关键词+模板"为主的交互式机器人，其主要特点是通过构建的常见问答知识库和输入语句进行匹配，从而反馈相应或相似的结果。在问题数量众多、语义复杂的场景下，其提供的服务在精准性、及时性和有效性等方面较差。认知赋能的智能助理服务将立足用户多场景下不确定性意图分析，进而实现对智能助理服务的适应性构造及智能演化。整个过程从理解、构造、执行、评价、演化等多个不同层面联合进行分析，为智能助理服务交互系统的设计、实施和维护等不同阶段提供指导。

1. 智能助理服务的行为模式

认知驱动的智能助理服务的特点可以归纳为知识和需求推动下的感知行为、理解行为、决策行为、监控行为和反馈行为等，如图 9-11 所示。感知行为即是对于用户和开发者意图的感知理解，实际实践中通过相应意图识别模型能够基于大数据实现潜在意图或者不确定性意图的识别推理。理解行为是基于感知行为产生的，是基于感知的成果做进一步理解，实现机器从"听到"到"理解"的过程。决策行为是对话服务具备的核心行为，认知智能驱动下的服务决策规则不再依赖于基于规则的提前定义方式，而是通过 AI 计算实现了柔性、智能决策。其次为了确保服务实现稳定、持续和低成本演化迭代，需要对服务监控和反馈行为进行定义并实现。

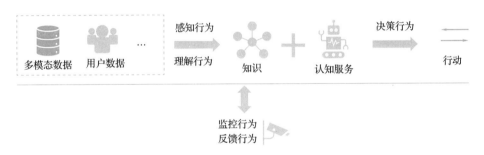

图 9-11　智能助理服务的行为模式

2. 智能助理服务的复杂意图表达与理解

基于智能助理服务的行为模式，构建面向用户不确定需求的认知服务需要立足意图进行表达与理解。用户意图即是表示用户潜在和显现的内在需求意图，这反映了用户当前存在的物质、精神和行为等方面的需要和心理状态。用户意图建模在智能助理服务中至关重要，因为服务和用户的交互伴随整个时间序列，且在具体时间节点的交互过程中需要基于一句话或一个词捕获用户真正需求，这需要立足用户历史大数据以及先验领域知识进行建模分析。例如用户在语音交互过程中发出了换台的指令，需要根据用户的历史交互记录、个人偏好，并结合当前时段的节目信息等为用户推荐相应的电视台。在智能助理服务构建过程中，针对用户的服务需求意图需要考虑意图模型构建、用户数据驱动意图识别等方面。

首先，在意图模型构建方面，用户表述的不规范性、意图表现的含混性以及意图的时效性等给当前意图建模带来一定的难度，当前意图建模方法首先基于意图识别的可分类属性，可以将意图识别问题看作一个分类问题，根据用户输入的查询，基于机器学习和深度学习技术得到最可能的意图类别，以上建模方法会对新类别无法准确的预估，因此，随着预训练技术带来的大规模模型的发展，当前越来越多的研究聚焦在自监督等算法上，从无标签数据中挖掘潜在的信息，实现开放环境下用户意图的挖掘。

其次，在用户数据驱动意图识别方面，需要考虑在交互过程中用户的行为数据呈现时间特性，可采用点过程建模方法挖掘用户行为中的潜在模式，并引入先验知识来确保意图理解和推理。认知化的智能助理服务的核心是认知能力的构建。由于领域先验知识是实现认知智能的基础，这就要求在构建智能助理服务过程需要开展知识的挖掘、表示、推理等。利用知识图谱和深度推理方法实现用户需求意图知识的冲突检测和消解、基于多模态异构数据的挖掘和推理。

3. 智能助理服务的适应性构造及智能演化

智能助理服务的适应性构造需要以需求驱动开发，同时，为了最大限度地提高开发效率，需要充分考虑模块的重用和优化。智能助理服务技术构造具有链路长、技术广和依赖多等特点，例如，国内某智能语音助手调用的第三方服务可达数以千计。面对如此多的第三方服务接口，以及自身链路上的复杂智能模型，需要在智能助理服务构造过程中充分考虑多元异构环境、不确定性用户需求意图、多元组件交互变更规律。例如，在构造某些服务模块可以面向部分接口需要归纳并抽象出组件服务以实现组件服务的独立部署、组件服务智能组合和智能服务推荐。同时，重用公共的、面向领域的服务有助于智能助理服务的高效优质开发。在服务执行过程中，可以利用智能技术在服务编排的基础上实现服务的自动调度和执行。总之，智能助理服务构造过程中需要考虑模型重用、服务发现、服务推荐、服务调度、服务调节，增强在服务执行过程中配置、编排和组件替换的能力。

为实现智能助理服务的智能演化，需要监控服务系统运行状态并设定演化策略。考虑到用户的实时性需求，需要根据用户–服务之间的交互模式及时调整相应的服务策略，对服务提供形式和服务内容等方面加以改进。例如，通过构建强化学习模型，针对不同的环境设定不同的奖励函数从而驱动 Agent 在获取最大收益路径上不断演化。利用认知智能相关技术进行策略调整，实现智能助理系统的认知赋能。

9.4.3　智能医疗服务

国务院印发的《新一代人工智能发展规划》，提出加快人工智能医疗创新应用，以抢抓人工智能发展的重大机遇，构筑中国人工智能医疗的先发优势，帮助医生从重复性劳动解救出来，促进解决优质医疗资源稀缺的问题。传统的医疗模式面临着医疗资源不足、诊疗成本高、效率低、医生培养周期长等痛点问题，围绕医疗领域的认知智能始终是医学人工智能研究的重点和难点。借助云计算、大数据等信息化技术工具采集处理数据，运用各种人工智能技术从数据中挖掘模式，赋能医疗服务以认知能力，使得机器模拟人类专家的特征识别、推理以及诊断过程，是智能医疗服务的主要目标。

如今，智能医疗服务发展面临着诸多困境。首先，对种类丰富且规模庞大的医学数据集的建模工作是认知赋能医疗的基础，然而，医疗行业的数据共享程度低，认知的基础是具备完善的领域知识库，没有庞大的医疗健康大数据，难以实现智能医疗的广泛应用和长远发展。其次，需要基于构建的知识库挖掘知识驱动的认知服务能力。智能医疗涉及多方面的原子服务，原子服务往往差异巨大，如语音问诊需要基于知识图谱构建多元异构大数据，理解患者询问语义并且给出针对性的医学建议，医学影像辅助诊断则需要基于大量标注图片进行训练，为医生生成辅助诊断结果从而提高问诊效率。

构建复杂的智能医疗服务，涵盖数据获取、数据处理、数据挖掘、知识推理、认知演化等多个方面的内容，如图 9-12 所示。要形成医疗认知的智能闭环，需要整合多源异质数据，从海量数据中挖掘医疗知识。面对不同医院采集的多元异构数据集，在医疗数据知识库的构建过程中需要考虑进行实体对齐及实体链接以扩充已有资源库，充分挖掘领域知识信息，促进专业医学知识下沉，确保智能医疗服务的广度。在此基础上进行关系推演和知识推理，充分利用医疗数据信息挖掘隐式链接信息，构建医疗领域知识库。基于建立的知识库，借助于描述逻辑推理、基于规则的推理、基于案例的推理等技术，构建辅助诊断医疗服务，为医生提供辅助诊断、疾病检测等功能，为更多患者提供优质、高效的医疗服务。

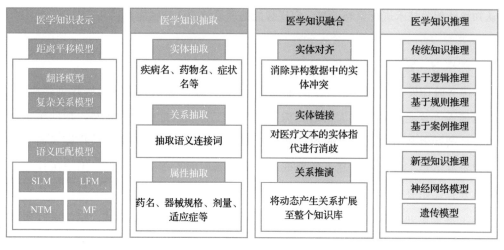

图 9-12　智能医疗服务构建过程

医疗领域知识的时效性也非常重要，随着时间的推移，一方面，医疗科技水平在不断提升，对疾病的认知也在不断地提高。另一方面，由于环境变化的因素、疾病起因、症状表现、诊断流程和治疗方案等方面的知识也在不断变化。因此，智能医疗服务也需要不断演化，以更好地满足具有不确定性的患者用户需求。

9.5　本讲小结

人工智能正逐步从感知智能向认知智能演进，在这一趋势下，将认知智能与服务计算相结合产生的认知服务，旨在赋予服务以认知能力，实现智能化的业务处理与应用，已经开始引起了产业界和学术界的关注。围绕认知智能的服务化和认知服务的工程化，本讲阐述了认知服务的计算范型和使能技术，并对自动驾驶服务、智能助理服务、智能医疗服务三类代表性场景下的认知服务创新实践进行了介绍。

拓展阅读

[1] RAGHAVAN V V, GUDIVADA V N, GOVINDARAJU V, et al. Cognitive computing：theory and applications[M]. North Holland：Elsevier, 2016.

[2] SAMSONOVICH A V. Socially emotional brain-inspired cognitive architecture framework for artificial

intelligence[J]. Cognitive Systems Research, 2020, 60(C)：57-76.

[3] SIMON H A. 认知：人行为背后的思维与智能[M]. 荆其诚，张厚粲，译. 北京：中国人民大学出版社，2020.

参考文献

[1] KIHLSTROM J F, PARK L. Cognitive psychology：overview(the curated reference collection in neuroscience and biobehavioral psychology)[M]. Amsterdam：Elsevier Science, 2016：839-853.

[2] SAMSONOVICH A V. Socially emotional brain-inspired cognitive architecture framework for artificial intelligence[J]. Cognitive Systems Research, 2020, 60(C)：57-76.

[3] ÖZSOYDAN F B. Artificial search agents with cognitive intelligence for binary optimization problems [J]. Computers and Industrial Engineering, 2019, 136：18-30.

[4] CHEMCHEM A, ALIN F, KRAJECKI M. Improving the cognitive agent intelligence by deep knowledge classification[J]. International Journal of Computational Intelligence and Applications, 2019, 18(1)：1-25.

[5] HAYS M J, GLICK A R, LANE H C. Leveraging cognitive science and artificial intelligence to save lives[C]//Proceedings of the 20th International Conference on Artificial Intelligence in Education. Berlin：Springer, 2019：386-391.

[6] NÁPOLES G, ESPINOSA M L, GRAU I, et al. FCM expert：software tool for scenario analysis and pattern classification based on fuzzy cognitive maps[J]. International Journal on Artificial Intelligence Tools, 2018, 27(7)：1-25.

[7] CRAW S, AAMODT A. Case based reasoning as a model for cognitive artificial intelligence[C]//Proceedings of the 26th International Conference on Case-Based Reasoning Research and Development. Berlin：Springer, 2018：62-77.

[8] MODHA D S, ANANTHANARAYANAN R, ESSER S K, et al. Cognitive computing[J]. Communications of the ACM, 2011, 54(8)：62-71.

[9] BORDES A, USUNIER N, GARCIA-DURÁN A, et al. Translating embeddings for modeling multi-relational data[C]//Proceedings of the 26th International Conference on Neural Information Processing Systems. Red Hook：Curran Associates Inc., 2013：2787-2795.

[10] WANG Z, ZHANG J, FENG J, et al, Knowledge graph embedding by translating on hyperplanes

[C]//Proceedings of the 28th AAAI Conference on Artificial Intelligence. Palo Alto: AAAI Press, 2014: 1112-1119.

[11] LIN Y, LIU Z, SUN M, et al. Learning entity and relation embeddings for knowledge graph completion[C]//Proceedings of the 29th AAAI Conference on Artificial Intelligence. New York: ACM, 2015: 2181-2187.

[12] JI G, HE S, XU L, et al. Knowledge graph embedding via dynamic mapping matrix[C]//Proceedings of the 53rd Annual Meeting of the Association for Computational Linguistics and the 7th International Joint Conference on Natural Language. Stroudsburg: ACL, 2015: 687-694.

[13] JI G, LIU K, HE S, et al. Knowledge graph completion with adaptive sparse transfer matrix[C]//Proceedings of the 30th AAAI Conference on Artificial Intelligence. New York: ACM, 2016: 985-991.

[14] XIONG W, HOANG T, WANG W Y. DeepPath: a reinforcement learning method for knowledge graph reasoning[C]//Proceedings of International Conference on Empirical Methods in Natural Language Processing. Stroudsburg: ACL, 2017: 564-573.

[15] EPELBAUM T. Deep learning: technical introduction[J]. arXiv preprint, 2017, arXiv: 1709. 01412v2.

[16] ZAREMBA W, SUTSKEVER I, VINYALS O. Recurrent neural network regularization[J]. arXiv preprint, 2015, arXiv: 1409. 2329v5.

[17] SANTANA A, COLOMBINI E. Neural attention models in deep learning: survey and taxonomy [J]. arXiv preprint, 2021, arXiv: 2112. 05909.

[18] VASWANI A, SHAZEER N, PARMAR N, et al. Attention is all you need[C]//Proceedings of Advances in Neural Information Processing Systems. Cambridge: MIT Press, 2017.

[19] DEVLIN J, CHANG M W, LEE K, et al. BERT: pre-training of deep bidirectional transformers for language understanding[J]. arXiv preprint, 2019, arXiv: 1810. 04805v2.

[20] RADFORD A, NARASIMHAN K, SALIMANS T, et al. Improving language understanding by generative pre-training[J]. Computer Science, 2018.

[21] LEWIS M, LIU Y, GOYAL N, et al. BART: denoising sequence-to-sequence pre-training for natural language generation, translation, and comprehension[J]. arXiv preprint, 2019, arXiv: 1910. 13461.

［22］ RAFFEL C, SHAZEER N, ROBERTS A, et al. Exploring the limits of transfer learning with a uni-fied text-to-text transformer［J］. arXiv preprint, 2019, arXiv: 1910. 10683.

［23］ ROBILLARD M P. What makes APIs hard to learn? Answers from developers［J］. IEEE Software, 2009, 26(6): 27-34.

［24］ ZHONG H, XIE T, ZHANG L, et al. MAPO: mining and recommending API usage patterns［C］//Proceedings of ECOOP 2009. Berlin: Springer, 2009: 318-343.

［25］ LINSTEAD E, BAJRACHARYA S, NGO T, et al. Sourcerer: mining and searching internet-scale software repositories［J］. Data Mining and Knowledge Discovery, 2009, 18(2): 300-336.

［26］ THUNG F, WANG S, LO D, et al. Automatic recommendation of API methods from feature re-quests［C］//Proceedings of ASE 2013. Cambridge: IEEE, 2013: 290-300.

［27］ ASADUZZAMAN M, ROY C K, SCHNEIDER K A, et al. Context-sensitive code completion tool for better API usability［C］//Proceedings of ICSME 2014. Cambridge: IEEE, 2014: 621-624.

［28］ NIU H, KEIVANLOO I, ZOU Y. Learning to rank code examples for code search engines［J］. Empirical Software Engineering, 2017, 22(1): 259-291.

［29］ RAHMAN M M, ROY C K, LO D. RACK: automatic API recommendation using crowdsourced knowledge［C］//Proceedings of IEEE International Conference on Software Analysis, Evolution, and Reengineering. Cambridge: IEEE, 2016.

［30］ GU X, ZHANG H, ZHANG D, et al. Deep API learning［J］. arXiv preprint, 2017, arXiv: 1605. 08535v3.

［31］ 李德毅. 新一代人工智能十问十答［J］. 智能系统学报, 2021, 16(5): 829-833.

［32］ MESSERSCHMITT D G, SZYPERSKI C. Software ecosystem: understanding an indispensable technology and industry［M］. Cambridge: MIT Press, 2005.

［33］ BOSCH-J, BOSCH S P. From integration to composition: on the impact of software product lines, global development and ecosystems［J］. Journal of Systems and Software, 2010, 83(1): 67-76.

［34］ LUNGU M, ROBBES R, LANZA M. Recovering inter-project dependencies in software ecosystems ［C］//Proceedings of the IEEE/ACM International Conference on Automated Software Engineering. Cambridge: IEEE, 2010: 309-312.

［35］ LUNGU M. Towards reverse engineering software ecosystems［C］//Proceedings of IEEE Interna-tional Conference on Software Maintenance. Cambridge: IEEE, 2008: 428-431.

[36] POLESE F, PAYNE A, FROW P, et al. Emergence and phase transitions in service ecosystems [J]. Journal of Business Research, 2021, 127: 25-34.

[37] HYRYNSALMI S, RUOHONEN J, SEPPÄNEN M. Healthy until otherwise proven: some proposals for renewing research of software ecosystem health[C]//Proceedings of the 1st International Workshop on Software Health(SoHeal 2018). Cambridge: IEEE, 2018: 18-24.

[38] XUE X, ZHOU D, CHEN F, et al. From SOA to VOA: a shift in understanding the operation and evolution of service ecosystem[J]. IEEE Transactions on Services Computing, 2021.

[39] CHEN J K C, HO H H. Transformation and impact from the software ecosystem perspective: case study of autodesk inc.'s ecosystem roadmap[C]//Proceedings of 2021 IEEE International Conference on Social Sciences and Intelligent Management(SSIM). Cambridge: IEEE, 2021: 1-7.

第 10 讲
跨界服务融合

本讲概览

世界上很多领域本无界，人类认知和能力的有限导致各类传统界限的存在；新一代信息技术的发展与应用，使得认知扩大、能力增强，重新定义了传统边界。跨界，即打破原有界限，通过跨组织的业务流程重组，实现界内和界外的联动和协作，提高社会生产和生活业务效率的过程。跨界服务是将跨越不同行业、组织、价值链等边界的服务进行深度融合和模式创新，从而为用户提供高质量和高价值的服务。跨界服务是现代服务业的新业态，是现代企业管理的新形式，是信息技术在现代服务业中应用的新场景，也是服务计算的新方向。跨界服务具有复杂、跨越和融合的特点，其本质在于跨行业、组织等边界的服务深度融合，形成复杂服务网络，孵化大规模服务生态体系。

实现服务跨界的关键是"融合"，这一融合包括模式、设计、运行环境、质量、价值等多维度的深度融合。模式融合，不仅要实现服务生态体系的数据、流程、服务等技术层面集成，还须实现不同参与者服务模式的深度融合，化解模式冲突，实现共赢；设计融合，跨界场景横跨多个服务体系，服务设计方法复杂动态，不同的服务设计方法需要实现融合；环境融合，服务运行在开放、动态、异构的环境，形成复杂服务网络，须屏蔽异构环境，提供透明、虚拟的融合环境；质量融合，跨界服务中多个服务参与者都有不同的质量评估模式，跨越"时间-空间-领域"，质量属性各异、评价差异性大、影响要素多，须进行服务质量多维属性融合；价值融合，不同组织每个参与方都有自己的一套价值目标，跨界各方缺乏一套统一的价值体系，融合的目的是各方价值最大化，但各成员服务间常常存在显性或潜在的价值冲突，须进行价值融合和权衡，重构利益博弈规则。

本讲面向上述问题，介绍服务模式计算与融合方法、面向跨界服务的融合设计理论、支持环境融合的服务网络构建、跨界服务质量与价值融合理论等。10.1 节介绍了跨界现象和跨界服务的定义、基本特征、典型案例与研究挑战；10.2 节针对跨界服务模式融合问题，结合典型服务模式融合案例，提出了服务模式模型与描述语言、模式仿真方法、模式评估体系、以及模式融合框架；10.3 节针对跨界服务融合设计问题，提出了面向生态的跨界服务设计元模型，建立了跨界服务融合演化分析方法；10.4 节针对跨界服务运行问题，提出了跨界服务网络架构、服务封装与接入方法、以及服务网络运行优化算法；10.5 节针对跨界服务质量与价值融合问题，提出了跨界服务的价值/质量模型，实现了跨界服务的价值-质量-能力优化配置，并进行关键参数实时感知及因果溯源；10.6 节基于上述研究成果研制了跨界服务融合设计与支撑系统，并通过农村淘宝这一典型跨界场景对系统的有效性进行验证。

10.1 跨界服务概述

世界上很多领域本无界，人类认知和能力的有限，社会的发展与分工，导致了传统界限的产生，这些界限，适应了与之对应的环境，促进了社会经济的发展。以云计算、物联网、移动互联网、人工智能等为代表的新一代信息技术，使万物互联，正深刻改变人类信息产生、处理和应用的方式，深度改变世界。此外，也使人类的认知扩大、能力增强，这要求重新定义传统边界，重构世界，以获得更高的效率，促进社会经济的快速发展。历史形成的现有各类界，正带来各类鸿沟，束缚生产和生活效能的释放。对服务业来讲，历史形成的传统服务供应链，带来各类鸿沟，已经无法高效完成价值创造的任务。企业在进行服务价值创新过程中，面临从"单一价值"到"多方共赢"的新生态，从"单一组织"到"多方协作"的新环境，从"单一模式"到"线上线下"的新方法等一系列问题和挑战，跨界也随之兴起。

跨界，即打破原有界限，通过跨组织的业务流程重组，实现界内和界外的联动和协作，提高社会生产和生活业务效率的过程[1]。"跨界"最初的含义是某一事物从一边到另一边，然而随着时代的发展，跨界逐渐演变为现代企业的一种重要创新战略或方法，实现产品、服务及市场的拓展。跨界的范围十分广泛，它在不同的行业被广泛地应用着，成为当下全球化时代的产物，具体到不同的领域也具有不同的注解。

服务业的跨界融合，催生出跨界服务。跨界服务，是将跨越不同行业、组织、价值链等边界的服务进行深度融合和模式创新，从而为用户提供高质量和高价值的服务[2]。跨界服务是现代服务业的新业态，是现代企业管理的新形式，是信息技术在现代服务业中应用的新场景，也是服务计算的新方向。跨界服务的本质在于跨行业、组织等边界的服务深度融合，形成复杂服务网络，孵化大规模服务生态体系。跨界服务是企业突破传统边界，为用户提供创新的跨领域产品/服务的价值创造过程。

跨界服务的典型案例众多，如农村淘宝、互联网医院、健康码、新零售等。以跨界电商农村淘宝为例，农村淘宝以电子商务平台为基础，通过搭建县村两级服务网络，充分发挥电子商务优势，突破物流、信息流的瓶颈，实现"网货下乡"和"农产品进城"的双向流通功能。"网货下乡"即通过建设县村两级服务中心，完成对农村物流和信息流的全覆盖，同时引入金融机构构建农民信用体系，从而帮助农民实现网货的购买与送达。"农产品进城"即借助互联网链接农产品，通过搭建上行网站，实施农产品的推广与销售，从而帮助农民实现农产品进城。农村淘宝横跨金融、物流、零售、批发等多个领域边界，零售商、农民、买家、运输、银行多方之间需要反复沟通和交流，是一个典型的跨界服务。

分析多种跨界服务场景，我们发现跨界服务具有明显的3C特点，即跨域（Cross-over）、融合（Convergence）和复杂（Complex）[3]。

（1）跨域　跨域是跨界服务的基本属性。跨界服务是由跨越了不同企业域、不同行业域甚至不同产业域的能力融合而提供出来的服务。跨界服务形成的虚拟产品或者衍生的系列活动都是跨域的。例如，互联网医院跨越组织、地域等边界提供线上挂号、在线咨询等服务，农村淘宝跨越金融、电商、物流等领域边界提供农产品交易服务，这些无不体现跨界服务的跨域这一基本属性。

（2）融合　融合是跨界服务的根本属性，亦是实现跨界服务的前提。跨界融合发生在不同企业、不同产业或不同行业之间，通过相互渗透、相互交叉，最终融合为一体，逐步形成一个新的复杂服务生态。融合是一个动态演化的过程，在这个过程中会涉及不同的业务模式、不同的生产环境、不同的评价标准等。跨界服务形成的虚拟产品或者衍生的系列活动都是融合的结果。例如，健康码是阿里巴巴公司融合公共管理、移动服务、大数据等多个领域的能力而提供的创新服务，实现全国范围一码通行，在疫情防护方面做出巨大贡献。

（3）复杂　复杂是跨界服务的表现特征。相比传统的"界内服务"而言，跨界服务在服务的创新、融合和实现等过程方面显得尤为复杂。对于提供跨界服务的企业而言，不仅要跨越不同企业、行业甚至产业的界限，在自身并不擅长的行业和领域内进行各类资源的梳理、开放和融合，更要在此基础上进行服务创新、商业模式设计等一系列创新性活动，复杂程度高且难度大。

　　跨界服务作为现代服务业的重要创新途径，给传统服务计算和服务科学带来了新的科学问题。须挖掘现代服务业融合发展的本质特征与规律，从经济管理等学科交叉角度发现、凝练新型服务模式；探索跨界服务模式精准建模理论，研究服务模式定量评估与融合创新方法。须面向跨界服务特点，研究高效精准地获取跨界服务的内在需求获取及表达方法，形式化定义和描述跨界服务；针对服务演化过程，建立面向生态的跨界服务融合设计方法；研发支撑跨界服务运行的支撑工具和工程方法；研究服务高效开放方法和管理优化理论。须针对跨界服务面临的质量与价值严重异构问题，研究统一的跨界服务评价体系及冲突消减理论；研究实时感知跨界服务运行状态的方法，精准定位和溯源跨界服务在运行中面临的质量、价值冲突问题，实现跨界服务的持续演化和动态优化。

　　上述问题中，融合是实现跨域、融合、复杂的跨界服务的关键。相对传统服务集成，跨界服务融合存在五项挑战：模式融合、生态融合、环境融合、质量融合和价值融合。

　　1）模式融合。服务生态体系不同服务的融合不仅要实现数据、流程、服务等技术层面集成，还须实现生态体系不同的参与者的服务模式的深度融合，化解模式冲突，实现跨界共赢。例如，农村淘宝需要将传统的 B2C（Business to Consumer）、C2C（Consumer to Consumer）等模式融合成全新的跨界电商模式。

　　2）生态融合。不同服务融合设计需面向服务的技术、社会和商业等整体生态，同时在服务改变时开展协同演化。例如，农村淘宝需要将村民、村小二、物流商家等参与实体融合到农村电商服务生态中，明确各个涉众的业务功能和交互需求，在其生态系统中协同完成村民的农产品交易这一融合目标。

　　3）环境融合。不同服务运行在开放、动态、异构的环境，形成复杂服务网络，须屏蔽异构环境，提供透明、虚拟的融合统一环境。例如，农村淘宝需要贯通农村电商平台、物流平台、金融支付平台等多个组织之间的服务链路，实现不同业务系统的服务交互与融合。

　　4）质量融合。不同服务跨越时间、空间、领域等界，质量属性各异、评价差异性大、影响要素多，须进行服务质量多维属性融合。例如，农村淘宝需要统一度量和管控农民、商家、平台等多个参与角色所提供服务的质量，确保最终提供服务的质量可靠。

5) 价值融合。融合的目的是各方价值最大化，但各成员服务间常常存在显性或潜在的价值冲突，须进行价值融合和权衡。例如，农村淘宝需要融合村级服务站、农场、物流等各方的能力进行服务价值创造，从而实现全局服务价值最大化。

面向上述问题，浙江大学联合武汉大学、哈尔滨工业大学、北京邮电大学等的研究团队，共同开展实施了国家重点研发计划"跨界服务融合理论与关键技术"项目，本讲主要介绍该项目的科研成果，包括服务模式计算与融合方法、面向跨界服务的融合设计理论、支持环境融合的服务网络构建、跨界服务质量与价值融合理论等。

10.2 跨界服务模式

跨界服务模式描述了服务企业在服务生态体系中提供服务的方式、产业链协作的方法、服务价值获取的方式，包括服务资源分配、活动组织、多领域参与者协作和服务产品设计等内容。为了整合不同领域的资源和服务，实现上下游一体化，明确价值流向，跨界服务模式通常是现代服务业务设计中最重要的部分，是决定企业竞争力、推动现代服务业快速发展的关键要素。

跨界服务模式的融合跨越组织边界，参与跨界的多个主体在跨界前有各自的服务模式。打破边界实现跨界融合，首先要化解模式冲突，以实现跨界共赢。多种模式的深度融合可以提高服务效率、降低成本，使跨界服务提供者更具竞争力；而简单的组合会导致很多问题，如资源利用率低、协作效率低。然而，由于缺乏对跨界服务模式的深度认识和分析，缺少相应的模型理论基础与融合实践方法，跨界服务模式融合面临低效、无序等问题。

为了能够实现对跨界服务模式的融合，须对模式进行系统的设计、有效的仿真、综合的评价和高效的创新。我们提出了一套面向跨界服务模式的计算理论体系，以支持跨界服务模式融合。这套理论体系主要由四个部分组成：①形式化的跨界服务模式设计和表示方法，用于准确记录和传播服务模式；②自动化的服务模式仿真方法，可以对模式实际运行中可能出现的情况进行快速高效的预测；③定量的服务模式评估方法，用于全面分析比较服务模式的各方面表现，为决策提供科学依据；④智能化的服务模式融合方法，能够有效地对服务模式进行融合创新，促进跨界业务的快速发展。

10.2.1　跨界服务模式模型

跨界服务模式是对跨界业务中的服务协调机制、参与者交互场景和数据/资源/价值分配机制的总体描述。在以云计算、物联网、移动互联网、大数据为代表的新一代信息技术与传统服务业的融合创新的背景下，共享服务、平台服务、线上线下服务等多种创新服务模式不断涌现。相比于产业的快速创新与落地，理论的发展却相对滞后，缺乏对跨界服务模式内在规律、定量分析计算等方面的深入研究。因此，构建合适的跨界服务模式模型对于服务模式的系统描述、仿真分析、量化评估、融合创新具有重要意义。

然而，由于跨界服务中存在的多领域、跨行业的业务、信息、过程的交互、挖掘、整合，使得跨界服务模式具有明显的跨域、融合和复杂的特点[4]。而传统的服务模型仅包含服务提供者、服务消费者和服务目标，难以涵盖服务载体、过程、目标和价值等重要跨界服务模式组成元素。如何系统地描述和区分具有相同业务流程的服务模式，以及如何定量地、全面地评估和比较服务模式等问题亟待解决。

为此，通过对农村淘宝、飞猪旅行、高分网格、互联网医联体等典型跨界服务模式的分析和抽象，我们将服务模式定义为一个六元组：$\Gamma = (\mathrm{id}_r, D, \Theta, V, w, P)$。其中 id_r 是标识符，D 是数据流的集合，Θ 是资源流的集合，V 是价值流的集合，w 是工作流，P 是参与者的集合[5-6]。其中，工作流表示跨界服务模式运行所依赖的底层业务流程。工作流中有三种类型的节点：活动、网关和事件，并由连接器连接。数据流描述参与者之间的通信，由名称、类型、大小和连接器组成。资源流可以描述根据两个参与者之间交易的工作流交付的物理资产，由资源名称、品类、重量和连接器组成。价值流是指服务模式中参与者之间的货币交易，其属性包括名称、使用的货币、交易量和连接器。在跨界服务模式模型中，连接器主要用于表示工作流的流转、数据的转移、资源的交付和价值的传递。

对于跨界服务模式中的参与者，除了声明其需要执行的活动、网关和事件外，参与者还具有类型属性，主要用于表示参与者的组织或父级，并允许引用其他参与者。这使参与者之间的关系能够形成树结构，以识别复杂服务模式中参与者来源和所属的领域。此外，我们基于跨界服务模式模型设计了新的图形化方法，其符号如图 10-1 所示。

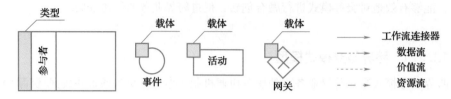

图 10-1　跨界服务模式模型图形化符号说明

基于上述模型，我们可以对现有服务模式进行系统地描述和比较。图 10-2 是通过跨界服务模式模型对平台型电商和自营型电商的建模和对比。可以看出，尽管两者业务流程相同，但是自营型电商通过打通卖家、物流、金融，可以给消费者带来更好的体验，而平台型电商则只负责平台搭建并撮合交易，具有更好的灵活性。

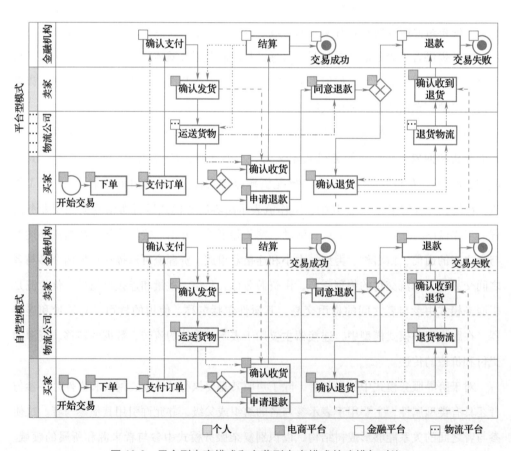

图 10-2　平台型电商模式和自营型电商模式的建模与对比

10.2.2　跨界服务模式仿真

跨界服务模式仿真是指在模式模型描述的基础上，通过实例化模式中的参与者、数据、资源、价值等要素，按照模式工作流的业务逻辑进行推理运算，进而对模式的实际运行表现进行模拟执行和估计。跨界服务模式涉及了多个领域的复杂异构模型，模式仿真能够对模式的输入输出和运行过程进行量化，评估模式的预期价值的实现可能性，帮助发现模式执行中的潜在风险。

然而由于一个典型的跨界服务模式往往涉及多个领域的知识，建模者需要将这些领域知识用统一的方式进行表示。此外，如何描述模式的时序动作也是一个挑战。经典的管理学模式分析往往是定性的、单领域的分析，不涉及多领域、多利益相关者的分析。而传统的模式量化分析方法需要通过对同类的模式对比及基于过去的经验进行判断。但是跨界服务模式通常是创新的，很难找到相似的案例进行比较。

为此我们提出了一套非经验的模式量化仿真方法，首先对跨界服务模式涉及的概念以概念论的方式进行描述，概念之间的关系通过属性描述；然后通过跨界服务模式模型描述概念的交互过程；最后批量定义概念的数量和具体的属性的实例化，这些实例会遵照跨界服务模式模型中的工作流执行动作，模拟一个真实的商业模式环境，帮助进行结果预测和分析[7]。接下来是逐步解释。

首先，跨界服务模式的概念进行描述分为两层：概念层和实例层。概念层描述了概念和关系。实例层则包含了符合概念定义的实体（如图 10-3 所示），建模人员可以基于此进一步定义特定业务的详细概念。顶层概念定义了所有概念中的共享属性，例如名称。参与者概念包括所有利益相关者，以及个人或具有利益或影响力的团体；任务概念对应于跨界服务模式模型中的任务表示形式，用于描述参与者之间的合作关系和价值交换，其属性包含了角色、资源、条件、结果、成本时间。资源是任务的媒介和依赖项，可以是支持服务模式任务的任何物理、资产、人员和信息因素，多个简单的任务可以组合成一个组合过程。观察者概念包含系统中的所有指标以及它们之间的因果关系。领域知识概念包含建模人员可以针对特殊的领域应用扩展的要素。环境知识概念描述了仿真中每一步的特殊活动，例如添加或删除参与者、维护环境变量等。

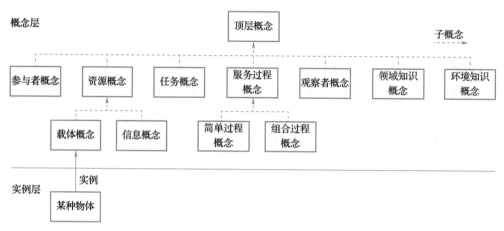

图 10-3　概念之间的关系

接着，我们通过跨界服务模式模型描述服务模式中的概念交互过程。在模式概念的基础上，定义参与者并从任务概念中选择相应的任务，同时绑定参与者和任务的执行关系。接着任务之间的关系会被定义，这些依赖关系包括了顺序执行的依赖关系和条件依赖关系等，构成模式仿真的底层逻辑。

最后通过分组机制来对仿真的实例层进行批量的实例化并进行仿真。这一步中，需要对仿真引擎需要的额外的参数进行配置，这包括了仿真的时长和是否容错。配置完成后，在每个步骤中，根据启动事件的设置执行多个进程。参与启动事件的参与者决定是否启动业务流程并将流程涉及的角色分配给符合的参与者实例。如图 10-4 所示，定义完成的服务模式流程和本体会实例化环节的输入，然后进行仿真和分析。

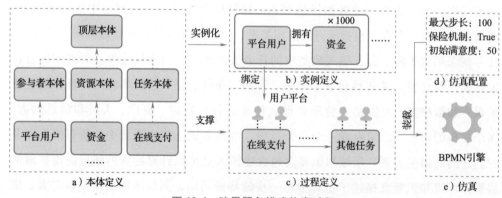

图 10-4　跨界服务模式仿真过程

通过跨界服务模式仿真，传统基于经验的分析被转化成了更精确的量化分析，使从业者可以更容易对比模式的细微变化对利益相关者的价值实现的影响。在仿真完成后，可以对定义的指标进行追踪。指标中的突变点，增长趋势都能帮助我们发现模式中的强项、弱项以及潜在的相关性。图 10-5 对线上旅游平台模式中是否包括取消险进行对比。可以发现随着仿真的进行，酒店数目稳步上升，最后到达最大容量，但包含取消险的模式下用户满意度、利润和订单数都更高。此外，我们也可以从用户满意度的增长拐点（图 10-5 中的 G_1）中发现一个可能的瓶颈。然后通过对比同一时期别的指标的变化（图 10-5 中的 G_3）。我们可以发现指标之间的相关性，也就是酒店数量限制了订单数和用户满意度，从而影响了平台利润的增长。

10.2.3 跨界服务模式评估

跨界服务模式评估可用于衡量跨界服务模式是否有效，综合考量企业跨界服务模式在多方协作与价值分配过程中的时间、成本、可靠性、效率、价值创造等表现，为跨界服务模式设计与选择提供重要参考依据。目前，针对服务模式的评估大多以定性评价为主，缺乏定量计算方法。而跨界服务的类型不同、模式多样、过程复杂等特点均给定量评估带来挑战。如何结合跨界服务模式的价值、过程、目标等重要元素，科学、客观地选择和确定跨界服务模式的度量指标，并建立合理的评估体系已经成为现代服务业发展的重要挑战。

与传统的单用户、单平台模型不同，在跨界服务模式中服务部署在不同的服务器上，并由不同领域、组织的参与者执行。因此，跨界服务模式评估时不仅包括服务本身的执行表现，还包括多参与者合作引入的协作影响和多平台交互引入的传输损耗。例如，如果跨界服务模式工作流中存在参与者之间的活动交接，则在该协作过程中将消耗额外的时间。

为此，我们提出了跨界服务模式评估框架，如图 10-6[6] 所示。图中左侧部分为该评估框架的五个阶段。第一阶段是研究案例并抽象出服务元素；第二阶段是通过工作流、数据流、资源流和价值流设计服务模式；第三阶段是通过量化的属性将服务模式形式化；第四阶段是通过实践应用或模拟仿真实验产生模式数据。第五阶段是对得到的模式评估指标进行监测和评估，并对服务模式的性能提供反馈。

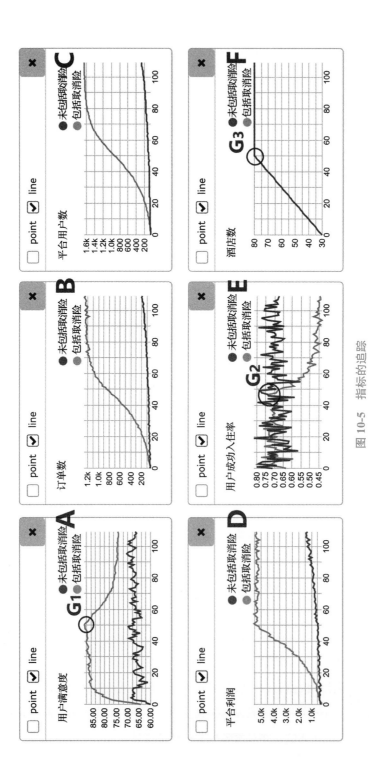

图 10-5 指标的追踪

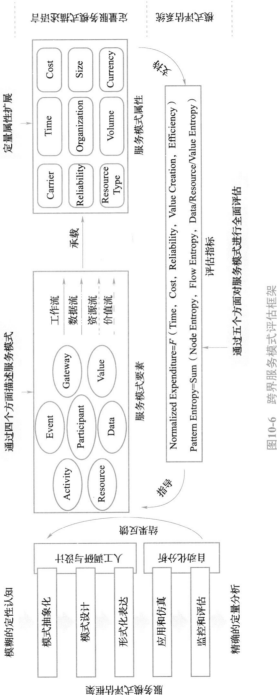

图10-6　跨界服务模式评估框架

该框架引入了一套跨界服务模式评估指标体系，一共包含时间、成本、可靠性、效率、价值创造五个基础指标，以及模式归一化支出和模式熵两个高级制表。其中，价值创造是指服务模式中价值和资源交换所产生的附加值。增加价值源于同一资源对不同参与者具有不同价值的比率。每个参与者通过交换资源和服务模式中的价值所产生的附加值的总和构成了模型的价值创造。

模式归一化支出表示模式中每个节点每次成功运行的每单位收入损失。归一化支出将随着模型时间和成本的减少以及可靠性、价值创造和效率的增加而减少。归一化支出可用于通过将多目标优化问题转换为单目标优化问题来优化服务模式。模式熵用于表达服务模式中跨界协作的混乱程度。模式熵是节点熵、连接器熵、数据熵、资源熵和价值熵的总和。

通过所提出的服务模式评估体系，能够系统、量化地支持对典型服务模式的分析和评估，全面地分析不同模式之间的差异。比如可以通过对中间商、平台、专有、新零售四种典型的电子商务模式进行评估比较，能够明确看出，新零售模式与传统的平台模式、专有模式和中间商电子商务模式相比，其优势主要在于通过大量降低模式时间、成本，提高数据、资源、价值传递效率，进而达到更低的模式归一化支出（如图 10-7 所示）。

10.2.4　跨界服务模式融合

互联网与传统产业的融合催生了跨领域、跨企业、跨行业的跨界服务模式融合需要，多种模式的深度融合可以提高跨界服务效率、降低成本，并使服务提供者更具竞争力。因而，面向跨界服务的服务模式融合是现代服务业模式创新成功的关键之一。

然而，每一种趋于成熟的服务模式都有稳定的工作流、数据流、资源流以及价值流。而服务模式融合则需要打破已有的稳定的服务模式，通过重构得到在效率、成本等方面表现更优的模式。不同领域的服务模式存在各异的特点，特别是跨界服务模式融合涉及两种及以上服务模式以及来自各领域的参与者、资源、过程，给跨界服务融合带来了更多的挑战。针对此问题，本小节提出了如图 10-8 所示的基于规则的跨界服务模式融合框架[8]。

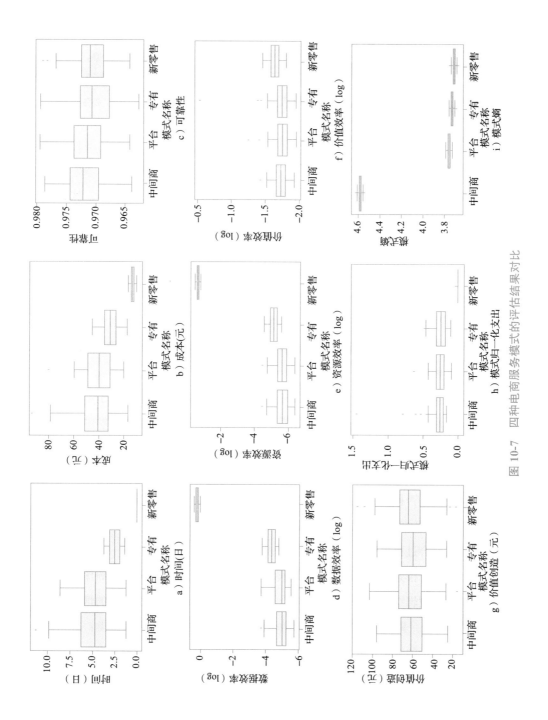

图 10-7　四种电商服务模式的评估结果对比

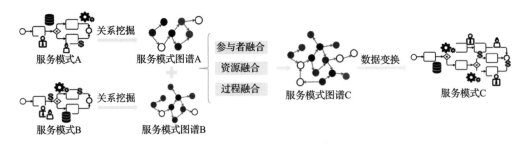

图 10-8　基于规则的跨界服务模式融合框架

基于规则的服务模式融合框架将服务模式数据转化为一张异构信息网络，从而将服务模式融合问题转换为两张图的融合问题。通过参与者融合、资源融合以及过程融合三个子算法进行模式融合。

在参与者融合中，该子算法根据用户确定的参与者映射关系完成两个模式中不同参与者的融合。如果在这两个不同模式的参与者之间有一个映射规则，那么它们可以合并成一个新的参与者。如果不同模式中的两个参与者之间存在映射关系，则可以将这两者合并为融合模式中的一个参与者。新参与者集成了原来两个参与者的所有资源和目标，并执行这两个参与者的任务。

资源融合则主要考虑两种情况：①属于同一参与者的资源融合；②属于不同参与者的资源融合。对于情况①，关键是要判定资源的类型是否相同以及是否能够进行数量上的累加。如果两个资源实例具有相同的最小分类单位，则使用进一步的相似性计算来推断两个资源实例之间是否满足语义相似性要求。对于情况②，需要确定不同参与者之间的资源在融合后是否相关。通过基于近邻的方法来测量两个资源节点的亲密度，亲密度得分越高，新模式中两个节点之间存在边的概率越高。

服务模式融合过程主要分为两步：①识别不同模式下的相似任务，以提高服务效率；②在新的融合模式下确定任务的正确执行顺序。服务过程的任务逻辑顺序则根据用户的输入的模式逻辑结构进行确定。目前，本小节针对服务模式两两融合的情况总结了4种常见逻辑关系，具体见表10-1。两两融合的逻辑结构主要可分为两大类：并行和串行。并行是指在新的融合服务模式中，两种模式的执行时间为同一阶段，串行则是指当其中一个服务模式执行完毕后才开始执行另一模式。对于并行而言，主要有三种可能存在的情况：半并行、完全并行以及包含。其中半并行是指两个模式在执行过程中有直接或间接的交互，但两个模式执行的条件是相互独立的；完全并行则是指两个模式在执行过程中不存在交互活动；包含则是指一个模式在执行过程中调用了另一个模式，后者的执行条件依赖于前者。而串行则较为简单，需要确定的是两个模式在执行上的前后顺序。

表 10-1　两种模式之间的关系

逻辑关系	具体分类
并行	半并行
	完全并行
	包含
串行	串行

最后，在完成以上所述的参与者融合、资源融合、过程融合之后，我们得到了全新的跨界服务融合模式，实现了一种有效的跨界服务模式融合创新方法（见图 10-9）。传统的服务融合方法主要关注过程融合，所提出的跨界服务模式融合框架增加了资源融合以及参与者融合两个方面，在融合过程中将拓扑结构与业务语义分析相结合，有利于提高服务整体协同效率、降低服务运营成本。

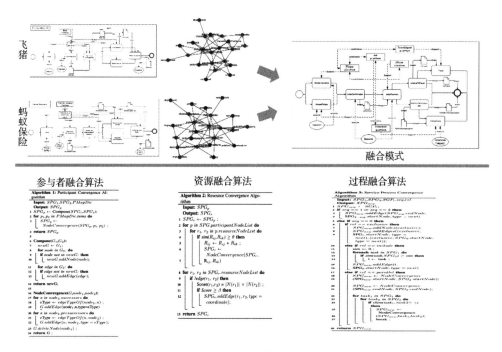

图 10-9　跨界服务模式融合算法在飞猪业务中的应用

10.3 | 跨界服务融合设计

由于跨界服务往往跨越多个组织边界、业务边界、价值链边界和知识边界，用户需求具有角色多元、目标多样、流程可变等特点，同时，开放环境下的跨界服务融合过程中需要支持企业不同业务的跨域整合和深度融合，这给跨界服务的融合分析与设计带来了极大的挑战[9]。针对这些问题，武汉大学提出了面向生态的跨界服务设计元模型、面向生态的跨界服务融合演化分析方法，支撑跨界服务融合设计。

10.3.1 面向生态的跨界服务设计元模型

针对跨界服务系统的开放、多样、交互、自组、演化等生态特性，跨界服务分析与设计需要从生态系统的整体视角加以展开。服务生态系统主要是通过社会、商业、技术三个子系统的相互作用和相互制约形成的。本小节从跨界服务生态系统的社会、商业、技术三个维度出发，对典型跨界服务场景的需求和设计模型加以归纳和分析，通过抽取跨界服务设计相关的核心建模要素，分析各建模元素间的语义关系，建立了一个面向生态的跨界服务设计元模型，如图 10-10 所示。

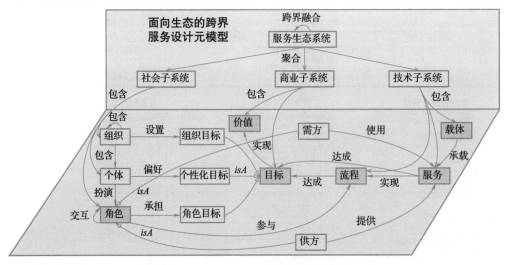

图 **10-10** 面向生态的跨界服务设计元模型

跨界服务设计元模型的核心部分如图 10-11 所示，涵盖了角色、目标、价值活动、价值对象、流程、服务等核心元素[10]。这些元素间的基本关联关系如下：给定具体的跨界服务场景，场景中的参与者扮演特定的角色，每个角色拥有角色目标，这些目标通过一系列的价值活动来达成，价值活动通过一系列的业务流程加以定义，在价值活动的实施过程中，会产生和使用价值对象，而价值对象可以通过服务或资源的形式呈现，角色可以提供价值对象供其他角色使用。在核心元模型的基础上，进一步细化出服务价值元模型、服务目标元模型、服务流程元模型。在上述元模型的指导下，对跨界服务价值网络涉及的价值交换机制及价值活动进行描述，对组织的角色目标进行建模，并根据目标模型诱导得出服务流程模型。在元模型的指导下，通过挖掘相关的领域知识，进行跨界服务的需求建模与分析。

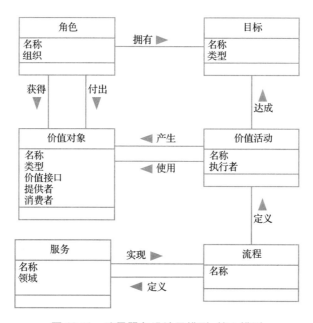

图 10-11　跨界服务设计元模型–核心模型

在对跨界服务场景进行需求分析的过程中，建模人员可以在跨界服务设计元模型的指导下构建相应的需求模型。在需求模型的构建过程中，首先从价值角度出发构建服务价值模型，然后进一步对目标进行分解和精化从而建立服务目标模型，最后考虑如何通过服务流程实现这些目标，并建立服务流程模型。在模型构造过程中，利用抽取的领域知识对需求模型中的实体进行标注。

具体而言，服务价值模型的构建需要从利益相关方的价值分析角度出发，识别价值模型的要素，如参与者、价值对象、价值活动、目标等。主要步骤包括：①领域识别，即对服务跨界的领域进行识别，明确服务、产品、资源、价值对象等，以及用户在新领域中的期望；②迭代式分析当前跨界服务场景中每个参与者扮演的角色；③明确各个角色的目标；④识别不同参与者之间交换的价值对象；⑤分析价值对象交换过程中所涉及的活动。

当服务价值模型构建完成时，参与者及其目标已经初步确定，需要进一步分解和精化这些目标，主要步骤包括：①确定根目标，明确开发跨界服务的主要目的；②迭代式分解上层目标；③在上层目标和下层目标之间建立依赖关系；④集成服务目标模型。在目标分解过程中，利用领域服务目标知识进行服务目标的推荐和完善。

跨界服务设计的最终目的是将目标操作映射为 IT 服务，并将这些服务按需组合起来形成跨界服务软件系统。在完成服务目标模型构建后，下一步是考虑如何定义服务流程实现这些服务目标。主要步骤包括：①将目标与活动建立关联；②将价值活动集合构成抽象流程；③基于目标之间的依赖关系在流程之间建立依赖关系；④实现从流程到服务的映射。

10.3.2 面向生态的跨界服务融合演化分析

针对跨界场景中软件服务系统的跨领域演化需求，从生态视角出发，定义了种群式跨界融合演化模式和群落式跨界融合演化模式。在此基础上，通过考虑跨界服务演化的因果决定性以及服务演化过程中价值流的传递和变化，建立价值驱动的跨界服务演化方法，包括种群式和群落式演化方法。跨界服务协同演化分析框架如图 10-12 所示，用以帮助需求分析人员从生态角度出发，以软件服务系统的价值创造为驱动，获取软件服务系统的跨界演化方向，在目标融合演化层面和流程融合演化层面指导跨界融合演化，实现跨界服务的价值增值。

1. 跨界服务融合演化模式

跨界服务融合演化模式是对跨界服务融合演化方式类型的总结，大致可以分为两类：种群式跨界融合演化与群落式跨界融合演化。

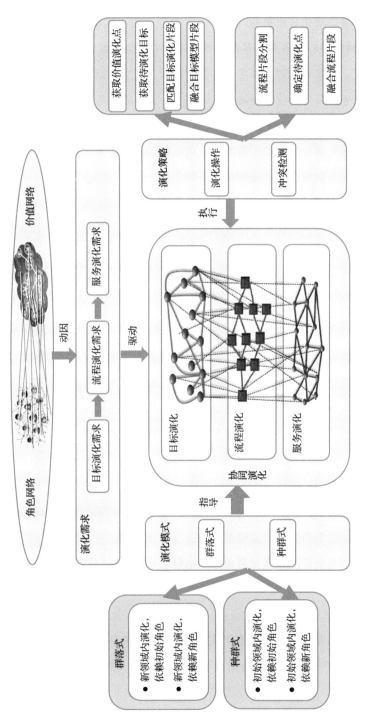

图 10-12　跨界服务协同演化分析框架

种群式跨界融合演化是服务的同类衍生（类似于统一建模语言 UML 中类的泛化关系），是主体领域的核心服务面向其他领域的结合型衍生，即在主体领域服务提供方的核心服务基础上，面向其他领域新场景的业务需求，衍生出新的同类服务的过程，是主服务及其衍生服务在其他行业、领域的应用结果，其核心服务流程执行顺序不变，但部分流程片段存在领域特定（Domain-specific）型演化。例如，保险服务平台的保险服务面向不同业务领域的需求衍生出的旅游险、机票延误险、签证险等跨界服务，各种不同险种的服务即为保险服务在不同领域场景下的变体。

群落式跨界融合演化是服务的异类扩展（类似于 UML 中类的聚合关系），具体表现为服务链和服务领域的延伸，即在服务提供方的核心服务基础上，跨越领域边界与其他领域服务进行融合，是在核心服务的业务流程基础上增加跨领域的功能，形成对核心服务能力的扩展和补充。例如，飞猪平台的机票服务扩展到旅游、租车、保险等领域形成的跨界服务。

2. 跨界服务融合演化方法

跨界服务、企业、用户之间的交互关系将现代服务业连接成一个价值共创的复杂生态系统，跨领域合作和服务演化现象不断涌现，推动了跨界服务的不断融合演化。跨界特性决定了跨界服务的设计和实现需要融合跨领域的模型或解决方案，这一融合过程本质上是在核心领域的初始模型或解决方案基础上进行的逐步演化。在两种跨界服务融合演化模式基础上，针对跨界服务融合演化分析问题，提出了一种面向生态的跨界服务融合演化方法，如图 10-13 所示。具体实现步骤如下。

1）价值驱动获取需求演化点。 获取待演化的跨界服务初始价值模型和演化后的跨界服务价值模型，基于角色对价值模型进行片段划分，得到各自的价值模型片段。通过对比初始角色价值模型片段和演化后角色价值模型片段，获取待演化价值目标以及待演化领域和待演化角色。

2）判断演化模式。 根据待演化价值目标隶属的待演化领域，确定演化模式。若待演化价值目标隶属的领域在初始模型领域列表中，则根据种群式演化方法进行演化；若待演化价值目标的初始领域不在初始模型领域列表中，则根据群落式演化方法进行演化。

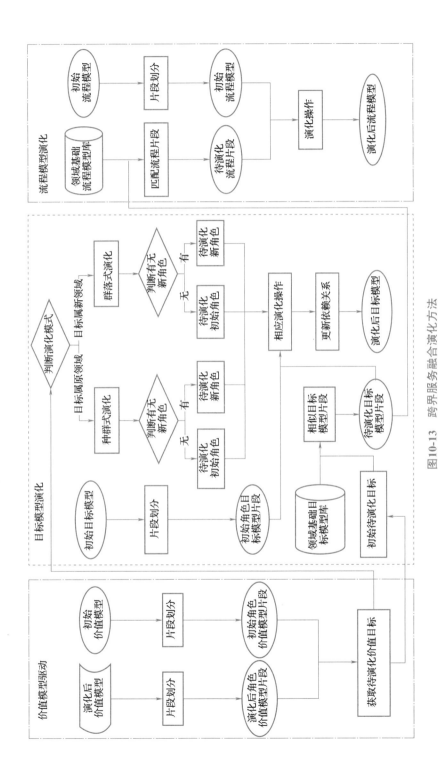

图10-13　跨界服务融合演化方法

3）根据演化方法进行相应的演化操作，获取演化后目标模型。将待演化价值目标记为初始待演化目标，在领域基础目标模型库中寻找相似的目标模型片段作为待演化目标模型片段，根据种群式演化方法或群落式演化方法，执行相应的演化操作，将其加到该待演化角色所属的初始角色目标模型片段中，得到演化后目标模型。

4）根据演化后目标模型得到演化后的流程模型。在领域基础流程模型库中，寻找能实现待演化目标模型片段中各目标的流程片段，记为待演化流程片段。根据目标与流程的映射关系，对初始流程模型进行相应的流程演化，得到演化后的服务流程模型。

3. 跨界服务目标模型融合方法

建立了两种目标模型融合分析方法，辅助分析人员进行跨领域的目标模型融合，并支持融合过程中目标不一致性的自动检测。该方法在挖掘领域目标知识的基础上，根据不同的跨界服务融合设计模式选择相应的跨界服务目标融合方法，得到融合后的目标模型。主要包括群落式和种群式跨界服务目标融合两种融合方法，如图 10-14 所示。

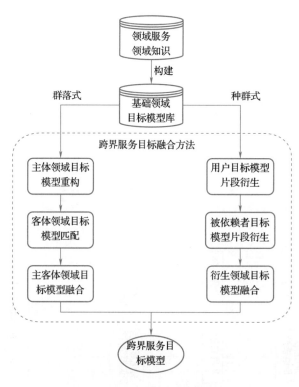

图 10-14 跨界服务目标模型融合方法

群落式跨界服务目标模型融合的步骤包括[11]：首先，重构主体领域目标模型，主要是对主体领域的待融合目标进行标记，从而基于待融合目标从客体领域的目标模型库中进行匹配；接着，匹配客体领域目标模型；在匹配的过程中，如果不考虑领域特点和上下文环境，单纯地基于语义相似度计算，往往很难准确匹配到客体领域的目标模型。为此，利用深度学习技术学习目标及其之间关系的低维向量表示，通过学习目标的嵌入表示，使得父子目标之间的语义距离尽可能接近。考虑到领域上下文对目标的影响，在匹配客体领域目标模型的过程中，不仅要考虑目标本身，而且还要将客体领域目标的父目标和子目标加以考虑。最后，融合主体客体领域目标模型，即当模型匹配完成以后，基于定义的融合规则，将匹配得到的目标模型片段进行融合。

在种群式跨界服务目标模型融合中，初始领域目标模型中演化出的新用户目标与已存在的用户（服务消费者）目标之间存在衍生关系，即初始领域目标模型中用户目标模型片段会衍生出新的同类型用户目标，用户所依赖的被依赖者集合中主要服务方（服务提供者）也会相应地衍生出新的同类服务，最后根据衍生的新服务，融合新的领域目标模型。种群式跨界服务目标融合包括以下步骤：①衍生服务消费者目标模型片段；②衍生主要服务提供者及相关被依赖者的目标模型片段；③匹配并融合领域衍生目标模型。用户衍生目标模型片段的衍生过程是自顶而下的，由父目标不断衍生子目标；被依赖者服务衍生目标模型片段衍生过程是自底而上的，由子目标推动新的父目标的衍生。

跨领域融合后的目标模型通常存在不一致性问题，为此，需要检测潜在的目标不一致性问题，主要包括非功能性目标不一致性、功能性目标不一致性和可操作性目标不一致性，采用可满足性求解等方法进行检测，并给出相应的冲突消解建议，帮助开发者对检测出的目标冲突进行修正，从而得到相对完善的跨界服务目标模型。

4. 跨界服务流程模型融合方法

考虑到流程模型与跨界服务场景中不同生态单元要素（角色、价值、目标等）的影响和关联，并协调不同角色间（利益相关者等）的跨界融合目标或处理角色间的潜在冲突，建立了种群式和群落式两种跨界服务流程模型融合方法，解决不同特征的跨界服务流程融合问题。其中，种群式跨界服务流程融合方法，是面向主服务向其他领域进行结合性衍生的跨界融合场景，通过对 BPMN（Business Process Modeling Notation）业务流程模型和目标模型进行可变性分析，实现业务流程配置得到融合结果。群落式跨界服务流程融合针对服务跨越领域边界进行横向聚合的融合场景，基于消息流的划分和合并，定义了融合规则和相应的融合操作来实现业务流程模型的横向聚合。

基于目标可变性分析的种群式流程模型融合方法如图 10-15 所示。从目标层对模型的可变性进行分析建模，并实现目标模型向流程模型的转化。由于目标可以反映不同参与者的诉求，且在跨界场景下，企业当前的主体领域在融合其他客体领域的衍生服务时往往会涉及目标的改变，对流程的设计有着指导性的意义。主要步骤包括：目标模型和流程模型建模、可变性分析、业务流程配置和基于 Pi 演算的冲突检测。

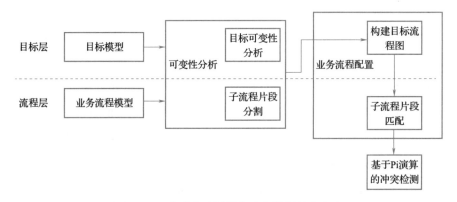

图 10-15　种群式跨界服务流程模型融合方法

群落式跨界服务流程模型融合方法旨在通过实现跨界服务场景下多领域业务流程模型的融合，帮助企业完成对其他领域业务的扩展或将主体领域业务向其他客体领域的延伸。基本框架如图 10-16 所示，包括如下阶段：对业务流程模型进行消息流标注，并根据消息流分割成子流程片段；在此基础上，根据相似度计算得到子流程片段相似度，确定可融合片段对；然后采用相应的融合方法对可融合片段对进行片段融合；最后对子流程片段进行整合从而实现业务流程模型的融合。

具体而言，首先对业务流程图进行消息流标注以确定消息流动。根据所属角色和消息流的标注结果进行子流程片段的划分，获取不同类型的子流程片段，并在片段划分之后对其进行跨界融合目标的标注。进一步，确定待融合片段候选集。针对所属角色相同或关联角色相同的待融合片段对进行相似度计算，在相似度阈值范围的待融合片段对可放入待融合片段候选集中，并通过相似性度量将满足相似度阈值范围的待融合片段放入

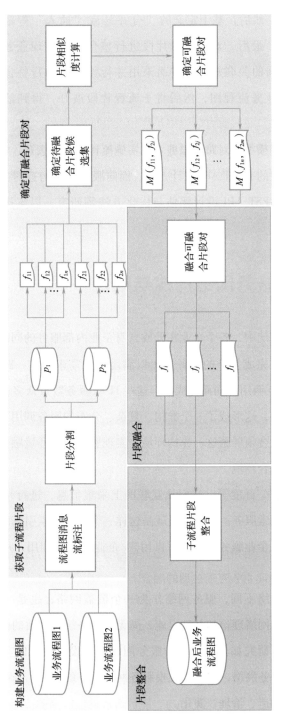

图 10-16　群落式跨界服务流程模型融合方法 [12]

可融合片段对集合中。然后，基于定义的"合并"或"插入"等融合规则对可融合片段对进行片段融合。最后，对子流程片段进行整合从而实现业务流程的融合。即首先构建子流程片段间的关联矩阵，进而采用并行整合和串行整合将子流程片段整合为一个片段粒度的业务流程图，然后将子流程片段展开，得到最终业务流程融合结果。

融合后的服务流程模型是对跨界服务系统实施流程需求的表达，在此基础上，进一步开展了基于流程模型的 REST API 设计方法、面向服务系统构造的 API 发现与推荐方法、面向跨界服务的 REST API 设计评估与优化方法等研究，以支持跨界服务系统的构造。

10.4 跨界服务网络构建与融合

在跨界服务生态系统中，各个企业在开放自身企业内部服务的同时，也需调用其他企业开放的服务，协作完成复杂的业务逻辑以满足用户需求。这一跨界业务服务的协同，需要 IT 微服务相互调用协同而完成，但这些 IT 微服务数量众多，分布运行在参与跨界服务的多个组织中，这形成了一个异构、复杂、分布的服务调用与运行网络，称为服务网络。跨界服务融合须屏蔽这一异构环境，实现服务运行环境融合，为服务治理提供透明、虚拟的统一融合环境。

正如搜索引擎谷歌、百度等，它们从互联网上采集信息，进行特定的处理和加工后，为用户提供信息检索服务。服务网络就是这样一个类似搜索引擎的服务设施，在跨界服务生态系统中接入企业服务，处理后供用户/企业检索和调用，从而实现服务互联和跨界协作。

与传统的计算机网络不同，服务网络作为一个覆盖网络，也是一个全新的应用网络。目前现有的计算机网络理论和基础设施，尚无一个系统、高效的模型来支撑这一网络的构造和治理。本节研究如何提出一种服务网络基础设施，可以实现企业服务的快速、安全、高效接入服务网络，实现大规模服务网络服务的路由、查找与适配，高效支撑大规模服务网络的构造、治理、演化。

10.4.1　跨界服务网络架构

面向服务架构（Service-Oriented Architecture，SOA）是一个组件模型，它将应用程序的不同功能单元（称为服务）通过这些服务之间定义良好的接口和契约联系起来。SOA 使得系统共享存储、网络、计算等资源，在大规模流量冲击下，必然无法提供稳定可靠服务。因此在 SOA 的基础上，衍生出了微服务架构。微服务解决了高频流量的服务问题，但是微服务本身还是限制在一个特定域，它侧重于解决一个企业、组织或者机构的内部服务治理问题，难以解决跨企业、跨组织、跨机构的服务治理问题。针对上述问题，浙江大学提出了跨界服务网络模型及架构，致力于解决高维异构、复杂动态、开放分布的跨界服务治理。

跨界服务网络架构[13] 如图 10-17 所示。服务网络包含服务接入网和服务骨干网，其中服务接入网是服务提供者通过服务交换机将其信息服务接入服务骨干网的网络，服务骨干网是通过服务路由器连接多个服务接入网形成的网络。

服务网络中包含服务交换机和服务路由器两种核心设备。服务交换机面向企业

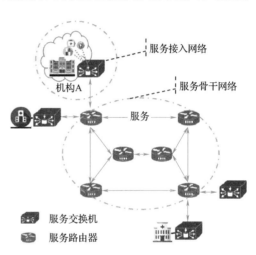

图 10-17　跨界服务网络架构

服务提供者，实现服务发布、服务查询、服务代理、复合服务管理、服务管控、服务映射、系统管理等功能。服务路由器面向网络服务运营商，实现服务交换机管理、服务路由、参考服务管理、系统管理等功能。跨界服务网络架构以服务一体化管控、开放、互联为理念，以跨界各项核心技术和软件工具为支撑，在软硬件一体化的基础上实现了跨界服务网络中的服务注册与发现、服务调用、服务路由等各项功能，形成一个开放互联的共享平台，为服务参与方内部服务的聚合和互操作提供了理论基础。

为了保障服务网络中服务交换的高效进行，制定了服务网络协议栈。服务网络协议栈是一个四层的体系结构，用于服务网络中服务互联的标准体系。如图 10-18 所示，从下往上分别是传输层、交换层、服务层、应用层。

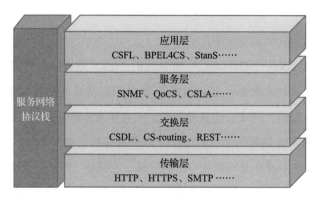

图 10-18　服务网络协议栈

传输层负责服务网络中节点之间的数据传输，起着传统计算机网络数据传输的作用，协议包括 HTTP、HTTPS、SMTP 等；交换层定义服务交换过程的服务描述、服务寻址路由等，规范服务交换过程中的服务描述和通信规范，协议包括跨界服务描述语言（CSDL）、跨界服务路由（CS-routing）等；服务层提供服务部署、质量、监控等管理框架，面向用户提供接口，提供服务部署、接入、监控、管理等功能，协议包括服务网络管理框架（SNMF）、跨界服务质量规范（QoCS）、跨界服务等级协议（CSLA）等；应用层负责跨界集成以提供高价值服务满足用户需求，完成具体的业务流程，协议包括标准服务规范（StanS）、跨界服务流程（CSFL）、跨界服务业务流程执行语言（BPEL4CS）等。

10.4.2　跨界服务封装与接入

随着互联网的发展，大量服务提供者通过 Web 系统提供自己的服务与数据，然而各式各样提供便利的 Web 系统处于相对封闭和独立的运行环境下，给软件开发者使用这些源数据与服务带来了困难，无法充分释放这些服务的效能。同时，网络中也接入了大量的物联网设备，用户和企业关心的是这些设备提供的信息收集、关键基础设施的控制以及对现实世界的感知的能力，即物联网能够提供的服务。因此，要实现多方的跨界协作，首先要解决的就是服务的封装与接入问题，本小节主要关注 Web 服务与物联网服务。

1. Web 服务包装

基于上述理念，浙江大学提出了基于网页分割和搜索算法的服务包装方法，整体架构如图 10-19 所示,包括服务提取阶段和服务调用阶段。服务提取是包装者通过若干点击和少量的输入即可完成对一个网页的封装的模块,可以将网页封装成一个服务。服务调用是指调用已封装的服务,并且提供了若干参数以供满足输入和筛选的需求,这些参数既包括统一的参数,也包含针对不同网页生成的特定参数。

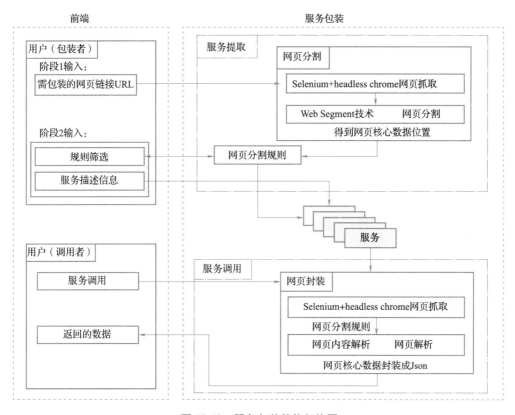

图 10-19　服务包装整体架构图

基于网页分割和搜索算法的服务包装方法,可以尝试分析任意类型的网页页面,并自动分析出网页中可能存在的主要信息,将信息分块后,分析出每块内容所拥有的格式,经过用户的简单修改后,即可将此页面转化成可以直接调用的服务,并返回用户需要的格式化、结构化的数据。同时,提供动态表单查询功能,如页面中存在动态表单,可将表单查询框转化为查询参数供用户使用。相对于传统的爬虫程序,可自动分析页面,生成爬虫规则,并按照用户需求返回相应结构化的数据。因此,企业可以快速的将内部环境中独立运行的 Web 服务开放出来,加速跨界场景中服务的开放与融合速度,极大地提升了用户获取数据的效率。

2. 物联网服务接入

物联网设备是提供跨界服务的另外一种重要渠道，但物联网服务资源在协议、能力、数据格式等多个方面都存在异构性。目前的物联网应用具有碎片化的特点，这种碎片化不仅体现在跨应用域之间，甚至一个应用域中都可能存在很多种类型的传感器协议。因此，不管是跨应用域还是单个应用域的物联网服务系统，都面临着一个关键问题：物联网异构资源的接入。即如何采用一种通用的适配方法，接入这些异构感知资源，并解析这些感知资源产生的异构的感知数据，使其成为跨界服务的重要提供者。

针对异构跨界服务资源的自适配接入和封装问题，北京邮电大学提出了多项创新方法[14]。物联网资源模型异构性导致了应用竖井的产生，数据之间不能互联互通，服务之间不能共享、协作，为此提出多层次、多维度语义资源模型，如图 10-20 所示，模型包括底层的资源提供者、传感器网环境信息收集、资源模型等，以及应用层的开发者信息、用户个性化信息、实体化模型和领域知识等。采用资源描述挖掘技术，模型可自动生成非主观、无歧义的描述元数据，适用于物联网环境下的大规模、普适化接入。

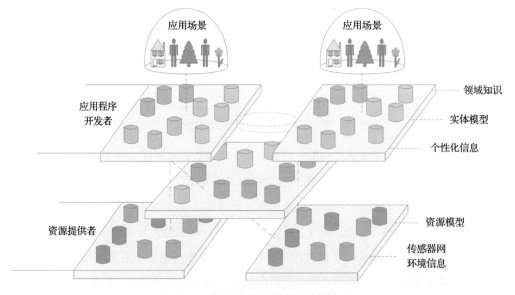

图 10-20　多层次多维度感知服务模型

基于上述研究成果，团队开发了物联网服务包装工具，如图 10-21 所示，工具包括感知服务统一接入层、服务数据解释层、感知服务模型等模块，可以实现物联网设备快速包装为服务接入服务网络中，对外提供能力。

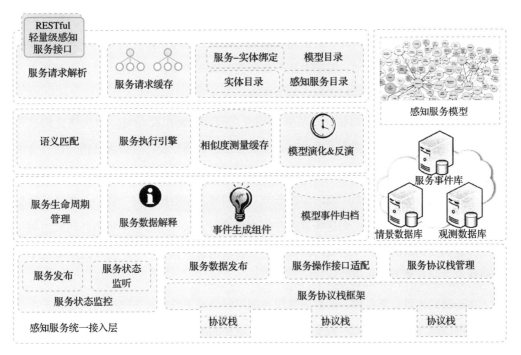

图 10-21　物联网服务包装工具

10.4.3　跨界服务网络运行

跨界服务网络中，地域的分布性产生了天然的服务分布性，海量服务分散地存储在网络中。而这些不同地域的服务之间产生的复杂相互调用对整个服务网络带来了巨大的性能挑战，因此需要高效的服务路由算法和服务缓存方法来支撑整个跨界服务网络的可靠运行。

1. 服务路由

大规模服务网络中开放服务的数量众多，服务间相互调用频繁、服务调用关系复杂、服务链路动态，将导致服务查询困难与寻址效率低下、服务调用链路阻塞等诸多问题，因此需要提出跨界服务网络环境下的高效服务路由方法，实现服务间调用的稳定顺畅。针对跨界服务网络中的服务路由机制进行了研究，通过自适应的服务路由方法提高跨界服务网络整体的服务效率[15]。

路由算法主要包含以下几个部分：①节点之间服务路由路径的初次建立。即在两个节点首次进行通信时，双方节点路由表中都没有存储相应的路由表信息时路由路径的构建过程；②在网络出现波动时，路由路径的动态调整。即路由路径选定的中间节点发生网络波动导致链路延迟增加，需要对路由路径进行动态调整；③当路由路径上的节点发生不可用情况时，对路由路径进行自适应重建。

（1）服务路由路径初始化　在节点和节点之间建立路由路径时，初次建立路径不推荐使用主动探测法去建立。采用主动探测法建立路由路径会产生很大开销，而且会消耗比较长的时间，对整个网络来说可能会有多个节点同时进行路由路径建立，可能会影响整个网络运行的整体效率。当两个服务节点之间建立路由路径时，源节点将通信消息发送到本区域的几个节点。而这些节点在收到请求后，以一定的概率将消息转发给邻居节点，直到找到目的节点。区域内路由器节点转发消息的概率为1。转发概率取决于节点的状态，即与当前负载成反比。

在正确到达目标节点后，需要最终服务调用时间来进行比对，同时路由路径产生的跳数不可以过大，这是因为一般情况下，跳数越少的路由路径，最终服务调用时间就会越短，而对于路由路径跳数过大的情况，即使当前情况下最终服务调用时间是最优的，考虑到跨界服务网络的复杂性和变化性，跳数越多中间发生故障的概率就越大，因此规定一条路由路径的最大跳数不能超过6。

（2）网络波动情况下的自适应调节　在获取到一条相对最优的路由路径后，通信发起节点并不会将列表内的其余路由路径信息抛弃，而是将列表内其余路径在通信过程中继续保存，作为辅助路由表进行存储。

如图 10-22 所示，假设初始路由路径为 (1,2)→(1,9)→1→2→(2,6)→(2,9)，当网络发生波动时，节点 (1,2) 到 (1,9) 之间的网络同时出现波动，就会导致重新选取的路由路径也发生延迟过大的现象。节点 (1,3) 会维护其到目标节点的路由路径并动态更新，在这种情况下，节点 (1,2) 重新选择的路由路径可能会发生和初次建立时不同的情况，因此在通信过程中，各个节点会通过逐级进行向上反馈的模式来不断更新整体的路由链路，而维护一个节点周边的路由路径更新往往是相对开销较小的，前置节点只需要接收后续节点的消息并完成更新，相对于整条链路的更新来说，也是一种效率比较高的策略。

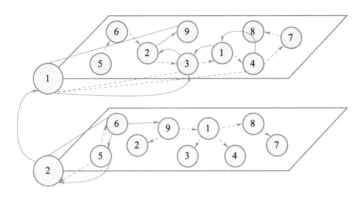

图 10-22　路由信息反馈更新

（3）服务路由节点检测与自适应重建　在两个通信的节点之间建立起一条路由路径之后，在本次通信完成之前，两个节点之间都会一直沿用这个路由路径，而实际情况下，由于网络的复杂性，某些节点之间的连接可能会出现问题，或者由于人为的恶意篡改，某几个节点可能会成为不良节点，在这种情况下，节点失效，此时需要一种自适应的机制来应对这种情况，进行路由重建。

节点之间的信令是通过互联网中的 Ping 指令和 Pong 指令完成的，通信发起节点向通信接收节点发送 Ping 指令，通信接收节点接收到 Ping 指令后向通信发起节点回复 Pong 指令表示指令准确无误地被接收到。通信发起节点 Pi 不仅会保存路由路径，同时还会保存路由路径上的节点信息，我们可以利用这一机制，周期性地向接收节点 Pj 发送 Ping 指令，与此同时每经过一个中间节点，每个节点会进行一定的修改，通信接收者接收到 Ping 指令后向通信发起者回复 Pong 指令，如果路由路径上的某个节点出现问题或者在通信过程中信息遭到了恶意篡改，那么根据每个中继节点上的修改值匹配，通信发起节点就可以准确定位到发生问题的节点，从而进行重新选择路由路径，继续进行通信。

2. 服务缓存

在跨界服务网络架构中，服务节点之间通过服务路由机制建立起路由路径，而后发起服务调用获取服务资源。随着服务调用数量的增长，节点之间的直接服务调用会对服务节点带来巨大的压力，从而给整个服务网络带来巨大的负担。而节点数量增加导致网络拓扑更加复杂，直接进行服务调用往往会导致返回速度相对缓慢，影响用户服务调用返回的速度。因此需要服务缓存技术，即对服务调用结果进行缓存，在服务调用阶段发生缓存命中时不再占用服务资源，直接通过缓存返回的方式加速服务调用，提高服务调用速度，从而降低跨界服务网络的整体负担，提高用户调用服务的体验。

针对大规模分布式服务网络环境，研究网络管理与性能优化的方法，通过分层多级缓存提高网络性能，通过区域内邻近节点交换缓存信息提高存储利用效率，通过服务聚类和映射实现业务服务网络和信息服务网络的优化部署[16]。服务网络缓存总体架构如图 10-23 所示，整个缓存机制包含以下三个关键部分：

1）缓存空间划分。对节点缓存空间中缓存的服务调用信息进行如下分类：①常驻信息，表示该服务调用信息在缓存中为热点信息；②变动信息，表示该服务调用信息在缓存中经常会发生变动；③预回收信息，表示该服务调用信息在缓存中命中率较低，属于不被频繁使用的缓存。

2）分层缓存。跨界服务网络的分层架构模式带来了分层缓存的天然存在性，区域管理节点和区域内的底层服务节点形成了二级缓存模式，而在网络层级更高时可能会产生更多层的缓存模式，这种缓存方式在大规模、高流量的服务调用中承担了缓冲区域服务缓存压力、提高服务缓存效率的作用。

3）协同缓存。区域内的协同缓存策略，节点内一部分缓存空间用于存储本节点产生的服务缓存，另一部分用作存储其他节点的缓存，同时维护本节点存储到其他节点缓存的索引，通过这种方式从逻辑上增大单个节点的缓存空间，缓解在单个节点服务调用高峰时的缓存压力。

分层多级协同缓存方法可以解决短时间内服务高峰调用所产生的服务缓存占用时间过长问题，以提高缓存空间利用效率。相比与传统的单个节点各自缓存，通过采用协同缓存方式，在同一区域内优化地利用各个节点的缓存空间，从而在服务调用高峰时降低单个节点的缓存压力，提高缓存效率。

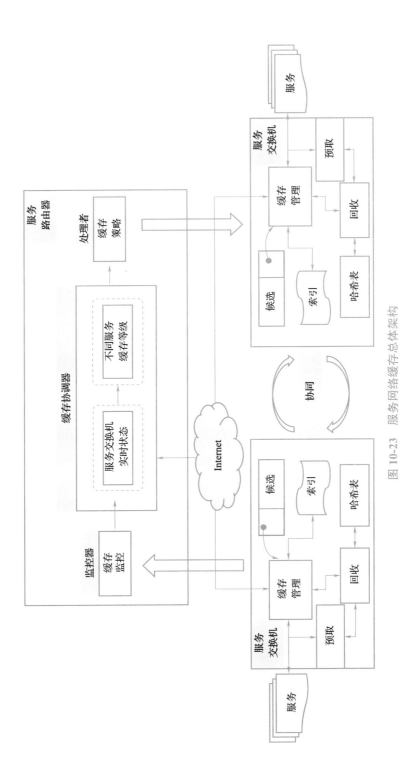

图 10-23　服务网络缓存总体架构

10.5 | 跨界服务质量与价值融合

跨界服务的目标是不同领域的服务参与者，通过整合各方资源，充分发挥各方服务能力，在不同的时间、地域、领域为消费者提供高质量的服务，为服务提供者带来价值增值。因此，在多领域参与者之间实现服务价值-质量-能力层面的融合是实现多方能力互补和价值共赢的基础[17]。

服务能力是指企业通过服务满足消费者需求的能力，服务能力一般通过特定的资源表现出来；服务质量是指特定服务活动的一组固定特性满足消费者需求的程度；服务价值是指服务实现与交付的过程中消费者和服务提供者从中获得的好处或收效程度、付出的成本或花费。不同领域不同服务的价值-质量-能力评价体系各有不同，又因跨界协同而彼此依赖，因此跨界服务价值/质量融合层面需要解决异构服务价值-质量-能力评价体系对齐和冲突消解的问题；在多方复杂依赖的前提下，基于个体服务能力限制和全局跨界服务价值期望实现各参与方服务价值-质量-能力的优化配置；在分布式服务部署环境中，从服务路由日志、移动终端、社交媒体等多个信息源中实时捕获并分析服务质量与能力的波动规律，并据此挖掘长期频繁发生的服务异常，回溯异常发生的潜在因果链，定位各参与方的主次责任，最后以最小化代价为原则给出各方价值-质量-能力的微调方案。

本节主要介绍跨界服务价值-质量-能力评价指标体系构建方法及跨界服务运行态的服务监控、感知、溯源和微调方法，可以为跨界服务设计者、决策者、实施者提供相应的辅助支持。

10.5.1 跨界服务价值/质量建模和异构模型融合

不同业务领域的服务，在满足特定用户需求时需要彼此协作，跨越领域边界进行聚合，需要消除冲突，跨越异构，实现业务集成，而这些服务跨越不同的"时间-空间-领域"的边界，质量属性各异、评价差异性大、影响要素多，当它们进入同一个跨界服务和服务解决方案时，须进行服务质量多维属性融合，统一度量空间、统一度量标准[18]。为此，哈尔滨工业大学提出了一种跨界服务价值-质量-能力模型框架，如图 10-24 所示，并

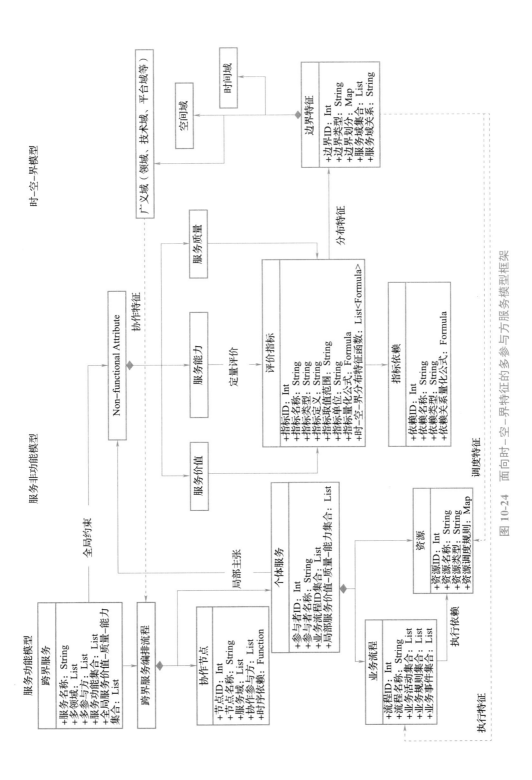

图10-24 面向时-空-界特征的多参与方服务模型框架

据此开发了可视化建模工具，允许服务设计人员基于已有的 BPMN 业务流程标注每个参与方和业务活动关联的服务价值-质量-能力。

上述模型框架定义了服务评价指标，即度量和评价服务价值-质量-能力的统计指标。它是服务决策和优化的有效参考信息，也是各类服务提供商确立合作关系的重要协商内容。评价指标既包含丰富的语义信息，又包含详细的定性和定量描述信息，不同参与者对这些指标的定义、解释、量化、赋权等方面均有其特定领域的规范和习惯，因此多领域、多参与者跨界协作的前提条件是实现多方服务评价指标的语义和量化方式对齐，以确保多方协作与合作过程中可以准确理解彼此指标所表达的内容和取值的含义。语义对齐方面，利用自然语言处理相关技术抽取指标关键要素，即服务内容、业务活动、指标评价侧面、指标评价规则这四类词组，而后借助公共词典、领域词典和自定义词典计算四类词组之间的语义关系，最后在词汇关系矩阵的基础上判定指标语义关系并计算关系置信度，最终得到多领域多参与者指标语义关系网。量化方式对齐是利用核密度估计拟合指标在单域和富域上的时空界特征分布，根据拟合的概率密度函数求解概率分布函数，而后以分位数为基准求解指标在不同时空界特征下对应的取值。指标的具体取值与实际服务水平之间的映射关系并不是唯一且恒定的。在不同时空界条件下，相同的指标取值也可能对应不同的服务水平，而不同的服务水平在不同时空界条件下，其指标有可能取到相同的值[19]。例如，物价水平和商品均价在不同的地域有明显差异，同样的商品均价，在哈尔滨属于高物价，而在上海却对应低物价。如果不考虑指标在不同时空界上特征分布的差异性，将导致服务决策和优化的失效或失衡。例如，企业在全国范围内制定统一的商品提价调整策略，低收入地区会体会到物价明显上涨而高收入地区未感受到明显差异。

此外，服务融合的目的是各方价值最大化，但各成员服务的价值体系不同，彼此之间可能存在显性或潜在的价值冲突，故需要进行价值的融合和权衡[20]。因此，如图 10-25 所示，在已知所有参与方和跨界服务全局业务目标之间在服务价值-质量-能力上的依赖关系，以及每一方对自身每个服务评价指标的期望值的前提下，通过基础指标实际取值计算上层指标的实际取值，对比期望取值与实际取值可以判定是否存在冲突及其程度，结合指标间的依赖关系可进一步计算其冲突等级。据此可确立冲突消解次序，并借助粒子群优化算法依次消解冲突，在最小化冲突消解成本的约束下，以全局优先的原则进行目标优化。在此过程中，须充分考虑每个参与方对优化结果的态度（赞同或反对）。最终给出可行解集和优选方法。

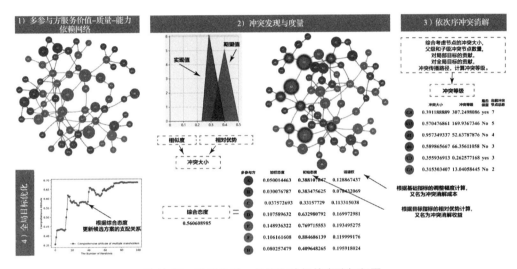

图 10-25 冲突发现、量化和消解的方法框架图

10.5.2 跨界服务的价值-质量-能力优化配置

区别于传统的服务设计，跨界服务设计须融合服务的多个利益相关者的目标。这些涉众隶属于不同的业务领域，具有不同的价值预期和不同的服务能力[21]。跨界服务的设计必须综合考虑它们所有价值、质量和能力的相关要素，并在它们之间寻求全局平衡，以便服务参与者能够有效地协作，以实现跨界服务的共享目标。借鉴 QFD 的基本思想，VQD-QCD 模型[22] 从跨界服务全局价值期望出发，设计该跨界服务的全局质量参数配置。如图 10-26 所示，首先，该模型建立价值期望的每一项指标与服务功能上的全局质量参数之间的量化映射关系，即某个价值期望的实现受到该服务互联网的哪些全局质量参数的影响以及影响原因。其次，该模型从质量屋左侧输入跨界服务的价值指标期望，质量屋中央的每一列给出服务功能上各个全局质量参数的重要度，质量屋的输出结果是各个全局质量参数的取值范围，即自顶向下地生成配置方案设计，在此过程中，可运用模糊非线性规划方法来求解该问题。

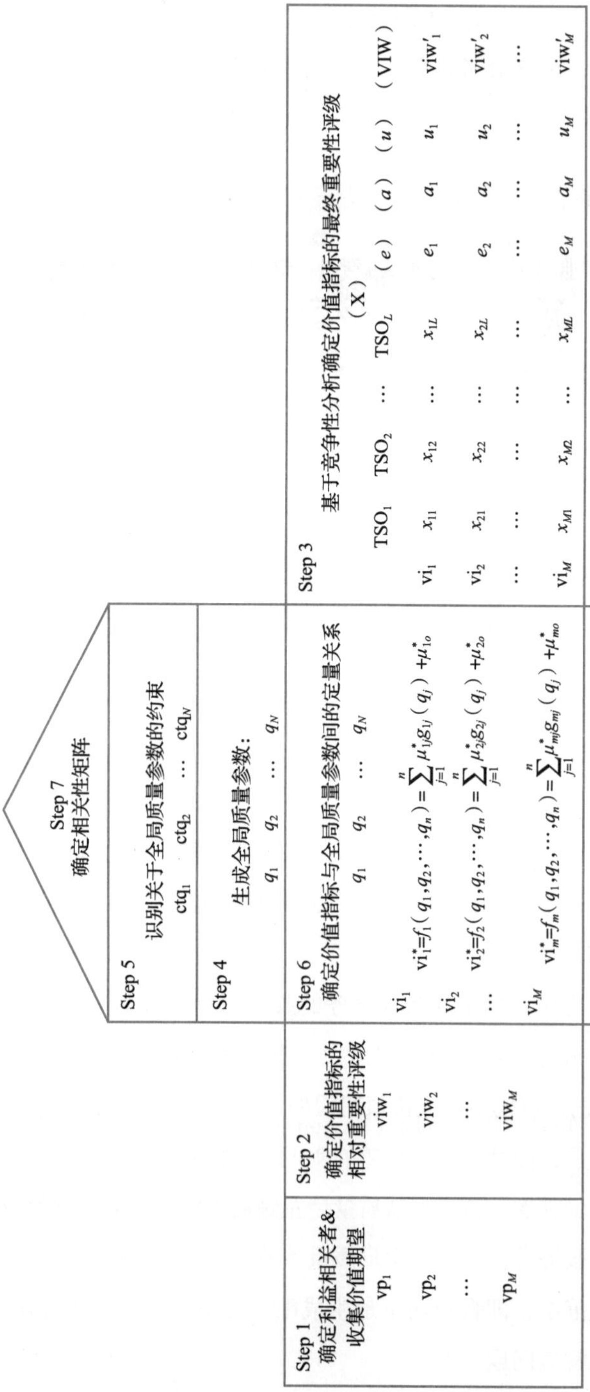

Step 1 确定利益相关者&收集价值期望

vp₁ → vp_1, vp_2, ..., vp_M

Step 2 确定价值指标的相对重要性评级

viw_1, viw_2, ..., viw_M

Step 3 基于竞争性分析确定价值指标的最终重要性评级 (**X**)

	TSO_1	TSO_2	...	TSO_L	(e)	(a)	(u)	(VIW)
vi_1	x_{11}	x_{12}	...	x_{1L}	e_1	a_1	u_1	viw'_1
vi_2	x_{21}	x_{22}	...	x_{2L}	e_2	a_2	u_2	viw'_2
...	...	...	...	...	...	...	...	...
vi_M	x_{M1}	x_{M2}	...	x_{ML}	e_M	a_M	u_M	viw'_M

Step 4 生成全局质量参数：

q_1, q_2, ..., q_N

Step 5 识别关于全局质量参数的约束

ctq_1, ctq_2, ..., ctq_N

Step 6 确定价值指标与全局质量参数间的定量关系

$$vi_1^* = f_1(q_1, q_2, \cdots, q_n) = \sum_{j=1}^{n} \mu_{1j}^* g_{1j}(q_j) + \mu_{1o}^*$$
$$vi_2^* = f_2(q_1, q_2, \cdots, q_n) = \sum_{j=1}^{n} \mu_{2j}^* g_{2j}(q_j) + \mu_{2o}^*$$
$$\cdots$$
$$vi_M^* = f_m(q_1, q_2, \cdots, q_n) = \sum_{j=1}^{n} \mu_{m j}^* g_{mj}(q_j) + \mu_{mo}^*$$

Step 7 确定相关性矩阵

Step 8 初步确定全局质量参数的初始评级

qw_1, qw_2, ..., qw_N

Step 9 确定全局质量参数的最终评级

qw'_1, qw'_2, ..., qw'_N

Step 10 生成全局质量参数的配置方案

qcs_1, qcs_2, ..., qcs_N

图 10-26 基于 VQD 的跨界服务设计过程

10.5.3　运行时的价值/质量感知及因果溯源

在跨界服务解决方案的运行期间，通过有效手段来感知和评价服务价值与质量是否按期望得以充分实现，以及利用感知数据进行溯源诊断，从而优化服务和服务解决方案的质量设计，是跨界服务价值/质量融合在运行态下需要解决的重要问题。例如，从社交媒体中感知用户体验，从移动终端感知服务功能变化，从服务日志中感知业务执行情况等。

面向社交媒体的价值/质量感知是从用户评价、社交论坛、新闻资讯等渠道捕获用户个体和群体对服务价值/质量的感受，详细数据采集、挖掘和分析流程如图 10-27 所示。

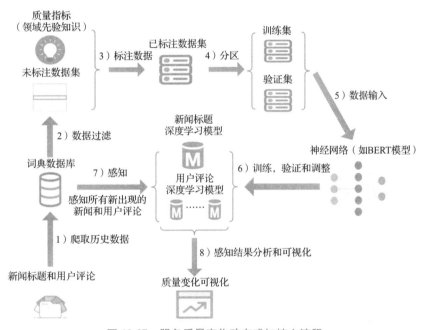

图 10-27　服务质量变化动态感知核心流程

面向移动终端的价值/质量感知是从服务应用（以 App 为例）的版本更新日志中捕获服务功能和非功能变更，包括服务的加入与退出，服务的受欢迎度变化，服务功能的新增、删减和优化等。

面向业务执行的价值/质量感知是基于跨界服务分布式部署和运行环境开展的。感知过程如图 10-28 所示，首先要绑定服务 API 关联的价值–质量–能力评价指标，并根据指标类型生成相应的感知代码，注解到特定执行方法上，然后在服务部署运行后，感知代码会监测或计算相关指标的实时值并以规范格式输出到日志，经过日志清洗和分析将感知结果展示到看板中。

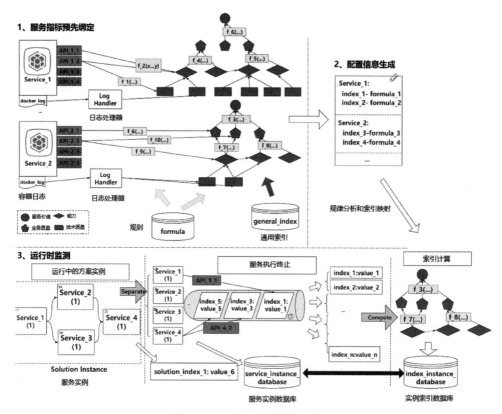

图 10-28　感知系统的执行流程

感知过程中会监测到若干流程实例实际执行阶段的服务价值-质量-能力与设计阶段的预期存在差异，因此当用户的体验较差时，则需要找出在前面的环节中，哪个服务提供者的指标出现了问题，从而有针对性地对相关的服务提供者做出调整，从而改善用户的实际体验。为了辨识实际质量问题的主要与次要原因，首先需要明确出现问题的质量指标（可记为证据节点 K）及其问题指标值，并更新该指标的条件概率表，从而得到因果链模型，进而构建联合树模型，从证据节点 K 出发，利用联合树算法进行推理溯源。

确定因果链和问题根源后，需要在保证最小调整幅度的前提下，高效寻找最优的调节方案，保障跨界服务的持续健康运行。具体的方法包括两个阶段：①基于 LDBSCAN 聚类的调节空间约简方法；②支持代价最小化的跨界服务配置方案微调方法。前者通过对运行时产生的数据进行预处理，约简调节空间，剔除与初始方案差异过大的无意义数据，以提高调节效率；后者兼顾调节代价和调节效果，可使用经典的决策树算法对约简后的调节空间进行切分，通过较小幅度的调整，提升服务质量，进而优化配置方案。

10.6 跨界服务融合设计与支撑系统

基于上述提出的方法与技术，浙江大学联合武汉大学、哈尔滨工业大学、北京邮电大学等的研究团队，研制了跨界服务融合设计与支撑系统，该系统由跨界服务模式分析与计算系统、跨界服务需求建模与设计系统、跨界服务网络系统、跨界服务质量管理与价值工程系统四个子系统组成，为跨界服务场景的设计与实现提供全套系统工具。

系统的主要功能以及系统间的交互逻辑如图 10-29 所示。首先由跨界服务模式分析与计算系统完成服务模式的计算与仿真，并将生成的 BPMN 文件交付给跨界服务需求建模与设计系统；基于 BPMN 文件，服务需求建模与设计系统对相应的开放服务进行设计与开发，并部署到跨界服务网络系统中运行；跨界服务质量管理与价值工程系统的相关模块会对跨界服务设计模型和跨界服务网络中的相关运行参数进行标注与监控，并将结果反馈至相应的系统中，对服务设计方案和服务运行情况进行实时监测与优化。

农村淘宝横跨金融、物流、零售、批发等多个领域边界，涉及零售商、农民、买家、卖家、电商、物流、金融等多个跨界参与方，是典型的跨界场景。本节将以农村淘宝验证系统为例，介绍如何将跨界服务融合设计与支撑系统应用到农村淘宝跨界场景的设计与优化中。

为了实现农村电商各领域服务模式的深度融合，首先需要通过跨界服务模式分析与计算系统构建服务模式库，包含多个领域的多个原子模式。根据不同的业务阶段选择对应的原子模式，并将这些原子模式融合，得到新的跨界服务模式。最后对跨界服务模式进行仿真计算，根据仿真结果再对该跨界服务模式进行优化，整个过程如图 10-30 所示。

针对需求建模问题，基于跨界服务需求建模与设计系统，抽取跨界服务业务场景涉及的核心元素，采用了价值驱动的元模型框架，从价值、目标、流程、服务等多个视角对跨界服务需求建模。采用了基于语义相似度的目标融合方法和基于消息流的流程融合方法，实现目标与流程片段的融合，服务需求融合设计结果如图 10-31 所示。

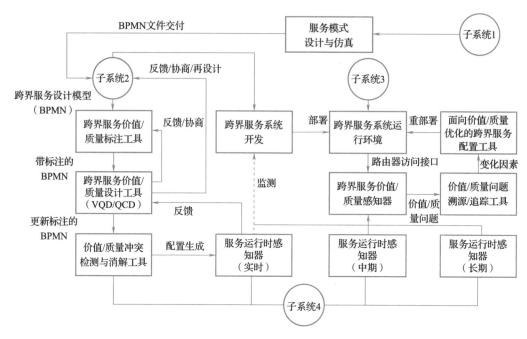

图 10-29　跨界服务融合设计与支撑系统-子系统交互逻辑

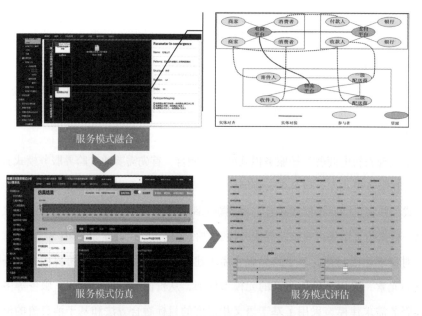

图 10-30　农村淘宝服务模式融合设计

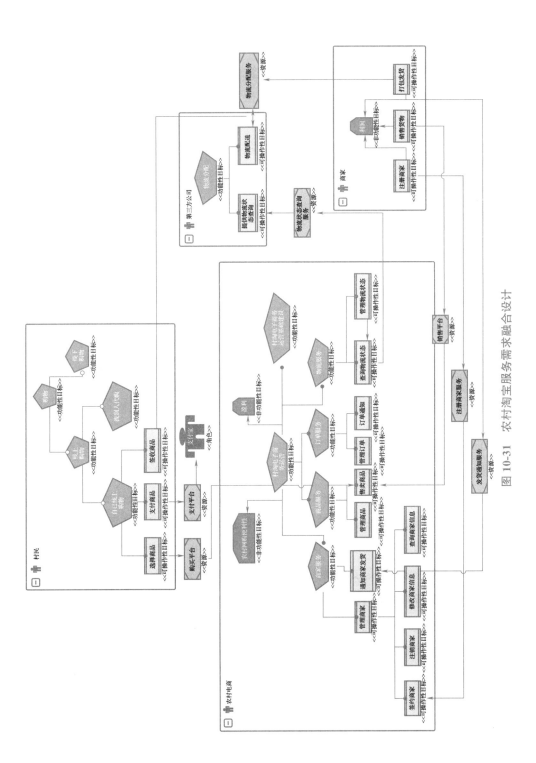

图 10-31　农村淘宝服务需求融合设计

在服务部署与运行阶段，基于跨界服务网络系统，通过在农村淘宝的不同部门中部署跨界服务交换机，实现不同部门内部服务的快速开放与发布。通过在部门间部署跨界服务路由器，打破部门间的服务调用壁垒，优化了大规模服务寻址路由与适配效率，如图 10-32 所示。

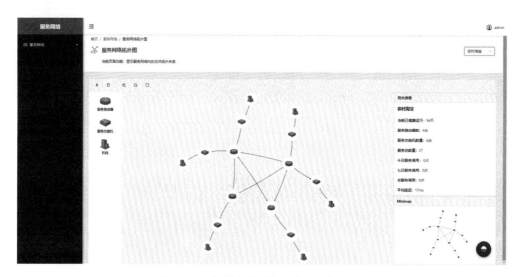

图 10-32 农村淘宝服务网络构建与接入

在跨界服务质量与价值融合监测阶段，通过跨界服务质量管理与价值工程系统对服务价值-质量-能力进行建模，分析模型中资源能力决定局部服务质量的可满足程度、局部质量决定局部价值的可实现程度，将众多利益相关者的价值期望，逐层地转换为服务功能上的全局质量参数配置、活动上的局部质量参数配置以及资源上的能力参数配置，实现对农村淘宝全局的质量价值标注与监控，如图 10-33 所示。

将跨界服务融合设计与支撑系统应用在农村淘宝这一跨界服务模式的设计上，可以帮助相关业务分析与决策人员在设计阶段找到该模式的瓶颈所在以及一些隐藏的问题，从而对农村淘宝模式进行优化。经评估，农村淘宝的下行业务可靠性提高了 15% 以上。采用整套的跨界服务需求建模解决方案，支持对不同领域的价值、目标、流程、服务等进行深度融合建模与分析，服务开发效率可大幅提升；在接入跨界服务网络系统之后，农村淘宝验证系统的平均服务开放效率提升多倍，服务集成效率提升约 1 倍；将跨界服务质量管理与价值工程系统应用在农村淘宝跨界服务的设计上，可以帮助相关业务分析

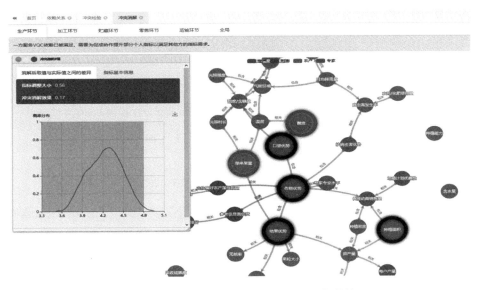

图 10-33 农村淘宝全局质量价值标注与监控

与决策人员在设计阶段得到该模式下的资源和能力上的配置参数，从而对农村淘宝服务的设计者提供指导性建议，降低服务设计配置过程中的盲目性，农村淘宝验证场景最终评价体系完备度提升近 50%。

10.7 | 本讲小结

针对跨界服务融合面临的模式、生态、环境、质量、价值五项融合挑战，本讲介绍包含建模、仿真、评估与创新的服务模式计算与融合的理论，讲述面向跨界服务的价值、目标和流程融合的分析与设计方法，讲解包含服务交换机和服务路由器的跨界服务网络架构、服务封装方法、服务网络运行与优化方法，以及跨界服务质量评估体系和价值度量体系。结合农村淘宝典型跨界场景，本讲最后介绍跨界服务融合设计与支撑系统，以及系统的应用方法及应用效果。虽然本讲介绍了跨界服务的一些最新研究成果，但总体来讲，跨界服务研究尚处于起步阶段，跨界服务本质规律认知、跨界服务融合理论、工程设计方法与运行载体等方面依然面临诸多问题与挑战，迫切需要开展深入研究与技术攻关工作，以提高跨界服务实践的效能，促进我国跨界服务新业态、新模式的探索与发展。

拓展阅读

[1] YIN J W, XI M, DENG S G, et al. A service pattern-oriented computing architecture for service e-cosystems[J]. IEEE Internet Computing, 2022, 26(1): 51-59.

[2] XI M, YIN J W, CHEN J T, et al. Quantitative assessment of service pattern: framework, language, and metrics[J]. IEEE Transactions on Services Computing, 2021.

[3] LIU Z L, LI B, WANG J, et al. Requirements engineering for crossover services: issues, challenges and research directions[J]. IET Software, 2021, 15(1): 107-125.

[4] ZHENG B P, YIN J W, DENG S G, et al. A service-oriented network infrastructure for crossover service ecosystems[J]. IEEE Internet Computing, 2020, 24(1): 48-58.

[5] CHENG B, WANG M, ZHAO S, et al. Situation-aware dynamic service coordination in IoT environment[J]. IEEE/ACM Transactions on Networking, 2017, 25(4): 2082-2097.

[6] LI M, TU Z Y, XU H C, et al. Temporal-spatial-domanial features oriented modeling framework for transboundary service[C]//Proceedings of 2020 IEEE International Conference on Services Computing(SCC). Cambridge: IEEE, 2020: 430-437.

参考文献

[1] 吴朝晖, 邓水光. 跨界服务: 现代服务业的创新服务模式[J]. 中国计算机学会通讯, 2012, 8(8): 42-45.

[2] YIN J W, ZHENG B P, DENG S G, et al. Crossover service: deep convergence for pattern, ecosystem, environment, quality and value[C]//Proceedings of 2018 IEEE 38th International Conference on Distributed Computing Systems(ICDCS). Cambridge: IEEE, 2018: 1250-1257.

[3] WU Z H, YIN J W, DENG S G, et al. Modern service industry and crossover services: development and trends in china[J]. IEEE Transactions on Services Computing, 2016, 9(5): 664-671.

[4] XI M, YIN J W, WEI Y N, et al. A scenario-based modeling method for crossover services[C]//Proceedings of 2020 IEEE International Conference on Services Computing(SCC). Cambridge: IEEE, 2020: 20-29.

[5] CHEN J T, YIN J W, XI M, et al. Service pattern modeling and simulation: a case study of rural taobao[C]//Proceedings of IEEE International Conference on Services Computing(SCC). Cam-

bridge：IEEE，2020：38-47.

［6］YIN J W，TAN S W，XI M，et al. JTang Dubhe：a service pattern modeling and analysis system ［C］//Proceedings of IEEE International Conference on Services Computing（SCC）. Cambridge： IEEE，2020：438-445.

［7］XI M，YIN J W，CHEN J T，et al. Quantitative assessment of service pattern：framework，language，and metrics［J］. IEEE Transactions on Services Computing，2021.

［8］CHEN J T，YIN J W，XI M，et al. A rule-based service pattern convergence framework for crossover service［C］//Proceedings of International Conference on Service Science（ICSS）. Cambridge：IEEE，2020：16-22.

［9］LIU Z L，LI B，WANG J，et al. Requirements engineering for crossover services：issues，challenges and research directions［J］. IET Software，2021，15（1）：107-125.

［10］LIU Z L，LI B，WANG J，et al. A value driven modeling approach for crossover services［J］. International Journal of Web Services Research，2020，17（3）：20-38.

［11］SHAN Y W，QIAO Y，LI B，et al. A process convergence approach for crossover services based on message flow partition and merging［C］//Proceedings of 2020 IEEE International Conference on Services Computing. Cambridge：IEEE，2020：178-185.

［12］PENG Y，LI B，WANG J，et al. An approach of crossover service goal convergence and conflict resolution［C］//Proceedings of 2020 IEEE World Congress on Services（SERVICES）. Cambridge：IEEE，2020：225-230.

［13］ZHENG B P，YIN J W，DENG S G，et al. A service-oriented network infrastructure for crossover service ecosystems［J］. IEEE Internet Computing，2020，24（1）：48-58.

［14］ZHAO L Q，CHENG B，CHEN J L. Service-oriented IoT resources access and provisioning framework for IoT context-aware environment［C］//Proceedings of 2020 IEEE World Congress on Services （SERVICES）. Cambridge：IEEE，2020：245-251.

［15］ZHENG B P，YIN J W，PANG S Y，et al. A zone routing algorithm for service network［C］//Proceedings of 2020 International Conference on Service Science（ICSS）. Cambridge：IEEE，2020：123-128.

［16］浙江大学. 一种面向跨界服务网络的服务缓存方法：202011437726.3［P］. 2021-03-26.

［17］LI M，TU Z Y，XU H C，et al. Temporal-spatial-domanial features oriented modeling framework for

transboundary service[C]//Proceedings of 2020 IEEE International Conference on Services Compu-
ting(SCC). Cambridge: IEEE, 2020: 430-437.

[18] UCHÔA A G, LIMA L P, BEZERRA C I M, et al. DyMMer-NFP: modeling non-functional prop-
erties and multiple context adaptation scenarios in software product lines[C]//Proceedings of Inter-
national Conference on Software Reuse. Cambridge: IEEE, 2017: 65-73.

[19] MULLER C, RESINAS M, RUIZ-CORTES A. Automated analysis of conflicts in WS-agreement
[J]. IEEE Transactions on Services Computing, 2014, 7(4): 530-544.

[20] BERARDINELLI L, BERNARDO M, CORTELLESSA V. Multidimensional context modeling applied
to non-functional analysis of software[J]. Software & Systems Modeling, 2019, 12(18): 2137-2176.

[21] SHAO F, RONG P. A non-functional requirements modeling aided method based on domain knowl-
edge[J]. Chinese Journal of Computers, 2014, 36(1): 39-53.